collection dirigée par Xavier MERLIN

METHOD'S

physique-chimie Seconde

conforme au no

W0375940

105 méthodes

90 exercices corrigés

Lydie CLOLUS
Grégory LEY

ellipses

Dans la collection **Method'S**

■ AU COLLÈGE ■

■ troisième

- *Mathématiques – 150 méthodes, 90 exercices corrigés*, 336 p.
- *Physique-chimie – 43 méthodes, 76 exercices corrigés*, 224 p.

■ AU LYCÉE ■

■ seconde

- *Mathématiques – 280 méthodes, 125 exercices corrigés*, nouveau programme, 512 p.
- *Physique-chimie – 105 méthodes, 90 exercices corrigés*, nouveau programme, 384 p.

■ première S

- *Mathématiques – 250 méthodes, 135 exercices corrigés*, nouveau programme, 416 p.

■ terminale S

- *Mathématiques – 180 méthodes, 90 exercices corrigés*, 384 p.
- *Physique-chimie – 165 méthodes, 56 exercices corrigés*, 432 p.

■ *Les vacances de Method'S*

- *Mathématiques de la troisième à la seconde*, illustré par Macagno Gilles, 144 p.
- *Mathématiques de la seconde à la première S*, illustré par Macagno Gilles, 128 p.
- *Mathématiques de la première S à la terminale S*, illustré par Macagno Gilles,192 p.

Dans la collection **MethodiX**

■ DU LYCÉE AUX PRÉPAS ■

- *Mathématiques – Cahier de vacances*, 160 pages.

■ PRÉPAS SCIENTIFIQUES ■

- *Algèbre. Nouvelle édition – 250 méthodes, 250 exercices corrigés*, 400 p.
- *Analyse. Nouvelle édition – 300 méthodes, 250 exercices corrigés*, 384 p.
- *Physique 1 – 200 méthodes, 150 exercices corrigés*, 384 p.
- *Physique 2 – 200 méthodes, 70 exercices corrigés*, 320 p.
- *Chimie – 200 méthodes, 150 exercices corrigés*, 352 p.

Dans la collection **Method'Bio**

- *Mathématiques BCPST-1 – 350 méthodes, 105 exercices corrigés*, 480 p.

Dans la collection **Method'H**

■ PRÉPAS ÉCONOMIQUES ■
ET COMMERCIALES

- *La cuisine aux épices – mathématiques – 285 méthodes et exercices méthodiquement corrigés*, 448 p.

ISBN 978-2-7298-6568-9

32, rue Bargue 75740 Paris cedex 15

www.editions-ellipses.fr

Avant-propos

« Savoir, c'est comprendre comme
la moindre chose est liée au tout. »

Citation d'Emile-Auguste Chartier.

Lorsque je suis devant mes élèves, mes 2 objectifs principaux sont : de capter leur attention et ensuite de leur faire comprendre des notions de physique et de chimie. Faire passer le message n'est certes pas facile, mais on y arrive toujours en étant patient, rigoureux, précis et méthodique.
Enseigner, quel métier passionnant !

J'ai accepté de participer à la réalisation de ce livre car il est foncièrement différent des autres ouvrages que l'on peut trouver dans le commerce... Pourquoi ?
Le format proposé fait que les notions sont présentées de manière claire, structurée, synthétique sous forme de méthodes, alternant des exercices d'application, des conseils, des réflexes à prendre pour ne pas tomber dans les pièges de vos interros...

La méthode c'est le fondement de ce livre, et aussi de tous les autres livres de la collection METHOD'S et METHODIX, collection qui vous donne une liste de méthodes à maîtriser pour répondre à la plupart des questions qui vous sont posées au cours de l'année. La méthode, c'est la clef de la réussite.

Peut-être avez-vous déjà ouvert ce livre en vous interrogeant sur son mode d'emploi, résolument différent des autres manuels ? Comment donc l'utiliser ? Tout au long de cet ouvrage, j'ai volontairement employé un ton décontracté tout en restant le plus rigoureux possible. Vous l'avez compris, ce livre unique, innovant et très efficace va vous donner des méthodes, des automatismes sur tous les points du programme. Progressivement, je vous donnerai des techniques pour résoudre vos exercices, je vous transmettrai une rigueur dans la rédaction de vos réponses par le biais de méthodes qui vous permettront de devenir très rapidement LA référence en physique-chimie.

Comment utiliser les méthodes ?

Ce qui fait la force de cette collection, c'est qu'elle vous propose des méthodes de travail claires et synthétiques qui vous permettront de comprendre et d'approfondir rapidement l'ensemble des chapitres abordés en sciences physiques. Elles couvrent en effet l'ensemble du programme et sont toujours illustrées par un ou plusieurs exemples (souvent des classiques et des incontournables que seul un professeur avéré connaît), vous permettant de les assimiler et de les maîtriser d'autant plus vite ! Indiscutablement, vous serez avantagé par rapport aux autres élèves qui n'auront pas encore acheté ce livre !

Recommandations avant d'attaquer la partie Exercices

Les chapitres d'exercices comportent deux rubriques : les énoncés et les corrigés. Voici quelques conseils...

- **Comment faire les exercices ?**

Je le dis et le répète tout le temps : faire un exercice ne consiste pas à regarder sa correction... Il faut chercher, se creuser les méninges, tourner parfois en rond et surtout connaître parfaitement ses METHODES ! Et oui, vous devez être au top sur les méthodes pour vous régaler sur les exercices... On ne met pas la charrue avant les bœufs. Elle était facile celle-là...

- **Comment étudier les corrigés ?**

Les exercices que je vous ai concoctés sont les exos « types » du prof de seconde. Je donne les mêmes à mes élèves... Par contre, vous avez la chance d'avoir les corrigés méthodiquement rédigés ! Quelle bande de veinards... Intérêt supplémentaire de travailler sur ce livre, c'est que je vous ai scrupuleusement répertorié et indiqué toutes les méthodes à utiliser pour résoudre l'exercice en début de correction. L'objectif est toujours le même : vous simplifier la vie pour assimiler les connaissances le plus vite possible !

Quand utiliser ce livre ?

Autant de fois que nécessaire !
Avant ou après votre cours au lycée, comme bon vous semble ! Eh oui, le format « révolutionnaire » de ce livre se prête à toutes les pratiques. En effet les méthodes vous permettent d'être au top sur le chapitre concerné et la partie Exercices vous permet d'approfondir et de vous préparer à votre prochain DS !

Il faut bien reconnaître que la structure de ce livre est particulièrement efficace et répondra sans aucun doute à toutes vos interrogations et incompréhensions.

Dans une ambiance décontractée, je me suis donc efforcé de vous simplifier les choses et d'aller droit au but...
En choisissant METHOD'S, vous prenez l'habitude, dès votre classe de seconde, de travailler directement sur les méthodes. Gain de temps, efficacité, automatisme : vous constaterez très vite par vous-même les nombreux avantages de cette nouvelle façon de travailler.
Ensuite, la collection METHOD'S vous accompagnera en première S et terminale S pour assurer l'obtention de votre BAC... Cette collection existe aussi en classe prépa !

Pour finir, je vous souhaite un BON COURAGE et AU TRAVAIL !

Grégory LEY

Sommaire

PARTIE 1 : **LA SANTE**

PARTIE 2 : **L'UNIVERS**

PARTIE 3 : **LA PRATIQUE DU SPORT**

EXERCICES & CORRIGES

PARTIE 1
LA SANTE

Chapitre 1

ESPECES CHIMIQUES NATURELLES ET SYNTHETIQUES

Bonjour à tous, nous voilà repartis vers de nouvelles aventures, cette fois-ci au lycée : les choses sérieuses commencent !
Pour ceux qui n'auraient pas eu la chance de m'avoir à leurs côtés l'année dernière avec le livre « METHOD'S Troisième », je vous donne le secret pour « déchirer » en physique-chimie en Seconde : « MKOHS »... ça y est, M. LEY a encore disjoncté... ça faisait longtemps ! MKOHS : « M » comme « Méthodes » « KOH » comme « potasse » et « S » comme souffre... En résumé, cette année pour majorer et devenir LA référence de ta classe, tu devras appliquer et digérer toutes les méthodes que je te donnerai et surtout les potasser régulièrement pour souffrir le moins possible ! Capito ? Va bene ! AU TRAVAIL !
On commence en douceur par un chapitre qui ressemble étrangement à celui vu l'année dernière... Trop facile !

METHODE 1 : Savoir schématiser la verrerie du laboratoire

■ Principe

Lors des TP, vous êtes souvent amenés à schématiser votre expérience. Pour cela, il y a des consignes à respecter... Un schéma se fait au crayon à papier, à la règle, il doit comporter un titre et une légende. Normalement, tout cela vous a déjà été dit l'année dernière. Mais bon, à votre décharge, l'été est passé par là...
Chaque récipient en verre appelé aussi « verrerie » est représenté par un schéma. Pour vous simplifier la vie, je les ai regroupés dans le tableau ci-dessous... Bien entendu, vous devez les connaître par cœur !

Schéma de la verrerie	Nom de la verrerie
	Tube à essais

	Verre à pied
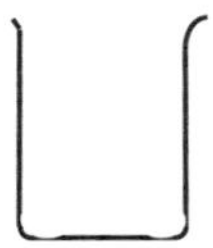	Bécher
	Erlenmeyer
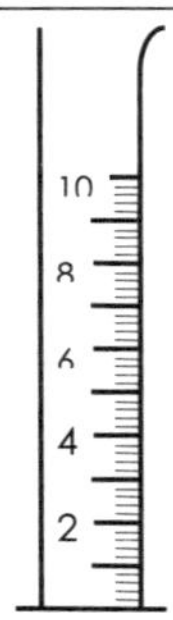	Éprouvette graduée
	Ballon à fond plat
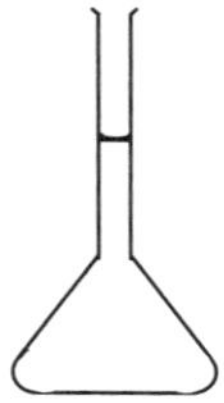	Fiole jaugée
	Ampoule à décanter

	Ballon à fond rond
	Pipette jaugée à deux traits
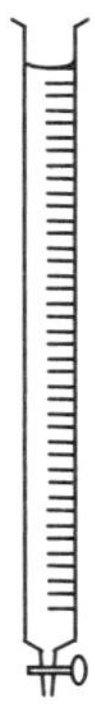	Burette graduée

REMARQUES : Attention, on n'utilise pas en chimie n'importe quelle verrerie pour mesurer le volume d'un liquide.

Le ***verre à pied*** *joue, généralement, le rôle de « poubelle » ou de récipient de récupération. On n'effectue* ***aucun prélèvement****.*

Le ***bécher*** *est une verrerie* ***peu précise****.*

L'éprouvette graduée *est plus précise que le bécher mais reste cependant encore* ***approximative****.*

La ***burette graduée****, la* ***fiole jaugée*** *et la* ***pipette jaugée*** *sont des* ***verreries très précises.***

■ **Exemple : Une histoire de schémas.**

Au cours d'un TP, un élève prélève 15,0 mL d'une solution de liqueur de Fehling à l'aide d'une éprouvette graduée. Il la verse ensuite dans un tube à essais et met l'ensemble au bain-marie.
Schématiser la verrerie utilisée au cours de cette manipulation.

Correction

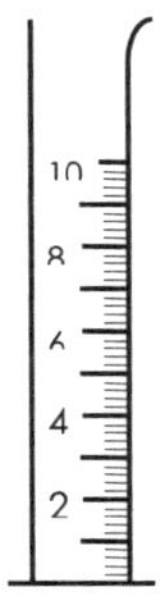

Eprouvette Graduée

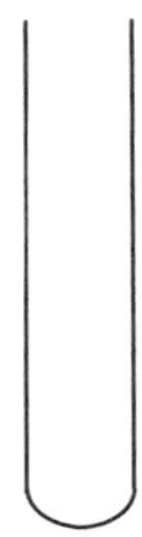
Tube à essais

■ **Exemple : Quelle verrerie choisir ?**

Le professeur M. Anderson dit à ses élèves de mesurer très précisément un volume de 50,0 mL d'eau distillée. Vous disposez d'un bécher, d'un verre à pied, d'une éprouvette graduée, d'un ballon à fond plat et d'une pipette jaugée à deux traits de 50,0 mL. Quelle verrerie doit-on choisir ? Justifier.

Correction

Il faut bien sûr choisir la pipette jaugée à deux traits de 50,0 mL, c'est la seule verrerie qui mesure avec une grande précision un volume donné. Les autres possibilités ne sont pas adaptées pour la mesure de volume ou sont peu précises.

METHODE 2 : Savoir appliquer les consignes de sécurité en identifiant un pictogramme

■ **Principe**

En chimie et surtout lors des TP, vous devez être très rigoureux en ce qui concerne la sécurité ! On ne manipule pas n'importe quel produit chimique sans consulter au préalable ses pictogrammes… Pictogramme ? Ressortons du

placard les quelques notions d'éthymologie que je subissais lorsque j'étais au lycée… Alors « pictus », ça vient du latin et cela veut dire « peint » et « gramma », d'origine grecque, signifie « signe écrit ». Vous l'aurez compris, un pictogramme est donc un dessin, un symbole, un schéma apparaissant sur les flacons de produits chimiques renseignant sur la dangerosité de la substance et les consignes de sécurité qu'il faut respecter !
Comme d'habitude, je vous ai simplifié la vie : voici la liste des pictogrammes qu'il faut absolument connaître ! Bon courage…

Pictogramme	Signification	Consignes de sécurité
	**Espèce chimique inflammable**	Eloigner de toute flamme, étincelle, source de chaleur. Toujours refermer le flacon.
	**Espèce chimique nocive ou irritante**	Eviter tout contact avec la peau, les yeux et les vêtements. Porter des gants, des lunettes de protection et une blouse.
	**Espèce chimique toxique**	Eviter absolument tout contact avec la peau et les yeux, éviter toute inhalation et toute ingestion. Porter des lunettes de protection et des gants, travailler sous la hotte et porter une blouse.
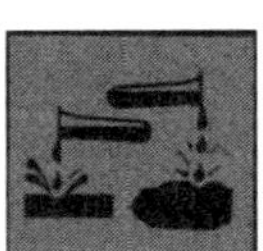	**Espèce chimique corrosive**	Eviter tout contact avec la peau et les yeux. Ne pas respirer les vapeurs. Porter des lunettes de protection et des gants, travailler sous la hotte et porter une blouse.
	**Espèce chimique nocive pour l'environnement**	Ne pas jeter dans l'évier ou dans la poubelle. Utiliser les flacons de récupération.

■ **Exemple : Etude d'un produit chimique.**

L'étiquette d'un produit chimique donne les informations suivantes :

Heptane pur

Formule chimique : C_7H_{16}
Teneur en masse : 100 %
Densité : 0,68
Température d'ébullition : 98°C
Volume : 1,0 L

Quelles précautions doit-on prendre pour manipuler l'heptane pur ? Justifier.

Correction

Signification : *inflammable*

Consignes de sécurité : *éloigner de toute flamme, étincelle, source de chaleur. Toujours refermer le flacon.*

Signification : *nocif ou irritant*

Consignes de sécurité : *éviter tout contact avec la peau, les yeux et les vêtements. Porter des gants, des lunettes de protection et une blouse.*

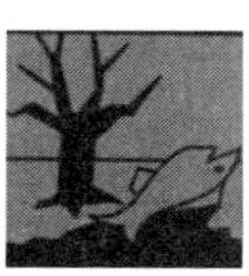

Signification : *espèce chimique nocive pour l'environnement.*

Consignes de sécurité : *ne pas jeter dans l'évier ou dans la poubelle. Utiliser les flacons de récupération.*

En résumé, il faut travailler sous une hotte en portant une blouse, des lunettes de protection et des gants. Il faut tenir l'heptane éloigné d'une source de chaleur et le récupérer dans un flacon adapté.

■ **Exemple : Quels pictogrammes choisir ?**

Sur un dissolvant du commerce, on peut lire : « Conserver hors de la portée des enfants. Conserver à l'écart de toute flamme ou sources d'étincelles. Ne pas fumer. Ne pas respirer les gaz ou vapeurs. Ne pas avaler, ne pas inhaler intentionnellement. » Quels pictogrammes doit-on attribuer à ce produit ? Justifier.

Correction

Il faut choisir :

Signification : *inflammable*

Consignes de sécurité : *éloigner de toute flamme, étincelle, source de chaleur. Toujours refermer le flacon.*

Signification : *nocif ou irritant*

Consignes de sécurité : *éviter tout contact avec la peau, les yeux et les vêtements. Porter des gants, des lunettes de protection et une blouse.*

METHODE 3 : Distinguer une espèce chimique naturelle d'une espèce chimique synthétique

■ **Principe**

Une espèce chimique naturelle est une espèce chimique qui existe dans la nature.
Une espèce chimique synthétique est une espèce chimique fabriquée par l'Homme à l'aide de transformation chimique et qui trouve son équivalent dans la nature.
Une espèce chimique artificielle est une espèce chimique fabriquée par l'Homme à l'aide de transformation chimique et qui n'existe pas dans la nature.

■ **Exemple : Synthétiques ou naturels ?**

Parmi la liste des produits proposés ci-dessous, identifier ceux qui sont d'origine naturelle, synthétique ou artificielle.

Lait, caoutchouc, nylon, paracétamol, diamant, pomme, matières plastiques.

Correction

Lait : espèce chimique naturelle.
Caoutchouc : espèce chimique naturelle et synthétique.
Nylon : espèce chimique artificielle.
Paracétamol : espèce chimique artificielle.
Diamant : espèce chimique naturelle et synthétique.
Pomme : espèce chimique naturelle.
Matières plastiques : espèces chimiques artificielles.

METHODE 4 : Connaître les tests d'identification de certaines substances chimiques

■ Rappel

En 3e, vous avez travaillé sur la notion de précipitation. Précipitation... ? Déjà oubliée ? Oh... HE biloute, y a des coups y a d' quoi ete frustré !
Pour la ptite histoire, un précipité est une substance chimique solide visible à l'œil nu. Voici l'exemple ultraclassique vu l'année dernière : l'ion argent « Ag^+ » s'associe à l'ion chlorure « Cl^- » pour former une substance solide de couleur blanche : c'est un précipité...

■ Principe

Voici quelques tests qu'il est impératif d'apprendre ! Vous risquez sinon de déclencher un petit « caca nerveux » de votre professeur adoré qui pourrait se traduire par une avalanche de stylo rouge sur votre copie... Alors, mettez vos neurones en marche et apprenez la méthode !

Test n°1 :
L'eau est **mise en évidence** au moyen du **sulfate de cuivre anhydre de couleur blanche**. Lorsque celui-ci devient bleu, on peut en conclure qu'il y a présence d'eau : on dit que le test est positif !

Test n°2 :
Le glucose est **mis en évidence** à l'aide de **la liqueur de Fehling**. Il y a alors apparition d'un précipité rouge brique après chauffage en présence de glucose.

Test n°3 :
L'amidon est **mis en évidence** au moyen de **l'eau iodée**. Celle-ci devient bleue, noire en présence d'amidon.

Test n°4 :
Le dioxyde de carbone est **mis en évidence** à l'aide de **l'eau de chaux**. Celle-ci se trouble en présence de dioxyde de carbone.

Test n°5 :
L'acidité est **mise en évidence** à l'aide de **papier pH**, d'un pH-mètre ou bien encore d'un indicateur coloré comme l'hélianthine.

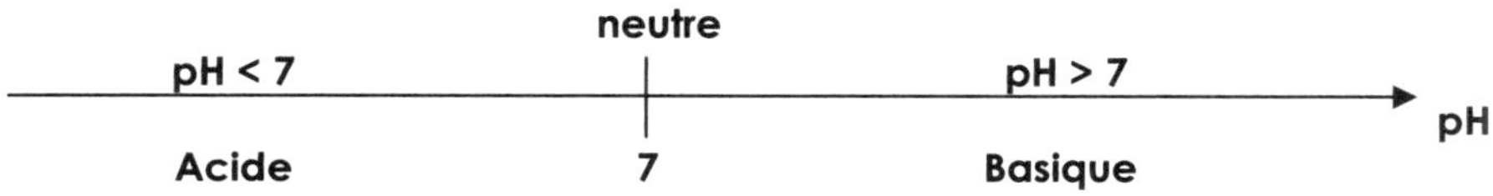

■ **Exemple : Analyse d'une orange.**

L'analyse chimique d'une orange donne les résultats consignés dans le tableau ci-dessous :

Test à l'eau iodée	Négatif
Test au sulfate de cuivre anhydre	Positif
Test à l'eau de chaux	Négatif
Test à la liqueur de Fehling	Positif

Identifier les espèces chimiques présentes dans l'orange. Expliquer chacun des tests caractéristiques.

Correction

L'orange contient de **l'eau** puisque le **test** au **sulfate de cuivre anhydre** est **positif**. Elle contient également du **glucose** puisque le **test** à **la liqueur de Fehling** est **positif**. Elle ne contient pas de dioxyde de carbone puisque le **test à l'eau de chaux** est **négatif**, et elle ne contient pas d'amidon puisque **le test à l'eau iodée** est **négatif.**

Le sulfate de cuivre anhydre devient bleu en présence d'eau.
L'eau iodée devient noire en présence d'amidon.
L'eau de chaux se trouble en présence de dioxyde de carbone.
La liqueur de Fehling forme un précipité rouge brique en présence de glucose après chauffage.

Testez-vous !

Pour chaque chapitre, je vous proposerai un « texte à trous » ainsi qu'un exercice « vrai / faux » pour vérifier si vous avez bien compris et surtout appris toutes les méthodes. Vous pourrez ensuite aller vous mesurer aux exercices corrigés... Eh oui, la clé de la réussite au lycée, c'est de travailler régulièrement !

■ ***Complétez le texte à trous suivant.***

Il existe différentes sortes d'espèces chimiques. Les espèces chimiques .... qui existent dans la nature, des espèces chimiques .... qui sont fabriquées par l'Homme à l'aide de transformations chimiques et qui trouvent leur .... dans la nature. Enfin, des espèces chimiques .... qui sont fabriquées par l'Homme et qui ne trouvent pas d'.......................... dans la nature.
Pour identifier certaines espèces chimiques, on utilise des tests de caractérisations. L'.............. est mise en évidence à l'aide du sulfate de cuivre anhydre qui devient .... en sa présence. L'amidon est mis en évidence à l'aide de l'............... .... qui devient .... en sa présence. Le .... est mis en évidence à l'aide de la liqueur de Fehling, il y a alors formation d'un .... rouge brique après .... Le dioxyde de carbone trouble l'............ de .... L'acidité d'une espèce chimique est mis en évidence à l'aide du .... Ainsi une espèce chimique acide possède un pH .... à 7, alors qu'une substance basique possède un pH .... à 7. Une solution neutre a un pH égale à.........

Correction

Il existe différentes sortes d'espèces chimiques. Les espèces chimiques **naturelles** qui existent dans la nature, des espèces chimiques **synthétiques** qui sont fabriquées par l'Homme à l'aide de transformations chimiques et qui trouvent leur **équivalent** dans la nature.
Enfin, des espèces chimiques **artificielles** qui sont fabriquées par l'Homme et qui ne trouvent pas d'**équivalent** dans la nature.
Pour identifier certaines espèces chimiques, on utilise des tests de caractérisations.
L'**eau** est mise en évidence à l'aide du sulfate de cuivre anhydre qui devient **bleu** en sa présence.
L'amidon est mis en évidence à l'aide de l'**eau iodée** qui devient **noire** en sa présence.
Le **glucose** est mis en évidence à l'aide de la liqueur de Fehling, il y a alors formation d'un **précipité** rouge brique après **chauffage**.
Le dioxyde de carbone trouble l'**eau** de **chaux.**
L'acidité d'une espèce chimique est mise en évidence à l'aide du **papier pH**.
Ainsi une espèce chimique acide possède un pH **inférieur** à 7, alors qu'une substance basique possède un pH **supérieur** à 7. Une solution neutre a un pH égale à **7.**

■ ***Vrai ou faux ? Quand c'est faux, corrigez les erreurs ! Courage…***

1. Une espèce chimique artificielle est une espèce fabriquée par l'Homme à l'aide de transformations chimiques et qui trouve son équivalent dans la nature.
2. Pour mettre en évidence l'eau, on utilise le sulfate de cuivre anhydre.
3. Le pictogramme ci-dessous signifie que l'espèce chimique est corrosive.

4. Après chauffage, il y a formation d'un précipité rouge brique en présence d'un morceau de pomme et de liqueur de Fehling, cela signifie que la pomme contient de l'amidon.
5. Afin d'effectuer un prélèvement précis de 20,0 mL, on peut utiliser une pipette jaugée à deux traits de 20,0 mL.
6. Une espèce chimique naturelle existe dans la nature.
7. Afin d'indiquer qu'une espèce chimique est dangereuse pour l'environnement, on utilise le pictogramme ci-dessous :

8. Une espèce chimique acide possède un pH supérieur à 7.
9. Le schéma normalisé d'un bécher est :

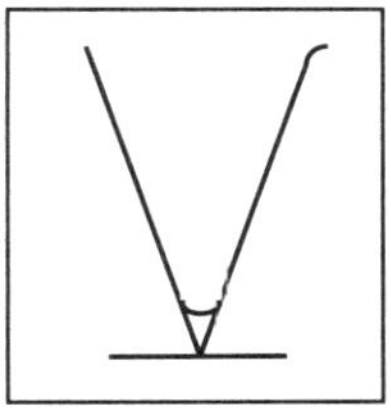

10. En présence de dioxyde de carbone l'eau de chaux se trouble.

Correction

1. Faux : une espèce chimique artificielle est une espèce fabriquée par l'Homme à l'aide de transformations chimiques et qui ne trouve pas d'équivalent dans la nature.
2. Vrai.
3. Faux : le pictogramme signifie espèce chimique nocive ou irritante.
4. Faux : la liqueur de Fehling permet de mettre en évidence le glucose. Il y a alors formation d'un précipité rouge brique après chauffage.
5. Vrai.
6. Vrai.
7. Vrai.

8. Faux : une espèce chimique acide possède un pH inférieur à 7.
9. Faux : un bécher se schématise de la manière suivante :

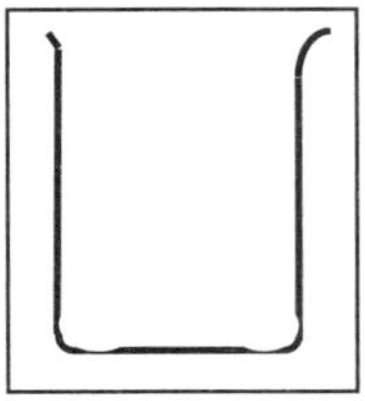

10. Vrai.

Réflexes

	SITUATIONS	REFLEXES
1.	Quelles sont les différentes sortes d'espèces chimiques ?	▪ **Une espèce chimique naturelle** est une espèce chimique qui existe dans la nature. ▪ **Une espèce chimique synthétique** est une espèce chimique fabriquée par l'Homme à l'aide de transformations chimiques et qui trouve son équivalent dans la nature. ▪ **Une espèce chimique artificielle** est une espèce chimique fabriquée par l'Homme à l'aide de transformations chimiques et qui n'existe pas dans la nature.
2.	Comment identifie-t-on certaines espèces chimiques ?	▪ Test au **sulfate de cuivre anhydre** : mise en évidence de **l'eau.** ▪ Test à **l'eau de chaux** : mise en évidence du **dioxyde de carbone**. ▪ Test à **l'eau iodée** : mise en évidence de **l'amidon**. ▪ Test à **la liqueur de Fehling** : mise en évidence du **glucose**. ▪ Test au **papier pH** : pour identifier des espèces chimiques **acides** ($pH < 7$), **neutres** ($pH = 7$) ou **basiques** ($pH > 7$).

Chapitre 2

LES TECHNIQUES D'EXTRACTION

Les « techniques d'extraction », un titre pas franchement décoiffant et pourtant c'est un chapitre particulièrement intéressant car bon nombre d'applications artisanales et industrielles s'y rapportent. L'important en physique-chimie, c'est de donner du sens à ce que l'on observe, sinon, on s'ennuie bien sûr...
Je vais pas me la jouer prof d'Histoire, mais quand même, vous allez travailler aujourd'hui sur des techniques, que dis-je des méthodes, employées pour certaines depuis l'Antiquité... Par exemple, je vous présenterai l' « enfleurage » technique maîtrisée par les Egyptiens que l'on utilise actuellement en parfumerie, la décoction que l'on pratique en herboristerie, en cuisine, ou tout simplement pour se faire des bonnes vieilles recettes de nos chères grands-mères. On se penchera également sur la « macération », technique utilisée depuis plusieurs siècles pour faire du vin et, pour finir, je vous expliquerai en quoi consiste l'infusion, à ne surtout pas confondre avec la décoction ! Bon, vous m'avez l'air bien chaud pour ingurgiter de la méthode, alors au TRAVAIL, tout n'est que question de volonté !

METHODE 1 : Identifier les différentes techniques d'extraction ancestrales

■ Principe

- **L'enfleurage** est une technique qui permet d'extraire les parfums des fleurs par dissolution dans des graisses.
- **La macération** est une technique au cours de laquelle on immerge longuement des matières végétales ou animales dans un liquide froid afin d'en extraire les espèces chimiques solubles dans ce liquide.
- **La décoction** est une technique au cours de laquelle on immerge des plantes dans de l'eau froide, puis on porte l'ensemble à ébullition.
- **L'infusion** est une technique au cours de laquelle on verse de l'eau bouillante sur des feuilles ou des fleurs pour libérer leurs arômes.

■ **Exemple : Identifier une technique d'extraction ancestrale.**

Associer à chaque procédé la technique d'extraction ancestrale appropriée :

a) La vinification consiste à laisser dans une cuve le moût (jus de raisin) en contact avec les peaux de raisin.

b) Un jardinier prépare une solution de prêtes pour aider les tomates à résister à l'hiver. Pour cela, il introduit 500 g de prêtes dans 2,0 L d'eau. Il porte l'ensemble à ébullition pendant 20 min. Enfin, il filtre le contenu et arrose les pieds de tomate avec.

c) Préparation d'une tisane à la marjolaine.

d) Un remède ancien indique qu'il faut plonger dans l'eau froide quelques feuilles de romarins et de jasmin. De porter l'ensemble à ébullition pendant quinze minutes environ. De filtrer puis de boire chaud ou froid la solution ainsi préparée.

e) Afin de récupérer le parfum de la violette, on dispose des pétales de fleurs fraîches sur un mélange constitué de graisse de bœuf et de porc.

f) Dans une recette, on conseille de plonger les haricots dans une saumure (mélange d'eau et de sel) pendant environ 12 heures.

g) Préparation d'un café.

Correction

a) La macération
b) La décoction
c) L'infusion
d) La décoction
e) L'enfleurage
f) La macération
g) L'infusion

METHODE 2 : Savoir mettre en œuvre une extraction par solvant

■ Principe

L'extraction par solvant permet d'extraire une espèce chimique d'un milieu solide ou liquide par solubilisation dans un solvant.

Le solvant d'extraction doit satisfaire plusieurs critères :

- l'espèce chimique à extraire doit être la plus soluble possible dans le solvant d'extraction ;

– le solvant d'extraction doit être non miscible avec le liquide contenant l'espèce chimique à extraire.

Pour effectuer une extraction par solvant on utilise une ampoule à décanter, représentée ci-dessous :

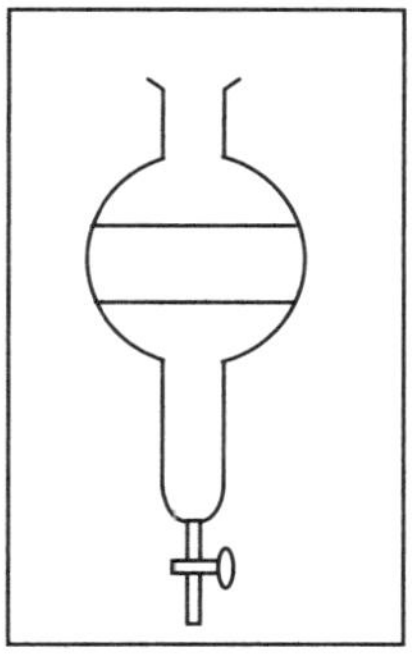

Étapes d'une extraction par solvant :

- introduction de l'espèce chimique à extraire et du solvant d'extraction *(robinet de l'ampoule fermé)*
- agitation du mélange (*bouchon maintenu avec la paume de la main)*
- dégazage
- décantation *(bouchon ôté).*

La densité est notée d, c'est une grandeur sans unité. (Pour une fois qu'une grandeur n'a pas d'unité… profitez-en !)
La densité des espèces chimiques permet de déterminer la phase supérieure et la phase inférieure. Ainsi l'espèce chimique qui possède la densité la plus faible constitue la phase supérieure. Là, je vous ressors le coup classique : la densité de l'huile est plus petite que celle de l'eau c'est pour cela que l'huile « remonte » à la surface…

■ **Exemple : Choix d'un solvant extracteur.**

Afin d'extraire la vanilline du sucre vanillé, on dissout un sachet de sucre vanillé dans 100 mL d'eau distillée. On introduit la solution ainsi obtenue dans une ampoule à décanter. Puis, on ajoute un volume de 25,0 mL du solvant extracteur approprié. On agite, on dégaze plusieurs fois, enfin on laisse décanter.

a) Pour effectuer une telle extraction, on donne les caractéristiques de différents solvants.

	Cylcohexane	**Dichlorométhane**	**Ether diéthylique**
Miscibilité à l'eau	*Non*	*Non*	*Oui*
Solubilité de la vanilline	*Moyenne*	*Très importante*	*Très importante*
Densité	*0,78*	*1,33*	*0,71*

Quel solvant doit-on choisir ? Pourquoi ?

b) Représenter le schéma de l'ampoule à décanter après la phase de décantation en précisant la nature de chaque phase et leur contenu. Justifier.

Correction

a) Il faut choisir **le dichlorométhane** comme solvant extracteur. En effet, la vanilline est très soluble dans le dichlorométhane et celui-ci est non miscible avec l'eau.

b) Représentation schématique de l'ampoule à décanter

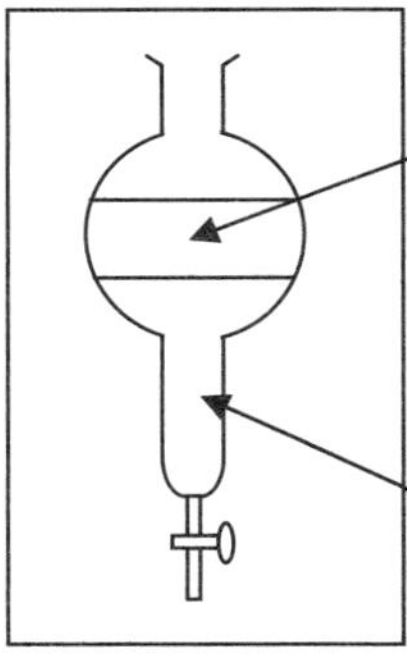

Phase aqueuse : contient de l'eau.
$d_{eau} = 1{,}0 < d_{dichlorométhane} = 1{,}33$.

La phase aqueuse constitue la phase supérieure.

Phase organique : contient du dichlorométhane + vanilline.
$d_{eau} = 1{,}0 < d_{dichlorométhane} = 1{,}33$.

La phase organique constitue la phase inférieure.

■ **Exemple : Qui est qui ?**

Au cours d'un TP, on effectue l'extraction par solvant de l'eucalyptol. Pour cela, on utilise un solvant extracteur judicieusement sélectionné ainsi qu'une ampoule à décanter. A l'aide des informations fournies ci-dessous sur les produits chimiques disponibles au laboratoire le jour de la manipulation, représenter le schéma de l'ampoule à décanter après la phase de décantation en précisant la nature de chaque phase ainsi que leur contenu. Justifier.

	Cylcohexane	***Toluène***	***Ethanol***
Miscibilité à l'eau	*Non*	*Non*	*Oui*
Solubilité de la vanilline	*Très importante*	*faible*	*Très importante*
Densité	*0,78*	*0,87*	*0,79*

Correction

Il faut choisir le cyclohexane comme solvant extracteur puisque l'eucalyptol y est très soluble et que le cyclohexane est non miscible avec l'eau.

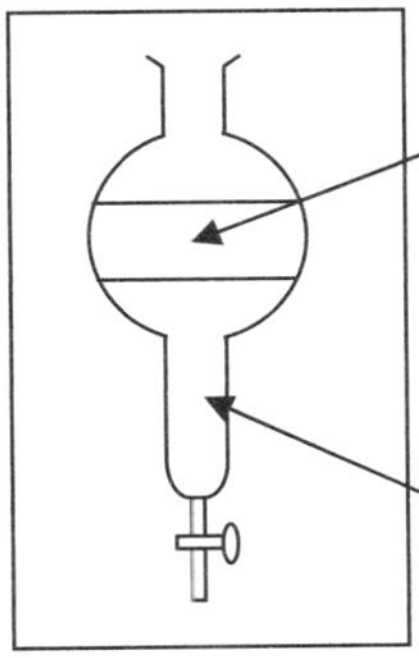

Phase organique : contient du cyclohexane + eucalyptol.
$d_{eau} = 1,0 > d_{cyclohexane} = 0,78$.

La phase organique constitue la phase supérieure.

Phase aqueuse : contient de l'eau.
$d_{eau} = 1,0 > d_{cyclohexane} = 0,78$.

La phase aqueuse constitue la phase inférieure.

METHODE 3 : Connaître l'hydrodistillation appelée aussi entraînement à la vapeur

■ Principe

Une hydrodistillation est la distillation d'un mélange d'eau et d'une espèce chimique à extraire. On porte à ébullition le mélange, la vapeur d'eau se charge en huile essentielle. Au contact du réfrigérant à eau, le mélange eau-huile se condense, et on récupère le distillat. Le distillat possède deux phases superposées, une phase aqueuse et une phase organique qui contient l'huile essentielle.

Schéma du montage expérimental

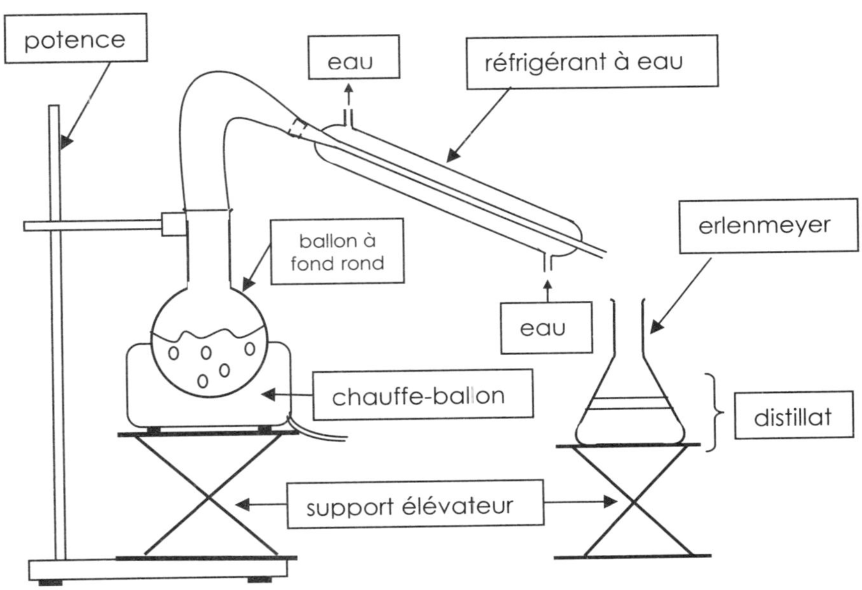

■ Exemple : Où est l'huile essentielle ?

Une des huiles essentielles du citron est le citral. Elle peut être extraite de la peau du citron par un entraînement à la vapeur. Le distillat est recueilli dans un erlenmeyer.

Données :
- Densité de l'eau : $d_{eau} = 1{,}0$.
- Densité de l'eucalyptol : $d_{eucalyptol} = 0{,}92$.

a) Faire un schéma légendé du montage de l'entraînement à la vapeur.
b) Préciser le rôle de la vapeur d'eau et celui du réfrigérant à eau.
c) Faire un schéma légendé de l'erlenmeyer contenant le distillat.
Justifier, si nécessaire, la position des différentes phases.

Correction

a) Reportez-vous à la méthode 3 – Schéma du montage expérimental.
b) La vapeur d'eau traverse les zestes de citron et se charge en huiles essentielles du citron. La vapeur d'eau permet d'extraire le citral du citron.

Le réfrigérant à eau permet de condenser la vapeur d'eau qui est chargée en huile essentielle de citral. On récupère ainsi le distillat.

c) Schéma légendé de l'erlenmeyer

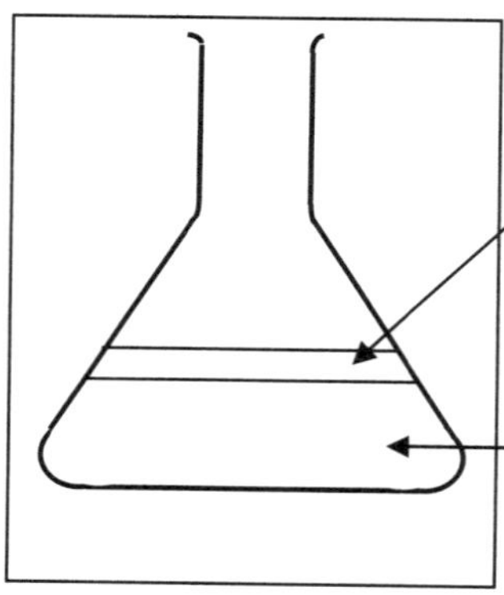

Phase organique : huile essentielle de citral.

$d_{eau} = 1{,}0 > d_{eucalyptol} = 0{,}92$.

La phase organique constitue la phase supérieure.

Phase aqueuse : eau

$d_{eau} = 1{,}0 > d_{eucalyptol} = 0{,}92$.

La phase aqueuse constitue la phase inférieure.

Testez-vous !

Vérifions tout de suite si vous avez bien compris et surtout appris vos méthodes ! Rien de tel qu'un texte à trous pour savoir si vous avez retenu l'essentiel du chapitre… Suspens ! Abracadabra… Tournez méninges !

■ ***Complétez le texte à trous suivant.***

L'………………… est une technique qui permet d'extraire les parfums des fleurs par ……………………… dans des ………………………, alors que la ………………… permet d'extraire des espèces chimiques d'une matière végétale ou animale à l'aide d'un liquide ……………. dans lequel elle est longuement immergée. La ……………………… est une technique au cours de laquelle on …………………….. des plantes dans de l'eau froide, puis on porte l'ensemble à ………………….. Tandis que l'………………… libère les ………….. des feuilles ou des fleurs à l'aide d'eau …………………………..
Une technique d'extraction actuelle s'appelle l'…………………… par ……………….. Elle permet d'……………… une espèce chimique d'un milieu ………………. ou ………………… par ………………………… dans un ……………….. Le solvant doit être non ………………… avec le liquide contenant l'espèce chimique à extraire, et elle doit être plus ………………… dans le solvant d'extraction que dans son milieu d'origine. Pour mettre en œuvre ce type d'extraction on utilise une ………………… à ……………. Une autre technique d'extraction se nomme …………………………… ou …………………………… à la ……………………. Au cours de cette manipulation, la vapeur d'eau se …………………… en molécules ………………………… en traversant les fleurs ou les plantes. Ensuite, à l'aide d'un ……………………… à ………………., le mélange vapeur d'eau- huile essentielle est ………………… et récupéré dans un erlenmeyer. L'huile essentielle constitue la phase ………………… alors que l'eau constitue la phase ……………………..

Correction

L'enfleurage est une technique qui permet d'extraire les parfums des fleurs par **dissolution** dans **des graisses**, alors que la **macération** permet d'extraire des espèces chimiques d'une matière végétale ou animale à l'aide d'un liquide **froid** dans lequel elle est longuement immergée. La **décoction** est une technique au cours de laquelle on **immerge** des plantes dans de l'eau froide, puis on porte l'ensemble à **ébullition**. Tandis que l'**infusion** libère les **arômes** des feuilles ou des fleurs à l'aide d'eau **bouillante**.
Une technique d'extraction actuelle s'appelle l'**extraction** par **solvant**. Elle permet d'**extraire** une espèce chimique d'un milieu **solide** ou **liquide** par **solubilisation** dans un **solvant**. Le solvant doit être non **miscible** avec le liquide contenant l'espèce chimique à extraire, et elle doit être plus **soluble** dans le solvant d'extraction que dans son milieu d'origine. Pour mettre en œuvre ce type d'extraction on utilise une **ampoule** à **décanter**. Une autre technique

d'extraction se nomme **hydrodistillation** ou **entraînement** à la **vapeur**. Au cours de cette manipulation, la vapeur d'eau se **charge** en molécules **odorantes** en traversant les fleurs ou les plantes. Ensuite, à l'aide d'un **réfrigérant** à **eau**, le mélange vapeur d'eau-huile essentielle est **condensé** et récupéré dans un erlenmeyer. L'huile essentielle constitue la phase **organique** alors que l'eau constitue la phase **aqueuse**.

■ ***Vrai ou faux ? Quand c'est faux, corrigez les erreurs ! Courage...***

1. La phase inférieure est constituée par l'espèce chimique qui possède la densité la plus faible.
2. La décoction est une technique au cours de laquelle, on immerge longuement des espèces chimiques animales ou végétales dans un liquide froid.
3. Au cours d'une hydrodistillation, il est nécessaire de condenser le mélange huile essentielle-eau à l'aide d'un réfrigérant à eau.
4. L'extraction par solvant permet d'extraire une espèce chimique par dissolution dans des graisses.
5. La macération permet d'extraire une espèce chimique en la plongeant longuement dans un liquide froid.
6. Au cours d'une hydrodistillation, la vapeur d'eau extrait l'espèce chimique.
7. Dans une extraction par solvant, l'espèce chimique à extraire doit être le moins soluble possible dans le solvant extracteur que dans son milieu d'origine.
8. L'infusion est une technique d'extraction ancestrale au cours de la laquelle on verse de l'eau chaude sur des feuilles ou des fleurs afin d'en libérer leurs arômes.
9. La densité a une importance dans le choix du solvant extracteur lors de la mise en œuvre d'une extraction par solvant.
10. Lors d'une hydrodistillation, on obtient un distillat constitué d'une phase organique qui contient l'huile essentielle et d'une phase aqueuse qui contient de l'eau.
11. L'enfleurage s'appelle également entraînement à la vapeur.

Correction

1. Faux : l'espèce chimique qui possède la densité la plus faible constitue la phase supérieure ou surnageante.
2. Faux : la décoction est une technique au cours de laquelle on immerge des espèces végétales ou animales dans de l'eau et on porte ensuite l'ensemble à ébullition.
3. Vrai.
4. Faux : une extraction par solvant permet d'extraire une espèce chimique par solubilisation dans un solvant.
5. Vrai.
6. Vrai.
7. Faux : dans une extraction par solvant, l'espèce chimique à extraire doit être le plus soluble possible dans le solvant extracteur que dans son milieu d'origine.
8. Vrai.

9. Faux : le solvant doit être non miscible avec l'eau et l'espèce chimique à extraire doit y être le plus soluble possible. La densité n'a aucune importance. Elle permet juste d'identifier la phase inférieure et la phase supérieure dans l'ampoule à décanter.
10. Vrai.
11. Faux : c'est l'hydrodistillation qui est également appelée entraînement à la vapeur.

Réflexes

	SITUATIONS	REFLEXES
1.	Quelles sont les différentes techniques d'extraction ancestrales?	▪ L'enfleurage, la macération, l'infusion et la décoction.
2.	Comment choisir le solvant pour une extraction par solvant ?	▪ Le solvant doit être non miscible avec l'eau. ▪ L'espèce chimique à extraire doit être le plus soluble possible dans ce solvant. ▪ Entre deux solvants possibles, il faut choisir celui qui présente le moins de risques lors de sa manipulation.
3.	Comment identifier les différentes phases ?	▪ Il faut utiliser la notion de densité. Le liquide ayant la densité la plus faible constituera la phase supérieure.
4.	Au cours d'une hydrodistillation comment extrait-on l'espèce chimique ?	▪ La vapeur d'eau se charge en huile essentielle en traversant les fleurs ou les plantes.
5.	A quoi sert le réfrigérant à eau ?	▪ Le réfrigérant à eau permet de condenser le mélange vapeur d'eau/huile essentielle et d'obtenir le distillat.
6.	De quoi est composé le distillat ?	▪ Le distillat est composé d'une phase aqueuse (contient l'eau) et d'une phase organique (contient l'huile essentielle).

Chapitre 3

SEPARATION ET IDENTIFICATION D'ESPECES CHIMIQUES

Aujourd'hui au programme : que du lourd ! Eh oui les choses sérieuses commencent… Il va falloir non seulement que vous fassiez de la chimie mais aussi des maths… Mais si, vous allez retrouver avec grand plaisir ces légendaires « conversions » qui vous cassent tant le moral depuis le collège… Vous n'allez pas bien sûr convertir des ampères en kiloampères ou des millivolts en kilovolt (que de bons souvenirs…). Vous allez tout simplement faire « mumuse » avec les unités de la grandeur physique masse volumique (rien que le nom fait froid dans le dos…). No stress, no fear but METHOD'S ! Suivez le guide !

Comme je le disais, nous allons travailler ou plutôt VOUS allez travailler sur l'une des parties du programme les plus importantes : savoir séparer et identifier des espèces chimiques ! C'est primordial de bien emmagasiner tout ce que je vais vous raconter car toutes ces méthodes vous seront utiles en Première et Terminale ! Eh oui le « bac » avance à grands pas…
Je vous soule un p'tit peu avec mon baratin ? Comment ça oui ?…
Ok, c'est parti pour une avalanche, que dis-je, un tsunami de méthodes !

METHODE 1 : Caractériser une espèce chimique à l'aide de la densité

■ Principe

La densité est une grandeur sans unité, notée d. (profitez-en, c'est pas souvent le cas en physique-chimie…).
La densité d'une espèce chimique correspond au rapport de la masse volumique de l'espèce chimique par la masse volumique de l'eau.

1re relation mathématique à connaître par cœur !

$$d_{espèce} = \frac{\rho_{espèce}}{\rho_{eau}}$$

Les masses volumiques « ρ » s'expriment en **$kg.m^{-3}$ (ou $g.cm^{-3}$)**.

La masse volumique correspond au rapport de la masse de l'espèce par le volume.

2e relation mathématique à connaître par cœur !
(On n'oublie pas les unités...)

$$\rho_{espèce} = \frac{m_{espèce}}{V}$$

La masse « m » en **kg** et le volume « V » en **m³**.

La masse volumique de l'eau vaut $\rho_{eau} = 1{,}0\ g.cm^{-3}$ = **1 000 kg.m⁻³**.

Retenez aussi que la masse volumique d'une espèce chimique **dépend** de la **température** et de la **pression**.

■ **Exemple : Identification d'une solution inconnue.**

On dispose au laboratoire de chimie d'une bouteille contenant une solution inconnue. On mesure un volume V = 20,0 cm³ de cette solution à l'aide d'une éprouvette graduée et on mesure sa masse à l'aide d'une balance préalablement tarée. La balance électronique affiche m = 13,2 g.

Donnée : masse volumique de l'eau : $\rho_{eau} = 1{,}0\ g.cm^{-3}$.

1) *Calculer la valeur de la masse volumique de la solution inconnue.*
2) *Calculer la densité de la solution inconnue.*
3) *À l'aide des informations fournies dans le tableau, identifier la solution inconnue.*

Espèces chimiques	Densité
Pentane	0,63
Ethanol	0,79
Hexane	0,66
Dichlorométhane	1,3

Correction

1) $\rho_{solution} = \frac{m_{solution}}{V_{solution}} = \frac{13{,}2}{20}$ donc $\rho_{solution} = 0{,}66\ g.cm^{-3}$.

2) $d_{solution} = \frac{\rho_{solution}}{\rho_{eau}} = \frac{0{,}66}{1{,}0}$ donc $d_{solution} = 0{,}66$ (PAS D'UNITE !!!).

3) La solution inconnue est donc l'hexane.

METHODE 2 : Savoir convertir

■ Principe

Bien souvent, les conversions vous tétanisent, vous crispent, pour faire simple vous prennent la tête... Et pourtant, convertir des unités est d'une facilité déconcertante... Il y a des automatismes à prendre. Voici une méthode très efficace pour arriver à vaincre vos peurs : que la force soit avec vous...

Convertir l'unité du volume :

1,0 L = 1,0 dm^3 = $1{,}0.10^{-3}$ m^3
1,0 mL = 1,0 cm^3
1,0 m^3 = 1000 L.
1,0 L = 1000 mL = 1000 cm^3.
Voici un petit tableau « synthèse » sur les unités de volume pour être sûr que c'est bien digéré...

m³			**dm³**			**cm³**
	hL	**daL**	**L**	**dL**	**cL**	**mL**

Convertir l'unité de la masse volumique : rien ne vaut un bon exemple pour comprendre !

La masse volumique du butanol $\rho_{butanol}$ = 810 kg/m^3. Comment fait-on pour la convertir en g/cm^3 ?

Il faut, dans un premier temps, **convertir les kg en g :**

1,0 kg = $1{,}0.10^3$ g

$\rho_{butanol}$ = 810 kg/m^3 = 810.10^3 g/m^3.

Il faut, dans un deuxième temps, **convertir les m³ en cm³** :

1,0 m^3 = $1{,}0.10^6$ cm^3

$$\rho_{butanol} = 810.10^3 \text{ g/m}^3 = \frac{810.10^3}{10^6} \text{ g/cm}^3 = 810.10^3 \times 10^{-6} \text{ g/cm}^3.$$

Au final, $\rho_{butanol}$ = 810.10^{-3} g/cm^3 = **0,810 g/cm³.**

Pour les champions du monde en maths, voici un tableau « synthèse » pour convertir les unités de la masse volumique :

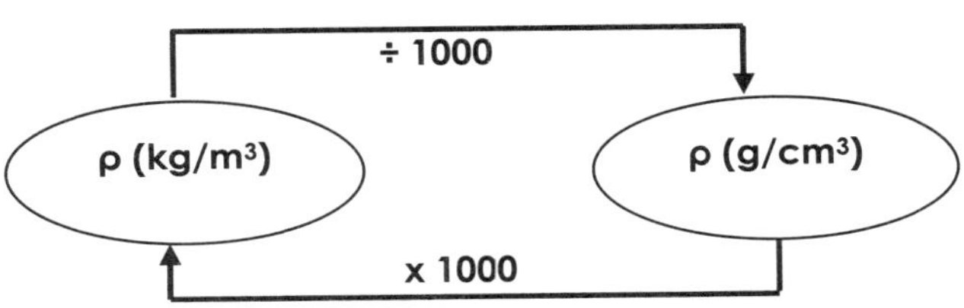

■ **Exemple 1 : Conversion.**

Convertir la masse volumique de la butylamine $\rho_{butylamine}$ = 0,76 g/cm³ en kg/m³.

Correction

Il faut, dans un premier temps, **convertir les g en kg** : $1,0 \text{ g} = 1,0.10^{-3} \text{ kg}$

$\rho_{butylamine} = 0,76 \text{ g/cm}^3 = 0,76.10^{-3} \text{ kg/cm}^3 = 7,6.10^{-4} \text{ kg/cm}^3$.

Il faut, dans un deuxième temps, **convertir les cm³ en m³** : $1,0 \text{ cm}^3 = 1,0.10^{-6} \text{ m}^3$

$\rho_{butylamine} = 7,6.10^{-4} \text{ kg/cm}^3 = 7,6.10^{-4} / 10^{-6} = 7,6.10^{-4} \times 10^6 \text{ kg/m}^3 = 7,6.10^2 \text{ kg/m}^3$

$\boldsymbol{\rho_{butylamine} = 760 \text{ kg/m}^3}$.

■ **Exemple 2 : Conversion.**

Convertir la masse volumique du pentène $\rho_{pentène}$ = 640 kg/m³ en g/cm³.

Correction

Il faut, dans un premier temps, **convertir les kg en g** : $1,0 \text{ kg} = 1,0.10^3 \text{ kg}$

$\rho_{pentène} = 640 \text{ kg/m}^3 = 640.10^3 \text{ g/m}^3 = 6,4.10^5 \text{ g/m}^3$.

Il faut, dans un deuxième temps, **convertir les m³ en cm³** : $1,0 \text{ m}^3 = 1,0.10^6 \text{ m}^3$

$$P_{pentène} = 6,4.10^5 \text{ g/m}^3 = \frac{6,4.10^5}{10^6} = 6,4.10^5 \times 10^{-6} \text{ g/cm}^3 = 6,4.10^{-1} \text{ g/cm}^3$$

$\boldsymbol{\rho_{butylamine} = 0,64 \text{ g/cm}^3}$.

METHODE 3 : Savoir exploiter les températures de changement d'état

■ **Principe**

La température de fusion correspond au passage, de l'espèce chimique, de l'état solide à l'état liquide. La température de fusion est **indépendante** de la **pression**. La température de fusion se mesure à l'aide d'un **banc Köfler**.

La température d'ébullition correspond au passage, de l'espèce chimique, de l'état liquide à l'état gazeux. La température d'ébullition **dépend** de la **pression**.

■ Exemple : Etude d'une étiquette.

Les étiquettes de certains produits chimiques donnent les informations suivantes :

Acétophénone pur

Température de fusion : T_f = 20,5°C
Température d'ébullition : T_{eb}= 202°C
Densité : d = 1,03

Acide pyruvique pur

Température de fusion : T_f = 11°C
Température d'ébullition : T_{eb}= 165°C
Densité : d = 1,27

Diéthyle oxyde pur

Température de fusion : T_f = – 116°C
Température d'ébullition : T_{eb}= 35°C
Densité : d = 0,71

1) A 20°C, dans quel état physique se trouvent les espèces chimiques ?
2) Un été de canicule, la température au sein du laboratoire de chimie peut dépasser les 37°C. Faut-il prendre des précautions particulières pour les produits chimiques étudiés ? Justifier.

Correction

1) A une température de 20°C :

- Acétophénone pur : état solide car $T_{fusion} > 20°C$
- Acide pyruvique pur : état liquide car $T_{fusion} < 20°C$
- Diéthyle oxyde pur : état liquide car $T_{fusion} < 20°C$

2) A une température de 37°C :

- Acétophénone pur passe de l'état solide à liquide puisque Tfusion < 37°C.

- Diéthyle oxyde pur passe de l'état liquide à l'état gazeux étant donné que Tébullition < 37°C.

Il faut conserver ces deux produits chimiques au frais comme dans un réfrigérateur par exemple.

METHODE 4 : Définir l'indice de réfraction et la solubilité d'une espèce chimique

■ Principe

L'indice de réfraction, noté n, caractérise la capacité d'une espèce chimique à dévier le trajet de la lumière. L'indice de réfraction d'un milieu **transparent** est une grandeur **sans unité**, supérieure ou égale à **1**.

La solubilité d'une espèce chimique correspond à la masse maximale de l'espèce chimique, que l'on peut dissoudre dans un litre de solvant. La solubilité, notée « **s** » s'exprime en **$g.L^{-1}$**.

■ Exemple : Solubilité du iodure de potassium KI.

La solubilité du iodure de potassium KI dans l'eau et à 20°C vaut s = 1270 $g.L^{-1}$. Déterminer la quantité maximale de iodure de potassium que l'on peut dissoudre dans 20,0 mL d'eau à 20°C.

Correction

Dans un litre d'eau, on peut dissoudre une masse de 1270 g de iodure de potassium, donc dans 20,0 mL :

$V = 20{,}0\ mL = 2{,}0.10^{-2}\ L$

$m_{KI} = 1270 \times 2{,}0.10^{-2}$ d'où **$m_{KI} = 25{,}4$ g.**
La quantité maximale de iodure de potassium que l'on peut dissoudre dans 20,0 mL d'eau à 20°C est donc égale à 25,4 g.

METHODE 5 : Savoir mettre en œuvre une chromatographie sur couche mince CCM

■ Principe

La chromatographie est une méthode de séparation et d'identification des constituants d'un mélange.

Pour réaliser une chromatographie sur couche mince CCM, il faut :

- un éluant appelé phase mobile ;
- un support solide appelé phase fixe ;
- des échantillons de référence ;
- les échantillons à analyser ;
- la cuve à chromatographie.

Au cours de la chromatographie, l'éluant migre **par capillarité** le long de la phase fixe. Plus une espèce chimique **est soluble** dans l'éluant, plus elle **migre** rapidement et haut le long de la phase fixe. Inversement, une espèce chimique **peu soluble** dans l'éluant **migrera peu ou pas**.

La révélation du chromatogramme permet de faire apparaître les différentes tâches. On peut utiliser la révélation aux vapeurs de diiode, la révélation au permanganate de potassium, ou encore la révélation à l'aide d'une lampe à UV (Ultra-Violet). (Pour ceux qui ont des références hautement philosophiques, vous pouvez vous rapporter à la série NCIS avec ABBY, c'est une technique qu'elle utilise souvent…)

Schéma d'un chromatogramme

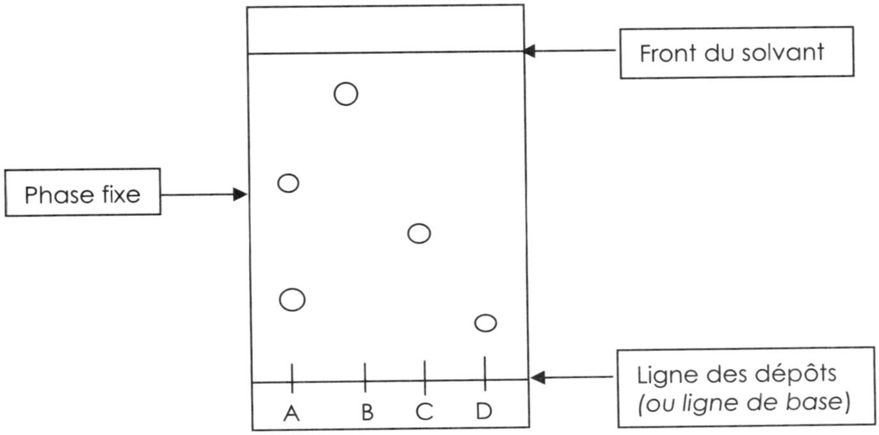

L'espèce chimique D est peu soluble dans l'éluant, tandis que l'espèce chimique B est très soluble dans l'éluant.

L'espèce chimique C est une espèce chimique pure puisque il n'y a qu'une seule tâche. L'espèce chimique A n'est pas une espèce chimique pure.

■ Exemple : Etude d'un chromatogramme.

On effectue la chromatographie de la solution d'extraction d'eucalyptus obtenue par hydrodistillation. Pour cela, on introduit dans une cuve à chromatographie 10,0 mL d'un mélange de cyclohexane et d'éthanoate d'éthyle. La solution à analyser est déposée sur une plaque de silice. Le chromatogramme est révélé à l'aide une solution de permanganate de potassium.
Le chromatogramme obtenu est schématisé ci-dessous :

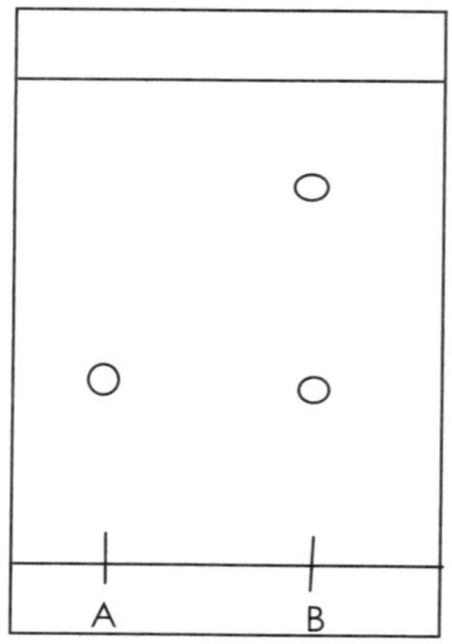

Caractéristiques du chromatogramme :

- **Echantillon A** : huile essentielle d'eucalyptol pur.
- **Echantillon B** : solution d'extraction de l'eucalyptol obtenue par hydrodistillation.

1) *Identifier l'éluant et la phase fixe.*
2) *La solution d'extraction de l'eucalyptus contient-elle de l'huile essentielle d'eucalyptol pur ? Justifier.*
3) *Cette solution d'extraction est-elle une espèce chimique pure ? Justifier.*

Correction

1) **Eluant :** mélange de cyclohexane et d'éthanoate d'éthyle.
   Phase fixe (ou phase stationnaire) : plaque de silice.

2) La solution d'extraction de l'eucalyptus contient de l'huile essentielle d'eucalyptol pur puisque il existe une tâche à la même hauteur dans l'échantillon B que celle de l'échantillon A.

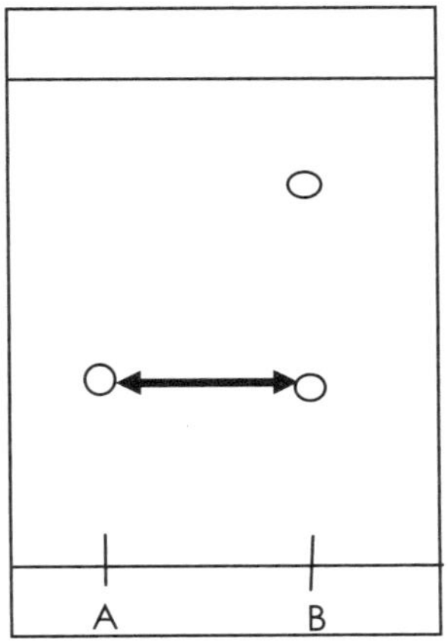

3) La solution d'extraction n'est pas une espèce chimique pure puisqu'il existe plusieurs tâches.

METHODE 6 : Déterminer le rapport frontal d'une espèce chimique

■ Principe

Le rapport frontal, noté R_f, est une grandeur sans unité.

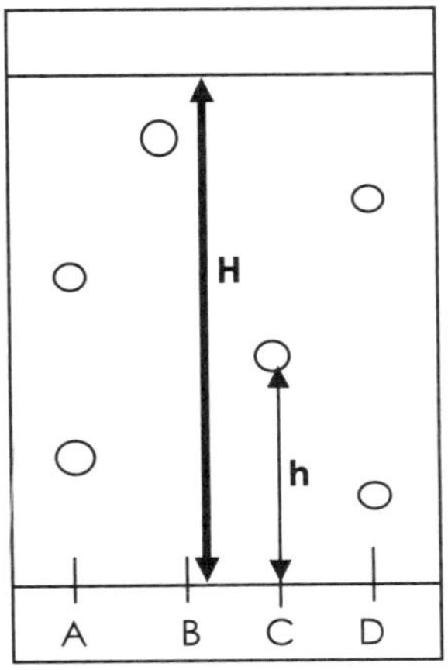

<u>**Rapport frontal**</u> :

$$R_f = \frac{h}{H}$$

- **H** : hauteur de la ligne des dépôts au front du solvant en cm.
- **h** : hauteur de la ligne des dépôts à la tâche en cm.

Le rapport frontal **dépend** de l'éluant et de la phase fixe.

■ Exemple : Détermination d'un rapport frontal.

La chromatographie sur couche mince d'un sirop de menthe fournit le chromatogramme ci-après :

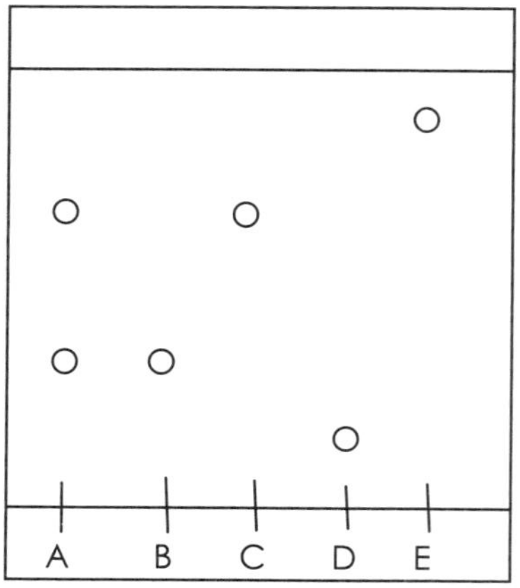

Caractéristiques du chromatogramme :

Eluant : mélange eau salée – éthanol.
Phase fixe : papier Whatman.
Echantillon A : sirop de menthe.
Echantillon B : colorant bleu de patenté (E 131).
Echantillon C : colorant jaune tartrazine (E 102).
Echantillon D : colorant rouge azorubine (E 122).
Echantillon E : colorant caramel (E 150).

1) Quels colorants contient le sirop de menthe ? Justifier.
2) Calculer le rapport frontal des colorants contenus dans le sirop de menthe.

Correction

1) Le sirop de menthe contient **le colorant bleu de patenté** (E 131) et le **colorant jaune tartrazine** (E 102).

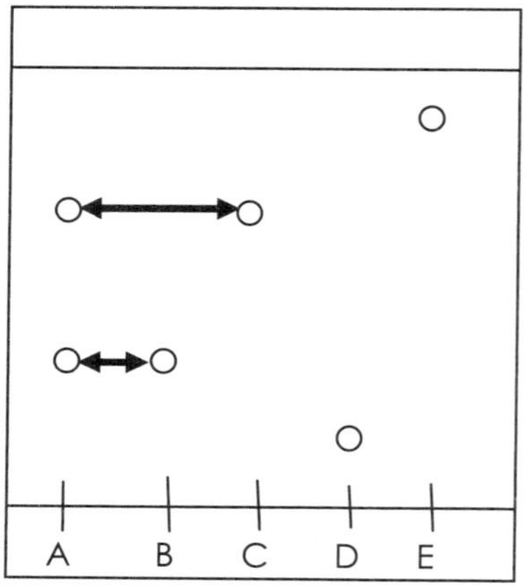

2) Rapport frontal du colorant bleu de patenté (E 131) :
H = 4,6 cm
h = 1,5 cm

donc R_f(bleu) = $\frac{1,5}{4,6}$ donc **R_f (bleu) = 0,33.**

Rapport frontal du colorant jaune tartrazine (E 102) :
H = 4,6 cm
h = 3,1cm

donc $R_f(\text{jaune}) = \frac{3,1}{4,6}$ donc **R_f (jaune) = 0,67**.

Testez-vous !

C'est le moment fatidique où vous allez prendre conscience de la quantité de travail que vous avez fourni sur ce chapitre... Les méthodes sont-elles comprises et apprises ? Vérifions tout de suite !

■ ***Complétez le texte à trous suivant.***

Une espèce chimique peut être caractérisée par sa ...., ses .... de .... d'..........., par son .... de .... ou bien encore par sa .... La .... est une grandeur physique sans unité qui correspond au rapport de la .... de l'espèce chimique par la .... de l'eau. La .... de .... correspond au passage de l'état .... à l'état .... alors que la .... d'..................correspond au passage de l'état .... à l'état .... L'................ de .... caractérise la capacité d'une espèce chimique à .... le trajet de la lumière alors que la .... correspond à la .... maximale de l'espèce chimique que l'on peut dissoudre dans un .... de solvant.

La .... est une technique de .... et d'........................... des constituants d'un mélange. Pour mettre en œuvre une chromatographie sur couche mince, on doit disposer d'une cuve à chromatographie, d'un ...., d'une ...., de la substance à analyser et d'échantillons de .... Parfois, il est nécessaire de .... le chromatogramme puisque les tâches sont ...., pour cela on peut utiliser une solution de .... de ...., une lampe à .... ou encore les .... de .... A partir du chromatogramme ainsi révélé, il est possible de déterminer le .... d'une espèce chimique noté ...., c'est une grandeur sans unité qui correspond au rapport entre la hauteur h parcourue par la tâche par la distance parcourue H par le solvant.

Correction

Une espèce chimique peut être caractérisée par sa **densité**, ses **températures** de **changement** d'**état**, par son **indice** de **réfraction** ou bien encore par sa **solubilité**. La **densité** est une grandeur physique sans unité qui correspond au rapport de la **masse volumique** de l'espèce chimique par la **masse volumique** de l'eau. La **température** de **fusion** correspond au passage de l'état **solide** à l'état **liquide** alors que la **température** d'**ébullition** correspond au passage de l'état **liquide** à l'état **gazeux**. L'**indice** de **réfraction** caractérise la capacité d'une espèce chimique à **dévier** le trajet de la lumière alors que la **solubilité** correspond à la **masse** maximale de l'espèce chimique que l'on peut dissoudre dans un **litre** de solvant.
La **chromatographie** est une technique de **séparation** et d'**identification** des constituants d'un mélange. Pour mettre en œuvre une chromatographie sur couche mince, on doit disposer d'une cuve à chromatographie, d'un **éluant**, d'une **phase fixe**, de la substance à analyser et d'échantillons de **référence**. Parfois, il est nécessaire de **révéler** le chromatogramme puisque les tâches sont **invisibles**, pour cela on peut utiliser une solution de **permanganate** de **potassium,** une lampe à **UV** ou encore les **vapeurs** de **diiode**. À partir du chromatogramme ainsi révélé, il est possible de déterminer le **rapport frontal** d'une espèce chimique noté **R_f,** c'est une grandeur sans unité qui correspond au rapport entre la hauteur h parcourue par la tâche par la distance H parcourue par le solvant.

■ ***Vrai ou faux ? Quand c'est faux, corrigez les erreurs ! Courage…***

1. Le rapport frontal correspond au rapport de la distance H parcourue par l'éluant par la distance h parcourue par la tâche.
2. L'unité de la densité d est kg/m^3.
3. L'indice de réfraction caractérise la capacité d'une espèce chimique à dévier le trajet de la lumière, c'est une grandeur sans unité.
4. Afin de révéler un chromatogramme, on peut utiliser une lampe à IR (Infra-Rouge).
5. Dans une chromatographie sur couche mince CCM, l'éluant constitue la phase fixe.
6. La température de fusion correspond au passage de l'état liquide à l'état solide.
7. Le rapport frontal dépend de la phase fixe et de la phase mobile choisie.
8. La solubilité correspond à la masse maximale de l'espèce chimique que l'on peut dissoudre dans un litre d'eau.
9. La révélation du chromatogramme permet de faire apparaître les tâches qui étaient invisibles.
10. La température d'ébullition correspond au passage de l'état liquide à l'état gazeux.
11. Le rapport frontal est une grandeur sans unité.
12. Plus une espèce chimique est soluble dans l'éluant moins elle migre haut.
13. Le front du solvant constitue la ligne sur laquelle on dépose la substance à analyser ainsi que les échantillons de référence.
14. La masse volumique est une grandeur sans unité.

Correction

1. Faux : le rapport frontal correspond au rapport de la distance h parcourue par la tâche par la distance H parcourue par l'éluant.
2. Faux : la densité est une grandeur sans unité.
3. Vrai.
4. Faux : afin de révéler un chromatogramme, on peut utiliser une lampe à UV (Ultra-Violet).
5. Faux : dans une chromatographie sur couche mince CCM, l'éluant constitue la phase mobile.
6. Faux : la température de fusion correspond au passage de l'état solide à l'état liquide.
7. Vrai.
8. Faux : la solubilité correspond à la masse maximale de l'espèce chimique que l'on peut dissoudre dans un litre de solvant.
9. Vrai.
10. Vrai.
11. Vrai.
12. Faux : plus une espèce chimique est soluble dans l'éluant, plus elle migre vers le haut.
13. Faux : le front du solvant constitue la ligne atteinte par l'éluant lors de sa migration le long de la phase fixe.
14. Faux : l'unité de la masse volumique est kg/m^3.

Réflexes

	SITUATIONS	REFLEXES
1.	Quelles sont les différentes grandeurs qui caractérisent une espèce chimique ?	▪ **La densité d** qui correspond au rapport de la masse volumique de l'espèce chimique par la masse volumique de l'eau, c'est une grandeur **sans unité**. ▪ **Température de fusion** qui correspond au passage de l'état solide à l'état liquide. ▪ **Température d'ébullition** qui correspond au passage de l'état liquide à l'état gazeux. Sa valeur dépend de la pression. ▪ **Indice de réfraction** qui caractérise la capacité d'une espèce chimique à dévier le trajet de la lumière. ▪ **La solubilité** qui représente la masse maximale de l'espèce chimique que l'on peut dissoudre dans un litre de solvant.
2.	Comment définit-on une CCM ?	▪ **Une chromatographie sur couche mince CCM** est une technique physique de séparation et d'identification des constituants d'un mélange.

3.	De quels matériels a-t-on besoin pour réaliser une CCM ?	▪ Une cuve à chromatographie. ▪ Une **phase fixe** (ou phase stationnaire). ▪ Une phase mobile ou **éluant.** ▪ De l'échantillon à analyser. ▪ Des échantillons de référence.
4.	Pourquoi révèle-t-on parfois un chromatogramme ?	▪ Après élution, parfois les tâches sont invisibles, il faut donc **révéler** le chromatogramme c'est-à-dire faire **apparaître les tâches**.
5.	Comment révèle-t-on un chromatogramme ?	▪ A l'aide d'une solution de **permanganate de potassium.** ▪ A l'aide des vapeurs de **diiode**. ▪ A l'aide d'une lampe à **UV.**
6.	Comment calcule-t-on le rapport frontal ?	▪ Le rapport frontal correspond au rapport de la distance h parcourue par la tâche par la distance H parcourue par l'éluant $R_f = \frac{h}{H}$ R_f est **sans unité**

Chapitre 4

LES MEDICAMENTS

Depuis la nuit des temps, l'Homme a tenté avec plus ou moins de succès de soigner ses pathologies…
Du latin *medicamentum*, de *medicare* (donner des remèdes) le médicament est une substance possédant des propriétés destinées à guérir, soulager ou prévenir des maladies.

L'Histoire du médicament est totalement liée à la recherche scientifique.

Au Moyen Age, le traitement des maladies est très approximatif et essentiellement basé sur des théories issues de croyances mystiques… On pratiquait par exemple les « saignées » visant à faire fuir le « mal » du patient. Ces pratiques affaiblissaient le malade et le conduisaient à sa perte…

C'est à partir du XIXe siècle que l'on parvient à isoler des « principes actifs » de certains végétaux qui permettent de lutter très efficacement contre certaines pathologies. On découvre par exemple la morphine issue de l'opium ou encore l'acide salicylique extrait de l'écorce de saule.
Pour répondre à la demande toujours croissante de ces principes actifs et par souci de réduire les coûts de production, les chimistes arrivent à synthétiser en laboratoire ces diverses molécules : c'est le début de l'industrialisation des médicaments avec la création de grands groupes pharmaceutiques…
Autre date importante : 1941 avec la découverte par M. Flemming de la pénicilline, le 1er antibiotique ! (Attention, ils ne sont pas automatiques…)

De nos jours, les scientifiques travaillent sur une nouvelle génération de médicaments issus de la recherche génétique. Ces remèdes du futur pourront, nous l'espérons tous, avoir des réponses efficaces et totales contre des pathologies graves comme les cancers.

Dans ce chapitre, je vous ai préparé quelques « méthodes » qui vous permettront d'être à l'aise sur les notions de formulation, de princeps, d'excipients ou encore de génériques…
Ma thérapie pour te guérir contre les pathologies de la feuille blanche ou encore contre le virus de la redoutable « bulle » se résume à la prescription suivante : « mon cher patient, pour préparer chaque DS, avalez 3 méthodes 3 fois par jour pendant une semaine. » Assez parlé, au TRAVAIL !

METHODE 1 : Savoir définir la formulation d'un médicament

■ Principe

Un médicament est clairement défini, en France, dans le code de la santé publique par l'article L5111-1 dont voici un extrait :

« On entend par médicament toute substance ou composition présentée comme possédant des propriétés curatives ou préventives à l'égard des maladies humaines ou animales, ainsi que toute substance ou composition pouvant être utilisée chez l'homme ou chez l'animal ou pouvant leur être administrée, en vue d'établir un diagnostic médical ou de restaurer, corriger ou modifier leurs fonctions physiologiques en exerçant une action pharmacologique, immunologique ou métabolique. »

Ainsi, afin de répondre à toutes les exigences thérapeutiques, un médicament peut se présenter sous différentes formes que l'on appelle les formes **« galéniques »** telles que les gélules, les comprimés, les suppositoires... Toutes ces formes galéniques résultent d'un processus nommé formulation.

La formulation comprend les opérations mises en œuvre pour élaborer une forme galénique au cours desquelles on donne à une substance active des propriétés qui en facilitent son assimilation par l'organisme.

METHODE 2 : Savoir identifier le principe actif d'un médicament

■ Principe

Le principe actif constitue la substance qui possède des propriétés thérapeutiques. Il est généralement en très faibles proportions par rapport aux autres composants du médicament.

METHODE 3 : Connaître l'intérêt des excipients

■ Principe

Les excipients ne présentent pas des effets thérapeutiques au sein d'un médicament. Ils ont pour but d'améliorer l'aspect, le goût, d'assurer la conservation du principe actif, de faciliter la mise en forme et l'assimilation du médicament par l'organisme.

■ **Exemple : Lire l'étiquette d'un médicament.**

La notice d'un médicament fournie les informations suivantes :

- *substance active : kétoprofène .... 150 mg*
- *les autres substances : lactose monohydraté, amidon de blé, silice colloïdale hydratée, gélatine, stéarate de magnésium, hydroxyéthylcellulose, hydrogénophosphate de calcium dihydraté.*

a) Identifier le principe actif et les excipients.
b) Quel est l'intérêt des excipients ?

Correction

a) Principe actif : kétoprofène.
Excipients : lactose monohydraté, amidon de blé, silice colloïdale hydratée, gélatine, stéarate de magnésium, hydroxyéthylcellulose, hydrogénophosphate de calcium dihydraté.

b) Les excipients ont pour but d'assurer l'assimilation du médicament et donc du principe actif par l'organisme.

METHODE 4 : Savoir faire la différence entre un médicament princeps et un médicament générique

■ Principe

Un médicament « princeps » est un médicament original découvert par un laboratoire qui en conserve l'exclusivité pendant 20 ans.

Un médicament générique est clairement définit, en France, au code de la santé publique à l'article L601-6 dont voici un extrait :

« [...] *la spécialité générique d'une spécialité de référence est définie comme celle qui a la même composition qualitative et quantitative en principe actif, la même forme pharmaceutique et dont la bioéquivalence avec la spécialité de référence est démontrée par des études de biodisponibilité appropriées.* »

Un médicament générique est un médicament identique ou équivalent à un médicament princeps dont le brevet est tombé dans le domaine public. Il est produit et vendu sous sa dénomination commune internationale (DCI), c'est-à-dire le nom chimique de la substance active suivi du nom du laboratoire.

■ Exemple : Princeps ou générique ?

CLAMOXYL® 500 mg gélule	<u>Composition :</u> – Amoxicilline ………………….. 500 mg – Stéarate de magnésium <u>Composition de l'enveloppe de la gélule :</u> Tête : indigotine, érythrosine, gélatine, dioxyde de titane. Corps : oxyde de fer jaune, gélatine, dioxyde de titane.
AMOXICILLINE Mylan 500 mg gélule	<u>Composition :</u> – Amoxicilline ………………….. 500 mg – Stéarate de magnésium <u>Composition de l'enveloppe de la gélule :</u> Tête : carmin indigo, fer oxyde jaune, gélatine, dioxyde de titane. Corps : carmin indigo, oxyde de fer jaune, gélatine, dioxyde de titane.
AMOXICILLINE Sandoz 500 mg gélule	<u>Composition :</u> – Amoxicilline ………………….. 500 mg – Stéarate de magnésium <u>Composition de l'enveloppe de la gélule :</u> Tête : indigotine, érythrosine, gélatine, dioxyde de titane. Corps : oxyde de fer rouge, oxyde de fer jaune, gélatine, dioxyde de titane , oxyde de fer noir.

a) Identifier les médicaments princeps et génériques.
b) Identifier le principe actif dans chacun de ces médicaments.
c) Préciser les différences entre ces médicaments. Comment nomme-t-on les substances qui diffèrent. Quels sont les intérêts de telles espèces chimiques ?
d) Quel est l'avantage d'un générique par rapport à un princeps ?

Correction

a) Le médicament princeps est le CLAMOXYL® 500 mg gélule. AMOXICILLINE Sandoz et AMOXICILLINE Mylan sont des médicaments génériques.
b) Le principe actif est commun aux trois médicaments, il s'agit de l'amoxicilline.
c) Les différences entre ces médicaments se situent au niveau de la composition de l'enveloppe de la gélule, il s'agit des excipients. Ils ont pour rôle d'améliorer l'assimilation du principe actif, d'assurer sa mise en forme et sa conservation.
d) L'avantage d'un médicament générique par rapport à un médicament princeps se situe au niveau du prix, un générique est moins cher car le coût de la recherche est amorti.

Testez-vous !

■ ***Complétez le texte à trous suivant, juste pour savoir si vous avez bien compris les méthodes…***

La .... d'un médicament est l'ensemble des opérations qui permet de donner à une substance chimique des propriétés facilitant son absorption par l'organisme. Ainsi, un médicament est constitué d'un ou plusieurs .... qui présentent des vertus thérapeutiques et d'.................. qui ont pour but d'assurer la mise en forme, la conservation et l'assimilation du médicament. Les .... ne possèdent aucunes propriétés thérapeutiques. Parmi les nombreux médicaments, on distingue les médicaments .... et les médicaments .... Les premiers constituent le modèle, ils ont été découverts par un laboratoire qui en conserve l'exclusivité pendant de nombreuses années. Les deuxièmes sont .... ou .... aux médicaments ...., on utilise la dénomination commune internationale .... pour les commercialiser. Les médicaments .... présentent l'avantage d'être moins coûteux que les médicaments ....

Correction

La **formulation** d'un médicament est l'ensemble des opérations qui permet de donner à une substance chimique des propriétés facilitant son absorption par l'organisme. Ainsi, un médicament est constitué d'un ou plusieurs **principes actifs** qui présentent des vertus thérapeutiques et d'**excipient**s qui ont pour but d'assurer la mise en forme, la conservation et l'assimilation du médicament. Les **excipients** ne possèdent aucune propriété thérapeutique. Parmi les nombreux médicaments, on distingue les médicaments **princeps** et les médicaments **génériques.** Les premiers constituent le modèle, ils ont été découverts par un laboratoire qui en conserve l'exclusivité pendant de nombreuses années. Les deuxièmes sont **identiques** ou **équivalents** aux médicaments **princeps**, on utilise la dénomination commune internationale **DCI** pour les commercialiser. Les médicaments **génériques** présentent l'avantage d'être moins coûteux que les médicaments **princeps**.

■ ***Vrai ou faux ? Quand c'est faux, corrigez les erreurs ! Courage…***

1. Un médicament princeps est la copie d'un médicament générique.
2. Un excipient possède des propriétés thérapeutiques.

3. La formulation est l'ensemble des procédés qui permettent de concevoir les différentes formes galéniques d'un médicament.
4. Des médicaments princeps et des médicaments génériques diffèrent par le principe actif.
5. Pour commercialiser un médicament générique, on utilise la dénomination commune internationale DCI.
6. Un médicament princeps est généralement moins coûteux qu'un médicament générique.
7. Les formes galéniques englobent l'ensemble des formes (gélules, suppositoire, solution injectable,...) sous lesquelles un médicament peut exister.

Correction

1. Faux : un médicament générique est identique ou équivalent à un médicament princeps.
2. Faux : un excipient ne possède pas de propriétés thérapeutiques, il assure la mise en forme, la conservation, l'assimilation du médicament.
3. Vrai.
4. Faux : des médicaments princeps et des médicaments génériques peuvent différer par les excipients.
5. Vrai.
6. Faux : un médicament générique est généralement moins coûteux qu'un médicament princeps.
7. Vrai.

Réflexes

	SITUATIONS	REFLEXES
1.	Comment définit-on un médicament ?	Un **médicament** est une substance destinée à guérir, à favoriser la guérison, à soulager ou à prévenir des maladies.
2.	Qu'appelle-t-on formulation d'un médicament ?	La **formulation** est l'ensemble des opérations qui permettent de mettre en forme le médicament afin d'améliorer son assimilation.
3.	Quelle est la différence entre le principe actif et l'excipient ?	**Un principe actif** possède des propriétés thérapeutiques tandis que l'**excipient** a pour but d'assurer la mise en forme, la conservation et l'assimilation du médicament.
4.	Quelle différence existe-t-il entre un médicament princeps et un médicament générique ?	**Un médicament princeps** est le médicament original découvert par un laboratoire qui en conserve l'exclusivité pendant quelques années. **Un médicament générique** est identique ou équivalent à un médicament princeps.

Chapitre 5

SYNTHESE D'ESPECES CHIMIQUES

Comme le disait mon cher professeur de physique au lycée : « un bon élève de sciences physiques est une éponge ! » Et là forcement, on se disait, le prof a encore grillé un fusible… Que nenni ! Il ajoutait : « vous êtes une éponge pour absorber toute la connaissance que je vous donne et vous avez la souplesse de l'éponge pour supporter toutes mes démonstrations… » Moi je dis « respect » devant cette pensée métaphysique sur laquelle vous allez méditer toute la soirée… Alors aujourd'hui au programme, un chapitre d'une simplicité incroyable ! En gros, il y a 3 points essentiels : identifier un chauffage à reflux (super utile pour vos TP), maîtriser la technique de filtration « sous vide » et enfin connaître les intérêts et applications de la chimie de « synthèse ». Franchement, y a pas grand-chose à dire, donc je vais vous présenter tout ça le plus clairement possible. Allons à l'essentiel ! Voici les méthodes « miracles » que vous devez absorber pour être le plus détendu possible devant la copie du futur DS… Pensez Method's, pensez « éponge »… Allez Bob, au taf ! (Dédicace à ma fille de 4 ans pour ce dessin animé qu'elle vénère…)

METHODE 1 : Savoir mettre en œuvre un montage à reflux

■ Principe

Chauffer à reflux signifie simplement que l'on porte à ébullition les réactifs dans un ballon surmonté d'un réfrigérant à eau. Ce dernier permet de condenser les vapeurs qui s'échappent du mélange. Pour faire simple, les substances chimiques se vaporisent puis se condensent puis se vaporisent puis se condensent… Le montage à reflux permet donc d'éviter les pertes des réactifs et des produits lors de la synthèse d'espèces chimiques. On ajoute des petites pierres ponces afin d'homogénéiser le mélange et de réguler l'ébullition (elle casse les grosses bulles…). Y a rien de mieux qu'un bon schéma pour simplifier mon speech…

Schéma du montage à reflux

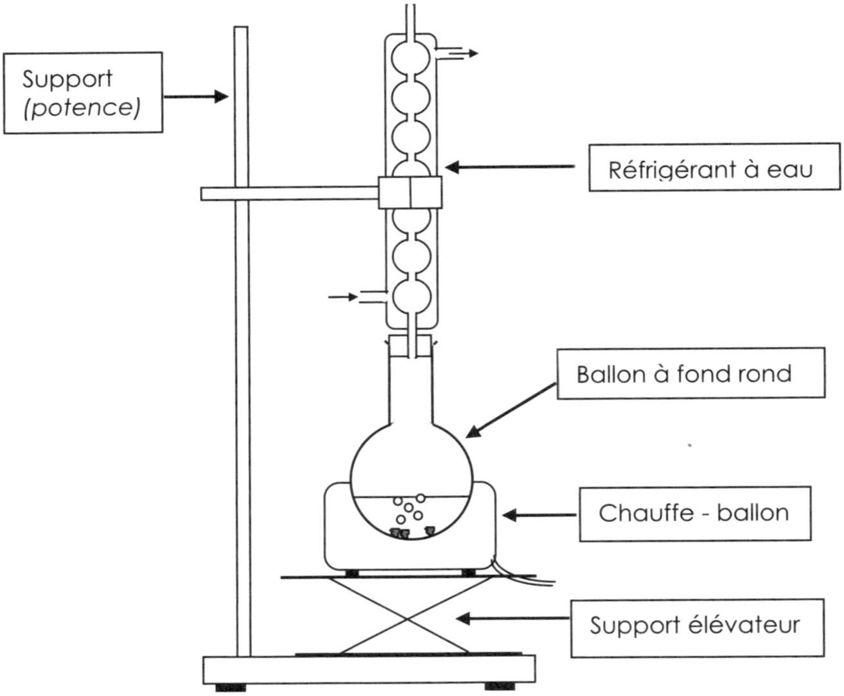

■ **Exemple : Synthèse de l'acétate d'isoamyle.**

Eh oui, encore une fois, la société de consommation nous trompe, nous sommes les pauvres victimes de la « mal-bouffe ». Vous ne le savez peut-être pas, mais quand vous mangez certains yaourts aux fruits (ne généralisons pas non plus…) vous mangez beaucoup de choses sauf des fruits… Ils contiennent en effet des arômes synthétisés industriellement… C'est la même couleur, la même odeur mais c'est pas du fruit… Oh mince, « on m'aurait menti » ?
Prenons l'exemple de l'acétate d'isoamyle. C'est un ester à odeur de banane qui est utilisé comme arôme alimentaire dans les yaourts par exemple. Il peut être synthétisé au laboratoire en chauffant à reflux de l'alcool isoamylique, de l'acide éthanoïque pur et de l'acide sulfurique en présence de pierres ponces. Après transformation chimique, on ajoute une solution saturée de chlorure sodium. La séparation des phases est effectuée à l'aide d'une ampoule à décanter, la phase organique contenant l'ester synthétisé étant moins dense que l'eau.

a) Faire la liste du matériel et des produits nécessaires pour réaliser un montage à reflux.
b) Expliquer le principe du chauffage à reflux. Préciser l'intérêt du réfrigérant à eau.
c) Expliquer le rôle de la pierre ponce.

Correction

a) Liste du matériels :

- support élévateur
- chauffe-ballon
- ballon à fond rond
- réfrigérant à eau
- support (potence)
- pierre ponce
- alcool isoamylique
- acide éthanoïque pur
- acide sulfurique

b) Chauffer à reflux signifie porter à ébullition les réactifs dans un ballon surmonté d'un réfrigérant à eau. Le montage à reflux permet d'éviter les pertes des réactifs et des produits lors de la synthèse d'espèces chimiques. Le réfrigérant à eau permet de condenser les vapeurs des réactifs et des produits qui s'évaporent du milieu réactionnel.

c) La pierre ponce permet d'homogénéiser le mélange réactionnel et de réguler l'ébullition.

METHODE 2 : Connaître la filtration sous vide

■ Principe

Parfois, il est nécessaire de filtrer pour récupérer le produit de la synthèse chimique. La filtration sous vide est une technique plus efficace et plus rapide que la filtration par gravité.

Schéma de la filtration sous vide

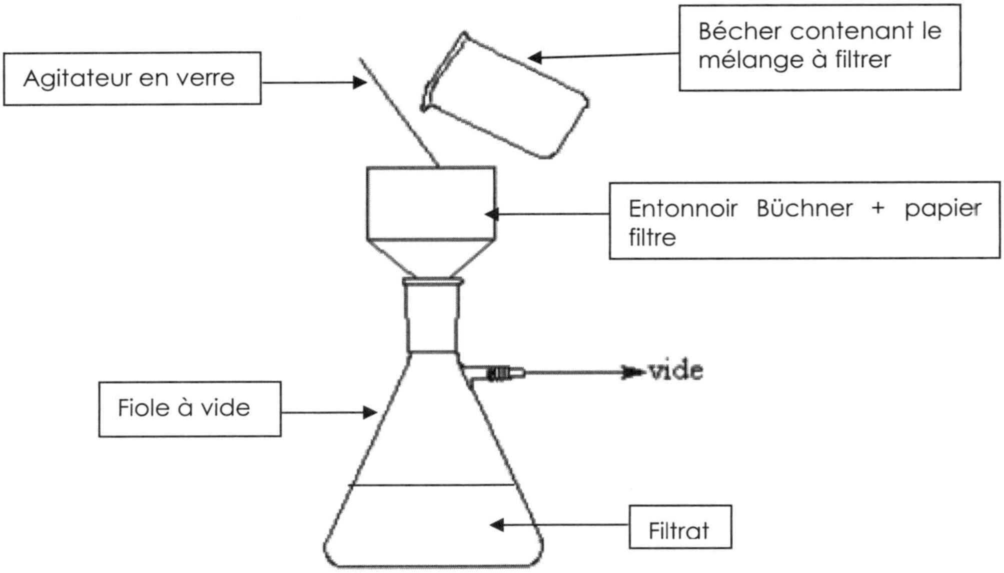

METHODE 3 : Comprendre la nécessité de la chimie de synthèse

■ Principe

La chimie de synthèse, de quoi est-elle constituée ? A quoi sert-elle ?

Elle se compose de plusieurs secteurs :

- **la chimie lourde** : production à faible coût et en grande quantité à partir de matières premières disponibles facilement comme l'eau, l'air, le pétrole, les minerais…
  Exemples de produits : l'aluminium, la lessive, l'eau de Javel… ;

- **la chimie fine :** production en faible quantité et avec un coût élevé.
  Exemples de produits : les médicaments, les produits cosmétiques, les composants électroniques…

La chimie de synthèse présente plusieurs intérêts :

- produire à moindre coût et en plus grande quantité des espèces chimiques existant dans la nature ;
- créer des substances adaptées aux besoins de l'Homme ;
- permettre des progrès dans le domaine de la santé, de l'alimentation…

Eh bien voilà, vous l'avez compris, dans ce livre, je me dois d'être méthodique, synthétique, d'aller à l'essentiel : c'est chose faite. Je vous ai tout dit sur le sujet. Il ne me reste plus qu'à vous souhaiter de bien travailler...Vous pouvez fermer et retourner à une activité « normale ». Ad taleur !

Testez-vous !

■ ***Complétez le texte à trous suivant.***

C'est le moment fatidique ! Avez-vous bien intégré les méthodes ? Vous tremblez, vous transpirez, l'angoisse est à son paroxysme, vous manquez d'air... Oui vous pouvez le dire : quel mytho ! Faut que j'arrête de m'emballer... Faites l'exo suivant, vous serez fixé...

Au cours d'un .... à ...., on porte à .... des réactifs introduits dans un ballon surmonté d'un .... à .... Celui-ci permet de .... les .... qui s'échappent du milieu réactionnel. Afin d'assurer l'.................................. du mélange et de .... l'........................., on ajoute des .... Le chauffage à reflux permet d'éviter les .... des .... et des .... Parfois, il est nécessaire de .... pour récupérer le produit de la synthèse chimique. Pour cela, on met en oeuvre une .... sous .... qui présente l'avantage d'être plus .... et plus .... qu'une filtration simple par .... Les deux principaux secteurs qui composent la chimie de synthèse sont la chimie .... et la chimie .... La chimie .... contribue à synthétiser des espèces chimiques ayant un coût élevé et produit dans de faibles quantités. Au contraire, la chimie .... participe à la production d'espèces chimiques à faible coût et en grande quantité. La chimie de synthèse présente de nombreux .... tels que le progrès dans le domaine de la santé, d l'alimentation ou bien encore la création de substances adaptées à l'Homme.

Correction

Au cours d'un **chauffage** à **reflux**, on porte à **ébullition** des réactifs introduits dans un ballon surmonté d'un **réfrigérant** à **eau**. Celui-ci permet de **condenser** les **vapeurs** qui s'échappent du milieu réactionnel. Afin d'assurer l'**homo-**

généisation du mélange et de **réguler** l'**ébullition**, on ajoute des **pierres ponces**. Le chauffage à reflux permet d'éviter les **pertes** des **réactifs** et des **produits**. Parfois, il est nécessaire de **filtrer** pour récupérer le produit de la synthèse chimique. Pour cela, on met en oeuvre une **filtration** sous **vide** qui présente l'avantage d'être plus **rapide** et plus **efficace** qu'une filtration simple par **gravité**. Les deux principaux secteurs qui composent la chimie de synthèse sont la chimie **fine** et la chimie **lourde**. La chimie **fine** contribue à synthétiser des espèces chimiques ayant un coût élevé et produit dans de faibles quantités. Au contraire, la chimie **lourde** participe à la production d'espèces chimiques à faible coût et en grande quantité. La chimie de synthèse présente de nombreux **intérêts** tels que le progrès dans le domaine de la santé, de l'alimentation ou bien encore la création de substances adaptées à l'Homme.

■ ***Vrai ou faux ? Quand c'est faux, corrigez les erreurs ! Courage…***

1. La filtration par gravité est plus efficace et plus rapide qu'une filtration sous vide.
2. Les pierres ponces empêchent aux vapeurs de s'échapper du milieu réactionnel.
3. Le réfrigérant à eau surmonte le ballon à fond rond et permet de condenser les vapeurs.
4. Le chauffage à reflux permet d'éviter les pertes de réactifs et de produits.
5. La chimie lourde correspond à la production d'espèces chimiques en faible quantité et au coût élevé.
6. Pour mettre en œuvre une filtration sous vide, on doit disposer d'un chauffe-ballon, d'un ballon à fond rond, d'un réfrigérant à eau, d'un support élévateur et d'une potence.
7. La filtration sous vide permet de séparer la phase liquide de la phase solide.
8. Le secteur de la chimie lourde assure la production d'espèces chimiques telles que l'aluminium, la lessive, l'eau de Javel.

Correction

1. Faux : la filtration sous vide est plus efficace et plus rapide que la filtration par gravité.
2. Faux : les pierres ponces assurent l'homogénéisation du mélange et la régulation de l'ébullition.
3. Vrai.
4. Vrai.
5. Faux : la chimie lourde correspond à la production d'espèces chimiques à faible coût et en grande quantité.
6. Faux : pour mettre en œuvre une filtration sous vide, on doit disposer d'une fiole à vide, d'un entonnoir Büchner, de papier filtre, d'un agitateur en verre.
7. Vrai.
8. Vrai.

Réflexes

	SITUATIONS	REFLEXES
1.	Quel est le principe d'un chauffage à reflux ?	Chauffer à reflux signifie **porter à ébullition les réactifs dans un ballon surmonté d'un réfrigérant à eau.** Le montage à reflux **permet d'éviter les pertes** des réactifs et des produits lors de la synthèse d'espèces chimiques.
2.	Quel est le rôle du réfrigérant à eau ?	Le réfrigérant à eau permet de **condenser** les vapeurs qui s'échappent du mélange.
3.	Quel est l'intérêt d'ajouter des pierres ponces au mélange réactionnel ?	Les pierres ponces permettent d'**homogénéiser** le mélange et de **réguler l'ébullition**.
4.	Quel est l'intérêt de filtrer sous vide ?	**La filtration sous vide** est une technique **plus efficace** et **plus rapide** que la filtration par gravité.
5.	Pourquoi la chimie de synthèse est-elle une nécessité ?	La chimie de synthèse présente de nombreux intérêts dans le domaine de la santé et de l'alimentation.

Chapitre 6

LES SIGNAUX PERIODIQUES

L'année dernière, vous avez travaillé en électricité sur un appareil appelé « oscilloscope »... Il vous permettait d'observer un signal électrique et d'en déterminer toutes les caractéristiques... Comment ça, vous ne vous en rappelez plus... ? Mais si, c'est la grosse boîte pleine de boutons avec un petit spot vert qui se déplace de gauche à droite ! Le TP « torture » au cours duquel vous deviez mesurer la période, la tension maximale d'une tension sinusoïdale pour aboutir enfin au calcul de sa fréquence ! Toujours rien... ! Aucun souvenir ? Bon eh bien je vais tout reprendre à « zéro » ! Incroyable mais vrai, vous allez enfin comprendre ce qu'est un signal périodique...
Mais si vous en êtes capable ! Quand on veut, on peut ! Pour se faire, voici quelques méthodes à consommer sans modération...

METHODE 1 : Savoir définir un phénomène périodique

■ Principe

Un phénomène périodique est un phénomène qui se reproduit identique à lui-même à intervalles de temps réguliers.
Les exemples sont multiples et variés : il y a le courant alternatif que vous avez étudié en classe de 3e. Il change de sens dans le circuit 50 fois par seconde. On peut aussi parler du cycle diurne (lever et coucher du Soleil toutes les 24 heures) ou encore du cycle des marées. Dans le domaine de la médecine on peut étudier les pulsations cardiaques. Autre exemple ultra-classique : le son provenant de la compression et de la dilatation de proche en proche de couches d'air...

METHODE 2 : Savoir définir la période et la fréquence d'un phénomène périodique

■ Principe

Les deux définitions qui suivent vous ont déjà été données en classe de 3e ! Elles sont fondamentales et doivent être apprises par cœur ! Je vous rappelle bien sûr qu'il est obligatoire de donner une unité à vos résultats numériques... En cas d'oubli, cela pourrait déclencher une crise de nerfs aigüe de votre professeur de physique chimie : « ZERO ! »

On branche un GBF aux bornes d'un oscilloscope ! AH AH AHH !!! Qu'est-ce qui nous raconte le M. LEY ? Don't stress !
Je vous rappelle qu'un GBF est un « générateur basse fréquence » qui délivre un signal périodique. L'oscilloscope est un appareil qui permet de visualiser ce signal sur un écran. (Je rentrerai dans les détails concernant l'utilisation de l'oscilloscope dans la méthode N°4.)

On visualise **l'oscillogramme** suivant :

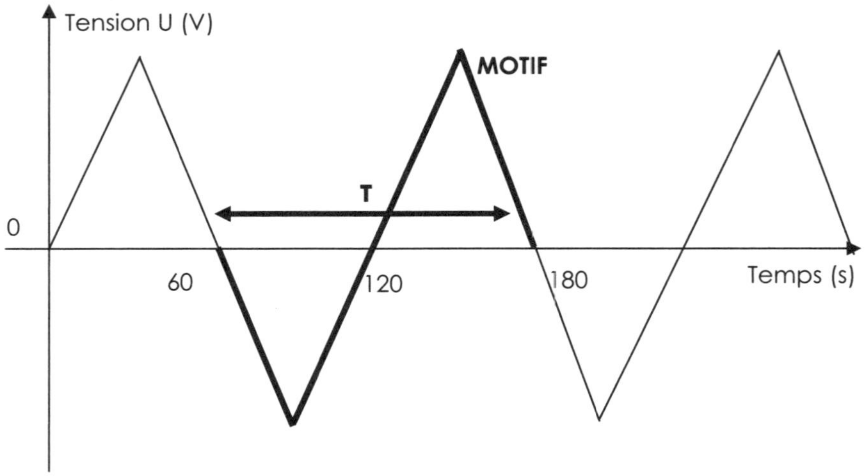

La **partie de la courbe** qui **se répète** au cours du temps s'appelle le « **motif élémentaire** » de la courbe.

Une tension est dite « **périodique** » si un **motif élémentaire se répète** au cours du temps.

La **période** notée « **T** » correspond à la **durée** d'un motif élémentaire.
Elle est exprimée en **seconde**(s).

On appelle **fréquence** « **f** » d'une tension le **nombre de périodes par seconde.**
Elle est exprimée en **hertz** de symbole Hz. Par exemple si f = 20 Hz, cela signifie qu'il y a 20 périodes en une seconde.

Il existe une relation mathématique entre la fréquence « f » et la période « T » :

La fréquence est l'inverse de la période : $\mathbf{f} = \frac{1}{T}$	▪ f : fréquence en hertz (Hz) ▪ T : période en seconde (s)

Attention : pensez toujours à convertir la fréquence en Hertz et la période en s dans tous vos calculs.

■ **Exemple 1 :** *déterminez la valeur de la période T, de la fréquence f dans le graphique ci-dessus :*

T = 180 – 60 = 120 s.

$\mathbf{f} = \frac{1}{T} = \frac{1}{120} = 8{,}3 \times 10^{-3}$ Hz.

■ **Exemple 2** : *le secteur (courant délivré par EDF) délivre une tension alternative de période 20 ms. Quelle est sa fréquence ?*

Piège : ne pas oublier de convertir la période en ms en seconde !
20 ms = 20×10^{-3} s = $2{,}0.10^{-2}$ s

$$\mathbf{f} = \frac{1}{T} = \frac{1}{2{,}0.10^{-2}} = 50 \text{ Hz.}$$

Pour information, cela veut dire que le courant délivré par EDF change 50 fois de sens en une seconde…

■ **Exemple 3 :** on branche un GBF aux bornes d'un oscilloscope. On obtient les oscillogrammes ci-dessous. *Identifier* ***les motifs*** *de chaque signal périodique. Mesurez la période et la fréquence quand cela est possible !*

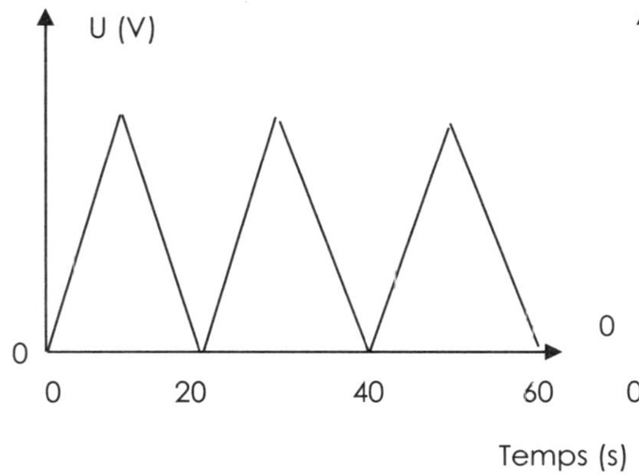

Graphique N°1

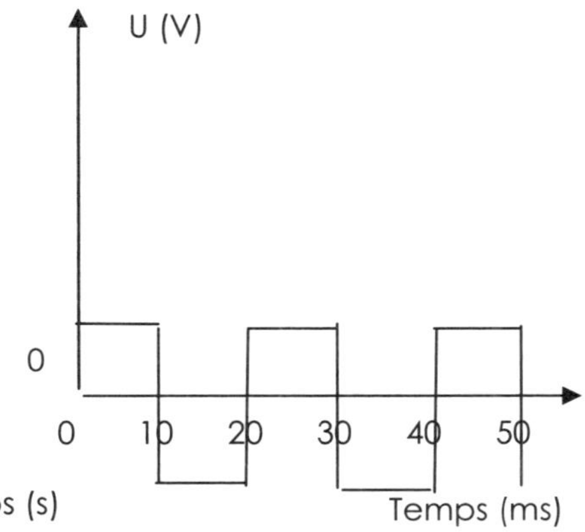

Graphique N°2

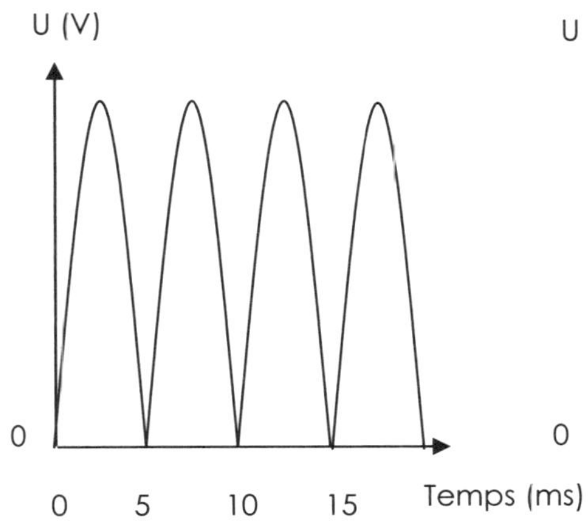

Graphique N°3

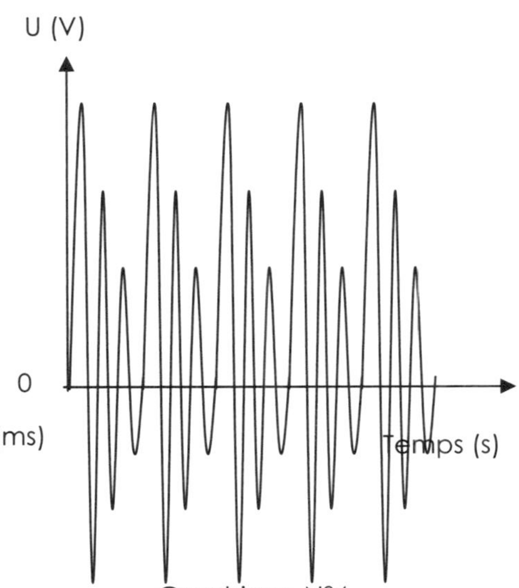

Graphique N°4

Correction

Graphique N°1 :
Un motif se répète au cours du temps. Il a pour forme :

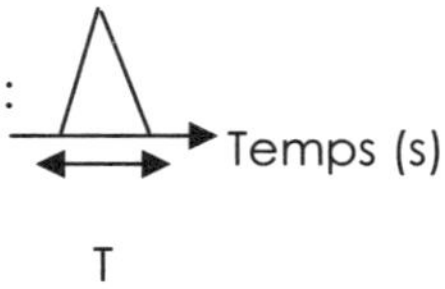

Il s'agit donc d'un signal **périodique**.
La durée du motif correspond à la période « T ». T = 20 s.

La fréquence est l'inverse de la période : $f = \frac{1}{T} = \frac{1}{20} = 5{,}0.10^{-2}$ Hz.

Graphique N°2 :
Un motif se répète au cours du temps. Il s'agit donc d'un signal **périodique**.
Il a pour forme :

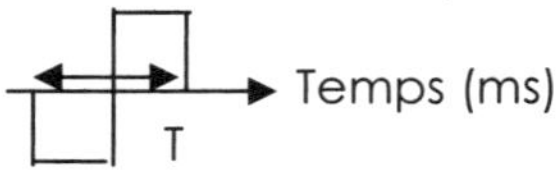

La durée du motif correspond à la période « T ». T = 30 – 10 = 20 ms = $2{,}0.10^{-2}$ s.

La fréquence est l'inverse de la période : $f = \frac{1}{T} = \frac{1}{2{,}0.10^{-2}} = 50$ Hz.

Graphique N°3 :
Un motif se répète au cours du temps. C'est donc un signal **périodique**.
Il a pour forme :

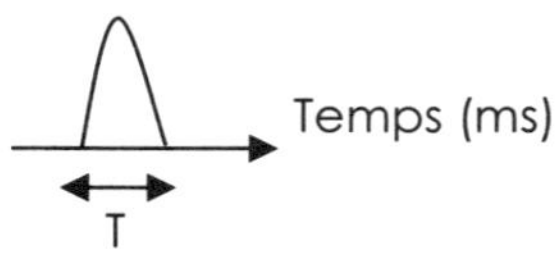

T = 5 ms = 5×10^{-3} s

$F = \frac{1}{T} = \frac{1}{5{,}0.10^{-3}} = 200$ Hz.

Graphique N°4 :
Un motif se répète au cours du temps. Il s'agit donc d'un signal **périodique**.
Il a pour forme :

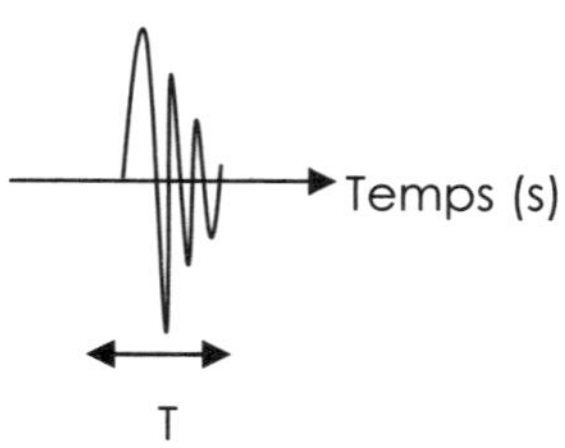

L'axe des abscisses n'est pas gradué. On ne peut donc pas déterminer la période ni la fréquence.

METHODE 3 : Repérer la tension maximale et la tension minimale pour un signal périodique délivrée par un GBF

■ Principe

La tension maximale représente la **valeur la plus élevée** prise par la tension au cours du temps. Elle se note $\mathbf{U_{max}}$ et s'exprime en **volt (V)**.

La tension minimale représente la **plus petite valeur** prise par la tension au cours du temps. Elle se note $\mathbf{U_{min}}$ et s'exprime en **volt (V)**.

Si $U_{max} = -U_{min}$, le signal est dit « **symétrique** ».

■ Exemple : Caractéristiques d'un signal périodique.

L'oscillogramme d'une tension sinusoïdale a été obtenu avec les réglages suivants :

- Echelle du temps appelée aussi « sensibilité horizontale » égale à 1 ms/division (chaque carreau représente 1 ms).
- Echelle de la tension appelée aussi « sensibilité verticale » égale à 2 V/division (chaque carreau représente 2V).

a) Représenter la tension maximale. Préciser sa valeur.
b) Représenter la tension minimale. Préciser sa valeur.

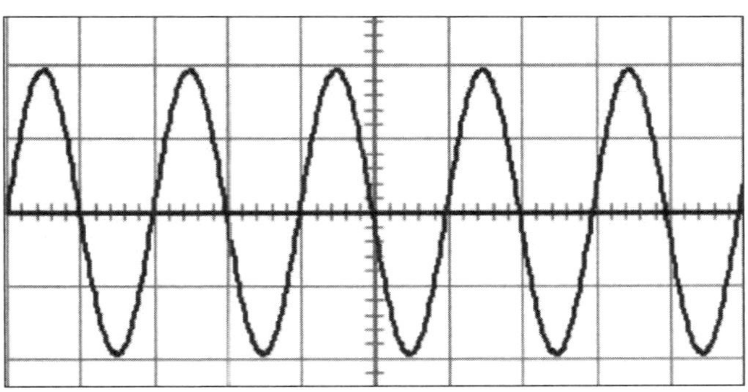

Correction

a) Représentation de la tension maximale.

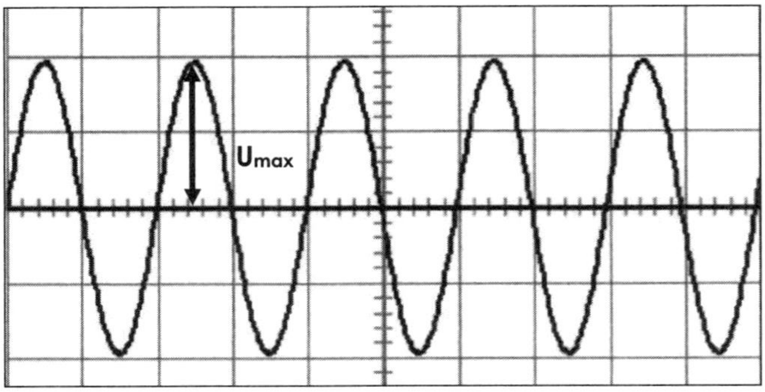

La tension maximale représente 2 divisions or la sensibilité verticale vaut 2 V/division donc $\mathbf{U_{max} = 2 \times 2 = 4\ V}$.

b) Représentation de la tension minimale.

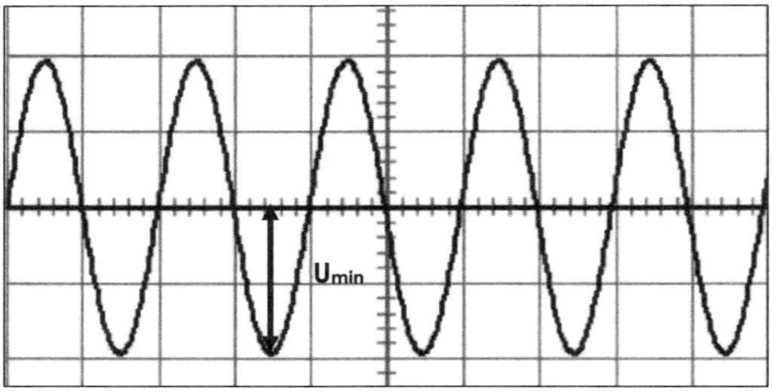

La tension minimale représente 2 divisions or la sensibilité verticale vaut 2 V/division donc $\mathbf{U_{min} = -2 \times 2 = -4\ V}$.

METHODE 4 : Déterminer les caractéristiques d'un signal périodique à l'oscilloscope

■ Principe

L'oscilloscope est un appareil très performant car il permet d'observer n'importe quelle tension, qu'elle soit continue, variable, alternative, périodique au cours du temps et de mesurer la valeur de sa tension maximale U_{max} ainsi que la période quand il s'agit d'un signal périodique…
C'est un appareil qui est très souvent utilisé notamment en médecine pour réaliser des électrocardiogrammes du cœur humain. En effet, la contraction alternative des deux ventricules du cœur crée un signal alternatif que l'on peut observer sur un oscilloscope. On peut ainsi déceler des anomalies cardiaques en fonction de la courbe que l'on obtient.
Très souvent, c'est un appareil qui vous fait peur car il possède plein de boutons, il faut faire des réglages, faire les « bons » branchements, etc. En clair : vous n'y comprenez rien… Je vais donc essayer d'éclaircir vos idées et surtout de vous montrer que l'utilisation de cet appareil est hyper simple…

Pour faire court, le principe de fonctionnement de l'oscilloscope est basé sur le **déplacement d'un faisceau d'électrons** qui arrive à grande vitesse sur un écran. L'impact des électrons crée un point vert appelé « **spot** ».

La **déviation** (vers le haut ou le bas) du spot sur l'écran est **proportionnelle** à la **tension appliquée** à l'oscilloscope et crée une figure que l'on appelle **oscillogramme.** C'est à partir de l'oscillogramme que l'on peut faire les mesures de période et de tension maximale ou minimale.
Contrairement à l'oscilloscope du collège sur lequel on pouvait observer un seul signal périodique (1 voie), l'oscilloscope du lycée possède 2 voies (voie A et voie B). C'est-à-dire que l'on peut observer simultanément 2 signaux périodiques sur l'écran !

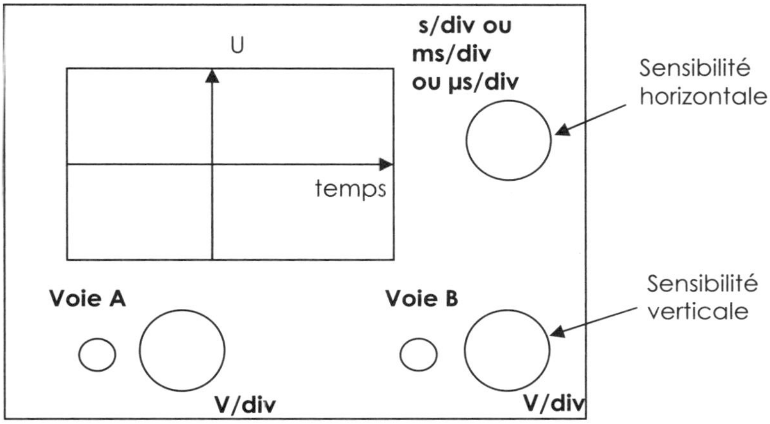

Le GBF est connecté sur la voie A et/ou la voie B.

L'axe vertical (ou axe des ordonnées) représente **l'axe des tensions**.
L'axe horizontal (ou axe des abscisses) représente **l'axe du temps**.

Sur l'oscilloscope, on peut choisir **l'échelle de la tension**. On l'appelle la « **sensibilité verticale** ». Exemple : si on sélectionne 5V/div, cela veut dire que chaque division (ou carreau) sur l'axe vertical de l'écran représente 5V.

Sur l'oscilloscope, on peut choisir **l'échelle du temps**. On l'appelle la « **sensibilité horizontale** » ou « **vitesse de balayage** ». Exemple : si on sélectionne 2 ms/div, cela veut dire que chaque division (ou carreau) sur l'axe horizontal de l'écran représente 2 ms.

Je vais vous présenter l'exemple d'un signal périodique délivré par un GBF et visualisé à l'oscilloscope !

Signal périodique de forme « triangulaire »
Sensibilité horizontale : 5 ms/diV
Sensibilité verticale : 2 V/div

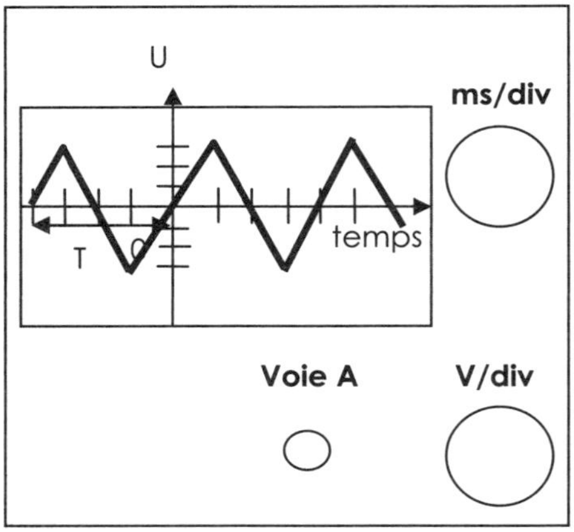

On constate qu'un motif se répète régulièrement. L'oscillogramme permet de mesurer T puis de calculer f :

T = 4×5 = 20 ms = $\mathbf{2{,}0\times10^{-2}}$ **s.**
On peut alors calculer la fréquence du signal :

$$f = \frac{1}{T} = \frac{1}{2{,}0.10^{-2}} = \mathbf{50\ Hz.}$$

■ **Exemple 1 : Etude d'un signal sinusoïdal**

On donne les valeurs des sensibilités verticale et horizontale :
Sensibilité verticale : 2 V/div.
Sensibilité horizontale : 10 ms/div.

On utilise un GBF qui délivre un signal périodique triangulaire de fréquence **f = 10 Hz et de tension maximale** $\mathbf{U_{max} = 6\ V}$
Dessinez l'oscillogramme correspondant dans le graphique ci-après :

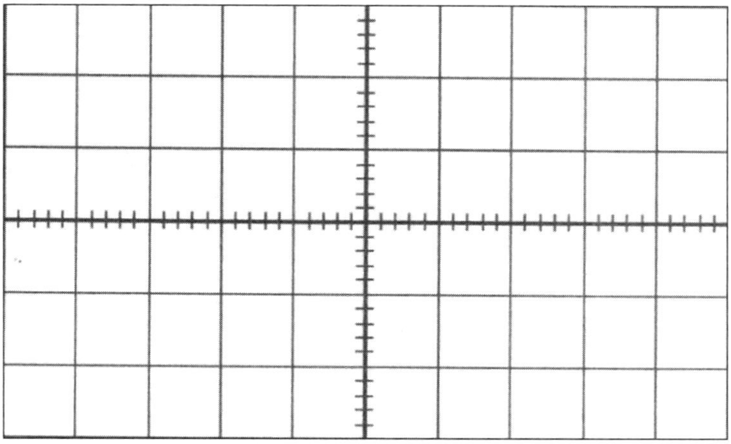

Correction

L'astuce est de calculer la valeur de la période à partir de celle de la fréquence. Vous pourrez ainsi savoir sur combien de carreaux s'étend le motif du signal périodique.

$T = \frac{1}{T} = \frac{1}{10} = 0{,}10$ s = **100 ms**.

La sensibilité horizontale est de 10 ms/div.
Le motif s'étend donc sur 100/10 = **10 carreaux** sur l'axe horizontal.

U_{max} = **6 V**.
La sensibilité verticale est de 2V/div.
Le spot va donc monter à 6/2 = 3 carreaux vers le haut et va descendre à 3 carreaux vers le bas.

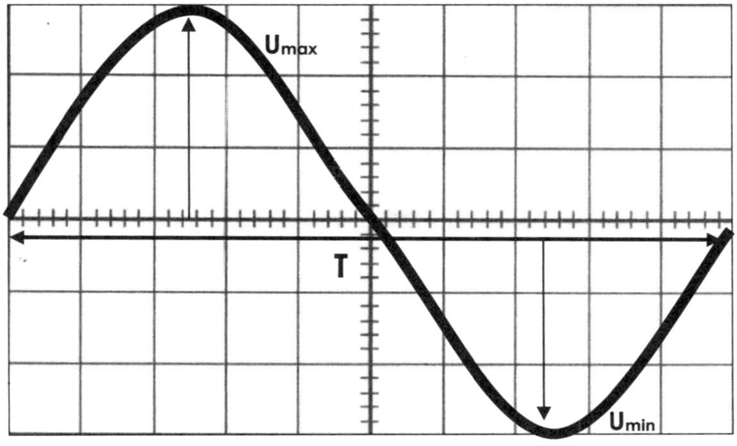

■ Exemple 2 : Etude d'un signal sinusoïdal.

L'oscillogramme d'une tension sinusoïdale a été obtenu avec une sensibilité horizontale égale à 2 ms/division.

a) Représenter sur l'oscillogramme la période T du signal ainsi obtenu.
b) Calculer la période du signal sinusoïdal.
c) Calculer la fréquence de ce signal.

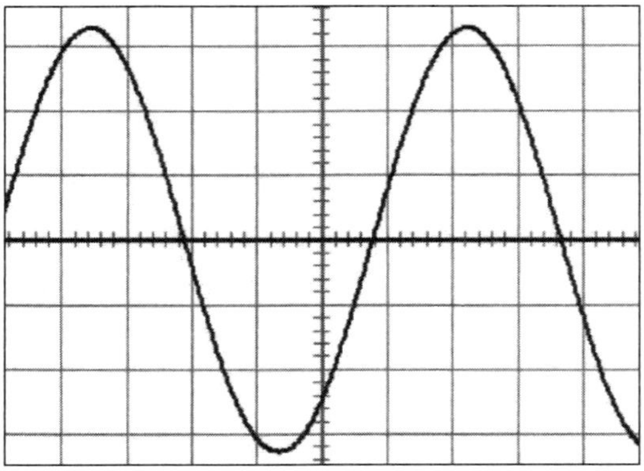

Correction

a) Représentation de la période T.

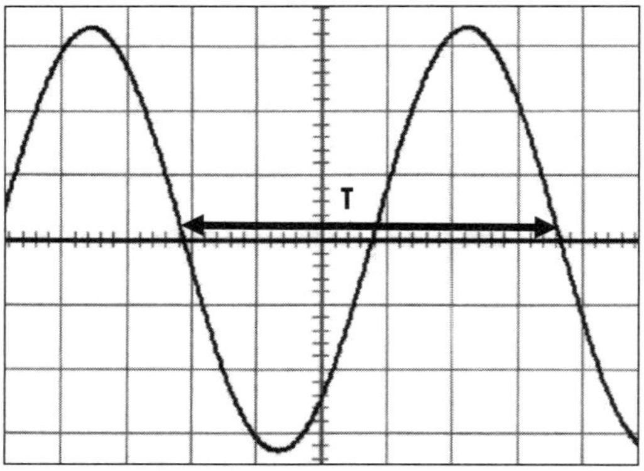

b) La période représente 5,6 divisions or la sensibilité horizontale vaut 2 ms/division.
Donc **T = 5,6 x 2 = 11,2 ms = 1,12.10^{-2} s.**

c) Soit $f = \frac{1}{T} = \frac{1}{1{,}12.10^{-2}}$ donc **f = 89,3 Hz.**

■ **Exemple 3 : Représentation d'un signal périodique.**

Un signal triangulaire est obtenu en branchant un GBF de fréquence f = 400 Hz à un oscilloscope dont la vitesse de balayage, c'est-à-dire la sensibilité horizontale vaut 0,5 ms/division.

a) Calculer la période du signal triangulaire.

b) Représenter sur le document ci-dessous l'allure de l'oscillogramme ainsi obtenu. Représenter également la période sur l'oscillogramme.

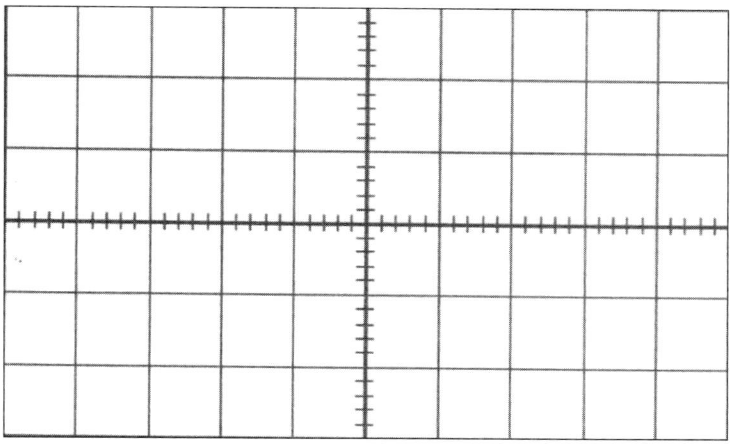

Correction

a) Calcul de la période.

Soit $T = \frac{1}{f} = \frac{1}{400}$ donc $\mathbf{T = 2{,}5.10^{-3}\ s = 2{,}5\ ms}$.

b) Allure de l'oscillogramme.

La sensibilité horizontale est de 0,5 ms/division or la période vaut 2,5 ms donc la période représente $\frac{2{,}5}{0{,}5} = 5$ divisions.

La période représente donc 5 divisions.

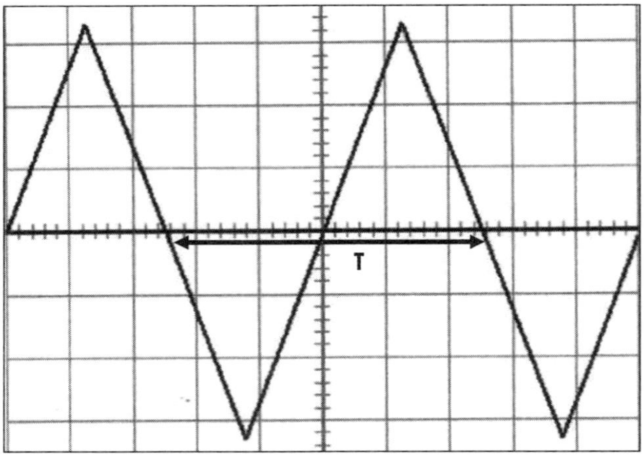

Testez-vous !

■ ***Complétez le texte à trous suivant.***

Un phénomène .... est un phénomène qui se reproduit .... à lui-même à intervalles de temps .... Il est caractérisé par sa ...., sa ...., sa .... et sa .... Ainsi, la .... représente le plus petit intervalle de temps séparant la répétition successive de deux phénomènes identiques, alors que la .... représente le nombre de périodes par seconde. La période s'exprime en .... tandis que la fréquence s'exprime en .... Enfin, la tension .... représente la plus grande valeur prise par la .... au cours du temps. La tension minimale représente la plus .... valeur prise par la .... au cours du temps. Ces deux tensions s'expriment en...............

Correction

Un phénomène **périodique** est un phénomène qui se reproduit **identique** à lui-même à intervalles de temps **réguliers**. Il est caractérisé par sa **période**, sa **fréquence**, sa **tension maximale** et sa **tension minimale**. Ainsi, la **période** représente le plus petit intervalle de temps séparant la répétition successive de deux phénomènes identiques, alors que la **fréquence** représente le nombre de périodes par seconde. La période s'exprime en **seconde** tandis que la fréquence s'exprime en **hertz**. Enfin, la tension **maximale** représente la plus grande valeur prise par la **tension** au cours du temps. La tension minimale représente la plus **petite** valeur prise par la **tension** au cours du temps. Ces deux tensions s'expriment en **volt**.

■ ***Vrai ou faux ? Quand c'est faux, corrigez les erreurs ! Courage…***

1. L'unité de la fréquence f est la seconde (s).
2. La tension minimale est la plus petite valeur prise par la tension au cours du temps.
3. La tension maximale s'exprime en volt.
4. Un phénomène périodique est un phénomène qui se reproduit à intervalles de temps réguliers mais en perdant de l'amplitude.
5. La sensibilité horizontale dans un oscillogramme informe sur la tension, elle s'exprime en volt par division.
6. La fréquence représente le nombre de périodes par seconde.
7. La période correspond à la plus petite distance séparant la répétition successive d'un même phénomène.
8. La période s'exprime en hertz.

Correction

1. Faux : l'unité de la fréquence est le hertz (Hz).
2. Vrai.
3. Vrai.
4. Faux : un phénomène périodique est un phénomène qui se reproduit à l'identique à intervalles de temps réguliers.
5. Faux : la sensibilité horizontale dans un oscillogramme informe sur le temps, elle s'exprime en seconde par division.
6. Vrai.
7. Faux : la période correspond à la plus petite durée séparant la répétition successive d'un même phénomène.
8. Faux : la période s'exprime en seconde(s).

Réflexes

	SITUATIONS	REFLEXES
1.	Comment définir un phénomène périodique ?	**Un phénomène périodique** est un phénomène qui se reproduit identique à lui-même à intervalles de temps réguliers.
2.	Qu'appelle-t-on « période » d'un signal périodique ?	**La période** est la plus petite durée séparant deux répétitions successives d'un même phénomène. Elle se note T et s'exprime en seconde (s).
3.	Qu'appelle-t-on « fréquence » d'un signal périodique ?	**La fréquence** correspond au nombre de période par seconde. Elle se note f et s'exprime en hertz (Hz).
4.	Quelle relation lie la fréquence et la période ?	$f = \frac{1}{T}$ avec f en Hertz (Hz) et T en seconde(s).
5.	Comment définir la tension maximale et la tension minimale ?	**La tension maximale** représente la valeur la plus élevée prise par la tension au cours du temps. **La tension minimale** représente la plus petite valeur prise par la tension au cours du temps. Elles s'expriment en **volt (V)**.

Chapitre 7

LES ONDES ET LEURS APPLICATIONS MÉDICALES

« N°13 ? Un diagnostic concernant le patient SVP ? » Vous ne vous rappelez plus de la doctoresse N°13 ? Mais si, c'est l'un des personnages de la série cultissime du plus célèbre médecin de la Terre : docteur House ! (docteur « maison » pour ceux qui ont du mal en anglais...). C'est dans cette série que l'on découvre les pires maladies, que l'on effectue des IRM, des scanners et des échographies à profusion ! Quelle série mythique !
Pas question aujourd'hui de dormir ou de rêver : y a du boulot et c'est du lourd ! Voici ma prescription « méthodicinale » pour déchirer le futur DS : boire tous les matins à jeun mes paroles concernant la définition d'une onde, consommer sans modération pendant les 3 repas la méthode concernant le calcul de la vitesse de propagation d'une onde sonore et enfin pour vous booster votre électroencéphalogramme (souvent plat...) dégustez, que dis-je, dévorez la méthode 4 relative aux applications des ondes sonores dans le domaine de la médecine... Pour être en forme, mangez 5 fruits et légumes par jour, ne grignotez pas entre les repas, pas trop de sel, ni trop de sucre, pratiquez une activité sportive quotidienne et enfin ouvrez régulièrement votre livre METHOD'S ! Un corps sain dans un esprit sain...
Je suis parti loin cette fois, il serait peut être temps pour moi d'aller consulter...
Let's go ! AU TRAVAIL !

METHODE 1 : Savoir définir une onde sonore et ultrasonore

■ Principe

Une onde est un phénomène de propagation d'une perturbation sans transport de matière initialement à l'équilibre.

Je l'avoue, cette définition qui est pourtant très rigoureuse n'est pas forcément très digeste...
Sans jeu de mots, allons droit au BUT !
Traduction : une onde, c'est comme la OLA dans un stade de football ! C'est la propagation d'une perturbation (les spectateurs qui se lèvent), sans transport de matière dans un milieu (la foule est formée par les spectateurs) initialement à l'équilibre (les spectateurs sont en effet assis, les bras le long du corps...). Mais alors quand on va au stade, on fait de la physique : incroyable...

Une onde sonore se propage dans un milieu matériel solide, liquide ou gazeux. Elle ne peut pas se propager dans le vide.

METHODE 2 : Connaître le domaine de fréquence des ondes sonores

■ Principe

La fréquence des ondes sonores est imposée par l'émetteur. L'oreille humaine est sensible aux ondes sonores comprises entre 20 Hz et 20 kHz.

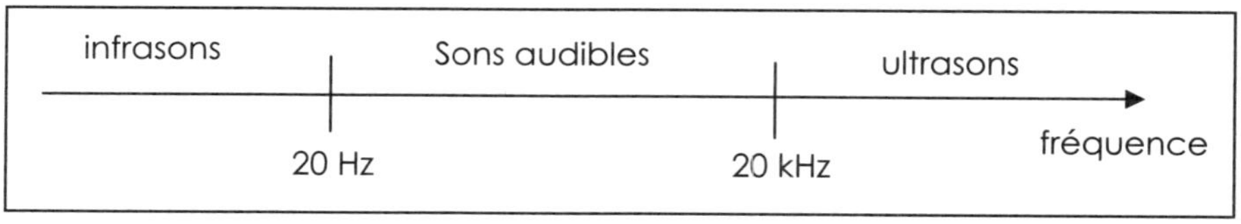

■ Exemple : Des animaux et des sons.

Beaucoup d'animaux tels que les dauphins, les éléphants, les chauves-souris utilisent le domaine des ondes sonores pour communiquer, chasser ou se localiser. Les dauphins émettent des signaux périodiques très brefs de période T = 20 µs pour se localiser ayant une portée de plusieurs centaines de mètres. Alors que les éléphants émettent des signaux d'une période T' = 59 ms qui leur permettent de communiquer sur de longues distances et de se rassembler.

a) Calculer la fréquence des signaux émis par les dauphins. Sont-ils audibles ? Justifier. Comment nomme-t-on de telles ondes ?
b) Calculer la fréquence des signaux émis par les éléphants. Sont-ils audibles ? Justifier. Comment nomme-t-on de telles ondes ?

Correction

a) $f = \frac{1}{T} = \frac{1}{20.10^{-6}}$ d'où $\mathbf{f = 5{,}0.10^4\ Hz = 50\ kHz.}$

Les sons ne sont pas audibles par l'homme puisque f > 20 kHz, il s'agit d'ondes ultrasonores.

b) $f = \frac{1}{T} = \frac{1}{59.10^{-3}}$ d'où $\mathbf{f = 16{,}9\ Hz.}$

Les sons ne sont pas audibles par l'homme puisque f < 20 Hz, il s'agit d'ondes infrasonores.

METHODE 3 : Savoir calculer la vitesse de propagation d'une onde sonore

■ Principe

La vitesse de propagation peut se déterminer par la relation :

$$\boxed{V = \frac{d}{\Delta t}}$$

avec v en $m.s^{-1}$ = vitesse de propagation de l'onde sonore

d en m = distance parcourue par l'onde pendant la durée Δt

Δt en s = durée du parcours

Attention : il est primordial dans ce type de calcul de bien faire attention aux unités et de savoir convertir les différentes grandeurs physiques…

La vitesse de propagation des ondes sonores dépend du milieu dans lequel l'onde se propage.

Valeur approchée de la vitesse de propagation d'une onde sonore :

- dans l'air : $v = 340\ m.s^{-1}$
- dans l'eau : $v = 1\ 500\ m.s^{-1}$
- dans l'acier : $v = 5\ 000\ m.s^{-1}$

■ Exemple 1 : Détermination de la vitesse du son dans l'air.

Un émetteur E d'ultrasons produit un signal périodique de fréquence f = 150 kHz. Ce signal est capté par un récepteur R situé à une distance d = 37,5 cm de l'émetteur E au bout d'une durée Δt = 1,1 ms.
Calculer la vitesse de propagation des ondes sonores dans l'air.

Correction

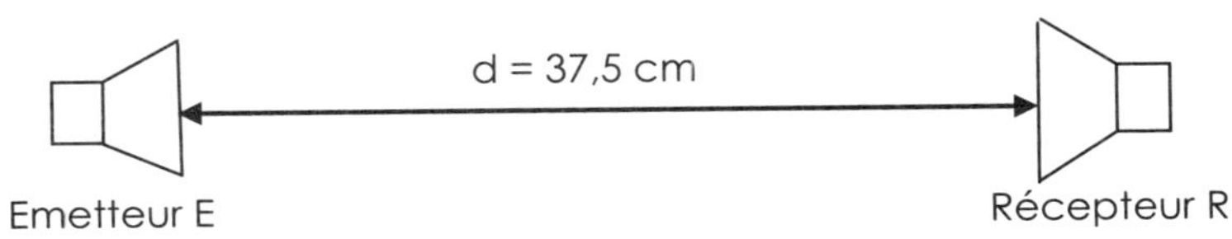

$V = \frac{d}{\Delta t}$ avec $d = 37,5\ cm = 37,5.10^{-2}\ m = 3,75.10^{-1} m$

$\Delta t = 1,1\ ms = 1,1.10^{-3}\ s.$

Donc $V = \dfrac{3{,}75.10^{-1}}{1{,}1.10^{-3}}$ d'où $\mathbf{V = 341\ m.s^{-1}}$.

■ **Exemple 2 : Analyse d'enregistrement d'ondes ultrasonores.**

Deux microphones M_1 et M_2 sont alignés de telle manière qu'ils sont distants de 2,00 m. Les signaux électriques correspondant aux sons reçus par les microphones sont enregistrés grâce à un ordinateur. On obtient les courbes ci-dessous :

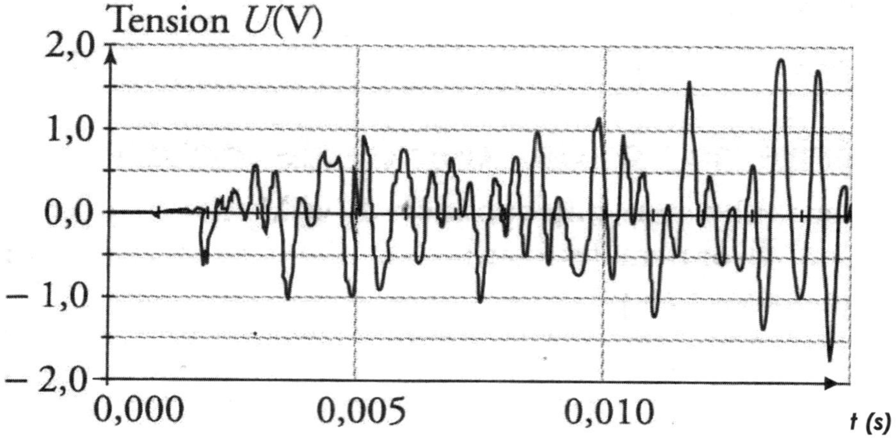

Microphone M_1

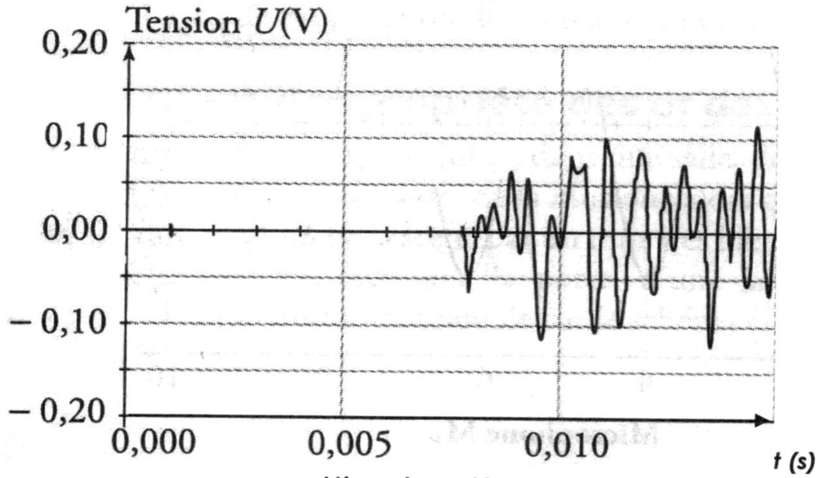

Microphone M_2

Déterminer, à l'aide de ces deux enregistrements, la vitesse de propagation des ondes ultrasonores dans l'air.

Correction

Pour déterminer la vitesse de propagation des ondes ultrasonores dans l'air, il faut déterminer graphiquement le retard entre le microphone M_1 et le microphone M_2, c'est-à-dire le temps que met l'onde ultrasonore pour aller du microphone M_1 au microphone M_2.

<u>Détermination graphique du retard Δt :</u>

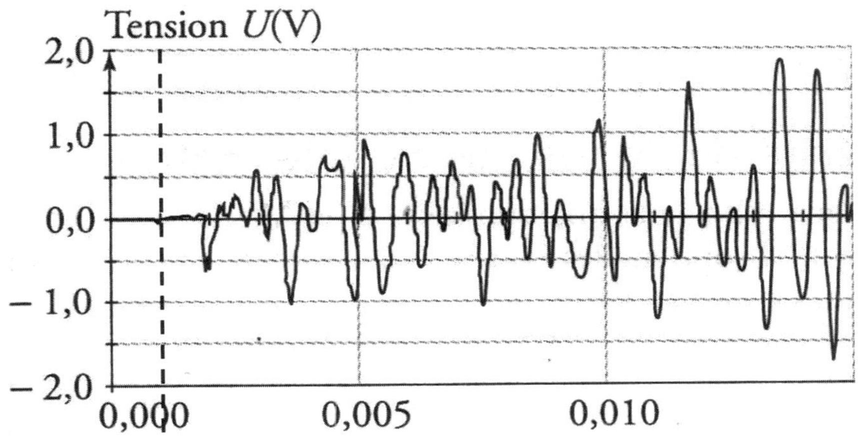

Microphone M₁

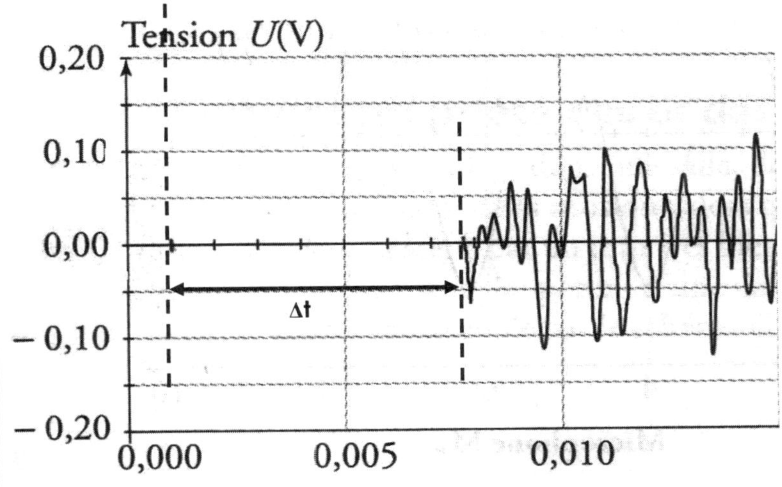

Microphone M₂

Soit **Δt = 6,5.10⁻³ s = 6,5 ms.**

<u>Détermination de la vitesse de propagation de l'onde ultrasonore dans l'air :</u>

$$V = \frac{d}{\Delta t} = \frac{2{,}00}{6{,}5.10^{-3}}$$ donc **$V = 308\ m.s^{-1}$.**

METHODE 4 : Connaître des applications médicales des ondes sonores

Je sens un léger fléchissement dans l'attention de mes lecteurs… Rien de telle qu'une petite blague bien lourde pour se (re)motiver…

Marine va chez le médecin pour savoir ce qui lui arrive :
— Bonjour Docteur, en ce moment je me sens pas très bien, savez-vous ce que j'ai ?
— Hum.... oui, vous êtes allergique au bouleau !
— Ah ? Hé bien il faut que j'arrête de travailler !
— Mais non Madame ! Je parlais de l'arbre !
Ah Ah Ah… Ce bref électrochoc j'en suis sûr vous a époustouflé…
Revenons à nos moutons : quelles sont les applications médicales des ondes sonores ?

■ Principe

L'échographie est une technique d'imagerie médicale qui utilise les ultrasons. L'échographie consiste à appliquer une sonde sur la région à examiner après avoir appliqué sur la peau un gel qui permet de supprimer l'air entre la sonde et la peau, puisque l'air empêche la propagation des ondes ultrasonores.
Cette sonde émet des ultrasons qui traversent les tissus jusqu'à ce qu'ils soient arrêtés par une structure et renvoyés en direction de la sonde sous la forme d'un écho.
Ce signal est analysé par un système informatique et fournit une image sur un écran vidéo.

■ Exemple : Un examen médical : une échographie.

Au cours d'une échographie, une sonde jouant le rôle d'émetteur et de récepteur, envoie une impulsion ultrasonore en direction du rein d'un patient adulte.
L'onde ultrasonore met une durée $\Delta t = 40\ \mu s$ pour être de nouveau captée par la sonde lors de l'examen de la largeur du rein. Les ondes ultrasonores se propagent à la vitesse $v = 1500\ m.s^{-1}$ dans les tissus.

a) Déterminer la largeur du rein examiné.
b) Sachant que la taille d'un rein normal adulte mesure 12 cm de haut sur 6 cm de large, déterminer si le patient présente une pathologie.

Correction

a) $V = \dfrac{d}{\Delta t}$

donc $d = V \times \Delta t$ avec $V = 1500\ m.s^{-1}$ et $\Delta t = 40\ \mu s = 40.10^{-6}\ s = 4{,}0.10^{-5}\ s$

d'où $\mathbf{d = 1500 \times 4{,}0.10^{-5} = 6{,}0.10^{-2}\ m = 6{,}0\ cm.}$

b) Le rein du patient mesure en largeur 6,0 cm, il ne présente donc aucune pathologie.

METHODE 5 : Savoir définir une onde lumineuse

■ Principe

Les ondes lumineuses sont décrites comme des ondes électromagnétiques. Elles n'ont pas besoin d'un milieu matériel pour se propager contrairement aux ondes sonores.
Les ondes lumineuses se propagent aussi bien dans les milieux transparents (verre, eau, air, ...) que dans le vide.
On appelle milieu transparent, tous milieux qui laissent passer la lumière.
Un exemple hyper classique de propagation de la lumière dans le vide : c'est le déplacement dans l'univers de la lumière produite par le Soleil...

METHODE 6 : Connaître le domaine de fréquences des ondes électromagnétiques

■ Principe

Une onde électromagnétique est un phénomène périodique qui est caractérisé par sa fréquence. L'œil humain ne perçoit que les ondes électromagnétiques lumineuses comprises entre $3{,}8.10^{14}$ Hz et $7{,}5.10^{14}$ Hz.

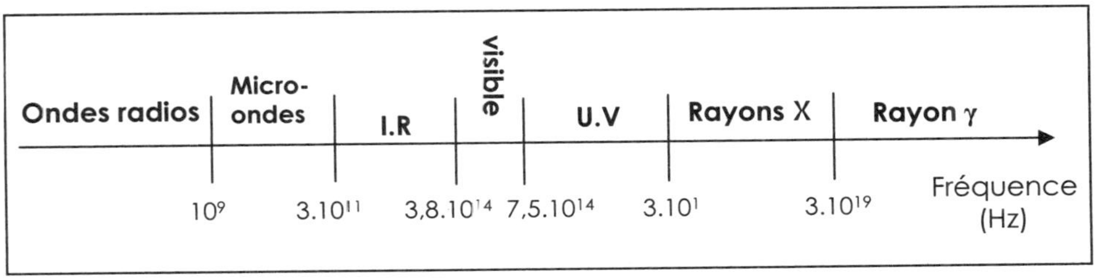

■ Exemple : Identifier un signal périodique.

Un physicien amateur capte sur son oscilloscope artisanal deux signaux périodiques. Le premier signal périodique de forme sinusoïdale présente une période T = 28 ns tandis que le deuxième signal périodique de forme quelconque possède une période T' = 2 ns.
Calculer la fréquence de chacun des signaux reçus. Comment nomme-t-on ces différents types de rayonnements électromagnétiques ? Justifier.

Correction

Fréquence du signal sinusoïdal : $f = \frac{1}{T}$ or $T = 28$ ns $= 28.10^{-9}$ s $= 2{,}8.10^{-8}$ s

$f = \frac{1}{2{,}8.10^{-8}}$ d'où $\mathbf{f = 3{,}57.10^{7}}$ **Hz.**

Fréquence du signal quelconque : $f' = \frac{1}{T'}$ or $T' = 2$ ns $= 2.10^{-9}$s

$f' = \frac{1}{2.10^{-9}}$ d'où $\mathbf{f' = 5{,}0.10^{8}}$ **Hz.**

Les ondes électromagnétiques reçues sont des ondes radios puisque leurs fréquences sont inférieures à 10^{9} Hz.

METHODE 7 : Connaître la valeur de la vitesse de la lumière

■ Principe

La vitesse de propagation de la lumière ou célérité de la lumière dans le vide est une constante universelle de valeur c = 299 792 458 m.s^{-1}.

On utilise usuellement la valeur approchée : $\mathbf{c = 3{,}00.10^{8}}$ **m.s^{-1} =3,00.10^{5} km.s^{-1}.**

La vitesse de propagation de la lumière dépend du milieu de propagation.

Un exemple pour illustrer la méthode 7 : quand la lumière part du Soleil, elle parcourt la distance Soleil/Terre de 150 millions de km à la vitesse de 300 000 km/s. Elle met donc 500 secondes pour nous parvenir sur la Terre soit très exactement 8 minutes et 20 secondes…

METHODE 8 : Etudier le phénomène de réflexion et réfraction des ondes lumineuses

■ Principe

Quand un rayon lumineux arrive à la surface de séparation de deux milieux transparents, une partie du rayon lumineux est renvoyée dans le milieu d'origine, c'est la **réflexion.**
Une autre partie est transmise dans le deuxième milieu transparent en subissant un changement de direction c'est la **réfraction.**

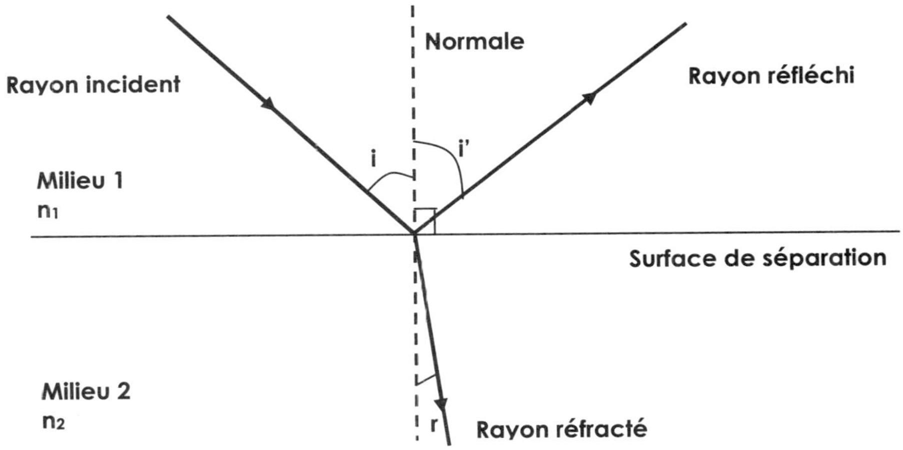

- **Normale :** droite fictive perpendiculaire à la surface de séparation.

- **Indice de réfraction :** il se note n, c'est une grandeur sans unité. Il caractérise la capacité d'un milieu transparent à dévier le trajet de la lumière.

- **Réfraction :** changement de direction subit par le trajet de la lumière quand elle traverse la surface de séparation de deux milieux transparents.

Si $n_1 > n_2$, $r > i$, le rayon réfracté s'éloigne de la normale.

Si $n_1 < n_2$, $r < i$, le rayon réfracté se rapproche de la normale.

- **Réflexion totale :** quand un rayon incident ne peut plus être réfracté, on dit qu'il y a réflexion totale avec **$i = i'$.**

■ **Exemple : Mais où sont donc passés les rayons lumineux ?**

Dans chacun des cas proposés, tracer les trajets des rayons lumineux.

Cas n°1 : Interface air/eau : n_{air} = 1,00 et n_{eau} = 1,33

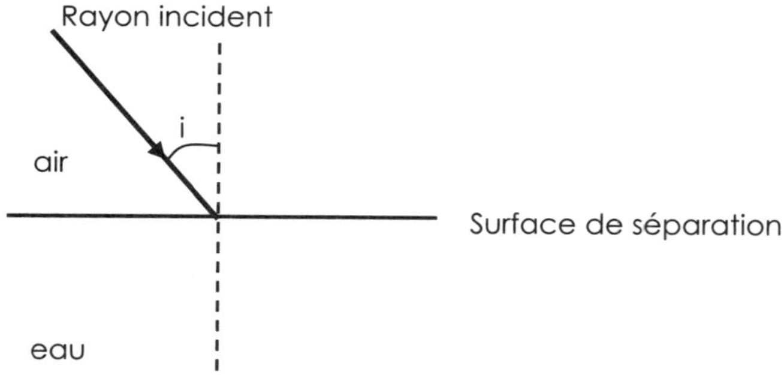

Cas n°2 : Interface eau/verre : n_{eau} = 1,33 et n_{verre} = 1,50

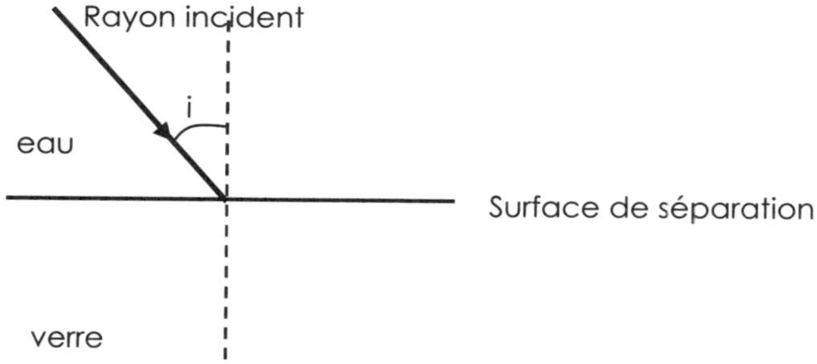

Cas n°3 : Interface verre/air : n_{verre} = 1,50 et n_{air} = 1,00

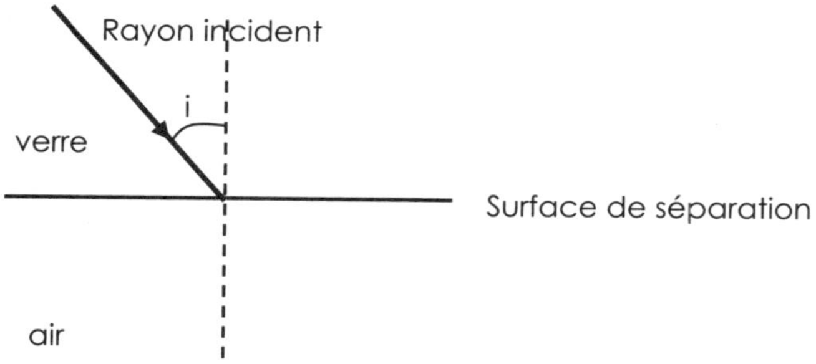

Correction

Cas n°1 : Interface air/eau : n_{air} = 1,00 et n_{eau} = 1,33

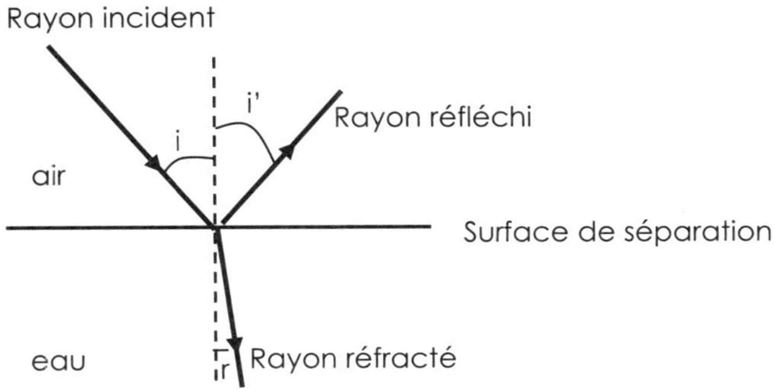

$n_{air} < n_{eau}$ donc $r < i$ et $i' = i$, le rayon réfracté se rapproche de la normale.

Cas n°2 : Interface eau/verre : n_{eau} = 1,33 et n_{verre} = 1,50

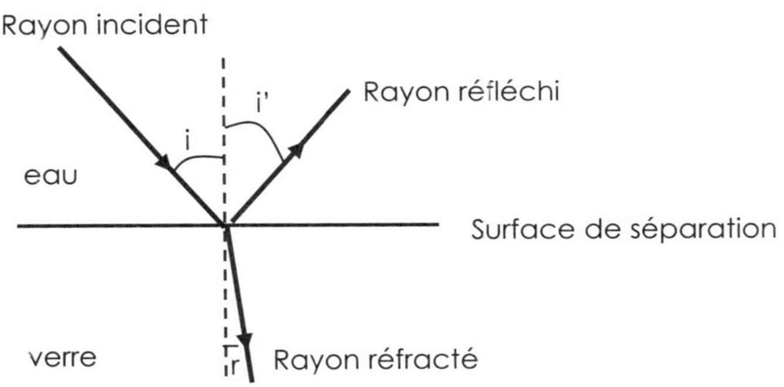

$n_{eau} < n_{verre}$ donc $r < i$ et $i' = i$, le rayon réfracté se rapproche de la normale.

Cas n°3 : Interface verre/air : n_{verre} = 1,50 et n_{air} = 1,00

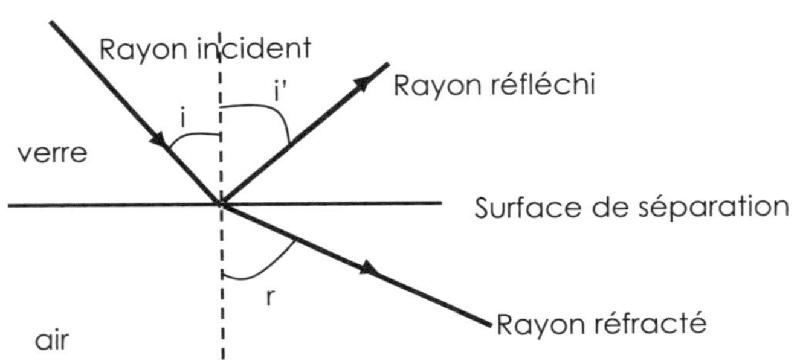

$n_{verre} < n_{air}$ donc $r > i$ et $i' = i$, le rayon réfracté s'éloigne de la normale.

METHODE 9 : Connaître des applications médicales des ondes électromagnétiques

■ Principe

La fibroscopie est une technique médicale d'endoscopie permettant d'explorer de façon très complète l'intérieur de l'organisme comme le côlon, l'estomac ou bien encore l'intestin grêle.
Pour réaliser un tel examen médical on utilise un fibroscope qui est un tuyau souple de faible diamètre. Il est constitué d'un système lumineux et de fibres de verre pouvant conduire les rayons lumineux. Il y a réflexion totale au sein du fibroscope.

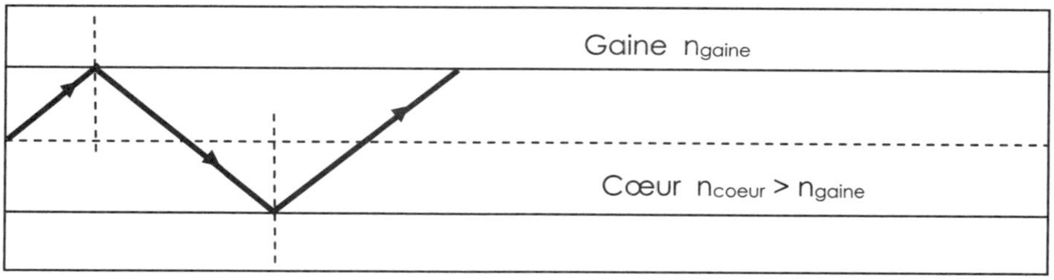

La radiographie utilise également les ondes électromagnétiques et plus particulièrement les rayons X.
Cette technique d'analyse médicale fait appel à l'impression photographique d'un film argentique par les rayons X. Ce type de rayonnement a la faculté de traverser le corps. Ainsi, plus la densité du corps sera grande moins le rayon X pourra passer au travers, et moins la plaque sera imprégnée : on observera alors une zone claire. Quelle belle image ! Mais si, vous ressemblez à ça…

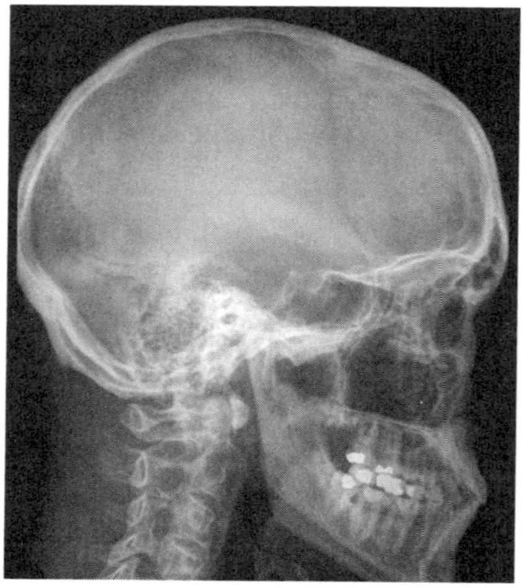

Testez-vous !

■ ***Complétez le texte à trous suivant.***

Une onde sonore se propage dans un milieu .... mais ne peut pas se propager dans le .... L'oreille humaine est sensible aux ondes sonores comprises entre .... et .... Au-delà des fréquences de ...., on parle d'ondes ...., en deçà de ...., il s'agit d'ondes .... La vitesse de propagation d'une onde sonore dans un milieu correspond au rapport de la .... parcourue par l'onde par la .... du parcours, elle s'exprime en .... La vitesse de propagation des ondes sonores .... du milieu dans lequel l'onde se propage. Les ondes ultrasonores trouvent des applications dans le domaine médical par exemple lors d'une échographie. Il existe également les ondes .... comme les ondes .... qui peuvent se propager dans un milieu .... ainsi que dans le..................... L'œil humain perçoit les ondes lumineuses comprises entre .... et .... La célérité de la lumière est une constante universelle de valeur c = ..., mais usuellement, on utilise la valeur approchée c =.................................. La vitesse de propagation de la lumière .... du milieu de propagation. Un rayon lumineux arrivant à la surface de séparation de deux milieux transparents peut subir le phénomène de .... et de .... Il y a .... quand un rayon incident ne peut plus être .... Les ondes électromagnétiques trouvent également des applications médicales comme dans la .... ou la ....

Correction

Une onde sonore se propage dans un milieu **matériel** mais ne peut pas se propager dans le **vide**. L'oreille humaine est sensible aux ondes sonores comprises entre **20 Hz** et **20 kHz**. Au-delà des fréquences de **20 kHz**, on parle d'ondes **ultrasonores**, en deçà de **20 Hz**, il s'agit d'ondes **infrasonores**. La vitesse de propagation d'une onde sonore dans un milieu correspond au rapport de la **distance** parcourue par l'onde par la **durée** du parcours, elle s'exprime en **m.s**$^{-1}$. La vitesse de propagation des ondes sonores **dépend** du milieu dans lequel l'onde se propage. Les ondes ultrasonores trouvent des applications dans le domaine médical par exemple lors d'une échographie. Il existe également les ondes **électromagnétiques** comme les ondes **lumineuses** qui peuvent se propager dans un milieu **matériel** ainsi que dans le **vide**. L'œil humain perçoit les ondes lumineuses comprises entre **$3{,}8.10^{14}$ Hz** et **$7{,}5.10^{14}$ Hz**. La célérité de la lumière est une constante universelle de valeur **c = 299 792 458 $m.s^{-1}$**, mais usuellement, on utilise la valeur approchée **c = $3{,}00.10^8 m.s^{-1}$**. La vitesse de propagation de la lumière **dépend** du milieu de propagation. Un rayon lumineux arrivant à la surface de séparation de deux milieux transparents peut subir le phénomène de **réflexion** et de **réfraction**. Il y a **réflexion totale** quand un rayon incident ne peut plus être **réfracté**. Les ondes électromagnétiques trouvent également des applications médicales comme dans la **radiographie** ou la **fibroscopie**.

■ ***Vrai ou faux ? Quand c'est faux, corrigez les erreurs ! Courage...***

1. La vitesse de propagation de l'onde sonore dans l'air vaut c = $3{,}00.10^8$ $m.s^{-1}$
2. Un rayon incident, arrivant à la surface de deux milieux transparents, subit une réflexion totale quand il ne peut plus être réfracté.
3. L'oreille humaine est sensible aux ondes sonores de fréquences supérieures à 20 KHz.
4. Les ondes lumineuses ne peuvent pas se propager dans le vide.
5. Le domaine du visible pour l'œil humain se situe entre $3{,}8.10^{14}$ Hz et $7{,}5.10^{14}$ Hz.
6. La réfraction correspond au changement de direction subit par le trajet de la lumière quand elle traverse la surface de séparation de deux milieux transparents.
7. La vitesse de propagation d'une onde sonore et d'une onde lumineuse sont indépendantes du milieu de propagation.
8. Les infrasons possèdent une fréquence supérieure à 20 kHz.
9. La fibroscopie est une technique d'analyse médicale qui utilise la propagation des ondes ultrasonores.
10. L'indice de réfraction est une grandeur sans unité qui caractérise la capacité d'un milieu transparent à dévier le trajet de la lumière.

Correction

1. Faux : la vitesse de propagation de l'onde lumineuse dans le vide vaut c = $3{,}00.10^8$ $m.s^{-1}$.
2. Vrai.
3. Faux : l'oreille humaine est sensible aux ondes sonores comprises entre 20 Hz et 20 kHz.
4. Faux : les ondes lumineuses peuvent se propager dans le vide.
5. Vrai.
6. Vrai.
7. Faux : les vitesses de propagation d'une onde sonore et d'une onde lumineuse dépendent du milieu de propagation.
8. Faux : les infrasons possèdent une fréquence inférieure à 20 Hz.
9. Faux : la fibroscopie est une technique d'analyse médicale qui utilise la réflexion totale des ondes lumineuses.
10. Vrai.

Réflexes

	SITUATIONS	REFLEXES
1.	Comment définir une onde sonore ?	Une onde est un phénomène de propagation d'une perturbation sans transport de matière. Une onde sonore se propage dans un milieu matériel solide, liquide ou gazeux. Elle ne peut pas se propager dans le vide.
2.	Quel est le domaine des sons audibles par l'Homme ?	L'oreille humaine est sensible aux ondes sonores comprises entre 20 Hz et 20 kHz.
3.	Comment calculer la vitesse de propagation d'une onde sonore ?	$\mathbf{v} = \dfrac{d}{\Delta t}$ avec v en $m.s^{-1}$, d en m et Δt en s.
4.	De quoi dépend la vitesse de propagation d'une onde sonore ?	La vitesse de propagation des ondes sonores dépend du milieu dans lequel l'onde se propage.
5.	Comment définir une onde lumineuse ?	Les ondes lumineuses sont décrites comme des ondes électromagnétiques. Les ondes lumineuses de propagent aussi bien dans les milieux transparents (verre, eau, air, ...) que dans le vide.
6.	Quel est le domaine des ondes lumineuses perçues par l'œil humain ?	L'œil humain ne perçoit que les ondes électromagnétiques lumineuses comprises entre **$3{,}8.10^{14}$ Hz** et **$7{,}5.10^{14}$ Hz.**
7.	Quelle est la valeur de la vitesse de la lumière dans le vide ?	La vitesse de propagation de la lumière ou célérité de la lumière dans le vide est une constante universelle de valeur **c = 299 792 458 $m.s^{-1}$.** On utilise usuellement la valeur approchée : **c = $3{,}00.10^{8}$ $m.s^{-1}$.**
8.	De quoi dépend la vitesse de propagation lumineuse ?	La vitesse de propagation de la lumière dépend du milieu de propagation.
9.	Qu'appelle-t-on « réfraction de la lumière » ?	**La réfraction** correspond au changement de direction subit par le trajet de la lumière quand elle traverse la surface de séparation de deux milieux transparents.
10.	Qu'appelle-t-on « réflexion totale » d'un rayon lumineux ?	Quand un rayon incident ne peut plus être réfracté, on dit qu'il y a **réflexion totale**.

PARTIE 2
L'UNIVERS

Chapitre 8

DESCRIPTION DE L'UNIVERS

Depuis des siècles, l'Homme a observé le ciel afin de se situer dans l'Univers. L'histoire de l'astronomie est très riche et est sans nul doute la première des sciences. De nombreux peuples ont étudié le mouvement des astres et ont mis en place différents calendriers pour pouvoir se situer dans le temps. La maîtrise du temps est en effet primordiale pour permettre le développement d'une civilisation !
Notre Univers serait apparu il y a environ 14 milliards d'années à la suite d'une gigantesque explosion : le big bang !
Aujourd'hui, l'objectif principal des astronomes est de comprendre en détails comment s'est formé l'Univers. Pour cela, les chercheurs fabriquent des instruments d'observation de plus en plus performants qui permettent de voir de plus en plus loin ! Et oui, voir loin, c'est voir tôt… En inventant cette extraordinaire machine à remonter le temps, les scientifiques se rapprochent progressivement de l'instant fatidique : la naissance de l'Univers ! On y reviendra tout à l'heure…
J'ai donc 3 objectifs dans ce chapitre ! 1 : vous décrire de manière simplifiée mais claire la structure de l'Univers ; 2 : savoir maîtriser les unités et ordres de grandeur utilisés en Astronomie ; 3 : vous expliquer l'importance de regarder loin dans l'Univers ! Un programme bien chargé encore une fois mais au combien passionnant !
Pas de panique, comme d'habitude, la recette miracle pour réussir est toujours la même : de la méthode !

METHODE 1 : Connaître la structure de l'Univers

■ Principe

D'après les dernières observations, l'Univers serait né il y a environ 13,7 milliards d'années à la suite d'une énorme explosion : le big bang !

Voici très rapidement l'ordre chronologique des évènements :

- Les premières galaxies se sont formées il y a environ 12 milliards d'années.
- Il y a 10 milliards d'années, il y a eu la formation de notre galaxie : la Voie Lactée.
- Il y a environ 4,5 milliards d'années : formation de notre étoile le Soleil et du système solaire.

Notre Univers est constitué de milliards de galaxies, constituées elles mêmes par des milliards d'étoiles. Autour de certaines étoiles tournent par gravitation des planètes formant ainsi un système…

Notre galaxie : son nom est la Voie Lactée. Elle comprend 200 milliards d'étoiles dont le Soleil. **Une galaxie correspond donc à un regroupement d'étoiles.**

Notre système solaire :

Il est constitué d'une étoile (le Soleil), de 8 planètes principales, de planètes naines, de satellites naturels, d'astéroïdes et de comètes !
Les **8 planètes** se déplacent autour du **Soleil** dans un même plan appelé plan de « **l'écliptique** ».

On distingue deux types de planètes dans notre système solaire :

- celles constituées de roche appelées les « **telluriques** » ;
- celles constituées de gaz appelées les « géantes » ou « **gazeuses** ».

Le Soleil est l'unique l'étoile de notre système solaire. C'est une **boule de gaz** de diamètre 1,4 millions de km !
Les énergies thermiques et rayonnantes (chaleur + lumière) proviennent de **réactions nucléaires**.
Le Soleil représente à lui seul plus de **99% de la masse totale du système solaire**.
Les réserves en hydrogène du Soleil lui permettront encore de « brûler » pendant environ 5 milliards d'années. Il est donc à la **moitié de sa vie**…

Voici l'ordre des planètes de la plus proche à la plus éloignée du Soleil :

Attention : les diamètres des planètes et du Soleil ainsi que les distances entre les astres ne sont pas respectées !

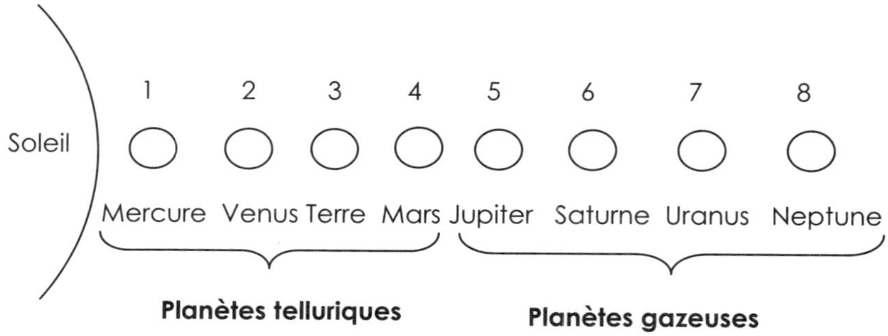

Une exoplanète est une planète qui gravite autour d'une étoile autre que le Soleil.
Quand une étoile possède plusieurs exoplanètes, l'ensemble forme un système planétaire **extrasolaire**.

Que l'on se place au niveau de l'atome entre le noyau et les électrons ou encore entre les planètes et le Soleil, entre les étoiles comme entre les galaxies, il y a essentiellement du vide : on parle de structure **lacunaire** de la matière !

METHODE 2 : Exprimer un résultat en écriture scientifique

■ Principe

La notation scientifique consiste à écrire un nombre sous la forme : $\mathbf{a \times 10^n}$

- a : un nombre décimal avec $1 \leq a < 10$
- n : un entier positif ou négatif

Ainsi, le rayon de la Terre vaut R_T = 6380 km, pour exprimer cette donnée en écriture scientifique :
- il faut déplacer la virgule jusqu'à obtenir un nombre décimal compris entre 1 et 10 : 6,380 ;

- la puissance de dix indique le nombre de chiffre par rapport auquel on a déplacé la virgule, ici 3 : $6{,}380 \times 10^3$.

Le rayon de la Terre vaut $R_T = 6{,}380 \times 10^3$ km.

■ Exemple 1 : Etre ou ne pas être une écriture scientifique ?

Dans chacune des notations proposées, préciser s'il s'agit d'une écriture scientifique. Dans le cas contraire, corriger.

		Notation scientifique Oui/Non	Correction si nécessaire
Distance Soleil – Vénus	$108{,}2 \times 10^6$ km		
Distance Nébuleuse d'Oméga – Système solaire	$4{,}02 \times 10^6$ km		
Rayon de Saturne	60 270 km		
Masse de Jupiter	$19{,}0.10^{26}$ kg		
Distance Terre-Lune	$384{,}4.10^3$ km		

Correction

		Notation scientifique Oui/Non	Correction si nécessaire
Distance Soleil – Vénus	108,2 x 10^6 km	**Non**	**1,08 x10^8 km**
Distance Nébuleuse d'Oméga – Système solaire	4,02 x 10^6 km	**Oui**	
Rayon de Saturne	60 270 km	**Non**	**6,027 x 10^4 km**
Masse de Jupiter	19,0 x 10^{26} kg	**Non**	**1,9 x 10^{27} kg**
Distance Terre-Lune	384,4 x 10^3 km	**Non**	**3,844 x 10^5 km**

■ Exemple 2 : Ecriture scientifique et écriture décimale.

Compléter le tableau ci-après.

	Ecriture décimale	Ecriture scientifique
Rayon de Neptune	49 530 km	
Distance Terre – Soleil	150 x 10^9 m	
Période de révolution de la Lune autour de la Terre	27,3 jours	
Masse de Mercure	0,330 x 10^{24} kg	

Correction

	Ecriture décimale	Ecriture scientifique
Rayon de Neptune	49 530 km	**4,9530 x 10^4 km**
Distance Terre – Soleil	150 x 10^9 m	**1,50 x 10^{11} m**
Période de révolution de la Lune autour de la Terre	27,3 jours	**2,73 x 10^1 jours**
Masse de Mercure	0,330 x 10^{24} kg	**3,30 x 10^{23} kg**

METHODE 3 : Savoir utiliser les ordres de grandeurs

■ Principe

L'ordre de grandeur d'une longueur correspond à la puissance de 10 la plus proche de cette valeur.
L'ordre de grandeur permet d'évaluer rapidement une longueur sans soucis de précision.
Pour donner l'ordre de grandeur de la distance Terre – Soleil $d_{TS} = 150 \times 10^6$ km, il faut :

- exprimer la valeur en écriture scientifique : $1{,}50 \times 10^8$ km
- arrondir la valeur : si $a < 5$, on l'arrondit à 1
  si $a > 5$, on l'arrondit à 10
  soit $1{,}50 < 5$ donc on arrondit à 1
- ordre de grandeur : $1 \times 10^8 = 10^8$ km.

L'ordre de grandeur de la distance Terre – Soleil vaut 10^8 km

■ Exemple : Les ordres de grandeurs.

Compléter le tableau ci-après :

	Ecriture scientifique ou écriture décimale	**Ordre de grandeur**
Distance Soleil – Mercure	$5{,}81 \times 10^7$ km	
Masse de Neptune	102×10^{24} kg	
Rayon de Mars	$3{,}40 \times 10^6$ m	
Circonférence de la Terre	$4{,}0 \times 10^7$ m	
Masse de la Terre	$5{,}97 \times 10^{24}$ kg	

Correction

	Ecriture scientifique ou écriture décimale	**Ordre de grandeur**
Distance Soleil – Mercure	$5{,}81 \times 10^7$ km	**10^8 km**
Masse de Neptune	102×10^{24} kg	**10^{26} kg**
Rayon de Mars	$3{,}40 \times 10^6$ m	**10^6 m**
Circonférence de la Terre	$4{,}0 \times 10^7$ m	**10^7 m**
Masse de la Terre	$5{,}97 \times 10^{24}$ kg	**10^{25} kg**

METHODE 4 : Savoir définir l'année de lumière

■ Principe

Dans le vide et dans l'air, la vitesse de propagation de la lumière est c = 3,00 x 10^8 m.s^{-1}.

Vous faites très généralement l'**ERREUR** : l'année de lumière N'EST PAS une unité de vitesse !

L'année de lumière est une unité de **distance** inventée par les astronomes. La raison est très simple : l'unité du kilomètre n'était pas assez performante pour travailler sur des distances de plusieurs milliards de milliards de milliards de km à l'échelle de l'Univers !
Elle nous permet donc de simplifier les calculs de distance.

L'année de lumière est **la distance** parcourue par la lumière dans le vide en une année.

1 a.l = 9,5 x 10^{15} m = 9,5 x 10^{12} km

■ Exemple 1 : Conversions de longueur.

Compléter le tableau ci-dessous :

	Grandeur en km	Grandeur en a.l
Distance entre Andromède et la Voie Lactée	2,37 x 10^{19}	
Distance entre le système solaire et l'Etoile polaire	4,31 x 10^{15}	
Distance entre la nébuleuse d'Oméga et le système solaire		4 232
Distance entre la constellation d'Orion et le système solaire		640

Correction

	Grandeur en km	Grandeur en a.l
Distance entre Andromède et la Voie Lactée	$2,37 \times 10^{19}$	**$2,49 \times 10^{6}$**
Distance entre le système solaire et l'Étoile polaire	$4,31 \times 10^{15}$	**454**
Distance entre la nébuleuse d'Oméga e le système solaire	**$4,02 \times 10^{16}$**	4 232
Distance entre la constellation d'Orion et le système solaire	**$6,08 \times 10^{15}$**	640

- **Exemple 2 : L'étoile polaire.**

L'étoile polaire se situe à environ 4 x 10^{15} km de la Terre. Exprimez cette distance en année de lumière. Déterminez alors le temps que met la lumière pour parcourir la distance étoile polaire/Terre.

Correction

1 a.l = $9,5 \times 10^{12}$ km.

$$\text{Distance} = \frac{4 \times 10^{15}}{9,5 \times 10^{12}} = 4,21 \times 10^{2} \text{ a.l.}$$

La lumière met donc 421 années pour nous parvenir depuis l'étoile polaire !

METHODE 5 : Comprendre l'expression « Voir loin, c'est voir dans le passé »

■ Principe

« Regarder loin c'est regcrder tôt ! » Cette illustre et géniale phrase n'est malheureusement pas de moi. Elle est extraite du livre d'Hubert Reeves *Patience dans l'azur* aux éditions du Seuil en 1981.
Essayons de comprendre...
A l'échelle de l'Univers, la lumière se déplace très très lentement. En effet, même si elle parcourt 300 000 km en une seconde, cette vitesse semble infiniment petite lorsque la lumière doit parcourir plusieurs millions voire milliards d'années de lumière... Pour clarifier les choses, partons d'un exemple concret !

La nébuleuse d'Orion se situe à 1500 a.l de la Terre. En d'autres termes, la lumière met 1500 années pour parcourir la distance Orion/Terre à la vitesse de 300 000 km/s ! Poussons le raisonnement un peu plus loin... Actuellement, lorsqu'on regarde dans la direction d'Orion avec un télescope, on observe donc de la lumière âgée de 1500 ans, c'est-à-dire que la lumière que l'on voit actuellement a voyagé pendant 1500 ans ! INCROYABLE mais vrai. On n'est donc pas en LIVE ! Il y a un léger différé de 1500 ans entre ce que nous voyons depuis la Terre et ce qui se passe sur Orion !

L'objectif des scientifiques actuellement est donc de mettre au point des instruments d'observation de plus en plus performants permettant de regarder de plus en plus loin ! En effet la lumière provenant d'objets lointains est un véritable témoignage du passé de l'Univers... On a inventé une machine à remonter le temps qui permettra peut être un jour d'observer l'Univers à sa naissance !

Je sens une légère hésitation dans cette méthode au combien fondamentale en Astronomie. Je crois qu'un petit dessin s'impose... He Maestro !
Simulons l'explosion d'une étoile baptisée au hasard étoile « ALPHA » et située à une distance de 200 a.l de la Terre !

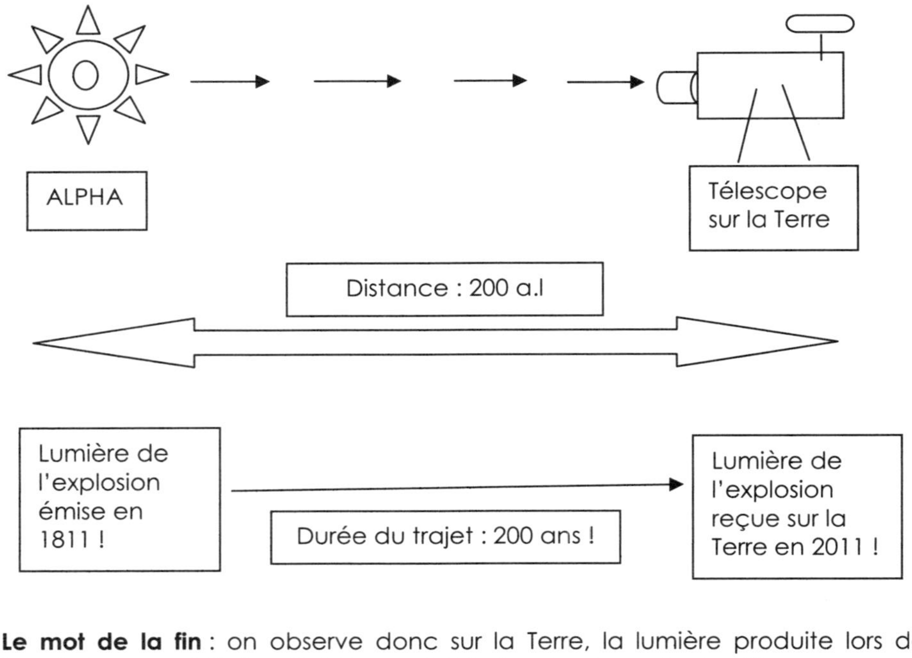

Le mot de la fin : on observe donc sur la Terre, la lumière produite lors de l'explosion de l'étoile ALPHA en 2011. Pourtant, cette lumière a voyagé pendant 200 ans dans l'Univers avant de nous parvenir. On perçoit donc des informations qui se sont déroulées dans le passé... Selon le calendrier terrien, l'explosion a eu lieu en 1811... On ne peut donc en aucun cas avoir une photographie instantanée de l'Univers.
Plus les astronomes observent des phénomènes éloignés, plus ils obtiennent des renseignements sur le passé !

■ **Exemple 1 : La galaxie d'Andromède.**

La galaxie d'Andromède se situe environ à 2 millions d'années de lumière de la Terre. Que signifie cette phrase ?

Correction

Lorsqu'on observe avec un télescope, on capte de la lumière âgée de 2 millions d'années. On voit donc cette galaxie telle qu'elle était il y a 2 millions d'années !

■ **Exemple 2 : Explosion d'une étoile dans le nuage de Magellan.**

En 1987, les astronomes ont observé l'explosion d'une étoile dans le nuage de Magellan situé à 170 000 a.l de la Terre.

a) Exprimez en km la distance séparant la Terre du Nuage de Magellan.
b) Depuis combien de temps s'était produite cette explosion ? En quelle année ?

Correction

a) 1 a.l = $9,5 \times 10^{12}$ km.
Distance = $1,7 \times 10^{5} \times 9,5 \times 10^{12} = 1,62 \times 10^{18}$ km.
b) La lumière produite lors de cette explosion était âgée de 170 000 ans lorsque nous l'avons observé en 1987.
L'explosion a donc eu lieu en 1987–170 000 soit 168 013 ans avant J.C.

Testez-vous !

■ ***Complétez le texte à trous suivant.***

Le système solaire est constitué d'une ………………., le …………… et de ………………. planètes qui ……………. autour. Il comporte également des ………………, des ………………… et des ……………………. Le système solaire fait partie d'une ……………………, la Voie Lactée. Une ……………. correspond à un ………………. d'étoiles. Dans l'Univers, il est également possible de rencontrer des …………………, c'est-à-dire des planètes qui ………………… autour d'une ………………….. autre que le ……………….. L'ensemble forme un ……………. planétaire ……………….. La structure de l'Univers est …………………… Dans le vide, la lumière se propage à la vitesse c =

.... Ainsi, la .... parcourue par la lumière dans le .... pendant une .... constitue l'année de lumière notée a.l. Une année de lumière correspond à une distance de .... L'ordre de grandeur permet d'...................... rapidement une longueur sans .... de .... Plus la lumière émise par un objet stellaire met de .... à nous parvenir, plus sa source se trouve .... de nous et plus elle contient d'informations du passé, c'est pourquoi on utilise l'expression « Voir loin, c'est voir dans le passée ».

Correction

Le système solaire est constitué d'une **étoile**, le **Soleil** et de **huit** planètes qui **gravitent** autour. Il comporte également des **poussières,** des **astéroïdes** et des **comètes**. Le système solaire fait partie d'une **galaxie**, la Voie Lactée. Une **galaxie** correspond à un **regroupement** d'étoiles. Dans l'Univers, il est également possible de rencontrer des **exoplanètes**, c'est-à-dire des planètes qui **gravitent** autour d'une **étoile** autre que le **Soleil**. L'ensemble forme un **système** planétaire **extrasolaire**. La structure de l'Univers est **lacunaire**. Dans le vide, la lumière se propage à la vitesse **$c = 3{,}00 \times 10^8$ m.s^{-1}.** Ainsi, la **distance** parcourue par la lumière dans le **vide** pendant une **année** constitue l'année de lumière notée a.l. Une année de lumière correspond à une distance de **$9{,}50 \times 10^{15}$ m**. L'ordre de grandeur permet d'**évaluer** rapidement une longueur sans **soucis** de **précision**. Plus la lumière émise par un objet stellaire met de **temps** à nous parvenir, plus sa source se trouve **éloignée** de nous et plus elle contient d'informations du passé, c'est pourquoi on utilise l'expression « Voir loin, c'est voir dans le passé ».

■ ***Vrai ou faux ? Quand c'est faux, corrigez les erreurs ! Courage…***

1. Le système solaire est constitué d'une étoile, le Soleil et de neuf planètes qui gravitent autour : Mercure, Vénus, Terre, Mars, Jupiter, Saturne, Uranus, Neptune et Pluton.
2. La structure de l'Univers est lacunaire, c'est-à-dire que l'espace est essentiellement constitué de vide.
3. L'année de lumière est le temps mis par la lumière pour parcourir la distance Terre – Soleil.
4. L'ordre de grandeur du rayon de Saturne $R_S = 60{,}3 \times 10^6$ m vaut 10^7 m.
5. L'écriture scientifique de la masse d'Uranus $M_S = 86{,}8 \times 10^{24}$ kg est $8{,}68 \times 10^{25}$ kg.
6. Une galaxie est une planète qui gravite autour d'une étoile autre que le Soleil.
7. La lumière se déplace à la vitesse de $3{,}0 \times 10^5$ km.s^{-1}.
8. Un système planétaire extrasolaire est constitué par une étoile, autre que le Soleil, et de plusieurs exoplanètes qui gravitent autour.

Correction

1. Faux : le système solaire est constitué d'une étoile, le Soleil et de **huit** planètes qui gravitent autour. Pluton ne fait plus partie de notre système solaire.
2. Vrai.
3. Faux : l'année de lumière est la distance parcourue par la lumière dans le vide en une année.
4. Faux : $R_S = 6{,}03 \times 10^7$ m or $6{,}03 > 5$ donc on arrondit à 10. L'ordre de grandeur vaut $10 \times 10^7 = 10^8$ m.
5. Vrai.
6. Faux : Une galaxie est un regroupement d'étoiles.
7. Vrai.
8. Vrai.

Réflexes

	SITUATIONS	REFLEXES
1.	De quoi est constitué le système solaire ?	Il est constitué d'une étoile (le Soleil), de 8 planètes principales, de planètes naines, de satellites naturels, d'astéroïdes et de comètes !
2.	Qu'appelle-t-on une galaxie ? Comment se nomme notre galaxie ?	**Une galaxie** est un regroupement d'étoiles. Notre galaxie se nomme la Voie Lactée.
3.	Comment définir une exoplanète et un système planétaire extrasolaire ?	**Une exoplanète** est une planète qui gravite autour d'une étoile autre que le Soleil. Quand une étoile possède plusieurs exoplanètes, l'ensemble forme un système planétaire **extrasolaire**.
4.	Comment est répartie la matière au sein de l'Univers ?	Le remplissage de l'espace par la matière est **lacunaire**, c'est-à-dire que l'espace est constitué essentiellement de vide.
5.	Comment définir l'année de lumière ?	L'année de lumière a.l est une unité de distance. C'est la distance parcourue par la lumière dans le vide en une année. 1 a.l = $9{,}50 \times 10^{15}$ m

6.	Comment interpréter l'expression « Voir loin, c'est voir dans le passé » ?	La lumière se déplace lentement à l'échelle de l'Univers. La lumière des étoiles ne nous parvient pas sur la Terre de manière instantanée. Plus l'astre observé est éloigné, plus le temps mis par la lumière pour arriver sur la Terre sera important. Pour certaines étoiles, la lumière met parfois plusieurs millions d'années avant d'être captée par nos télescopes terriens. On perçoit donc actuellement des informations qui se sont déroulées dans le passé ! Observer loin, c'est avoir la capacité de remonter le temps… Voir loin, c'est voir dans le passé !

Chapitre 9

LES SPECTRES LUMINEUX

Aujourd'hui, vous allez être touché par LA « lumière » de la physique. Mais si ! Vous allez recevoir l'illumination des étoiles, vous allez rayonner dans le cours de physique… Ça y est, Monsieur Ley a encore craqué… Eh bien NON ! Comment ? C'est tout simple, je vais vous faire un super topo sur les lumières polychromatiques, les spectres de raies d'émission et d'absorption… Ne partez pas en courant ! La recette est toujours la même : du travail, de la rigueur et surtout de la méthode ! Pas de souci, je suis là pour vous ! Quelle conscience professionnelle… Le spectre de la réussite plane au dessus de vos têtes ! (Elle était facile celle-là…) AU TRAVAIL !!!

METHODE 1 : Savoir différencier une lumière polychromatique et une lumière monochromatique

■ Principe

Une lumière **polychromatique** est constituée de plusieurs radiations différentes comme la lumière blanche.

Une lumière **monochromatique** est composée d'une seule radiation, par exemple la lumière rouge d'un laser.

Une radiation est caractérisée par **sa longueur d'onde** noté λ (lambda) exprimée en nanomètre (nm).

<u>Domaine du visible en longueur d'onde λ</u>

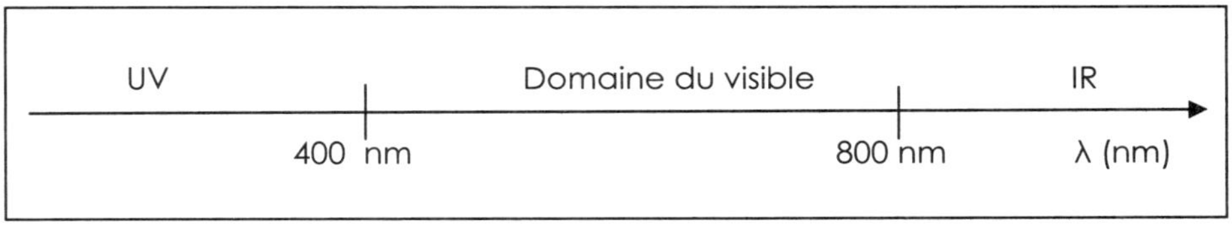

Couleur et domaine de longueur d'onde

Couleur	Domaine de longueur d'onde
Violet	400 nm – 450 nm
Bleu	450 nm – 520 nm
Vert	520 nm – 565 nm
Jaune	565 nm – 590 nm
Orange	590 nm – 625 nm
Rouge	625 nm – 800 nm

■ **Exemple : Lumière monochromatique ou polychromatique ?**

L'analyse d'une lumière permet de détecter quatre radiations colorées, une violette, une verte, une jaune et une rouge.

a) La lumière étudiée est-elle une lumière monochromatique ou polychromatique ? Justifier.
b) Associer à chaque longueur d'onde, la radiation colorée correspondante.

$\lambda_1 = 580$ nm ; $\lambda_2 = 420$ nm ; $\lambda_3 = 750$ nm ; $\lambda_4 = 520$ nm

Correction

a) La lumière étudiée est polychromatique puisque elle est composée de plusieurs radiations différentes.
b) Correspondance des couleurs et des longueurs d'onde :

$\lambda_1 = 580$ nm : Jaune

$\lambda_2 = 420$ nm : Violet

$\lambda_3 = 750$ nm : Rouge

$\lambda_4 = 520$ nm : Vert

METHODE 2 : Identifier un spectre d'émission continu d'origine thermique

Principe

Une source émet une lumière qui peut être **décomposée** à l'aide d'un système dispersif, tel que le **prisme** ou le **réseau**, on obtient alors un spectre d'émission.

Un corps chaud émet un **rayonnement lumineux** dont le spectre d'émission est **continu**.
Ce spectre continu dépend de la température. Ainsi, plus la température augmente, plus le spectre continu s'enrichit en couleur bleue et violette.

Exemple : Couleur des étoiles.

A l'aide des informations fournies par le tableau ci-dessous, répondre aux questions.

Etoile	**Couleur**
Véga	Bleue-blanche
Sirius	Blanche
Proxima Centauri	Rouge
Capella	Jaune

a) Quelle est l'étoile qui possède la température de surface la plus élevée ? Justifier.
b) Attribuer à chaque étoile, sa température de surface.

$T_1 = 2\ 740\ °C$; $T_2 = 5400\ °C$; $T_3 = 8000°C$; $T_4 = 9360°C$

Correction

a) L'étoile qui possède la température de surface la plus élevée est celle dont la couleur s'enrichit le plus en couleur bleue et violette. Il s'agit de **Véga**.

b) Correspondance des températures et des étoiles :

$T_1 = 2740°C$: Proxima Centauri.

$T_2 = 5400°C$: Capella.

$T_3 = 8000°C$: Sirius.

$T_4 = 9360°C$: Véga.

METHODE 3 : Savoir définir un spectre de raies d'émission

■ Principe

Un gaz excité sous faible pression émet une lumière composée d'une ou plusieurs radiations monochromatiques, on obtient un **spectre de raies d'émission.**
Un spectre de raies d'émission est **caractéristique** d'une entité chimique.

■ Exemple : Lampe à vapeur de sodium.

L'analyse du spectre d'émission d'une lampe à vapeur de sodium révèle la présence de raies de longueur d'onde bien définie.

Spectre d'émission d'une lampe à vapeur de sodium

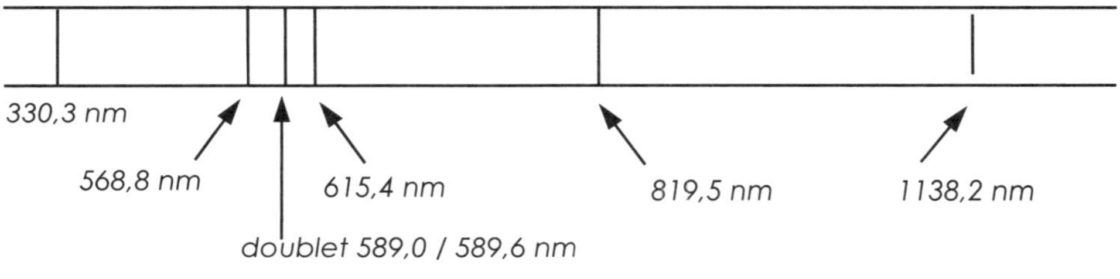

a) Quelles sont les longueurs d'onde des raies appartenant au domaine du visible ? au domaine des ultraviolets ? au domaine de l'infrarouge ?
b) S'agit-il d'une lumière polychromatique ou monochromatique ? Justifier la réponse.

Correction

a) Domaine des UV : 330,3 nm
Domaine du visible : 568,8 nm ; 589,0 nm ; 589,6 nm ; 615,4 nm
Domaine des IR : 819,5 nm ; 1138,2 nm

b) Il s'agit d'une lumière polychromatique puisque le spectre révèle plusieurs radiations de longueurs d'onde différentes.

METHODE 4 : Savoir reconnaître un spectre de raies d'absorption

■ Principe

Un spectre de raies d'absorption est obtenu lorsqu'un faisceau de lumière blanche traverse une entité chimique gazeuse à basse pression. On obtient alors des raies noires sur fond coloré du spectre continu de la lumière blanche.

Les raies absorbées, c'est-à-dire les raies noires, correspondent exactement aux raies d'émission d'une même entité chimique, en superposant les deux types de spectre on obtient le spectre de la lumière blanche.

Une entité chimique n'est capable d'absorber que les radiations qu'elle peut émettre.

■ Exemple : Analyse d'un spectre.

D'après un texte d'André Brahic : « Joseph von Fraunhofer fut le premier, en 1814, à observer ces disparitions de lumière ». Voici un extrait du spectre qu'il a observé, où l'on peut observer des raies noires sur un fond coloré continu, nommées A, B, C, D, E, F1, F2, G, H et I :

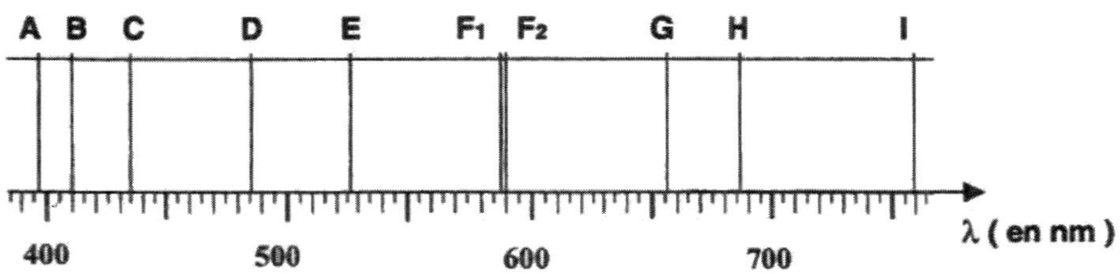

a Les raies observées sont-elles des raies d'émission ou d'absorption ?
b) Quelles sont les longueurs d'onde appartenant au domaine du visible ? Celles appartenant au domaine des UV ? Celles appartenant au domaine des IR ? Justifier.

Correction

a) Il s'agit d'un spectre de raies d'absorption puisque les raies sont noires sur fond coloré.
b) Domaine UV : les longueurs d'ondes sont inférieurs à 400 nm : raie A.
Domaine du visible : longueurs d'ondes comprises entre 400 nm et 800 nm : raie B, raie C, raie D, raie E, raie F1, raie F2, raie G, raie H et raie I.
Domaine IR : les longueurs d'ondes sont supérieures à 800 nm : aucune.

METHODE 5 : Savoir interpréter le spectre d'une étoile

■ Principe

Une étoile est une boule de gaz très chaude qui émet un spectre continu. La couleur d'une étoile dépend de sa température.
La lumière qui nous parvient traverse l'atmosphère de cette étoile et une partie du rayonnement est absorbé par les entités chimiques qui la composent. On obtient alors un spectre de raies d'absorption. Son analyse permet d'identifier les éléments chimiques constituant l'atmosphère de cette étoile.
L'examen du spectre de raies d'absorption du Soleil permet d'affirmer qu'il est composé essentiellement d'hydrogène H (73,5 % en masse) et d'Hélium He (24,9 % en masse).

■ Exemple : Analyse du spectre d'une étoile.

On fournit une partie du spectre d'absorption du Soleil ainsi que les longueurs d'onde d'émission de quelques éléments. Identifier les éléments que peuvent contenir les couches superficielles du Soleil. Justifier.

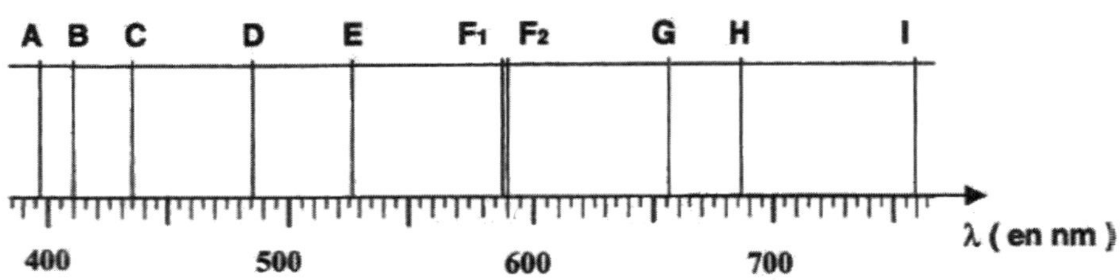

Elément chimique	Longueur d'onde λ en nm de certaines raies caractéristiques					
Hydrogène H	410,1	434,0	486,1	656,3		
Hélium He	447,2	471,3	492,2	501,6	587,6	667,8
Sodium Na	589,0	589,6				

Correction

Identification des raies et des éléments chimiques :
Sodium : F1 : 589,0 nm
F2 ; 589,6 nm

Hydrogène : B : 410,1 nm
C : 434,0 nm
D : 486,1 nm
G : 656,3 nm

On identifie **l'hydrogène** et **le sodium** puisqu'on retrouve toutes les raies de l'élément sodium Na et de l'élément hydrogène H.

Testez-vous !

■ ***Complétez le texte à trous suivant.***

Une lumière .... est constituée de .... tandis qu'une lumière .... est composée d'une .... Une radiation est caractérisée par sa .... d'........... exprimée en .... Le domaine du visible est compris entre .... nm et .... nm, en deçà de 400 nm, il s'agit du domaine des .... et au-delà de 800 nm, il s'agit des .... Un spectre .... d'.................... est émit par un corps chaud, il dépend de la .... Plus la .... augmente, plus le spectre continu s'enrichit en couleur .... et .... Un spectre de .... d'..................... est obtenu à partir d'un gaz excité sous faible ...., il est .... d'une entité chimique. Au contraire, un spectre de .... d'........................ est obtenu lorsqu'un faisceau de lumière blanche traverse une entité chimique .... à basse .... On obtient des raies .... sur fond coloré du spectre continu de la lumière blanche. Une entité chimique n'est capable d'.................. que les radiations qu'elle peut ....

Correction

Une lumière **polychromatique** est constituée de **plusieurs radiations différentes** tandis qu'une lumière **monochromatique** est composée d'une **seule radiation**. Une radiation est caractérisée par sa **longueur** d'**onde** exprimée en **nanomètre**. Le domaine du visible est compris entre **400** nm et **800** nm, en deçà de 400 nm, il s'agit du domaine des **ultraviolets UV** et au-delà de 800 nm, il s'agit des **infrarouges IR**. Un spectre **continu** d'**émission** est émit par un corps chaud, il dépend de la **température**. Plus la **température** augmente, plus le spectre continu s'enrichit en couleur **bleue** et **violette**. Un spectre de **raies** d'**émission** est obtenu à partir d'un gaz excité sous faible **pression**, il est **caractéristique** d'une entité chimique. Au contraire, un spectre de **raies** d'**absorption** est obtenu lorsqu'un faisceau de lumière blanche traverse une entité chimique **gazeuse** à basse **pression**. On obtient des raies **noires** sur fond coloré du spectre continu de la lumière blanche. Une entité chimique n'est capable d'**absorber** que les radiations qu'elle peut **émettre**.

■ ***Vrai ou faux ? Quand c'est faux, corrigez les erreurs ! Courage…***

1. Un spectre de raies d'absorption est obtenu à partir d'un gaz excité sous faible pression.
2. Une lumière polychromatique est constituée d'une seule radiation.
3. Au sein du spectre d'une étoile, on détecte une radiation noté A de longueur d'onde λ_A = 857 nm. Cette radiation A appartient au domaine de l'IR.
4. Un spectre d'émission continu d'origine thermique est constitué de raies noires sur fond coloré de la lumière blanche.
5. Une radiation est caractérisée par sa longueur d'onde λ.
6. Plus le spectre continu s'enrichit en couleur bleue et violette plus la température diminue.
7. Une entité chimique n'est capable d'absorber que les radiations qu'elle peut émettre.
8. L'analyse du spectre de raies d'absorption d'une étoile permet d'identifier les éléments chimiques constituant son atmosphère.

Correction

1. Faux : un spectre de raies d'émission est obtenu à partir d'un gaz excité sous faible pression.
2. Faux : une lumière polychromatique est constituée de plusieurs radiations différentes.
3. Vrai.
4. Faux : un spectre de raies d'absorption est constitué de raies noires sur fond coloré de la lumière blanche.
5. Vrai.
6. Faux : plus le spectre continu s'enrichit en couleur bleue et violette plus la température augmente.
7. Vrai.
8. Vrai.

Réflexes

	SITUATIONS	REFLEXES
1.	Quelle est la différence entre une lumière polychromatique et une lumière monochromatique ?	Une lumière **polychromatique** est constituée de plusieurs radiations différentes tandis qu'une lumière **monochromatique** est composée d'une seule radiation.
2.	Comment caractériser une radiation ?	Une radiation est caractérisée par sa longueur d'onde noté λ (lambda) exprimée en nanomètre (nm).
3.	Quel est le domaine du visible, des ultraviolets et des infrarouges ?	Domaine du visible : entre 400 nm et 800 nm. Domaine des UV : inférieur à 400 nm. Domaine des IR : supérieur à 800 nm.
4.	Comment obtenir un spectre continu d'émission d'origine thermique ?	Un corps chaud émet un rayonnement lumineux dont le spectre d'émission est continu.
5.	Comment identifier un spectre de raies d'émission ?	Un gaz excité sous faible pression émet une lumière composée d'une ou plusieurs radiations monochromatiques, on obtient un spectre de raies d'émission. Un spectre de raies d'émission est caractéristique d'une entité chimique.
6.	Comment interpréter un spectre de raies d'absorption ?	Un spectre de raies d'absorption est obtenu lorsqu'un faisceau de lumière blanche traverse une entité chimique gazeuse à basse pression. On obtient alors des raies noires sur fond coloré du spectre continu de la lumière blanche.

Chapitre 10

DISPERSION ET REFRACTION DE LA LUMIERE

Qu'avons-nous au menu aujourd'hui ? Je vais vous présenter tout d'abord le prisme. C'est un objet qui intéresse depuis très longtemps les scientifiques et qui a permis de grandes avancées et découvertes sur la composition et les propriétés de la lumière... Par exemple, Sir Isaac Newton, sans conteste l'un des plus grands physiciens de tous les temps, a réussi en 1666 à seulement 24 ans à démontrer que la lumière blanche était constituée d'une infinité de lumières « colorées » allant du rouge au violet ! (On verra tout cela en détails tout à l'heure...) Dans le domaine des instruments d'optique, il a par exemple servi à la réalisation de l'astrolabe au début du XXe siècle (sorte de lunette terrestre permettant de se repérer dans le temps et l'espace), il est encore très souvent utilisé de nos jours dans la fabrication de jumelles ou de microscopes...
Je vous parlerai ensuite de la « dispersion ». Aucun rapport bien sûr avec d'éventuels manques de concentration ou d'intérêts pour le chapitre... C'est un phénomène physique !
Dans un dernier temps, nous aborderons les célèbres lois d'optique établies par deux gros intellos Messieurs « Snell et Descartes »... En général, vous avez du mal à comprendre leurs théories ! Mais aujourd'hui, pas de stress, vos méthodes vous permettront à coup sûr de ne pas vous perdre dans les méandres de la physique, vous sortirez vainqueur des combats opposant la compréhension à l'incompréhension, la clarté à la confusion, le 20/20 au 0/20 le ying et le yang... Oh la la on stoppe le délire ! Pour faire simple, vous aller déchirer le prochain DS !

METHODE 1 : Savoir interpréter la dispersion de la lumière blanche par un prisme

■ Principe

Un **prisme** est un instrument d'optique taillé dans un matériau transparent comme le verre ou le plexiglas. La représentation schématique d'un prisme est généralement un triangle.

La lumière blanche est une lumière **polychromatique** qui peut être décomposée par un **prisme**, on parle de **dispersion** de la lumière. On obtient alors sur l'écran le spectre de la lumière blanche.
Un prisme dévie différemment les radiations monochromatiques composant la lumière blanche ainsi il permet de les séparer.

Une lumière **monochromatique** ne peut pas être décomposée, elle est simplement déviée par le prisme. Plus la **longueur** d'onde de la radiation monochromatique est petite plus la radiation sera **déviée**.

Ainsi $\lambda_{violette}$ = 412 nm et λ_{rouge} = 768 nm donc $\lambda_{rouge} > \lambda_{violette}$

La radiation monochromatique violette est plus déviée par le prisme que la radiation monochromatique rouge.

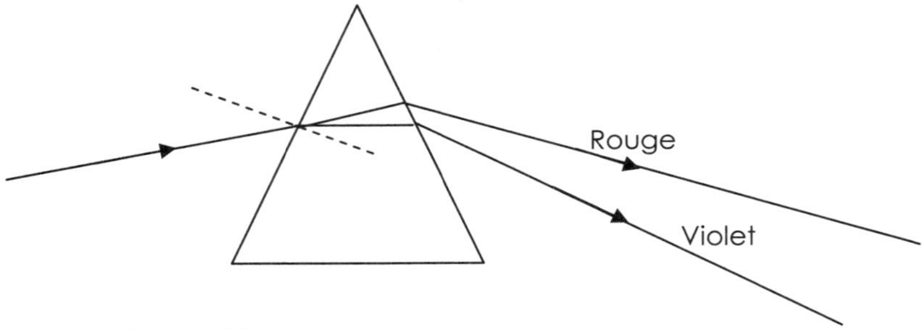

■ **Exemple : Qui est qui ?**

On considère une lumière polychromatique composée de quatre radiations :

λ_{rouge} = *700 nm ;* λ_{orange} = *600 nm ;* λ_{vert} = *540 nm ;* λ_{violet} = *410 nm*

On éclaire un prisme en verre à l'aide de ce faisceau lumineux.

a) Décrire le phénomène observé sur l'écran placé en sortie du prisme. Expliquer.
b) Identifier chacun des rayons lumineux en sortie du prisme. Justifier.

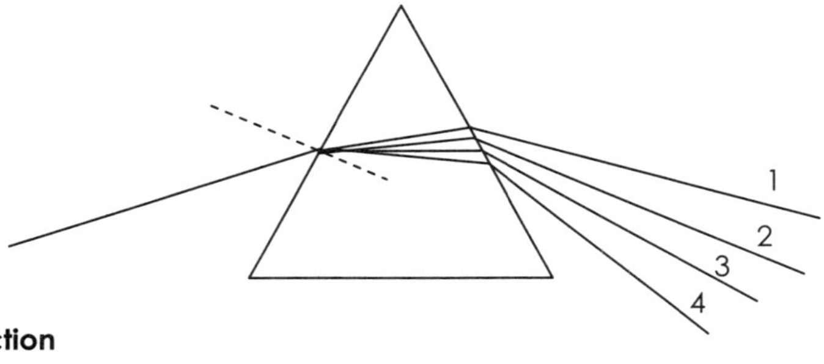

Correction

a) Un prisme disperse une lumière polychromatique, c'est-à-dire qu'il la décompose en ses radiations monochromatiques. Sur l'écran, on observe les quatre radiations qui constitue le faisceau lumineux, le rouge, l'orange, le vert et le violet.

b) Plus la longueur d'onde de la radiation monochromatique est petite plus la radiation est déviée.

$\lambda_{rouge} > \lambda_{orange} > \lambda_{vert} > \lambda_{violet}$

donc le violet est plus dévié que le vert qui est plus dévié que l'orange qui est plus dévié que le rouge.

4 : violet
3 : vert
2 : orange
1 : rouge

METHODE 2 : Savoir définir la réfraction de la lumière et l'indice de réfraction

■ Principe

On appelle **réfraction**, le changement de direction subit par la lumière quand elle traverse la surface de séparation de deux milieux transparents. Un milieu **transparent** est un milieu qui laisse passer la lumière.

L'indice de réfraction est caractéristique d'un milieu transparent, il se note **n** et il est **sans unité**. Il est supérieur ou égal à 1.

$$n = \frac{c}{v}$$

v : vitesse de propagation de la lumière dans le milieu étudié en **m.s⁻¹**
c : vitesse de propagation de la lumière dans le vide : $c = 3{,}0 \times 10^8$ m.s^{-1}

■ Exemple : Identification d'un milieu transparent.

Un faisceau lumineux traverse successivement deux milieux transparents d'indice n_1 et n_2. Dans le premier milieu, il se propage à la vitesse $v_1 = 1{,}25 \times 10^8$ m.s^{-1} tandis que dans le deuxième milieu, il se propage à la vitesse $v_2 = 2{,}26 \times 10^8$ m.s^{-1}.

a) Calculer l'indice de réfraction n_1 et n_2.
b) Identifier le milieu 1 et le milieu 2.

Données : $c = 3{,}0 \times 10^8$ m.s^{-1}

Indice de réfraction de quelques milieux transparents

Milieu	Indice de réfraction
Air	1,00
Verre	1,50
Eau	1,33
Diamant	2,40
Cristal	1,65

Correction

a) Indice de réfraction du milieu 1 : $n_1 = \dfrac{c}{v_1} = \dfrac{3{,}00 \times 10^8}{1{,}25 \times 10^8}$ donc $n_1 = 2{,}40$.

Indice de réfraction du milieu 2 : $n_2 = \dfrac{c}{v_2} = \dfrac{3{,}00 \times 10^8}{2{,}26 \times 10^8}$ donc $n_2 = 1{,}33$.

b) milieu 1 : diamant ; milieu 2 : eau

METHODE 3 : Savoir énoncer les lois de Snell-Descartes

■ Principe

Pour faire simple, les lois de Snell-Descartes décrivent le comportement de la lumière à l'interface de deux milieux transparents ayant des indices de réfraction différents ! En gros, quand la lumière change de milieu, change-t-elle de direction ? Comment est-elle déviée ? Mystère ? NON, méthode !

<u>Schéma du phénomène de réfraction de la lumière :</u>

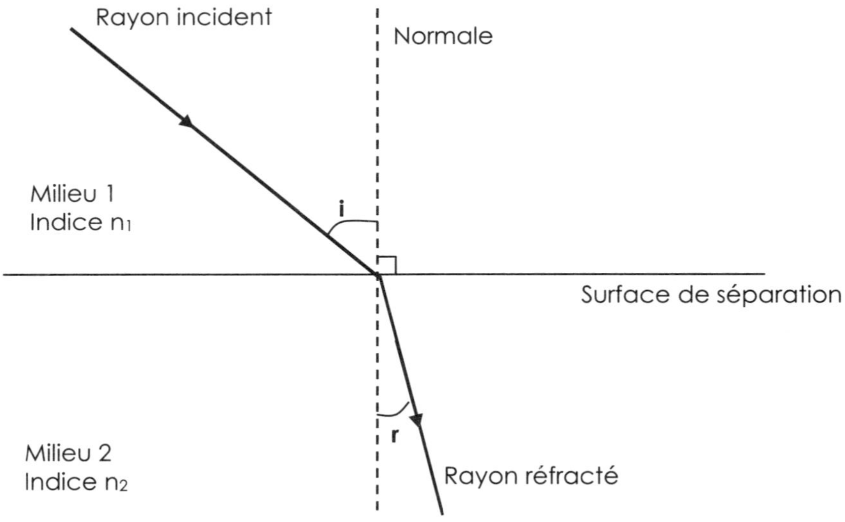

i : angle d'incidence en degré r : angle de réfraction en degré

Première Loi de Snell-Descartes

A apprendre par cœur !

Le rayon réfracté appartient au plan d'incidence, plan défini par la normale et le rayon incident.

Deuxième Loi de Snell-Descartes

$$n_1 \times \sin i = n_2 \times \sin r$$

■ **Exemple 1 : Etude d'un dioptre air/eau.**

Un rayon lumineux se propageant dans l'air arrive à la surface de l'eau avec un angle d'incidence i = 28°.

a) Schématiser et légender la situation.
b) Calculer la valeur de l'angle de réfraction r.

Données : indice de réfraction de l'eau : $n_{eau} = 1{,}33$.
Indice de réfraction de l'air : $n_{air} = 1{,}00$.

Correction

a) Schéma de la situation

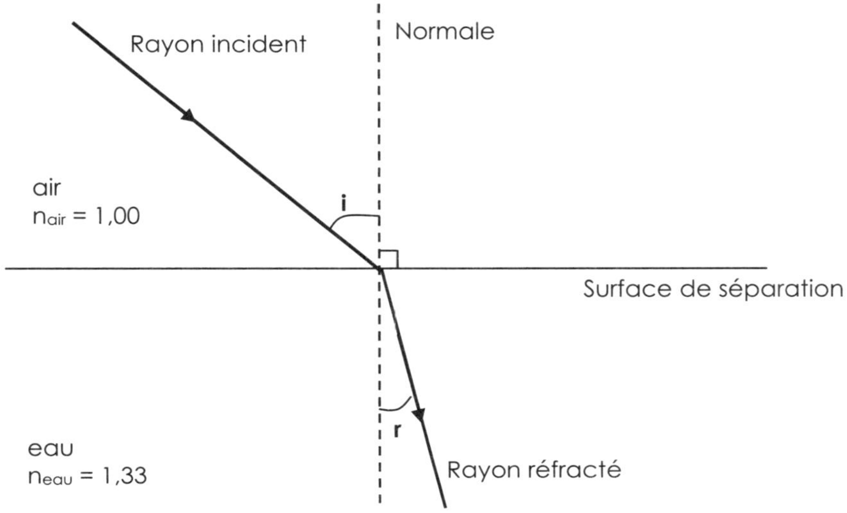

b) Deuxième loi de Snell-Descartes

$\mathbf{n_{air} \times \sin i = n_{eau} \times \sin r}$ donc $\sin r = \dfrac{n_{air} \times \sin i}{n_{eau}} = \dfrac{1{,}00 \times \sin(28)}{1{,}33}$ d'où $\mathbf{r = 20{,}7°}$

■ Exemple 2 : Indice de réfraction et milieu transparent.

Un faisceau lumineux issu de l'air arrive à la surface d'un milieu transparent avec un angle d'incidence i = 42°. Le rayon est réfracté avec un angle de réfraction r = 24°.

a) Schématiser et légender la situation.
b) Calculer la valeur de l'indice de réfraction du milieu transparent.
c) Identifier le milieu transparent.

Données : indice de réfraction de l'air : $n_{air} = 1{,}00$

Indice de réfraction de quelques milieux transparents

Milieu	Indice de réfraction
Air	1,00
Verre	1,50
Eau	1,33
Diamant	2,40
Cristal	1,65

Correction

a) Schéma de la situation

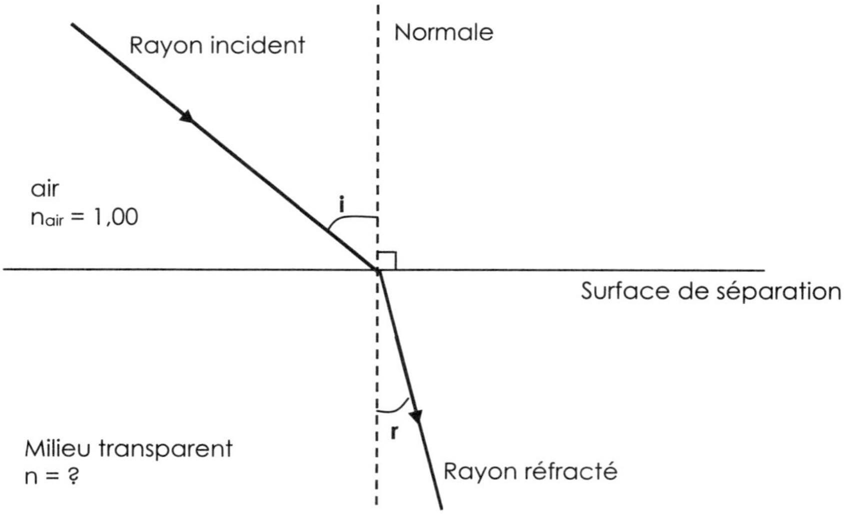

b) Deuxième loi de Snell-Descartes

n_{air} x sin i = n x sin r donc $n = \frac{n_{air} \times \sin i}{\sin r} = \frac{1{,}00 \times \sin(42)}{\sin(24)}$ d'où **n = 1,64**

c) Le milieu transparent est le **cristal.**

Testez-vous !

■ ***Complétez le texte à trous suivant.***

Une lumière .... peut être .... par un prisme, c'est-à-dire qu'elle est .... en ses radiations .... qui la composent. Tandis qu'une lumière .... ne peut être décomposée mais simplement déviée. La déviation d'une radiation monochromatique dépend de sa .... d'..................... Un faisceau lumineux peut subir un .... de direction quand il arrive à la surface de .... de deux milieux transparents, c'est le phénomène de .... de la lumière. Un milieu transparent est caractérisé par son .... de .... qui est une grandeur sans .... La première loi dit que le rayon .... appartient au plan d'................., plan défini par la .... et le .... La deuxième loi de Descartes énonce une relation mathématique entre les indices de réfraction, l'angle d'incidence et l'angle de réfraction : ....

Correction

Une lumière **polychromatique** peut être **dispersée** par un prisme, c'est-à-dire qu'elle est **décomposée** en ses radiations **monochromatiques** qui la composent. Tandis qu'une lumière **monochromatique** ne peut être décomposée mais simplement déviée. La déviation d'une radiation monochromatique dépend de sa **longueur** d'**onde**. Un faisceau lumineux peut subir un **changement** de direction quand il arrive à la surface de **séparation** de deux milieux transparents, c'est le phénomène de **réfraction** de la lumière. Un milieu transparent est caractérisé par son **indice** de **réfraction** qui est une grandeur sans dimension, supérieure ou égale à 1. La **réfraction** de la lumière est régie par les lois de **Snell-Descartes**. La première loi dit que le rayon **réfracté** appartient au plan d'**incidence**, plan défini par la **normale** et le **rayon incident.** La deuxième loi de Descartes énonce une relation mathématique entre les indices de réfraction, l'angle d'incidence et l'angle de réfraction :
n_1 x sin i = n_2 x sin r.

■ ***Vrai ou faux ? Quand c'est faux, corrigez les erreurs ! Courage…***

1. La première loi de Snell-Descartes énonce le fait que le rayon réfracté appartient au plan d'incidence, plan défini par le rayon réfléchi et la surface de séparation.
2. L'indice de réfraction caractérise un milieu transparent, il se note n et son unité est le $m.s^{-1}$. Il est compris entre 0 et 1.
3. Une lumière polychromatique peut être dispersée par un prisme, c'est-à-dire qu'elle est décomposée en ses différentes radiations monochromatiques qui la constitue.
4. La deuxième loi de Snell-Descartes s'énonce ainsi : $n_1 \times \cos i = n_2 \times \sin r$.
5. Le changement de direction subit par la lumière lors de la traversée de la surface de séparation de deux milieux transparents s'appelle le phénomène de réfraction.
6. Une lumière monochromatique peut être décomposée par un prisme.
7. Si un rayon incident issu de l'eau, d'indice de réfraction n_{eau} = 1,33 émerge dans l'air avec un angle de réfraction r = 32°, alors l'angle d'incidence vaut i = 27°. L'indice de réfraction de l'air vaut n_{air} = 1,00.
8. L'indice de réfraction correspond au rapport de la vitesse de propagation de la lumière dans le milieu considéré par la vitesse de propagation de la lumière dans le vide.
9. La déviation d'une radiation monochromatique par un prisme dépend de la longueur d'onde λ de cette radiation.
10. La normale constitue une droite fictive perpendiculaire au plan d'incidence.

Correction

1. Faux : le rayon réfracté appartient au plan d'incidence plan défini par le rayon incident et la normale.
2. Faux : l'indice de réfraction caractérise un milieu transparent, il se note n, c'est une grandeur sans unité. Il est supérieur ou égal à 1.
3. Vrai.
4. Faux : la deuxième loi de Snell-Descartes s'énonce ainsi : $n_1 \times \sin i = n_2 \times \sin r$.
5. Vrai.
6. Faux : une lumière monochromatique ne peut être décomposée par un prisme, elle est simplement déviée.
7. Faux : deuxième loi de Snell-Descartes : $n_{eau} \times \sin i = n_{air} \times \sin r$

Donc $\sin i = \dfrac{n_{air} \times \sin r}{n_{eau}} = \dfrac{1{,}00 \times \sin(32)}{1{,}33}$ donc i = 23,5°

8. Faux : l'indice de réfraction correspond au rapport de la vitesse de propagation de la lumière dans le vide par la vitesse de propagation de la lumière dans le milieu considéré.
9. Vrai.
10. Faux : la normale constitue une droite fictive perpendiculaire à la surface de séparation.

Réflexes

	SITUATIONS	REFLEXES
1.	Qu'appelle-t-on « dispersion de la lumière ? »	La lumière blanche est une lumière polychromatique qui peut être décomposée par un prisme. Un prisme dévie différemment les radiations monochromatiques composant la lumière blanche ainsi il permet de les séparer.
2.	De quoi dépend la déviation d'une lumière monochromatique ?	La déviation d'une lumière monochromatique dépend de sa longueur d'onde. Plus la longueur d'onde de la radiation monochromatique est petite plus la radiation sera déviée.
3.	Comment définir le phénomène de réfraction ?	La réfraction de la lumière correspond au changement de direction subit par la lumière quand elle traverse la surface de séparation de deux milieux transparents.
4.	Que représente l'indice de réfraction ?	L'indice de réfraction est caractéristique d'un milieu transparent, il se note n et il est sans unité. Il est supérieur ou égal à 1. $n = \frac{c}{v}$ v : vitesse de propagation de la lumière dans le milieu étudié en $m.s^{-1}$ c : vitesse de propagation de la lumière dans le vide : $c = 3,0 \times 10^8\ m.s^{-1}$
5.	Comment énoncer la première loi de Descartes ?	Le rayon réfracté appartient au plan d'incidence, plan défini par la normale et le rayon incident.
6.	Comment énoncer la deuxième loi de Descartes ?	$\mathbf{n_1 \times \sin i = n_2 \times \sin r}$ i : angle d'incidence en degré r : angle de réfraction en degré

Chapitre 11

UN MODELE DE L'ATOME

Depuis l'Antiquité, de nombreux scientifiques se sont creusés les méninges et ont réfléchi sur la constitution de la matière. Ils ont élaboré différents modèles, c'est-à-dire des représentations simplifiées de la matière. Il y a 2000 ans, certains comme Démocrite ont eu la géniale intuition de penser au modèle de l'atome (« atomos » particules insécables...). Pour lui, la matière était en effet constituée de petits grains indivisibles ! D'autres au contraire, comme Aristote pensait que la matière se résumait à 4 éléments : l'eau, l'air, la terre et le feu ! Ce pauvre Aristote avait malheureusement fait fausse route !
Il faut attendre le XIXe siècle pour revenir sur le modèle de l'atome. Que ce soit Messieurs Dalton, Thomson, Rutherford, Bohr ou encore Heisenberg, ils sont tous globalement d'accord pour dire que la matière est constituée d'atomes... La question fatidique qui j'en suis sûr vous tient en haleine depuis tout à l'heure : quelle est la structure de ce fameux atome ?? AHAH ! Mystère et boule d'atome ! (Quel humour désastreux...)
Que vous ayez ou non des affinités ou plutôt des « atomes » crochus avec ce chapitre (elle était facile celle-là...) comme d'habitude, la recette miracle pour déchirer le futur DS : les METHODES !

METHODE 1 : Connaître la structure de l'atome

■ Principe

Schéma de la structure de l'atome :

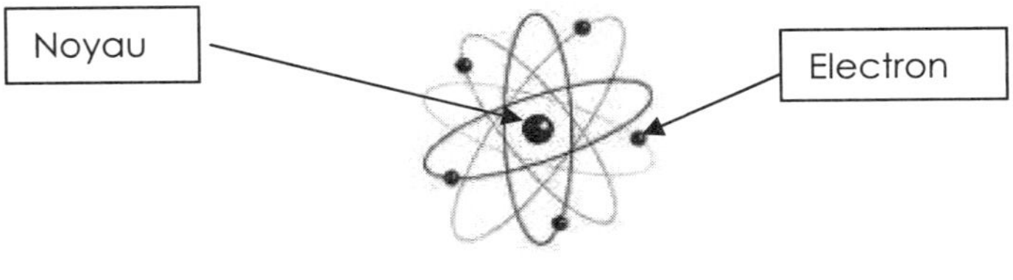

L'ordre de grandeur du rayon atomique est de 10^{-10} m.
Un atome est constitué d'un noyau autour duquel tournent des électrons. Entre le noyau et les électrons, il n'y a rien : c'est le vide !!!!! On dit alors que l'atome a une structure lacunaire (composé essentiellement de lacunes... Ce mot vous est familier ? Non, impossible si vous appliquez la méthode !)

L'ordre de grandeur du rayon du noyau atomique est de 10^{-15} m. Le noyau est donc 100 000 fois plus petit que l'atome : démentiel !

Le noyau est constitué de **particules appelées nucléons**. Il en existe deux types : les protons et les neutrons. Ouvrez bien vos oreilles car ce qui suit est primordial ! (Eteignez votre « I » téléphone : concentration maximale...)

- **les protons** sont chargés positivement. Cette charge électrique s'appelle « charge élémentaire » et s'écrit « **e** ».
  La valeur de cette charge est égale à $q_{proton} = e = \mathbf{1,60.10^{-19}\ C}$.
  Pour info, la masse d'un proton est $m_{proton} = 1,673.10^{-27}$ kg.
- **les neutrons,** électriquement neutres $q_{neutron} = \mathbf{0\ C}$, de masse $m_{neutron} = 1,675.10^{-27}$ kg.

Les électrons tournent dans le vide **autour** du noyau. Ils sont chargés négativement. La valeur de cette charge électrique s'écrit : $q_{électron} = \mathbf{-e} = -1,60.10^{-19}$ C.
La masse d'un électron est $m_{électron} = 9,10.10^{-31}$ kg.

REMARQUE : on peut facilement constater que la masse d'un électron est environ 1 800 fois plus petite que celle d'un nucléon (proton ou neutron).

■ **Exemple 1 : La charge électrique du noyau de l'atome de lithium.**

Un atome de lithium possède 3 protons et 4 neutrons au sein de son noyau. Calculer la charge électrique portée par le noyau de l'atome de lithium.

Correction

q_{noyau} = nombre de protons x q_{proton}

Les neutrons sont électriquement neutres (charge électrique nulle), ils n'interviennent donc pas dans le calcul de la charge électrique du noyau de l'atome de lithium.

$\mathbf{q_{noyau} = 3 \times 1,60.10^{-19} = 4,8.10^{-19}\ C}$

■ **Exemple 2 : Déterminer le nombre de proton contenu dans le noyau de l'atome d'aluminium.**

La charge électrique du noyau de l'atome d'aluminium vaut :
$q_{noyau} = 2,08.10^{-18}$ C. Déterminer le nombre de protons au sein de ce noyau.

Correction

Soit q_{noyau} = nombre de protons x q_{proton}

donc nombre de protons = $\dfrac{q_{noyau}}{q_{proton}} = \dfrac{2,08.10^{-18}}{1,60.10^{-19}} = 13.$

Il y a 13 protons dans le noyau de l'atome d'aluminium.

METHODE 2 : Savoir interpréter la représentation symbolique d'un élément chimique

■ Principe

Chaque élément est représenté par un symbole, c'est en quelques sortes sa carte d'identité. En effet, à partir de son symbole, on peut tout savoir de l'élément, la composition de son noyau ainsi que celle de son nuage électronique ! On rentre littéralement dans son intimité... Ça devient « hot » de faire de la chimie...
Par souci d'efficacité, je vous ai synthétisé ci-dessous la signification du symbole de l'élément chimique... Il ne vous reste plus qu'à apprendre la méthode : COURAGE !

Nombre de masse = Nombre de nucléons → A

$^{A}_{Z}X$ ← Symbole de l'élément chimique

Numéro atomique = Nombre de protons → Z

- A = nombre de protons + nombre de neutrons
- (A – Z) = nombre de neutrons
- Un atome est électriquement neutre, cela signifie qu'il y a autant de charges positives que de charges négatives dans l'atome, donc il y a le même nombre de protons que d'électrons.

■ Exemple 1 : L'atome de carbone.

La représentation symbolique de l'atome de carbone est : $^{12}_{6}C$

1) Déterminer la composition du noyau de l'atome de carbone, c'est-à-dire le nombre de protons et le nombre de neutrons.
2) Déterminer le nombre d'électrons au sein de l'atome. Justifier.
3) Calculer la charge électrique portée par le noyau de l'atome de carbone.

Correction

1) Le noyau contient :

6 protons puisque le numéro atomique Z = 6
A – Z = 12 – 6 = **6 neutrons.**

2) L'atome est électriquement neutre, il y a donc autant de charges positives que de charges négatives, il y a donc autant de protons que d'électrons. L'atome d'aluminium possède donc **6 électrons**.

3) Soit $q_{noyau} = Z \times q_{proton} = 6 \times 1{,}60.10^{-19}$ donc $\mathbf{q_{noyau} = 9{,}6.10^{-19}\ C}$.

- **Exemple 2 : L'atome de phosphore.**

La charge électrique portée par le noyau de l'atome de phosphore P vaut : $q_{noyau} = 2{,}4.10^{-18}$ C. Il possède également 16 neutrons.

1) Etablir la représentation symbolique de l'atome de phosphore. Justifier.
2) Déterminer le nombre d'électrons au sein de l'atome de phosphore. Justifier.

Correction

1) Soit $q_{noyau} = Z \times q_{proton}$ donc $Z = \dfrac{q_{noyau}}{q_{proton}} = \dfrac{2{,}4.10^{-18}}{1{,}60.10^{-19}} = 15$.

Donc Z = 15, il y a donc **15 protons**.

A = Z + nombre de neutron = 15 + 16 d'où **A = 31**.

Représentation symbolique : $^{31}_{15}\mathbf{P}$

2) L'atome est électriquement neutre, il y a donc autant de charge positive que de charge négative, il y a donc autant de protons que d'électrons. L'atome de phosphore possède donc **15 électrons**.

METHODE 3 : Savoir calculer la masse d'un atome

- **Principe**

Pour calculer la masse de l'atome, il suffit de prendre en considération la masse de toutes les particules le constituant, à savoir, celle des protons, des neutrons et des électrons ! On applique ensuite scrupuleusement la relation mathématique suivante :

$$\mathbf{m_{atome} = Z \times m_{proton} + (A-Z) \times m_{neutron} + Z \times m_{électron}}$$

$$\text{avec } m_{noyau} = Z \times m_{proton} + (A-Z) \times m_{neutron}$$

Etant donné que la masse des électrons est très inférieure à celle des protons et neutrons, on dit que la quasi-totalité de la masse de l'atome est concentrée dans son noyau ! Je vous le démontrerai dans l'exemple ci-dessous…

■ **Exemple : L'atome de fer.**

On considère l'atome de fer de représentation symbolique : $^{56}_{26}Fe$.

1) *Donner la composition en protons, neutrons et électrons de cet atome. Justifier.*
2) *Calculer la masse du noyau atomique.*
3) *Calculer la masse de l'atome de fer. Conclure.*

Correction

1) L'atome de fer contient : **26 protons.**
$A - Z = 56 - 26 =$ **30 neutrons.**
26 électrons puisque l'atome est électriquement neutre.

2) $m_{noyau} = Z \times m_{proton} + (A - Z) \times m_{neutron}$

$m_{noyau} = 26 \times 1{,}673.10^{-27} + 30 \times 1{,}675.10^{-27}$ donc $\mathbf{m_{noyau} = 9{,}375.10^{-26}}$ **kg.**

3) $m_{atome} = Z \times m_{proton} + (A-Z) \times m_{neutron} + Z \times m_{électron}$

$m_{atome} = 26 \times 1{,}673.10^{-27} + 30 \times 1{,}675.10^{-27} + 26 \times 9{,}10.10^{-31}$

$\mathbf{m_{atome} = 9{,}377.10^{-26}}$ **kg.**

On constate que $m_{atome} \approx m_{noyau}$, la masse de l'atome est concentrée dans son noyau.

METHODE 4 : Identifier des isotopes

■ **Principe**

Comme j'ai déjà pu l'entendre en cours, les isotopes ne sont pas des atomes au « top » de leur forme… Certains élèves sont vraiment des « champions » du monde, j'ose espérer qu'ils le font exprès… Pas si sûr !
Les isotopes sont des atomes ayant le **même numéro atomique « Z »** mais un **nombre de nucléons « A » différent**.

$^{12}_{6}C$; $^{13}_{6}C$; $^{14}_{6}C$ sont des atomes isotopes.

■ **Exemple : Les isotopes en folie !**

Associer les différents éléments chimiques qui sont isotopes entre eux :

$^{7}_{3}Li$; $^{16}_{8}O$; $^{31}_{15}P$; $^{37}_{17}Cl$; $^{1}_{1}H$; $^{34}_{16}S$; $^{6}_{3}Li$; $^{9}_{4}Be$; $^{17}_{8}O$; $^{32}_{16}S$; $^{19}_{9}F$; $^{2}_{1}H$; $^{35}_{17}Cl$; $^{18}_{8}O$; $^{33}_{16}S$; $^{3}_{1}H$; $^{36}_{16}S$.

Correction

- $^{6}_{3}Li$; $^{7}_{3}Li$ sont isotopes puisque ces éléments chimiques possèdent le même numéro atomique Z = 3 et possèdent un nombre de nucléons A différent.
- $^{16}_{8}O$; $^{17}_{8}O$; $^{18}_{8}O$
- $^{35}_{17}Cl$; $^{37}_{17}Cl$
- $^{1}_{1}H$; $^{2}_{1}H$; $^{3}_{1}H$
- $^{32}_{16}S$; $^{33}_{16}S$; $^{34}_{16}S$; $^{36}_{16}S$

METHODE 5 : Définir la charge d'un ion monoatomique

■ Principe

Une blague de physicien : 2 atomes se rencontrent… L'un dit : « On vient de me voler un électron ! » L'autre lui répond : « T'es sûr ? » Le premier atome répond alors : « positivement ! On vient de me mettre un ion dans la figure !!!! » Vous ne riez toujours pas ? Normal… Un peu de sérieux tout de même : j'ai un programme à faire !
Un ion monoatomique est un atome qui a perdu ou gagné un ou plusieurs électrons.
Un ion chargé **positivement** provient d'un atome qui a **perdu** un ou plusieurs électrons, on l'appelle **cation** comme Na^{+}, Ca^{2+}.
Un ion chargé **négativement** provient d'un atome qui a **gagné** un ou plusieurs électrons, on l'appelle **anion** comme Cl^{-}, S^{2-}.
La charge élémentaire se note « **e** » et vaut **$1{,}60.10^{-19}$ C**.

Détermination de la charge électrique d'un ion monoatomique :

- Li^{+} : l'atome de lithium Li a perdu 1 électron, donc $q_{ion} = + e = 1{,}60.10^{-19}$ C
- O^{2-} : l'atome d'oxygène a gagné 2 électrons, donc $q_{ion} = - 2e = - 3{,}20.10^{-19}$ C

■ **Exemple : trouve la charge de chaque ion… Trop simple !**

Ion monoatomique	Charge électrique en fonction de la charge élémentaire e	Valeur numérique de la charge électrique (en C)
Cl^-		
Fe^{2+}		
S^{2-}		
Al^{3+}		
P^{3-}		
Na^+		
F^-		

Correction

Ion monoatomique	Charge électrique en fonction de la charge élémentaire e	Valeur numérique de la charge électrique (en C)
Cl^-	– e	$-1{,}60.10^{-19}$ C
Fe^{2+}	+ 2e	$+ 3{,}20.10^{-19}$ C
S^{2-}	– 2e	$- 3{,}20.10^{-19}$ C
Al^{3+}	+ 3e	$+ 4{,}80.10^{-19}$ C
P^{3-}	– 3e	$- 4{,}80.10^{-19}$ C
Na^+	+ e	$+ 1{,}60.10^{-19}$ C
F^-	– e	$- 1{,}60.10^{-19}$ C

METHODE 6 : Identifier quelques ions monoatomiques

■ **Principe**

Il est possible d'identifier certains ions monoatomiques au moyen de tests caractéristiques regroupés dans le tableau ci-dessous. A ce propos, vous devez bien entendu apprendre ces tests et connaître le nom et la formule de chaque ion identifié… Et oui, il faut souffrir pour être bon.
Certains tests ont déjà été réalisés en TP en classe de 3e. Et oui, il faut arrêter de dire à votre professeur de 2de que vous n'avez rien fait au collège…

Ions et Symboles	Tests d'identification
Ion chlorure Cl^-	Formation d'un précipité blanc qui noircit à la lumière en présence d'une solution de **nitrate d'argent**.
Ion sulfate SO_4^{2-}	Formation d'un précipité blanc en présence de la solution de **chlorure de baryum.**
Ion cuivre Cu^{2+}	Formation d'un précipité bleu en présence d'une **solution d'hydroxyde de sodium (soude).**
Ion aluminium Al^{3+}	Formation d'un précipité blanc en présence d'une **solution d'hydroxyde de sodium (soude).**
Ion zinc Zn^{2+}	Formation d'un précipité blanc en présence d'une **solution d'hydroxyde de sodium (soude).**
Ion fer (II) Fe^{2+}	Formation d'un précipité vert foncé en présence d'une **solution d'hydroxyde de sodium (soude).**
Ion fer (III) Fe^{3+}	Formation d'un précipité rouille en présence d'une **solution d'hydroxyde de sodium (soude).**

■ **Exemple**

Les étiquettes indiquant le contenu de 2 bouteilles sont tombées… Sur l'une est inscrite « solution de chlorure de fer (Fe^{2+} ; $2Cl^-$) » et sur l'autre étiquette figure « solution de sulfate de cuivre (Cu^{2+} ; SO_4^{2-}) ». Afin de restituer à chaque bouteille son étiquette, on effectue des tests d'identification des ions.

Bouteille n°1 :

Test au nitrate d'argent	Formation d'un précipité blanc qui noircit à la lumière
Test au chlorure de baryum	Pas de formation de précipité
Test à la soude	Formation d'un précipité vert foncé

Bouteille n°2 :

Test au nitrate d'argent	Pas de formation de précipité
Test au chlorure de baryum	Formation d'un précipité blanc
Test à la soude	Formation d'un précipité bleu

Attribuer à chaque bouteille l'étiquette correspondante. Justifier.

Correction

La bouteille n°1 contient :
- des ions chlorure Cl^- puisque le test au nitrate d'argent est positif
- des ions fer (II) Fe^{2+} puisque le test à la soude donne un précipité vert foncé

Il s'agit donc de la solution de chlorure de fer (II) (Fe^{2+} ; $2Cl^-$).

La bouteille n°2 contient :
- des ions sulfate SO_4^{2-} puisque le test au chlorure de baryum est positif
- des ions cuivre Cu^{2+} puisque le test à la soude conduit à un précipité bleu

Il s'agit donc de la solution de sulfate de cuivre (Cu^{2+} ; SO_4^{2-}).

METHODE 7 : Caractériser un élément chimique

■ Principe

On appelle élément chimique, l'ensemble des entités chimiques (atomes, différents isotopes, différents ions) ayant le même numéro atomique Z.

Ainsi, Fe, Fe^{2+}, Fe^{3+} appartiennent au même élément chimique « fer » ayant le même numéro atomique Z = 56.

A retenir : l'élément chimique est caractérisé par son numéro atomique Z.

Au cours des transformations chimiques, les éléments chimiques se conservent. Aucun élément n'apparaît ou ne disparaît.

METHODE 8 : Savoir définir les couches électroniques

■ Principe

Les électrons d'un atome se répartissent selon des couches électroniques. Ces couches sont symbolisées par les lettres K, L, M, N…
Les électrons de la couche K sont les électrons les plus proches du noyau, ensuite on s'éloigne de plus en plus du noyau.
La couche **externe** est **la dernière couche occupée**, les autres couches sont appelées couches internes.
Une couche **saturée** est une couche qui ne peut plus accepter d'électrons.

METHODE 9 : Respecter les règles de remplissage des couches électroniques

■ Principe

Les couches électroniques ne se remplissent pas n'importe comment, il y a des règles à respecter et surtout à apprendre…

1re règle : c'est le **principe de Pauli**, les couches électroniques n'admettent qu'un nombre **limité** d'électrons.

Couche électronique	Nombre maximum d'électrons
K	2
L	8
M	8 *(certains atomes peuvent admettre jusqu'à 18 électrons sur cette couche)*

2e règle : on remplit d'abord la couche K, puis quand la couche K est saturée, on remplit la couche L, puis quand la couche L est saturée, on remplit la couche M et ainsi de suite.

Les ions monoatomiques suivent **les mêmes règles** de remplissage que celles de l'atome.

■ Exemple 1 : Configuration électronique de l'atome d'oxygène.

La représentation symbolique de l'atome d'oxygène est : ${}^{16}_{8}O$.

Déterminer la configuration électronique de l'atome d'oxygène. Préciser le nombre d'électrons sur la couche externe et sur la couche interne.

Correction

L'atome d'oxygène possède 8 protons, or un atome est électriquement neutre donc il y a également 8 électrons. Il faut répartir 8 électrons sur les couches électroniques. Il faut d'abord remplir la couche K, puis quand celle-ci est saturée (complète) à 2 électrons, il faut remplir la couche L puis quand celle-ci est saturée à 8 électrons, il faut remplir la couche M.

Configuration électronique de l'atome d'oxygène : $(K)^2$ $(L)^6$.

La couche externe est la dernière couche occupée par les électrons c'est-à-dire la couche L, il y a donc 6 électrons sur la couche externe.
La couche interne est la couche K, il y a 2 électrons sur la couche interne.

■ **Exemple 2 : Configuration électronique de l'ion chlorure.**

La représentation symbolique de l'atome de chlore est : $^{35}_{17}Cl$.

L'ion chlorure a pour formule Cl^-. Déterminer la configuration électronique de l'ion chlorure. Préciser le nombre d'électrons sur la couche externe et le nombre d'électrons sur les couches internes.

Correction

L'atome de chlore possède 17 protons, or un atome est électriquement neutre donc il y a également 17 électrons.
L'ion chlorure a gagné un électron donc il faut répartir 17 + 1 = 18 électrons sur les couches électroniques.
Il faut d'abord remplir la couche K, puis quand celle-ci est saturée (complète) à 2 électrons, il faut remplir la couche L puis quand celle-ci est saturée à 8 électrons, il faut remplir la couche M.

Configuration électronique de l'atome d'oxygène : $(K)^2$ $(L)^8$ $(M)^8$.

La couche externe est la dernière couche occupée par les électrons c'est-à-dire la couche M, il y a 8 électrons sur la couche externe.
Les couches internes sont les couches K et L, il y a 8 + 2 = 10 électrons sur les couches internes.

METHODE 10 : Connaître les propriétés des gaz nobles

■ **Principe**

Les gaz nobles (*ou gaz rares*) présentent une très grande stabilité chimique, on dit qu'ils sont chimiquement inertes, c'est-à-dire qu'ils ne participent que de manière exceptionnelle à des transformations chimiques. Leur grande stabilité est liée au nombre particulier d'électrons qu'ils possèdent sur la couche externe.

■ **Exemple : Structure électronique de 3 gaz nobles à connaître...**

L'atome d'hélium « He » est un gaz rare. Il possède 2 électrons sur sa couche externe :

$(K)^2$: duet d'électrons.

Les autres gaz nobles possèdent 8 électrons sur leurs couches externes :

Néon « Ne » : **$(K)^2(L)^8$** : octet d'électrons.

Argon « Ar » : **$(K)^2(L)^8(M)^8$** : octet d'électrons.

METHODE 11 : Savoir énoncer les règles du duet et de l'octet

■ Principe

Pour **augmenter leur stabilité**, les éléments chimiques adoptent au cours des transformations chimiques, la même structure électronique que celle du **gaz noble le plus proche.**

Si la couche externe est $(K)^2$: règle du duet.
Si la couche externe est $(L)^8$, $(M)^8$ … : règle de l'octet.

■ Exemple 1 : L'atome de chlore.

L'atome de chlore $^{35}_{17}Cl$ donne l'ion chlorure Cl^-.

1) Etablir la structure électronique de l'ion chlorure. Justifier.
2) Préciser la règle respectée par l'ion chlorure. Justifier.

Correction

1) L'atome est électriquement neutre, il y a donc autant de charges positives que de charges négatives, il y a donc autant de protons que d'électrons. L'atome de chlore possède donc 17 électrons. L'ion chlorure a gagné un électron par rapport à l'atome de chlore donc l'ion chlorure possède 18 électrons.

Structure électronique de l'ion chlorure : **$(K)^2(L)^8(M)^8$**.

2) L'ion chlorure respecte la règle de l'octet puisque la dernière couche occupée est de la forme **$(M)^8$**.

■ Exemple 2 : L'atome de Béryllium.

L'atome de Béryllium $^{9}_{4}Be$ donne l'ion beryllium Be^{2+}.

1) Etablir la structure électronique de l'ion béryllium Be^{2+}. Justifier.
2) Préciser la règle respectée par l'ion béryllium Be^{2+}. Justifier.

Correction

1) L'atome est électriquement neutre, il y a donc autant de charges positives que de charges négatives, il y a donc autant de protons que d'électrons. L'atome de béryllium possède donc 4 électrons. L'ion béryllium a perdu deux électrons par rapport à l'atome de béryllium donc l'ion béryllium possède 2 électrons.

Structure électronique de l'ion béryllium : **$(K)^2$.**

2) L'ion béryllium respecte la règle du duet puisque la dernière couche occupée est de la forme **$(K)^2$.**

METHODE 12 : Savoir appliquer les règles du duet et de l'octet aux ions monoatomiques

■ Principe

Les atomes perdent ou gagnent des électrons afin de former des ions monoatomiques stables dont la structure électronique est identique à celle du gaz noble le plus proche.
Si les atomes choisissent la structure du gaz noble le **plus proche,** c'est parce qu'il est **plus facile** de **perdre** ou de **gagner** un **petit nombre d'électrons**.

■ Exemple 1 : L'atome de sodium.

L'élément sodium $^{23}_{11}Na$ intervient sous sa forme ionique dans le sérum physiologique.

1) Etablir la structure électronique de l'atome de sodium.
2) Quel ion monoatomique stable l'atome de sodium peut-il engendrer ? Donner la structure électronique de cet ion. L'ion sodium est-il un anion ou un cation ? Justifier.

Correction

1) L'atome est électriquement **neutre**, il y a donc autant de charges positives que de charges négatives, il y a donc autant de protons que d'électrons. L'atome de béryllium possède donc 11 électrons.

Structure électronique de l'atome de sodium : **$(K)^2(L)^8(M)^1$.**

2) L'atome de sodium perd un électron pour satisfaire à la règle de l'octet, il forme l'ion sodium Na^+.

Structure électronique de l'ion sodium : $\mathbf{(K)^2(L)^8}$.

L'ion sodium est un cation puisque l'atome a perdu un électron et que l'ion porte une charge positive. (Autrement dit, l'ion possède davantage de charges positives dans son noyau que d'électrons chargés négativement…)

■ **Exemple 2 : L'élément fluor.**

La configuration électronique de l'ion fluorure F^- est $(K)^2(L)^8$.

1) Cet ion est-il stable ? Justifier.
2) Déterminer la structure électronique de l'atome de fluor ainsi que son numéro atomique.

Correction

1) L'ion fluorure F^- est un ion stable puisqu'il respecte la règle de l'octet.
2) L'ion fluorure F^- est issu d'un atome qui a gagné un électron. Initialement, l'atome de fluor F possède donc 9 électrons et donc 9 protons (neutralité des atomes).

Structure électronique de l'atome de fluor : $\mathbf{(K)^2(L)^7}$.

Numéro atomique : Z = 9.

Testez-vous !

■ ***Complétez le texte à trous suivant, juste pour savoir si vous avez bien compris les méthodes…***

L'atome est constitué d'un ………………… autour duquel tournent des ………………… L'ordre de grandeur du rayon atomique est de …………….. m. Le noyau est constitué de ……………… qui sont de deux types : les …………… et les ……………… Les ………………… sont chargés positivement tandis que les ………………… sont électriquement neutres, le noyau est donc chargé ……………… et possède un rayon de l'ordre de …………… m. Au contraire, les électrons sont chargés …………………… et comme un atome est électriquement ………………, il y a autant de charges ……………… que de charges ……………………, il y a donc autant de ……………… que d'……………… La représentation symbolique d'un atome permet de connaître le nombre de ……………… au moyen du ……………… de …………… , ainsi que le nombre de …………………… grâce au ………………… ………………… La masse d'un atome est ……………………… dans son …………. Les ………………. sont des atomes ayant le même ……………… ……………… mais un nombre de …………………… différent. Alors qu'un ion monoatomique est un atome qui a ……………. ou ……………… un ou plusieurs …………………… Un ion chargé positivement est appelé ………………… tandis qu'un ion chargé négativement est appelé ……………….. Un élément chimique est constitué par l'ensemble des entités chimiques telles que les …………………, les différents …………………, les différents ……………, ayant le même numéro atomique Z. L'élément chimique est caractérisé par son ………………… ………………… Au cours des transformations chimiques, les éléments chimiques se ……………………… Aucun élément n'apparaît ou ne disparaît.

Les électrons d'un atome se répartissent selon des …………………… électroniques. D'après le principe de Pauli, les couches électroniques n'admettent qu'un nombre limité d'électrons. Ainsi la couche K admet au maximum …………… électrons, tandis que la couche L et M admettent au maximum …………… électrons. Il faut d'abord remplir la couche K, puis quand celle-ci est ………………., il faut remplir la couche L, puis quand celle-ci est ………………., il faut remplir la couche M. Les ions monoatomiques suivent les mêmes règles de remplissage que celles de l'…………………..

La stabilité des gaz …………….. est due au nombre particulier d'électrons qu'ils possèdent sur la couche ………………….. Ainsi, pour gagner en stabilité, les éléments chimiques adoptent au cours des transformations chimiques, la même structure électronique que celle du gaz noble le plus …………… De même, les atomes ……………….. ou …………… des électrons afin de former des ………… monoatomiques stables dont la structure électronique est ………………… à celle du gaz noble le plus ……………..

Correction

L'atome est constitué d'un **noyau** autour duquel tournent des **électrons**. L'ordre de grandeur du rayon atomique est de $\mathbf{10^{-10}}$ m. Le noyau est constitué de **nucléons** qui sont de deux types : les **protons** et les **neutrons**. Les **protons** sont chargés positivement tandis que les **neutrons** sont électriquement neutres, le noyau est donc chargé **positivement** et possède un rayon de l'ordre de $\mathbf{10^{-15}}$ m. Au contraire, les électrons sont chargés **négativement** et comme un

atome est électriquement neutre, il y a autant de charges **positives** que de charges **négatives**, il y a donc autant de **protons** que d'**électrons**. La représentation symbolique d'un atome permet de connaître le nombre de **nucléons** au moyen du **nombre** de **masse** A, ainsi que le nombre de **protons** grâce au numéro atomique Z. La masse d'un atome est **concentrée** dans son **noyau**.
Les **isotopes** sont des atomes ayant le même **numéro atomique Z** mais un nombre de **nucléons A** différent. Alors qu'un ion monoatomique est un atome qui a **perdu** ou **gagné** un ou plusieurs **électrons**. Un ion chargé positivement est appelé **cation** tandis qu'un ion chargé négativement est appelé **anion**. Un élément chimique est constitué par l'ensemble des entités chimiques telles que les **atomes**, les différents **isotopes**, les différents **ions**, ayant le même numéro atomique Z. L'élément chimique est caractérisé par son **numéro atomique Z**. Au cours des transformations chimiques, les éléments chimiques se **conservent**. Aucun élément n'apparaît ou ne disparaît.
Les électrons d'un atome se répartissent selon des **couches** électroniques. D'après le principe de Pauli, les couches électroniques n'admettent qu'un nombre limité d'électrons. Ainsi la couche K admet au maximum **deux** électrons, tandis que la couche L et M admettent au maximum **huit** électrons. Il faut d'abord remplir la couche K, puis quand celle-ci est **saturée**, il faut remplir la couche L, puis quand celle-ci est **saturée**, il faut remplir la couche M. Les ions monoatomiques suivent les mêmes règles de remplissage que celles de l'**atome**.
La stabilité des gaz **nobles** est due au nombre particulier d'électrons qu'ils possèdent sur la couche **externe**. Ainsi, pour gagner en stabilité, les éléments chimiques adoptent au cours des transformations chimiques, la même structure électronique que celle du gaz noble le plus **proche**. De même, les atomes **perdent** ou **gagnent** des électrons afin de former des **ions** monoatomiques stables dont la structure électronique est **identique** à celle du gaz noble le plus **proche.**

■ ***Vrai ou faux ? Quand c'est faux, corrigez les erreurs ! Courage...***

1. Le noyau est constitué de nucléons : les protons et les électrons.
2. Un cation est un atome qui a gagné un ou plusieurs électrons.
3. L'élément chimique est caractérisé par son numéro atomique.
4. Une couche saturée est une couche qui peut accepter encore des électrons.
5. L'ion chlorure Cl^-, de configuration électronique, $(K)^2(L)^8(M)^8$ vérifie la règle de l'octet.
6. La masse d'un atome est concentrée dans son noyau.
7. Des atomes isotopes sont des atomes ayant le même nombre de nucléons A mais un numéro atomique Z, différent.
8. La charge électrique de l'atome de magnésium Mg^{2+} vaut $q_{ion} = + 2e$.
9. L'ordre de grandeur du rayon atomique est de 10^{-15} m.
10. La couche K accepte deux électrons au maximum.
11. L'ion chlorure Cl^- est mis en évidence à l'aide du nitrate d'argent, il y alors formation d'un précipité blanc qui noircit à la lumière.

12. Les protons sont électriquement neutres tandis que les neutrons sont chargés positivement.
13. Les ions monoatomiques cherchent à adopter la structure électronique du gaz noble le plus éloigné.
14. L'atome de soufre S (Z = 16) donne l'ion S^{4+}, il respecte la règle du duet.
15. Le néon Ne est un gaz noble, il peut perdre ou gagner des électrons pour former un ion.

Correction

1. Faux : le noyau est constitué de nucléons : les protons et les neutrons.
2. Faux : un cation est un atome qui a perdu un ou plusieurs électrons.
3. Vrai.
4. Faux : une couche saturée est une couche qui ne peut plus accepter d'électrons.
5. Vrai.
6. Vrai.
7. Faux : des atomes isotopes sont des atomes ayant le même numéro atomique Z mais un nombre de nucléons A différent.
8. Vrai.
9. Faux : l'ordre de grandeur du rayon atomique est de 10^{-10} m.
10. Vrai.
11. Vrai.
12. Faux : les protons sont chargés positivement tandis que les neutrons sont électriquement neutres.
13. Faux : les ions monoatomiques cherchent à adopter la structure électronique du gaz noble le plus proche.
14. Faux : l'atome de soufre S (Z = 16) donne l'ion S^{2-}, il respecte la règle de l'octet.
15. Faux : le néon Ne est un gaz noble, il ne peut pas perdre ou gagner des électrons pour former un ion, il est chimiquement inerte.

Réflexes

	SITUATIONS	REFLEXES
1.	Quelle est la constitution du noyau atomique?	Le noyau est constitué de **nucléons** qui sont de deux types : – les **protons** chargés positivement – les **neutrons** électriquement neutres.
2.	Quel est l'ordre de grandeur du rayon du noyau atomique ?	L'ordre de grandeur du rayon du noyau atomique est de $\mathbf{10^{-15}\ m}$.
3.	Quelle est la charge des électrons ? Où se trouvent-ils ?	Les **électrons** sont chargés **négativement** et tournent autour du noyau.
4.	Que représente le numéro atomique Z ?	Le **numéro atomique Z** représente le **nombre de protons** au sein du noyau.
5.	Que représente le nombre de masse A ?	Le nombre de masse A représente **le nombre de nucléons** au sein du noyau c'est-à-dire **le nombre de protons plus le nombre de neutrons**.
6.	Où est concentrée la masse de l'atome ?	La masse de l'atome est concentrée dans **son noyau (la masse des électrons est très inférieure à celle des nucléons).**
7.	Qu'appelle-t-on isotope ?	Des atomes isotopes sont des atomes ayant le **même numéro atomique Z mais un nombre de nucléons A différent.**
8.	Comment définir un ion monoatomique ?	Un ion monoatomique est un atome qui a perdu ou gagné un ou plusieurs électrons.
9.	Quelle est la différence entre un cation et un anion ?	Un **cation** est un ion **chargé positivement** alors qu'un **anion** est un ion **chargé négativement**.
10.	Par quoi est caractérisé un élément chimique ?	Un élément chimique est caractérisé par son **numéro atomique Z.**

11.	Combien d'électrons admettent au maximum les couches K, L et M ?	La couche **K** admet au maximum **deux** électrons, tandis que les couches **L** et **M** admettent au maximum **huit** électrons.
12.	Qu'appelle-t-on une couche saturée ?	Une couche saturée est une couche électronique qui **ne peut plus accepter d'électrons**.
13.	Comment définir la couche externe ?	La couche externe est la **dernière couche occupée** par les électrons.
14.	Qu'appelle-t-on un gaz noble ?	Un gaz noble est chimiquement inerte. La stabilité d'un gaz noble est liée au nombre particulier d'électrons qu'il possède sur la couche externe.
15.	Comment énoncer les règles du duet et de l'octet ?	Si la couche externe est $(K)^2$: règle du duet. Si la couche externe est $(L)^8$, $(M)^8$… : règle de l'octet.
16.	Comment déterminer l'ion monoatomique stable formé par un atome ?	Les atomes perdent ou gagnent des électrons afin de former des ions monoatomiques stables dont la structure électronique est identique à celle du gaz noble le plus proche.

Chapitre 12

LES MOLECULES

De la lumière ??? Je ne rêve pas… Vous êtes en train d'ouvrir votre livre « Method'S » ? Ha, ça me fait plaisir de vous retrouver ! Aujourd'hui, le programme est chargé : y a du pain sur la planche ! Globalement, nous allons travailler sur les molécules simples, complexes, leur formule respective et leur modèle moléculaire… Vous apprendrez également à représenter des formules développées et semi-développées. Ça ne vous parle pas trop ? C'est tout à fait normal, c'est là que je prends mes fonctions : vous rendre digestes des notions qui ne l'étaient pas au départ !
Comme d'habitude, je ne suis là que pour vous simplifier la vie. Pas question de refaire le cours que vous avez eu en classe ! Mon rôle est toujours le même : vous donner des réflexes, des automatismes… En gros, pour réussir au contrôle, vous appliquez à la lettre mes principes et conseils, vous ne serez pas déçu par le résultat. Non, non ce n'est pas un miracle, c'est juste une question de méthodes !

METHODE 1 : Savoir définir une molécule

■ Principe

Vu et revu au collège, une molécule est une association d'atomes, elle est donc électriquement neutre.

■ Exemple : Quelques molécules !

Parmi les espèces chimiques proposées, identifier les molécules !
Cl ; SO_4^{2-} ; HBr ; CO_2 ; Li^+ ; Ag ; HO^- ; O_2

Correction

Une molécule est électriquement neutre et correspond à une association d'atomes : **HBr ; CO_2 ; O_2** sont des molécules.

Li^+ est un ion monoatomique.

Cl et Ag sont des atomes.

SO_4^{2-} et HO^- sont des ions polyatomiques.

METHODE 2 : Comprendre la notion de liaison covalente

■ Principe

Je vais être très clair avec vous, la notion de liaison covalente est **HORS** programme… Mais par souci de précision et de compréhension, il m'a semblé impératif de vous en parler pour que vous compreniez bien la suite du chapitre ! Et puis, vous êtes tellement motivé et assoiffé de connaissances qu'un petit paragraphe supplémentaire ne vous fait pas peur… Ce qui me sauve, c'est que je ne vois pas votre réaction ! Allez, motivé ! On n'est pas fatigué !!!

Une **liaison covalente simple**, encore appelée « **doublet liant** », correspond à la **mise en commun de deux électrons de la couche externe** par chacun des atomes. Une liaison covalente est symbolisée par un tiret (–).

Une **liaison covalente multiple** correspond à deux ou trois liaisons covalentes simples. Il existe les liaisons covalentes doubles et triples.

Faites les exemples ci-dessous afin d'éclaircir vos idées ! Que la force soit avec vous…

■ Exemple 1 : Molécule de chlorure d'hydrogène.

Représenter la molécule de chlorure d'hydrogène HCl, sachant que les atomes de chlore et d'hydrogène sont liés entre eux par une liaison covalente simple.

Correction

Représentation de la molécule : **H – Cl**.

■ Exemple 2 : Molécule de diazote.

Représenter la molécule de diazote N_2 sachant que les deux atomes d'azote sont liés entre eux par une liaison covalente triple.

Correction

Représentation de la molécule :

$N \equiv N$

METHODE 3 : Savoir représenter les formules développées et semi-développées d'une molécule

■ Principe

3 petites définitions toutes simples à APPRENDRE **par cœur** ! Rigueur, précision et **Méthodes** sont les clés de la réussite en physique-chimie !

Formule développée : on représente toutes les liaisons covalentes entre les atomes constituants la molécule.

Formule semi-développée : on ne représente pas les liaisons covalentes avec les atomes d'hydrogène.

Formule brute : on ne représente aucune liaison covalente.

■ Exemple 1 : La molécule d'éthane.

La formule développée de l'éthane est :

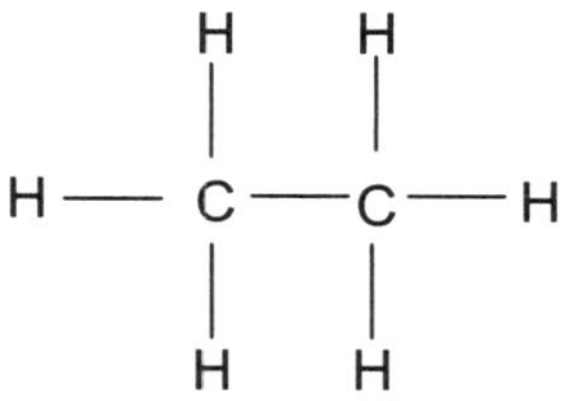

Donner la formule semi-développée et la formule brute de l'éthane.

Correction

Formule semi-développée : $CH_3 - CH_3$

Formule brute : C_2H_6

■ Exemple 2 : La molécule de méthylamine.

La formule semi-développée de la méthylamine est : $CH_3 - NH_2$. Représenter la formule développée et la formule brute de la méthylamine.

Correction

Formule développée :

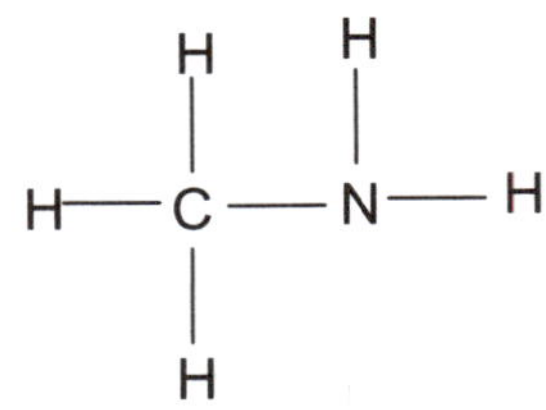

Formule brute : CH_5N

METHODE 4 : Connaître le nombre de liaisons covalentes engendrées par quelques atomes

■ Principe

On a vu précédemment qu'une association d'atomes forme une molécule. Mais attention, ces atomes ne se lient pas entre eux n'importe comment…
En effet, un atome va s'engager dans une molécule à condition de gagner en stabilité et de respecter la règle de l'octet ou du duet. Dans ce but, chaque atome engendre un nombre précis de liaisons covalentes au sein d'une molécule.

Atomes	Nombre de liaisons covalentes	Exemples
Carbone C	**4 liaisons covalentes**	– 4 liaisons covalentes simples 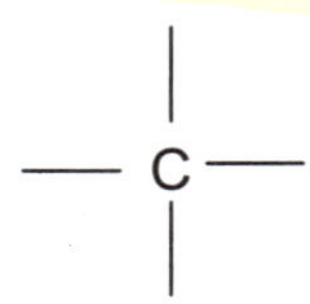 – 1 liaison double et 2 liaisons simples 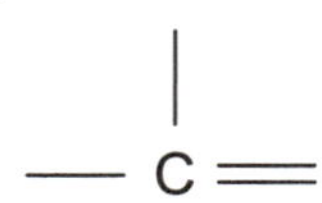 – 2 liaisons doubles 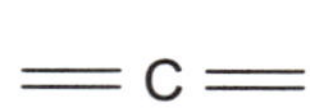 – 1 liaison triple et 1 liaison simple 

Fluor F	**1 liaison covalente**	F—
Hydrogène H	**1 liaison covalente**	H—
Azote N	**3 liaisons covalentes**	– 3 liaisons covalentes simples 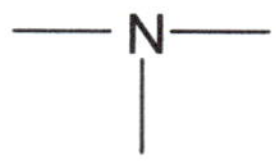 – 1 liaison double et 1 liaison simple —N= – 1 liaison covalente triple N≡
Oxygène O	**2 liaisons covalentes**	– 2 liaisons covalentes simples —O— – 1 liaison double O=
Chlore Cl	**1 liaison covalente**	Cl—

METHODE 5 : Comprendre la notion d'isomérie

■ Principe

Il ne faut pas être déstabilisé par le vocabulaire scientifique... Par hasard, j'écoutais hier à la télévision une publicité vantant les bienfaits d'une crème de visage. En gros, j'ai entendu la phrase suivante : « Face aux agressions du soleil de l'été, soulagez votre peau en appliquant sur votre visage cette crème révolutionnaire, fruit de la recherche des laboratoires "BIP". Sa constitution au ***lipo-régulateur bio végétal aux triples acides de fruits*** vous permettra de nourrir efficacement votre peau... » Surréaliste, que dis-je pathétique ! Tout ce baratin très pompeux pour donner de l'importance à l'action de cette crème. Pour le profane, on pourrait vite être impressionné, voire convaincu par

l'efficacité de ce produit… Que nenni, on vous dit tout simplement que cette crème réhydrate votre peau ! La belle affaire…
La morale de cette histoire : cultivez-vous, apprenez du vocabulaire scientifique, développez votre esprit critique, aiguisez votre curiosité, ne succombez pas à la facilité et travaillez votre livre « Method'S » !
OH !! Je me suis emballé, que voulez-vous, je suis un passionné et ne supporte pas de me faire manipuler ! Parenthèse refermée, pour en revenir à la méthode 8, il s'agit de maîtriser la notion d'isomérie… Encore du vocabulaire « obscure » ? Bien sûr que non !
Pour faire simple, on dira que des molécules sont **« isomères »** de constitution quand elles possèdent la même formule brute mais pas les mêmes formules semi-développées et développées. Trop simple ! Vite, des exemples pour « débroussailler » ce jargon de chimiste…

■ **Exemple : Quelle formule pour la molécule C_2H_6O ?**

Représenter les formules semi-développées des molécules correspondant à la formule brute C_2H_6O.

Correction

$CH_3 - CH_2 - OH$ éthanol
$CH_3 - O - CH_3$ méthoxyméthane

Ces deux molécules sont dites isomères, elles possèdent la même formule brute mais pas les mêmes formules semi-développées et développées.

METHODE 6 : Savoir identifier un groupe caractéristique

■ Principe

Certaines molécules possèdent des groupes d'atomes qui leurs confèrent des **propriétés physiques et chimiques particulières.**

Les applications de la chimie sont infinies. Elle permet par exemple d'améliorer le confort de la pratique sportive, de réaliser de meilleures performances grâce à l'élaboration de nouveaux matériaux plus résistants, légers etc.
Elle permet aussi de soigner ou encore de procéder à des analyses de plus en plus précises notamment pour lutter contre le dopage… Savez-vous que la moyenne de vitesse d'un cycliste sur le tour de France (distance parcourue égale à 3 000 km) est proche de 45 km/h : impressionnant ! Ils sont forts ces sportifs !

Le tableau ci-après contient les **principaux groupes caractéristiques** que vous devez impérativement savoir reconnaître !

Groupes caractéristiques	**Nomenclature** ***(Nom du groupe caractéristique)***
— OH	Groupe hydroxyle
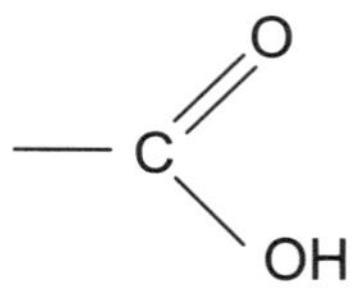	Groupe carboxyle
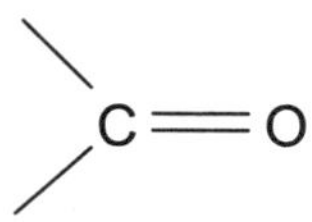	Groupe carbonyle
X — *(F, Cl, Br, I)*	Groupe halogène
— NH_2	Groupe amine
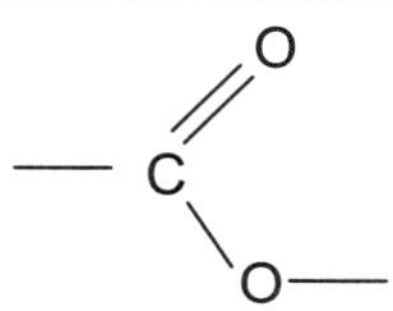	Groupe ester
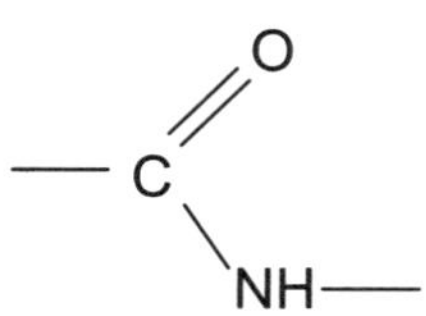	Groupe amide

■ **Exemple : Reconnaître des groupes caractéristiques.**

Entourer et nommer les groupes caractéristiques présents dans les différentes molécules.

a) acétyl-leucine

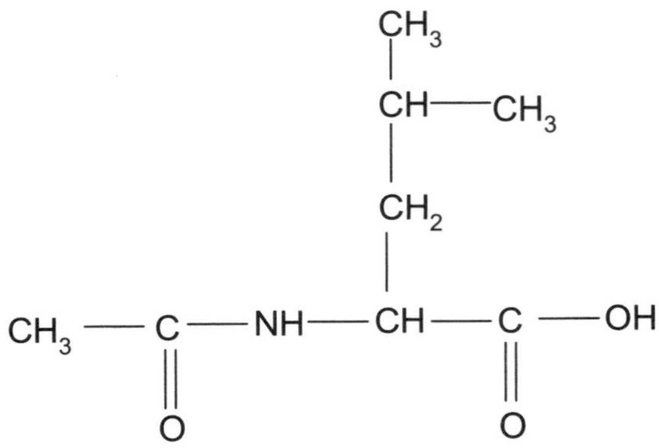

b) paracétamol

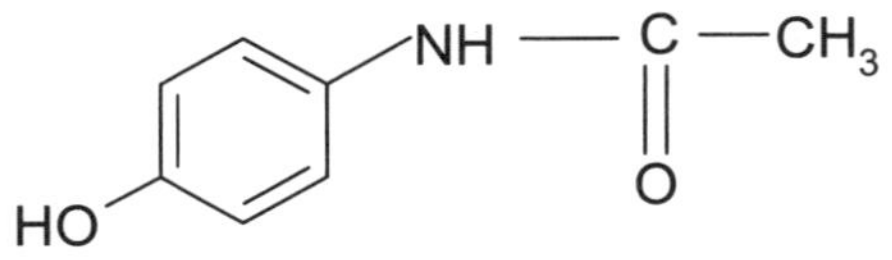

Correction

a) acétyl-leucine

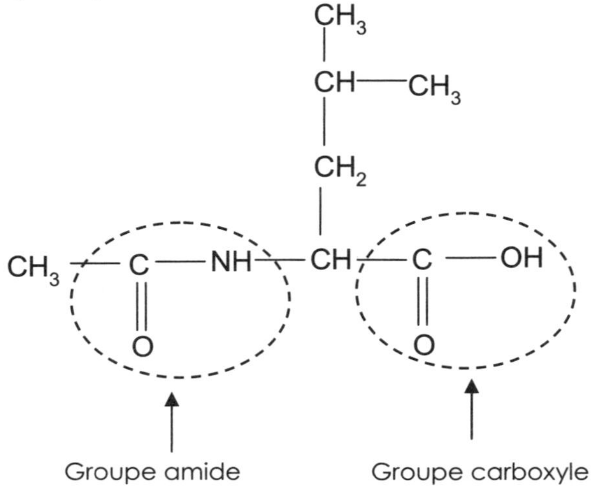

b) paracétamol

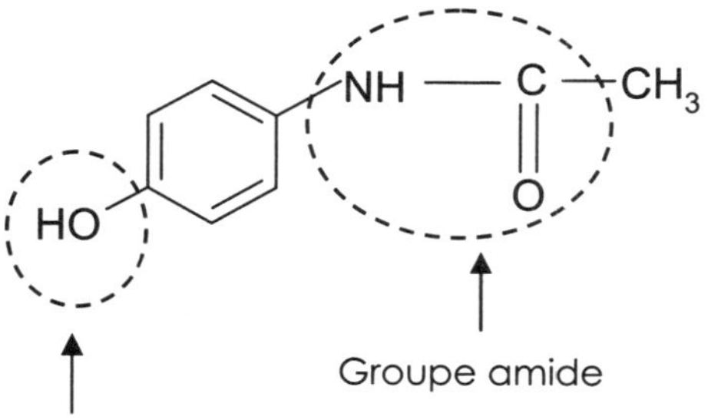

Testez-vous !

■ ***Complétez le texte à trous suivant.***

Une molécule est une .... d'..................., elle est .... neutre. Elle peut posséder des liaisons .... simples, encore appelées doublets liants, correspondant à la .... en commun de .... électrons de la couche .... par chacun des .... Elle peut également contenir des liaisons covalentes multiples comme une liaison double ou une liaison triple. Une molécule peut être représentée par sa formule ...., ... ou .... Des molécules possédant une .... formule brute mais des formules semi-développées .... sont dites .... Des groupes .... de différentes natures confèrent des propriétés chimiques particulières à la molécule, on peut citer, par exemple, le groupe carboxyle, le groupe amide.

Correction

Une molécule est une **association** d'**atomes**, elle est **électriquement** neutre. Elle peut posséder des liaisons **covalentes simples**, encore appelées doublets liants, correspondant à la **mise** en commun de **deux** électrons de la couche **externe** par chacun des **atomes**. Elle peut également contenir des liaisons covalentes multiples comme une liaison double ou une liaison triple. Une molécule peut être représentée par sa formule **brute**, **semi-développée** ou **développée.** Des molécules possédant une **même** formule brute mais des formules semi-développées **différentes** sont dites **isomères**. Des groupes **caractéristiques** de différentes natures confèrent des propriétés chimiques particulières à la molécule, on peut citer, par exemple, le groupe carboxyle, le groupe amide.

■ ***Vrai ou faux ? Quand c'est faux, corrigez les erreurs ! Courage…***

1. Des molécules possédant les mêmes groupes caractéristiques mais des formules brutes différentes sont dites isomères de constitution.
2. Le groupe hydroxyle est : –OH.
3. Une liaison covalente correspond à la mise en commun unilatérale d'un doublet d'électrons d'un atome vers un autre.
4. Une molécule correspond à l'association d'un cation et d'un anion, elle est électriquement neutre.
5. L'atome de carbone engendre 4 liaisons covalentes pour gagner en stabilité au sein d'une molécule.
6. La molécule d'éthanal possède le groupe caractéristique carboxyle :

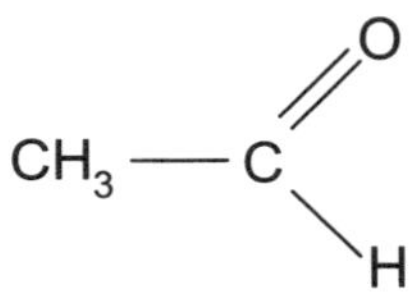

Correction

1. Faux : des molécules sont dites isomères de constitution quand elles possèdent la même formule brute mais des formules semi-développées différentes.
2. Vrai.
3. Faux : une liaison covalente correspond à la mise en commun de deux électrons de la couche externe de chacun des deux atomes.
4. Faux : une molécule est une association d'atomes, elle est électriquement neutre.
5. Vrai.
6. Faux : la molécule d'éthanal possède le groupe caractéristique carbonyle.

Réflexes

	SITUATIONS	REFLEXES
1.	Comment définir une molécule ?	Une molécule est une association d'atomes, elle est électriquement neutre.
2.	Qu'appelle-t-on une liaison covalente ?	Une liaison covalente simple correspond à la mise en commun de deux électrons de la couche externe par chacun des atomes.
3.	Comment définir la notion d'isomérie ?	Des molécules sont dites isomères de constitution quand elles possèdent la même formule brute mais pas la même formule semi-développée et développée.

Chapitre 13

LA CLASSIFICATION PERIODIQUE DES ELEMENTS CHIMIQUES

Pour aborder sereinement ce chapitre et dans le but de vous présenter les notions toujours le plus simplement possible, je me suis dis qu'il fallait déjà définir le mot essentiel du titre : « classification ». Tout élève standard (dont vous ne faites pas partie étant donné que vous avez l'envie, la curiosité et le courage de faire du travail supplémentaire sur « Method'S »...) aurait le réflexe d'aller regarder dans un dictionnaire. Il trouverait par exemple les définitions suivantes :

- « Action de distribuer par classes, par catégories ; système de classement. » Trop généraliste, pas très clair pour comprendre ce dont nous parlons aujourd'hui...
- « Etablissement d'une série hiérarchisée de groupes et introduction de chaque espèce animale ou végétale dans un groupe déterminé. » On est dans le domaine de la SVT : HORS SUJET !
- « Opération ayant pour but de séparer, dans une alimentation constituée de grains de taille différente, d'un côté ceux dont la dimension est inférieure à une dimension dite de coupure et, de l'autre, ceux de dimension supérieure. » Franchement, on ne comprend rien...

Pour éclaircir vos idées, je vous donnerai MA définition d'une classification.
La classification des éléments chimiques est un outil qui nous permet de ranger les différents éléments selon leurs propriétés physiques et chimiques.

Depuis le XIXe siècle, cet outil de classement a la forme d'un tableau possédant des lignes et des colonnes. Des générations de scientifiques ont travaillé sur ce tableau afin d'affiner le « rangement » de la matière selon ses propriétés...

METHODE 1 : Aborder l'aspect historique de la classification périodique

■ Principe

Je n'ai pas la prétention de vous faire un cours d'Histoire, cependant le programme vous impose d'avoir des connaissances concernant les origines de la classification des éléments chimiques.

Au XIXe siècle, la découverte de nombreux éléments chimiques par la communauté scientifique impose de les ranger, les ordonner, les classer dans un tableau.
Parmi les nombreux scientifiques qui se creusèrent les méninges sur ce classement, il en est un qui fit un travail remarquable en ce sens que sa classification mis au point au XIXe siècle fonctionne toujours encore de nos jours ! Cet illustre scientifique s'appelle **Dimitri Ivanovitch Mendeleïev.**

Alors qu'il était professeur à l'Université de St-Pétersbourg, il rédigea un ouvrage de chimie pour faciliter le travail de ses étudiants. (Je vous rassure, il y a encore beaucoup de professeurs qui sont soucieux de la réussite de leurs élèves : HEUREUSEMENT !)
Pour cela, il eut l'idée de construire une classification des éléments d'après leur masse atomique…

A l'époque, on ne connaissait que 63 éléments. Il choisit de les ranger verticalement en fonction de leur masse atomique croissante, changeant de colonne quand des propriétés particulières de la matière réapparaissaient : c'est ce que l'on appelle la périodicité… C'est pour cela que l'on parle de classification ou de tableau périodique ! CQFD…

A l'heure actuelle, plus d'une centaine d'éléments chimiques figurent dans le tableau périodique. Bien entendu, en classe de 2de, vous n'avez pas à les connaître par cœur : ouf !

Et là vous allez me dire : « Mais quelles sont les différences entre le modèle de Mendeleïev et le modèle actuel ? » Je vous dirai tout simplement d'aller bosser la méthode N°2 ! Courage…

METHODE 2 : Connaître les critères actuels de la classification périodique

■ Principe

De nos jours, les éléments chimiques sont rangés par **numéro atomique Z croissant. (Du plus petit au plus grand… lol !)**
Les atomes ayant **le même nombre d'électrons sur leur couche externe** se trouvent dans une **même colonne**.
Les atomes ayant le **même nombre de couches électroniques occupées** se trouvent sur une **même ligne** appelée aussi **période.**
Il est important que vous connaissiez correctement les éléments des 3 premières lignes de la classification. Je vous rappelle bien sûr que l'intégralité de votre tableau se trouve dans votre manuel scolaire…

REMARQUE IMPORTANTE
La classification inventée par le génial MENDELEÏEV en 1869 est donc construite suivant un système ligne/colonne inversé par rapport à celui qui est utilisé actuellement.

$_1H$							$_2He$
$_3Li$	$_4Be$	$_5B$	$_6C$	$_7N$	$_8O$	$_9F$	$_{10}Ne$
$_{11}Na$	$_{12}Mg$	$_{13}Al$	$_{14}Si$	$_{15}P$	$_{16}S$	$_{17}Cl$	$_{18}Ar$

*Classification périodique **simplifiée** faisant apparaître les 18 premiers éléments*

■ Exemple 1 : A la recherche de l'élément chimique.

Un atome a pour configuration électronique $(K)^2(L)^8(M)^5$.

1) Donner le numéro atomique de cet atome.
2) A l'aide de la classification périodique, donner la ligne et la colonne dans lesquelles se trouve cet atome.
3) A l'aide de la classification périodique, donner le nom et le symbole de cet atome.
4) L'antimoine Sb se trouve dans la même colonne que cet atome, combien d'électrons externes possèdent l'antimoine.

Correction

1) Un atome est électriquement neutre, il y a donc autant d'électrons que de protons. Il y a 15 électrons d'après la configuration électronique, ainsi il y a 15 protons. **Numéro atomique Z = 15.**
2) Cet atome appartient à la 15e colonne et la 3e ligne.
3) Cet atome est le phosphore de symbole P.
4) L'antimoine Sb possède 5 électrons sur sa couche externe.

■ Exemple 2 : Qui suis-je ?

Cet élément chimique entre dans la composition du diamant. La dernière couche électronique occupée est la couche L. Elle contient alors quatre électrons.

1) Donner la structure électronique de cet élément chimique.
2) Donner le numéro atomique de cet élément chimique.

3) A l'aide de la classification périodique, identifier cet élément chimique.
4) Citer deux éléments chimiques possédant le même nombre d'électrons sur la couche externe.

Correction

1) Structure électronique de l'élément chimique : $(K)^2(L)^4$.
2) Numéro atomique de l'élément chimique : Z = 6.
3) Cet élément chimique est l'élément carbone qui se trouve dans la 2e ligne et la 14e colonne.
4) Les éléments chimiques possédant le même nombre d'électrons sur la couche externe se trouvent dans la même colonne, on peut citer le silicium Si, le germanium Ge, l'étain Sn et le plomb Pb.

METHODE 3 : Définir et identifier une famille chimique

■ Principe

Une famille chimique est constituée de l'ensemble des éléments chimiques appartenant à une même colonne de la classification périodique. Les éléments appartenant à une même famille chimique possèdent des propriétés chimiques similaires.

- Première colonne de la classification : **famille des alcalins** (sauf l'hydrogène).
  Exemples : Lithium Li, Sodium Na…

- Deuxième colonne de la classification : **famille des alcalino-terreux.**
  Exemples : Magnésium Mg, Calcium Ca…

- Avant dernière colonne de la classification périodique : **famille des Halogènes.**
  Exemples : Fluor F, Iode I…

- Dernière colonne de la classification périodique : **famille des gaz nobles.**
  Exemples : Néon Ne, Krypton Kr…

■ Exemple : Identification d'un élément chimique.

Un élément chimique inconnu appartient à la famille des alcalino-terreux et sa couche externe est la couche M.

1) Identifier cet élément chimique.
2) Etablir la configuration électronique de cet élément.
3) Donner le nom est le symbole de l'élément chimique de plus grand numéro atomique appartenant à cette famille chimique.
4) Les ions formés par les éléments de cette famille chimique peuvent être caractérisés par le même test, pourquoi ?

Correction

1) Cet élément chimique est le magnésium $^{24}_{12}Mg$.
2) Structure électronique : $(K)^2(L)^8(M)^2$.
3) Il s'agit du radium $^{226}_{88}Ra$.
4) Tous les éléments d'une même famille chimique présentent des propriétés chimiques similaires.

METHODE 4 : Déterminer la charge d'un ion monoatomique à l'aide de la classification périodique

■ Principe

Les éléments chimiques appartenant à la même famille chimique forment des ions monoatomiques stables de même charge.

Ion fluorure F^-
Ion chlorure Cl^-
Ion bromure Br^-

} ces trois éléments chimiques appartiennent à la famille des halogènes, ils portent tous les trois la même charge.

■ Exemple : Quel ion monoatomique ?

L'ion monoatomique stable de cet élément chimique porte une charge –2e et la dernière couche électronique occupée est la couche L.

1) *Etablir la structure électronique de cet ion.*
2) *Etablir la structure électronique de l'atome dont est issu l'ion monoatomique stable. Donner le numéro atomique de cet atome.*
3) *A l'aide de la classification périodique, identifier cet élément chimique.*
4) *Citer deux autres éléments chimiques appartenant à la même famille chimique que l'élément précédent. Donner la formule des ions formés par chacun de ces éléments. Justifier.*
5) *Identifier l'élément chimique qui se trouve dans la colonne suivante. A quelle famille chimique appartient-il ? Donner la formule de l'ion formé par cet élément.*

Correction

1) Structure électronique de l'ion : $(K)^2(L)^8$.
2) Structure électronique de l'atome : $(K)^2(L)^6$. Numéro atomique : Z = 8.
3) L'élément chimique étudié est l'oxygène $^{16}_{8}O$.

4) Une famille chimique est constituée par l'ensemble des éléments chimiques appartenant à la même colonne de la classification périodique, on peut donc citer le soufre S, le sélénium Se.
Les éléments chimiques appartenant à la même famille chimique forment des ions monoatomiques stables de même charge.
Formule des ions formés par chacun des ces éléments chimiques : S^{2-}, Se^{2-}.

5) L'élément chimique qui se trouve dans la colonne suivante est l'élément fluor $^{19}_{9}F$. Cet élément appartient à la famille des halogènes.
Formule de l'ion formé par l'élément fluor : F^-.

Testez-vous !

■ ***Complétez le texte à trous suivant.***

Les éléments devenant trop nombreux au cours du XIXe siècle, ... propose en ...., la première classification périodique basée sur les propriétés chimiques et la masse atomique des éléments. De nos jours, les éléments chimiques sont classés par .... croissant. Ainsi, les atomes ayant le même nombre d'.............. sur leur couche externe se trouvent dans une même .... tandis que les atomes ayant le même nombre de couches électroniques occupées se trouvent sur une même .... appelée aussi ....
Dans la classification périodique, une famille chimique est constituée de l'ensemble des éléments chimiques appartenant à une même ....
Les éléments appartenant à une même famille chimique possèdent des propriétés .... similaires. Les éléments chimiques appartenant à la même famille chimique forment des .... monoatomiques stables de même .... On peut ainsi citer la famille des .... qui constitue la première colonne, alors que les éléments appartenant à la .... colonne font partis de la famille des alcalino-terreux. L'avant dernière colonne constitue la famille des .... alors que la .... colonne contient la famille des gaz nobles.

Correction

Les éléments devenant trop nombreux au cours du XIXe siècle, **Mendeleïev** propose en **1869**, la première classification périodique basée sur les propriétés chimiques et la masse atomique des éléments. De nos jours, les éléments chimiques sont classés par **numéro atomique** croissant. Ainsi, les atomes ayant le même nombre d'**électrons** sur leur couche externe se trouvent dans une même **colonne** tandis que les atomes ayant le même nombre de couches électroniques occupées se trouvent sur une même **ligne** appelée aussi **période**.

Dans la classification périodique, une famille chimique est constituée de l'ensemble des éléments chimiques appartenant à une même **colonne**. Les éléments appartenant à une même famille chimique possèdent des propriétés **chimiques** similaires. Les éléments chimiques appartenant à la même famille chimique forment des **ions** monoatomiques stables de même **charge**. On peut ainsi citer la famille des **alcalins** qui constitue la première colonne, alors que les éléments appartenant à la **deuxième** colonne font partis de la famille des alcalino-terreux. L'avant dernière colonne constitue la famille des **halogènes** alors que la **dernière** colonne contient la famille des gaz nobles.

■ ***Vrai ou faux ? Quand c'est faux, corrigez les erreurs ! Courage…***

1. La deuxième colonne de la classification périodique constitue la famille des halogènes.
2. La première classification périodique fut proposée par Dunken Mac Leod en 1867.
3. Les éléments chimiques appartenant à la même famille forment des ions monoatomiques stables de même charge.
4. Actuellement, les éléments chimiques sont classés par numéro atomique croissant au sein de la classification périodique.
5. L'élément sodium donne l'ion sodium Na^+ et l'élément chlore donne l'ion chlorure Cl^-, ces deux éléments chimiques appartiennent à la même famille chimique.
6. Les éléments chimiques appartenant à une même période possèdent le même nombre d'électrons sur la couche externe.
7. L'hélium He, le néon Ne et l'argon Ar appartiennent à la même famille chimique, celle des gaz nobles.
8. Les éléments chimiques appartenant à une même période possèdent les mêmes propriétés chimiques.
9. Une colonne se nomme également une période.

Correction

1. Faux : la deuxième colonne de la classification constitue la famille des alcolino-terreux.
2. Faux : la première classification périodique fut proposée par Mendeleïev en 1869.
3. Vrai.
4. Vrai.
5. Faux : les éléments appartenant à la même famille chimique donnent des ions monoatomiques de même charge.
6. Faux : les éléments ayant le même nombre de couches électroniques occupées se trouvent sur une même ligne appelée aussi période.

7. Vrai.
8. Faux : les éléments chimiques appartenant à une même famille chimique possèdent des propriétés chimiques similaires.
9. Faux : une ligne se nomme également une période.

Réflexes

	SITUATIONS	REFLEXES
1.	Quand et par qui la première classification périodique fut–elle proposée ?	La première classification périodique fut présentée par **Mendeleïev** en **1869.**
2.	Comment sont classés les éléments chimiques de nos jours ?	Actuellement, les éléments chimiques sont classés par numéro atomique Z croissant.
3.	Qu'appelle-t-on une famille chimique ?	Une famille chimique est l'ensemble des éléments chimiques appartenant à la même colonne de la classification périodique.
4.	Quelles sont les particularités des éléments d'une même famille chimique ?	L'ensemble des éléments d'une même famille chimique ont le même nombre d'électrons sur la couche externe, forment des ions monoatomiques stables de même charge et possèdent des propriétés chimiques similaires.
5.	Quelles sont les principales familles chimiques ?	Les principales familles chimiques sont : – les **alcalins** : première colonne de la classification – les **alcalino-terreux** : deuxième colonne – les **halogènes** : avant dernière colonne – les **gaz nobles** : dernière colonne.

Chapitre 14

LA GRAVITATION UNIVERSELLE

Des calculs, des formules, des conversions d'unités, des vecteurs… Ça ressemble fortement à des mathématiques ! Eh non, nous allons rentrer dans le monde merveilleux de la mécanique en abordant l'une des théories fondamentales de la physique : la gravitation universelle… Avant vous, bon nombre de scientifiques se sont penchés sur la question du mouvement des astres dans l'Univers. Le plus célèbre d'entre eux est Newton. En plus d'être un génial philosophe, mathématicien, alchimiste, astronome, il a aussi été un très GRAND physicien ! En 1686, il publie un livre intitulé *Philosophiæ Naturalis Principia Mathematica*. Traduction pour les champions en Latin : « Principes mathématiques de philosophie naturelle… » C'est bizarre, mais j'ai le sentiment que cela ne vous parle pas plus que ça… Pour faire simple, c'est un livre qui a révolutionné toutes les théories de l'époque en physique. Newton a en effet introduit les mathématiques pour traduire, expliquer des phénomènes physiques observés dans la nature… Ma mission d'aujourd'hui ? Vous expliquer de la manière la plus claire possible ce qu'est l'interaction gravitationnelle… Mais si, vous verrez, ce n'est pas si compliqué ! Pourquoi ? Parce que vous avez en votre possession une œuvre majeure qui j'en suis sûr va révolutionner la compréhension des sciences physiques modernes : « METHOD'S ! » MIIIIIIIIIIIIIIIIIIIITO ! Eh non, réaliste !
Comme d'hab, la recette de la réussite au futur DS est la même : lis, comprends et apprends tes méthodes ! A consommer sans modération…

METHODE 1 : Savoir définir l'interaction gravitationnelle entre deux corps

■ Principe

L'interaction gravitationnelle est une des quatre interactions fondamentales. Elle est toujours attractive et s'exerce à distance.
L'interaction gravitationnelle peut être modélisée par une force appelée force d'attraction gravitationnelle.

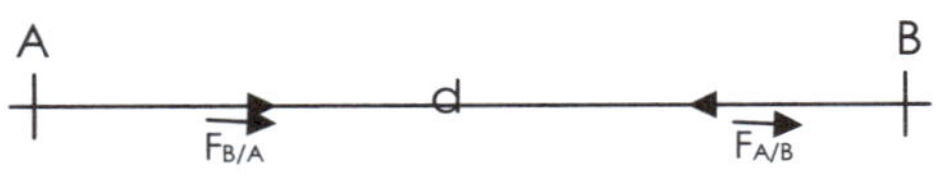

$\vec{F}_{B/A}$: vecteur force d'interaction gravitationnelle qu'exerce B sur A

$\vec{F}_{A/B}$: vecteur force d'interaction gravitationnelle qu'exerce A sur B d = distance qui sépare le corps A de masse m_A du corps B de masse m_B.

<u>Caractéristiques du vecteur force $\vec{F}_{B/A}$:</u>

- point d'application : centre de gravité du corps A
- direction : droite (AB)
- sens : de A vers B
- valeur (norme, intensité) : $F_{B/A} = G \times \frac{m_A \times m_B}{d^2}$

$F_{B/A}$ en newton N
G = constante universelle de gravitation = $6{,}67.10^{-11}$ N.m².kg⁻²
m_A et m_B = masse du corps A et du corps B en kg
d = distance qui sépare le corps A et le corps B en mètre m.

<u>Caractéristiques du vecteur force $\vec{F}_{A/B}$:</u>

- point d'application : centre de gravité du corps B
- direction : droite (AB)
- sens : de B vers A
- valeur (norme, intensité) : $F_{A/B} = G \times \frac{m_A \times m_B}{d^2}$

Les deux vecteurs forces $\vec{F}_{A/B}$ et $\vec{F}_{B/A}$ ont la même direction et la même valeur mais des sens opposés : $\vec{F}_{A/B} = -\vec{F}_{B/A}$.

+ pt d'appli. ≠

■ **Exemple 1 : Un satellite géostationnaire.**

Un satellite géostationnaire de télécommunication se trouve à une distance d = 42 000 km du centre de la Terre. Il possède une masse $m_S = 5{,}0.10^3$ kg.

a) Faire un schéma légendé de la situation en assimilant le satellite et la Terre à des points. Indiquer le vecteur force gravitationnelle exercé par la Terre sur le satellite.
b) Donner l'expression littérale de la valeur de la force exercée par la Terre sur le satellite. La calculer.
c) Donner les caractéristiques du vecteur force exercé par la Terre sur le satellite.

Données : masse de la Terre : $M_{Terre} = 5{,}98.10^{24}$ kg.
Constante universelle de gravitation : $G = 6{,}67.10^{-11}$ N.m².kg⁻².

Correction

a) Schéma de la situation

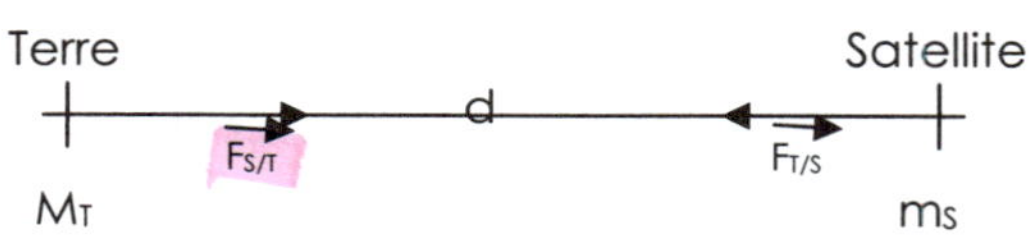

b) $F_{T/S} = G \times \dfrac{m_S \times M_T}{d^2}$ avec d= 42 000 km = $4{,}2.10^7$ m

$F_{T/S} = 6{,}67.10^{-11} \times \dfrac{5{,}0.10^3 \times 5{,}98.10^{24}}{(4{,}2.10^7)^2}$ donc $\mathbf{F_{T/S} = 1{,}1.10^3}$ **N.**

c) Caractéristiques du vecteur force $\overrightarrow{F_{T/S}}$:

- point d'application : centre de gravité du satellite
- direction : droite (TS)
- sens : du satellite vers la Terre
- valeur (norme, intensité) : FT/S = 1,1.103 N

■ Exemple 2 : Distance Soleil- Mercure.

Le Soleil exerce une force gravitationnelle sur la planète Mercure de norme $F_{S/M} = 1{,}82.10^{22}$ N.

a) Faire un schéma légendé de la situation en assimilant la planète Mercure et le Soleil à des points. Indiquer le vecteur force gravitationnelle exercé par le Soleil sur la planète Mercure.

b) Donner l'expression littérale de la valeur de la force exercée par le Soleil sur la planète Mercure. En déduire la valeur de la distance séparant Mercure du Soleil.

Données : masse du Soleil : $M_{Soleil} = 1{,}99.10^{30}$ kg
masse du Mercure : $M_{Mercure} = 3{,}30.10^{23}$ kg.
Constante universelle de gravitation : $G = 6{,}67.10^{-11}$ N.m².kg⁻².

Correction

a) Schéma de la situation

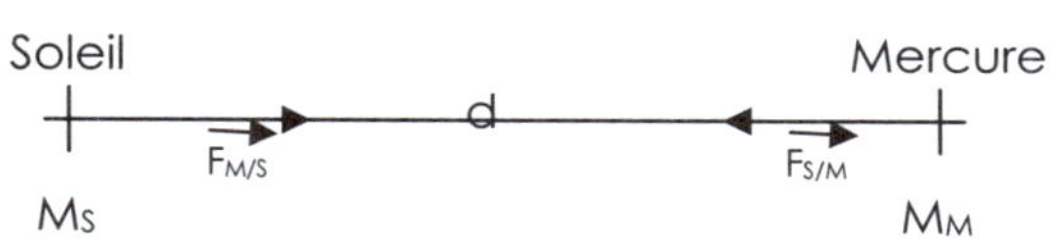

b) $F_{S/M} = G \times \dfrac{M_M \times M_S}{d^2}$ donc $d^2 = G \times \dfrac{M_M \times M_S}{F_{S/M}}$

d'où $d = \sqrt{G \times \dfrac{M_M \times M_S}{F_{S/M}}} = \sqrt{6{,}67.10^{-11} \times \dfrac{1{,}99.10^{30} \times 3{,}30.10^{23}}{1{,}82.10^{22}}}$

donc $\mathbf{d = 4{,}9.10^{10}}$ **m.**

Le Soleil et Mercure sont distants de $4{,}9.10^{10}$ m.

■ **Exemple 3 : Quelle masse pour Jupiter ?**

La norme de l'interaction gravitationnelle qu'exerce le Soleil sur Jupiter vaut $F_{S/J} = 4,2.10^{23}$ N. Sachant que le Soleil est distant de $d = 7,78.10^{8}$ km de Jupiter, calculer la masse de Jupiter.

Données : masse du Soleil : $M_{Soleil} = 1,99.10^{30}$ kg.
Constante universelle de gravitation : $G = 6,67.10^{-11}$ N.m^2.kg^{-2}.

Correction

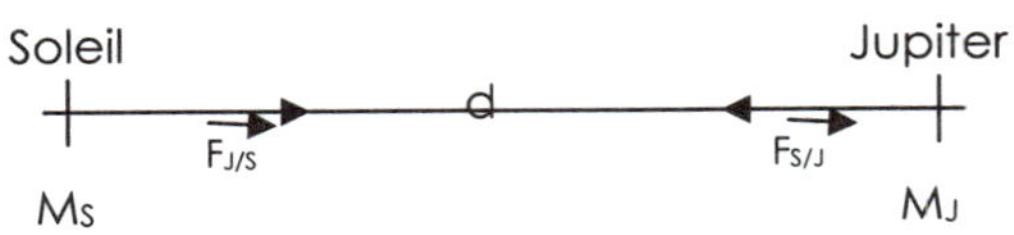

$$F_{S/J} = G \times \frac{M_S \times M_J}{d^2} \text{ donc } M_J = \frac{F_{S/J} \times d^2}{G \times M_S} = \frac{4,2.10^{23} \times (7,78.10^{11})^2}{6,67.10^{-11} \times 1,99.10^{30}}.$$

Donc **M_J = 1,9.10^{27} kg.**

METHODE 2 : Savoir distinguer la masse et le poids

■ **Principe**

J'ai la grande chance d'enseigner la physique chimie au collège et au lycée… Par expérience, quand j'aborde ce chapitre en Seconde, mes chers élèves ne savent toujours pas faire la différence entre une masse et un poids. Ceci constitue pour moi un grand moment de solitude dans la mesure où ces notions ont été traitées par mes soins en classe de Troisième. Il y a deux options : soit je n'ai pas été assez clair l'année dernière… Soit, l'été, synonyme de oisiveté et de farniente a encore fait des ravages dans leurs petites têtes ! Je préfère croire à la 2e option… C'est plus rassurant…
Je résume tout ce que vous devez savoir dans le tableau ci-dessous. Bien entendu, encore faut-il l'apprendre pour appliquer correctement la méthode…

	Masse d'un objet	**Poids d'un objet sur la Terre**
Définition	Elle représente la quantité de matière d'un objet. Plus la quantité d'atomes constituant un objet est importante, plus sa masse sera grande.	C'est l'action attractive et à distance exercée par la Terre sur un objet possédant une masse. Le poids est responsable de la chute libre d'un objet au voisinage de la Terre.

Symbole	« m »	« P »
Appareil de mesure	Une balance.	Un dynamomètre.
Unité	Le kilogramme de symbole « kg ».	Le Newton de symbole « N ».
Propriétés	Quelque soit le lieu où l'on se trouve, la masse ne varie pas ! (Sauf si on fait un régime...) Votre masse sera la même que vous soyez sur la Terre ou sur la Lune etc.	La valeur du poids change selon le lieu où l'on se trouve. Un objet de masse « m » a un poids différent sur la Terre et sur la Lune. Un objet sera par exemple 6 fois moins attiré par le sol lunaire que par le sol terrestre ! Un objet sans vitesse initiale tombe à la verticale de l'endroit où il se trouve : le poids est donc dirigée verticalement. Un objet soumis au poids tombe toujours vers le sol : le sens du poids est de haut en bas. Il existe une relation de proportionnalité entre le poids et la masse qui s'écrit : $P=m\times g$ P en N M en kg g en N/kg Voir méthode 3 !

■ **Exemple : Certaines de ces affirmations comportent des erreurs. Corrigez-les.**

1. Le poids moyen d'un homme adulte est de 75 kg.
2. Pour un régime alimentaire, le médecin a prescrit un poids maximum de 50 g de pain par jour.
3. C'est la masse des pommes de terre achetées au marché qui importe, mais c'est leur poids qui rend les sacs pénibles à porter !
4. Pour un objet qui flotte, l'action d'Archimède (poussée d'Archimède) compense exactement le poids.
5. La locomotive a un poids de 90 tonnes et exerce une poussée de 100 000 kg sur l'attelage.
6. Inscrit sur un paquet de farine : poids net 1kg.
7. Inscrit sur un pot de miel : masse 950 g.
8. Un poids de 2000 tonnes risque de rompre le câble !
9. Quand on fait ses courses au marché, on demande au marchand de légumes par exemple : « pourriez-vous me peser un kilogramme de tomates ? ».
10. Il ne sert à rien de vouloir aller sur la Lune pour maigrir, certes notre poids diminue, mais notre masse ne change pas !

Correction

1. Faux : la **masse** moyenne d'un homme adulte est de 75 kg.
2. Faux : pour un régime alimentaire, le médecin a prescrit **une masse** maximale de 50 g de pain par jour.
3. Vrai.

4. Vrai.
5. Faux : la locomotive a **une masse** de 90 tonnes et exerce une poussée de 100 000 **N** sur l'attelage.
6. Faux : inscrit sur un paquet de farine : **masse** nette 1kg.
7. Vrai.
8. Faux : un poids de 2000 **N** risque de rompre le câble !
9. Faux : il faudrait dire en toute rigueur « pourriez-vous me mesurer la masse d'un kilogramme de tomates ? ».
10. Vrai.

METHODE 3 : Connaître la notion de pesanteur

■ Principe

Un corps au voisinage de la surface de la Terre subit une action attractive exercée par la Terre, c'est la pesanteur.

Le poids d'un corps sur Terre est assimilable à la force gravitationnelle exercée par la Terre sur ce corps.
Le poids est donc une force. Il est modélisé par un vecteur dont les caractéristiques sont :

Caractéristiques du vecteur poids sur Terre :

- point d'application : **centre de gravité** du corps
- direction : **verticale** du lieu
- sens : vers le **centre** de la Terre
- valeur (norme, intensité) : $\mathbf{P_{Terre} = m \times g_{Terre}}$

P_{Terre} en newton N
m = masse du corps en kg
g_{Terre} = intensité de la pesanteur sur Terre = 9,8 $N.kg^{-1}$

La valeur de la pesanteur g varie en fonction de l'altitude et de la latitude du lieu, donc la norme du poids varie en fonction du lieu. Par contre la masse est invariante, elle reste constante quelque soit le lieu.

Différentes valeurs de l'intensité de la pesanteur g en fonction du lieu

Lieu	Valeur de la pesanteur g ($N.kg^{-1}$)
Equateur	9,78
Paris	9,81
Mont-Blanc	9,79

Le poids d'un corps sur la Lune est assimilable à la force gravitationnelle exercée par la Lune sur ce corps.

Caractéristiques du vecteur poids sur la Lune :

- point d'application : centre de gravité du corps
- direction : verticale du lieu
- sens : vers le centre de la Lune
- valeur (norme, intensité) : $P_{Lune} = m \times g_{Lune}$

P_{Lune} en newton N
m = masse du corps en kg
g_{Lune} = intensité de la pesanteur sur la Lune = 1,6 N.kg^{-1}

■ **Exemple 1 : Quel poids !**

Un corps à la surface de la planète Mercure possède un poids $P_{Mercure}$ = 43,5 N. Que devient la valeur du poids de ce corps sur la Lune et sur Mars ?

Données : intensité de la pesanteur sur Mercure : $g_{Mercure}$ = 2,9 N.kg^{-1}
intensité de la pesanteur sur la Lune : g_{Lune} = 1,6 N.kg^{-1}
intensité de la pesanteur sur Mars : g_{Mars} = 3,7 N.kg^{-1}.

Correction

Détermination de la masse du corps : $P_{Mercure} = m \times g_{Mercure}$

donc $m = \frac{P_{Mercure}}{g_{Mercure}} = \frac{43,5}{2,9}$ soit **m = 15 kg.**

La masse est une grandeur invariante, donc elle reste la même sur Mercure, sur la Lune ou sur Mars.

Poids sur la Lune : $P_{Lune} = m \times g_{Lune} = 15 \times 1,6$ donc **P_{Lune} = 24 N.**

Poids sur Mars : $P_{Mars} = m \times g_{Mars} = 15 \times 3,7$ donc **P_{Mars} = 55,5 N.**

■ **Exemple 2 : Quel poids sur Terre et sur la Lune ?**

Un astronaute possède une masse m = 110 kg avec son équipement.

a) Donner l'expression littérale du poids de l'astronaute sur Terre. Le calculer.
b) Donner les caractéristiques du vecteur poids sur Terre.
c) Donner l'expression littérale du poids de l'astronaute sur la Lune. Le calculer.
d) Comparer la valeur du poids sur Terre et sur la Lune. Conclure.

Données : intensité de la pesanteur sur Terre : g_{Terre} = 9,8 N.kg^{-1}
intensité de la pesanteur sur la Lune : g_{Lune} = 1,6 N.kg^{-1}.

Correction

a) $P_{Terre} = m \times g_{Terre} = 110 \times 9{,}8$ donc $\mathbf{P_{Terre} = 1{,}1.10^3}$ **N.**

b) Caractéristiques du vecteur poids sur Terre :

- point d'application : centre de gravité de l'astronaute
- direction : verticale du lieu
- sens : vers le centre de la Terre
- valeur (norme, intensité) : P = 1,1.103 N.

c) $P_{Lune} = m \times g_{Lune} = 110 \times 1{,}6$ donc $\mathbf{P_{Lune} = 176}$ **N.**

d) Comparaison : $P_{Lune} < P_{Terre}$ avec $\frac{P_{Terre}}{P_{Lune}} = \frac{1{,}1.10^3}{176} \approx 6$.

La valeur du poids P_{Lune} de l'astronaute sur la Lune est environ six fois plus faible que sur la Terre.

■ Exemple 3 : Poids ou force gravitationnelle ?

On considère un solide de masse $m = 50$ kg posé à la surface de la Terre de rayon $R_{Terre} = 6\,380$ km.

a) Donner l'expression littérale du poids du solide. Le calculer.
b) Donner les caractéristiques du vecteur poids sur Terre.
c) Donner l'expression littérale de la force gravitationnelle exercée par la Terre sur le solide. La calculer.
d) Donner les caractéristiques du vecteur force gravitationnelle.
e) Comparer la valeur du poids et de la force gravitationnelle. Conclure.

Données : masse de la Terre : $M_{Terre} = 5{,}98.10^{24}$ kg.
Constante universelle de gravitation : $G = 6{,}67.10^{-11}$ N.m².kg⁻²
intensité de la pesanteur sur Terre : $g_{Terre} = 9{,}8$ N.kg⁻¹.

Correction

a) $P_{Terre} = m \times g_{Terre} = 50 \times 9{,}8$ donc $\mathbf{P_{Lune} = 490}$ **N**

b) Caractéristiques du vecteur poids sur Terre :

- point d'application : centre de gravité du solide
- direction : verticale du lieu
- sens : vers le centre de la Terre
- valeur (norme, intensité) : P = 490 N.

c) Valeur de la force gravitationnelle :

$$F_{T/S} = G \times \frac{m_S \times M_T}{R_T{}^2} = 6{,}67.10^{-11} \times \frac{50 \times 5{,}98.10^{24}}{(6380.10^3)^2}$$ donc $\mathbf{F_{T/S} = 490}$ **N**

d) <u>Caractéristiques du vecteur force $\vec{F}_{T/S}$:</u>

- point d'application : centre de gravité du solide
- direction : droite (TS)
- sens : du solide vers le centre de la Terre
- valeur (norme, intensité) : $F_{T/S}$ = 490 N.

e) Comparaison
$P_{Terre} = F_{T/S}$, à la surface de la Terre, la force gravitationnelle exercée par la Terre sur le solide est assimilable au poids du solide.

■ **Exemple 4 : Un ptit QCM ! Juste pour savoir où vous en êtes !**

*Cocher la **ou** les bonnes réponses.*

1. La masse d'un objet :
☐ varie selon l'altitude ☐ varie selon la latitude
☒ ne varie pas ☐ varie selon le lieu

2. Le poids d'un objet se mesure à l'aide :
☐ d'un ampèremètre ☐ d'une balance mécanique
☑ d'un dynamomètre ☐ d'une balance électronique

3. La masse d'un objet se mesure avec :
☑ une balance ☐ un dynamomètre
☐ une éprouvette graduée ☐ un thermomètre

4. La masse d'un objet peut s'exprimer en :
☐ cm^2 ☐ km ☑ kg ☐ N/kg

5. L'unité de poids s'exprime en :
☐ g ☐ kg ☐ N/kg ☑ N

6. Le poids d'un corps sur la Terre représente :
☐ la masse de ce corps ☐ la quantité de matière de ce corps
☑ l'action qu'exerce la Terre sur ce corps ☐ l'attraction qu'exerce le Soleil

7. La relation liant le poids à la masse sur la Terre est :
☐ m = P x g ☐ g = P + m ☑ P = m x g ☐ P = m / g

8. Si g est l'intensité de la pesanteur sur Terre, le poids P d'un corps est lié à sa masse m par la relation
☐ P = m – g ☐ P = m / g ☐ P = g / m ☑ P = m x g

9. Choisis dans les égalités suivantes, la relation liant le poids à la masse sur Terre :
☐ P = m + 9,8 ☑ P = 9,8 x m ☐ P = 9,8 / m ☐ P = 1,6 x m

10. Si un objet a une masse de 250 g et si l'intensité de la pesanteur est de 10 N/kg, le poids de cet objet est :
☑ 2,5 N ☑ 2500 N ☐ 25 N ☐ 0,04 N

11. Un spationaute a une masse de 90 kg. Sachant que la pesanteur sur la Lune est 6 fois plus faible que sur la Terre :
☐ la masse du spationaute sur la Lune est 6 fois plus faible que sur la Terre
☑ le poids du spationaute sur la Lune est 6 fois plus faible que sur la Terre
☑ la masse du spationaute est toujours de 90 kg sur la Terre et sur la Lune
☐ le poids du spationaute sur la Lune a la même valeur que sur Terre.

12. Qui est quoi ?
☐ Mon poids est égal à 5000 kg ☐ Mon poids est égal à 500 N/kg
☑ Ma masse est égale à 70 kg ☐ Ma masse est égale à 500 N

13. Un objet a une masse de 300 g. Son poids sur Terre est (on prendra g = 10 N/kg)
☐ 30000 N ☐ 30 N ☑ 3 N ☐ 0,006 N

14. L'intensité de pesanteur « g » sur Terre est environ égale à :
☐ 10 kg ☑ 10 kg/N ☐ 10 N x kg ☐ 10 N/kg

15. La direction du poids est :
☐ oblique ☐ vers le bas ☑ verticale ☐ horizontale

16. Le sens du poids sur la Terre est :
☑ verticale ☐ vers la droite ☐ vers le haut ☐ vers le bas

Correction

1. La masse d'un objet ne varie pas.

2. Le poids d'un objet se mesure à l'aide d'un dynamomètre.

3. La masse d'un objet se mesure avec une balance.

4. La masse d'un objet peut s'exprimer en kg.

5. L'unité de poids s'exprime en N.

6. Le poids d'un corps sur la Terre représente l'action qu'exerce la Terre sur ce corps.

7. La relation liant le poids à la masse sur la Terre est : P = m x g.

8. Si g est l'intensité de la pesanteur sur Terre, le poids P d'un corps est lié à sa masse m par la relation : P = m x g.

9. Choisis dans les égalités suivantes, la relation liant le poids à la masse sur Terre : P = 9,8 x m.

10. Si un objet a une masse de 250 g et si l'intensité de la pesanteur est de 10 N/kg, le poids de cet objet est : P = m x g = 0,25 x 10 = 2,5 N.

11. Un spationaute a une masse de 90 kg. Sachant que la pesanteur sur la Lune est 6 fois plus faible que sur la Terre :
- le poids du spationaute sur la Lune est 6 fois plus faible que sur la Terre
- la masse du spationaute est toujours de 90 kg sur la Terre et sur la Lune.

12. Ma masse est égale à 70 kg.

13. Un objet a une masse de 300 g. Son poids sur Terre est (on prendra g = 10 N/kg) : P = m x g = 0,3 x10 = 3 N.

14. L'intensité de pesanteur « g » sur Terre est environ égale à 10 N/kg.

15. La direction du poids est verticale.

16. Le sens du poids sur la Terre est vers le bas.

■ Exemple 5 : Le poids ? La masse ? L'intensité de pesanteur ?

Un livre a une masse de 500 g. Calculer son poids sur la Terre et sur la Lune.

Correction

On applique la relation : p = m×g. Erreur dans laquelle il ne faut pas tomber... Il faut toujours faire attention aux unités ! La masse s'exprime toujours en kg.
500 g = 0,5 kg.
g_{Terre} = 10 N/kg.
g_{Lune} = 1,6 N/kg.
P(sur la Terre) = m×g_{Terre} = 0,5×10 = 5 N.
P(sur la Lune) = m×g_{Lune} = 0,5×1,6 = 0,8 N.

■ Exemple 6 : Le poids ? La masse ? L'intensité de pesanteur ?

Sur la Terre, une fusée a un poids de 8000 N.
Sur la planète Jupiter, cette fusée a un poids de 20720 N. On rappelle que g_{Terre} = 10 N/Kg. Calculez la valeur de « g » sur Jupiter.

Correction

L'astuce est de déterminer tout d'abord la masse de la fusée grâce aux informations données sur la Terre.
m = P/g = 8000/10 = 800 kg.
La masse ne change pas selon le lieu où l'on se trouve...
$g_{Jupiter}$ = P/m = 20720/800 = 25,9 N/kg.

■ **Exemple 7 : Le poids ? La masse ? L'intensité de pesanteur ?**

Sur Vénus, le coefficient d'intensité de pesanteur g = 8,6 N/kg. On suppose qu'un satellite se pose sur le sol de Vénus. Son poids est alors égal à 2846,6 N. Calculer la masse du satellite posé sur Vénus. Quelle serait sa masse sur la Terre ?

Correction

m = P/g = 2846,6/8,6 = 331 kg.
La masse du satellite ne varie pas quelque soit le lieu où l'on se trouve.

Testez-vous !

■ ***Complétez le texte à trous suivant.***

L'interaction gravitationnelle est une des .... interactions fondamentales, elle est toujours .... et s'exerce à .... L'interaction gravitationnelle peut être modélisée par une force appelée force gravitationnelle dont le point d'application est le .... de .... du corps qui subit cette force. La force gravitationnelle est .... aux masses des deux corps qui entrent en interaction et inversement proportionnelle à la .... qui les sépare au .... Cette force s'exprime en .... Un corps au voisinage de la surface de la Terre subit une action attractive exercée par la Terre, c'est la .... Le poids d'un corps sur Terre est .... à la force gravitationnelle exercée par la Terre sur ce corps. Il correspond au .... de la masse du corps par l'intensité de la pesanteur sur Terre. Il s'exprime en .... Le poids .... en fonction du lieu tandis que la masse est une grandeur ....

Correction

L'interaction gravitationnelle est une des **quatre** interactions fondamentales, elle est toujours **attractive** et s'exerce à **distance**. L'interaction gravitationnelle peut être modélisée par une force appelée force gravitationnelle dont le point d'application est le **centre** de **gravité** du corps qui subit cette force. La force gravitationnelle est **proportionnelle** aux masses des deux corps qui entrent en interaction et inversement proportionnelle à la **distance** qui les sépare au **carré**. Cette force s'exprime en **newton N**. Un corps au voisinage de la surface de la Terre subit une action attractive exercée par la Terre, c'est la

pesanteur. Le poids d'un corps sur Terre est **assimilable** à la force gravitationnelle exercée par la Terre sur ce corps. Il correspond au **produit** de la masse du corps par l'intensité de la pesanteur sur Terre. Il s'exprime en **Newton**. Le poids **varie** en fonction du lieu tandis que la masse est une grandeur **invariante**.

■ ***Vrai ou faux ? Quand c'est faux, corrigez les erreurs ! Courage…***

1. L'interaction gravitationnelle est répulsive et s'exerce à distance.
2. La norme du poids se calcule à l'aide de la formule : $P = m \times g$ avec g en $N.kg^{-1}$, P en N et m en g.
3. La valeur du poids varie en fonction du lieu tandis que la masse reste invariante.
4. La valeur du poids d'un solide de masse m = 25 kg est le même sur Terre et sur la Lune.
5. A la surface de la Terre, le poids d'un corps est assimilable à la force gravitationnelle qu'exerce la Terre sur ce corps.
6. La masse d'un corps dont la valeur du poids vaut $P_{Jupiter} = 1500$ N à la surface de la planète Jupiter ($g_{Jupiter} = 23,1\ N.kg^{-1}$) est égale à m = 60 kg.
7. Soit la situation proposée est cohérente :

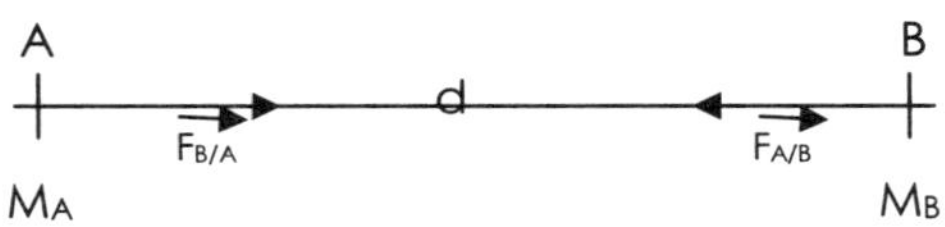

On a $\vec{F}_{B/A} = \vec{F}_{A/B}$

8. Un corps de masse m = 10 kg à la surface de Mars ($R_{Mars} = 3,4.10^6$ m, $M_{Mars} = 6,42.10^{23}$ kg) subit une force gravitationnelle de norme $F_{J/corps} = 37$ N.

Correction

1. Faux : l'interaction gravitationnelle est attractive et s'exerce à distance.
2. Faux : la norme du poids se calcule à l'aide de la formule $P = m \times g$ avec g en $N.kg^{-1}$, P en N et m en kg.
3. Vrai.
4. Faux : la valeur du poids d'un solide de masse m = 25 kg est différente sur Terre et sur la Lune. Il est plus petit sur la Lune puisque $g_{Lune} < g_{Terre}$.
5. Vrai.
6. Faux : $P_{Jupiter} = m \times g_{Jupiter}$ donc $m = \dfrac{P_{Jupiter}}{g_{Jupiter}} = \dfrac{1500}{23,1}$ donc **m = 64,9 kg**
7. Faux : $\vec{F}_{A/B} = -\vec{F}_{B/A}$
8. Vrai.

· interac° gravitationnelle modélisée par force gravitationnelle (≠ acc° de pesanteur?) = poids d'un corps sur Terre.

Réflexes

	SITUATIONS	REFLEXES
1.	Comment définir l'interaction gravitationnelle ?	L'interaction gravitationnelle est une des quatre interactions fondamentales. Elle est toujours attractive et s'exerce à distance. L'interaction gravitationnelle peut être modélisée par une force appelée force d'attraction gravitationnelle.
2.	Quelles sont les différences entre le poids et la masse d'un objet ?	Le poids et la masse sont deux grandeurs physiques totalement différentes. Le poids terrestre est une action attractive, sans contact exercée par la Terre sur tous les objets possédant une masse. Le poids se mesure avec un dynamomètre. C'est une grandeur physique qui s'exprime en Newton (N). La masse correspond à la quantité de matière d'un objet. Elle se mesure avec une balance et son unité internationale est le kilogramme (kg).
3.	Comment calculer la valeur de la force gravitationnelle ?	$\mathbf{F_{B/A}} = G \times \frac{m_A \times m_B}{d^2}$ $F_{B/A}$ en newton N G = constante universelle de gravitation = $6{,}67.10^{-11}$ $N.m^2.kg^{-2}$ m_A et m_B = masses du corps A et du corps B en kg d = distance qui sépare le corps A et le corps B en mètre m.
4.	Quelles sont les caractéristiques du vecteur force gravitationnelle exercée par le corps A sur le corps B ?	Caractéristiques du vecteur force $\overrightarrow{F_{A/B}}$: – point d'application : centre de gravité du corps B – direction : droite (AB) – sens : de B vers A – valeur (norme, intensité) : $\mathbf{F_{A/B}} = G \times \frac{m_A \times m_B}{d^2}$
5.	Comment définir la pesanteur ?	Un corps au voisinage de la surface de la Terre subit une action attractive exercée par la Terre, c'est la pesanteur.
6.	Comment calculer la valeur du poids ? (Norme du vecteur)	$\mathbf{P = m \times g}$ P en newton **N** m = masse du corps en **kg** g = intensité de la pesanteur en $\mathbf{N.kg^{-1}}$

7.	Quelles sont les caractéristiques du vecteur poids sur la Terre ?	– point d'application : **centre de gravité** du corps – direction : **verticale** du lieu – sens : vers le **centre** de la Terre – valeur (norme, intensité) : $\mathbf{P_{Terre} = m \times g_{Terre}}$ P_{Terre} en newton **N** m = masse du corps en **kg** g_{Terre} = intensité de la pesanteur Terre = 9,8 $\mathbf{N.kg^{-1}}$
8.	De quoi dépend le poids ?	La valeur de la pesanteur g varie en fonction de l'altitude et de la latitude du lieu, donc la norme du poids varie en fonction du lieu.
9.	Quelle relation lie le poids et la force gravitationnelle à la surface de la Terre ?	Le poids d'un corps sur Terre est assimilable à la force gravitationnelle exercée par la Terre sur ce corps.

PARTIE 3
LA PRATIQUE DU SPORT

Chapitre 15

LA RELATIVITE DU MOUVEMENT

On s'est tous posé la question un jour ou l'autre… Vous êtes confortablement installé dans le fauteuil d'un train à grande vitesse pour aller chercher le Soleil dans le sud de la France. Vous regardez par la fenêtre le train qui est en face de vous sur l'autre quai. Subitement, l'un des deux trains se met en route… Mais lequel ? Mystère ? Non, référentiel !
On peut aussi aborder la notion de relativité du mouvement par la situation suivante… Vous êtes actuellement en train de lire avec attention le chapitre 15. A priori, êtes-vous en mouvement lorsque vous travaillez sur votre chaise ? Je vous donnerai une réponse mi-figue mi-raisin : oui et non ! Tout n'est question que de référentiel. L'important est de savoir de quel objet on étudie le mouvement et surtout par rapport à quoi ?
En effet, par rapport au sol, vous êtes immobile !
Par contre, si on considère votre mouvement par rapport au Soleil, vous êtes actuellement en train de vous déplacer à la vitesse de 30 km/s soit 108 000 km/h dans l'espace ! Incroyable mais vrai ! Pour définir le mouvement d'un objet, tout est question de relativité… Au cours de ce chapitre, je vais donc vous donner des méthodes « miracles » qui vous permettront de répondre à toutes les questions de votre future interro concernant les notions de référentiel, de vitesse moyenne et de trajectoires ! AU TRAVAIL !

METHODE 1 : Savoir définir un référentiel

■ Principe

Un référentiel est constitué d'un solide de référence et d'une horloge. Le solide de référence permet le repérage des positions du corps en mouvement. L'horloge permet le repérage du temps.

Les principaux référentiels sont :

– **le référentiel terrestre** : il permet l'étude des mouvements des objets situés sur la Terre ou au voisinage de la surface de la Terre ;

– **le référentiel géocentrique** : il est défini par le centre de la Terre et trois étoiles éloignées considérées comme fixes ;

- **<u>le référentiel héliocentrique</u>** : il est défini par le centre du Soleil et trois étoiles éloignées considérées comme fixes. Il permet l'étude des mouvements des planètes du système solaire.

■ **Exemple : Quel référentiel choisir ?**

Compléter le tableau avec le référentiel correspondant : référentiel terrestre, référentiel géocentrique et référentiel héliocentrique.

Situation	Référentiel d'étude
Etude de la trajectoire de la planète Mercure autour du Soleil	
Etude de la chute d'un ballon à la surface de la Terre	
Etude du mouvement de la Lune en orbite autour de la Terre	
Etude de la trajectoire d'une voiture sur un circuit d'essais	
Etude de la trajectoire de la Terre au sein du système solaire	
Etude de la trajectoire d'un satellite de télécommunication en orbite autour de la Terre	

Correction

Situation	Référentiel d'étude
Etude de la trajectoire de la planète Mercure autour du Soleil	**Référentiel héliocentrique**
Etude de la chute d'un ballon à la surface de la Terre.	**Référentiel terrestre**
Etude du mouvement de la Lune en orbite autour de la Terre	**Référentiel géocentrique**
Etude de la trajectoire d'une voiture sur un circuit d'essais	**Référentiel terrestre**
Etude de la trajectoire de la Terre au sein du système solaire	**Référentiel héliocentrique**
Etude de la trajectoire d'un satellite de télécommunication en orbite autour de la Terre	**Référentiel géocentrique**

METHODE 2 : Savoir définir la trajectoire d'un point

■ Principe

La trajectoire d'un point est l'ensemble des positions successives occupées par ce point au cours de son mouvement.

La trajectoire d'un point dépend du référentiel d'étude choisi.

Si la trajectoire est une droite	Le mouvement est rectiligne
Si la trajectoire est un cercle	Le mouvement est circulaire
Si la trajectoire est une courbe	Le mouvement est curviligne

■ Exemple : Nature d'un mouvement.

On donne différents enregistrements d'un point en mouvement, qualifier la nature du mouvement de ce point.

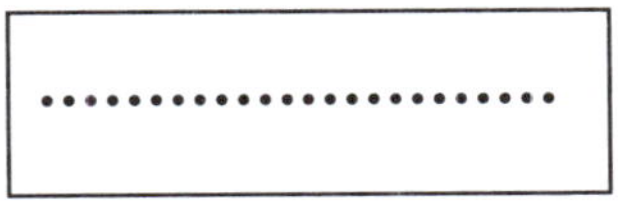

Enregistrement n°1

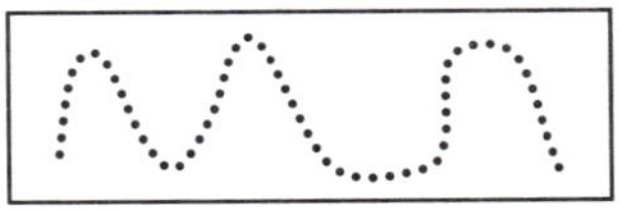

Enregistrement n°2

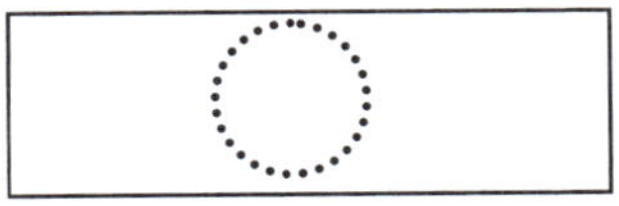

Enregistrement n°3

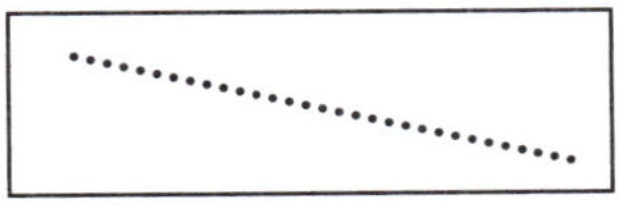

Enregistrement n°4

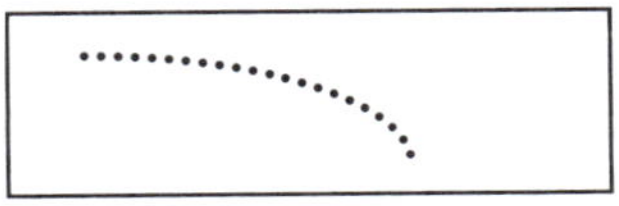

Enregistrement n°5

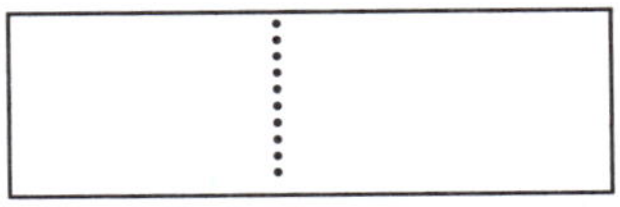

Enregistrement n°6

Correction

Enregistrement n°1 : mouvement rectiligne

Enregistrement n°2 : mouvement curviligne

Enregistrement n°3 : mouvement circulaire

Enregistrement n°4 : mouvement rectiligne

Enregistrement n°5 : mouvement curviligne

Enregistrement n°6 : mouvement rectiligne

METHODE 3 : Savoir définir la vitesse d'un point

■ Principe

La vitesse moyenne est donnée par : $v = \dfrac{d}{\Delta t}$

d = distance parcourue pendant la durée Δt en m
Δt = durée du parcours en s
v = vitesse moyenne en $m.s^{-1}$.

La vitesse moyenne dépend du référentiel d'étude choisi.

Si la vitesse augmente	Le mouvement est accéléré
Si la vitesse est constante	Le mouvement est uniforme
Si la vitesse diminue	Le mouvement est ralenti/décéléré

Convertir une vitesse en $m.s^{-1}$ en $km.h^{-1}$ et inversement :

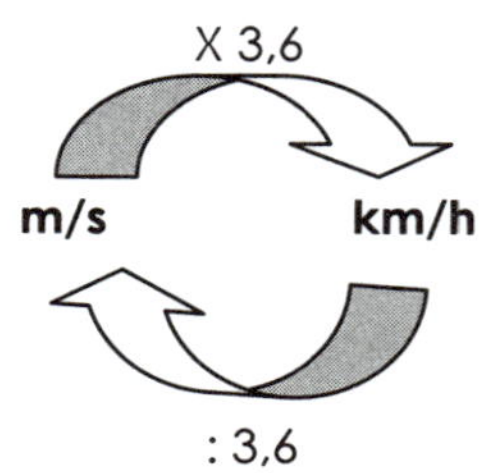

■ Exemple 1 : Nature du mouvement.

On donne différents enregistrements d'un point en mouvement. Qualifier la nature du mouvement.

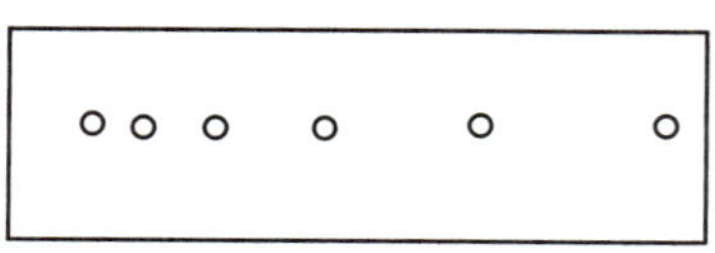

Enregistrement n°1

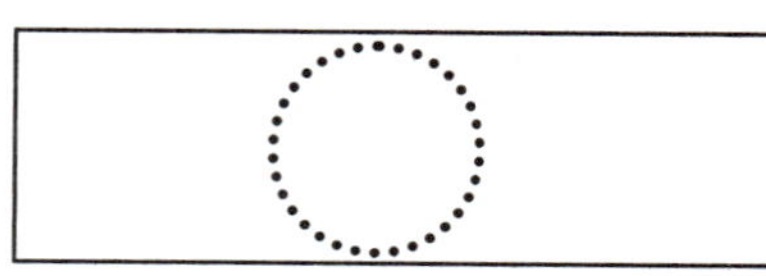

Enregistrement n°2

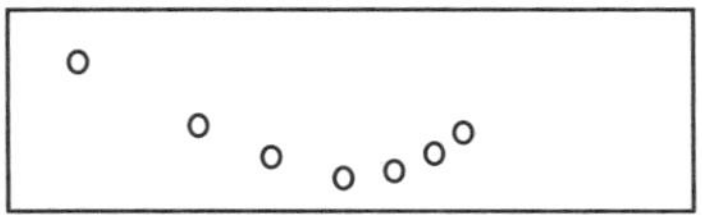

Enregistrement n°3

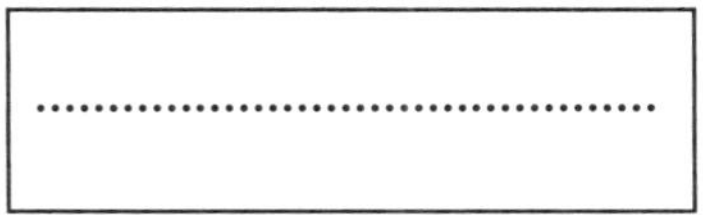

Enregistrement n°4

Correction

Enregistrement n°1 : mouvement rectiligne accéléré

Enregistrement n°2 : mouvement circulaire uniforme

Enregistrement n°3 : mouvement curviligne décéléré

Enregistrement n°4 : mouvement rectiligne uniforme

■ Exemple 2 : Conversion, vous avez dit conversion ?

Compléter le tableau ci-dessous :

Vitesse en $m.s^{-1}$	Vitesse en $km.h^{-1}$
	130
25	
	50
3	
	70

Correction

Vitesse en $m.s^{-1}$	Vitesse en $km.h^{-1}$
36,1	130
25	**90**
13,9	50
3	**10,8**
19,4	70

■ **Exemple 3 : Mouvement d'une voiture.**

Une voiture roule à vitesse constante sur une portion de route droite d'une longueur de 7,0 km pendant une durée de 8 min.

a) Préciser le référentiel d'étude.
b) Préciser, en justifiant, la nature du mouvement de la voiture.
c) Calculer la vitesse de la voiture en $m.s^{-1}$ puis en $km.h^{-1}$.

Correction

a) Le référentiel d'étude est le **référentiel terrestre.**
b) Le mouvement de la voiture est **rectiligne uniforme** puisque la voiture possède une vitesse constante donc uniforme et parcourt une route droite donc rectiligne.
c) $v = \frac{d}{\Delta t} = \frac{7{,}0.10^3}{480}$ avec $d = 7{,}0$ km $= 7{,}0.10^3$ m et $\Delta t = 8$ min $= 480$ s

donc $\mathbf{v = 14{,}6\ m.s^{-1} = 52{,}5\ km.h^{-1}}$.

■ **Exemple 4 : Calcul de vitesse.**

Un athlète aux jeux olympiques parcourt 100 m en 9,83 s.
Calculer sa vitesse en $m.s^{-1}$ et en $km.h^{-1}$.

Correction

$V = \frac{d}{\Delta t} = \frac{100}{9{,}83} = 10{,}2$ m/s.
$V = 10{,}2 \times 3{,}6 = 36{,}7$ km/h.

■ **Exemple 5 : Calcul de vitesse.**

Un parachutiste tombe à la vitesse de 55,5 m/s. Convertissez cette vitesse en km/h.

Correction

$V = 55{,}5 \times 3{,}6 = 198$ km/h.

■ **Exemple 6 : Calcul de distance.**

Un automobiliste a 2 s d'inattention. Quelles distances parcourt-il à 50 km/h et à 130 km/h ?

Correction

Il faut convertir les valeurs des vitesses en m/s.
50 km/h = 13,9 m/s.
Pendant les 2 secondes d'inattention : $d = v \times \Delta t = 13{,}9 \times 2 = 27{,}8$ m.

130 km/h = 36,1 m/s.
Pendant les 2 secondes d'inattention : $d = v \times \Delta t = 36{,}1 \times 2 = 72{,}2$ m.

Testez-vous !

■ ***Complétez le texte à trous suivant.***

Un référentiel est constitué d'un .... de .... et d'une .... Le .... de .... permet le repérage des positions du corps en mouvement. L'.................. permet le repérage du temps. Les principaux référentiels sont le référentiel ...., le référentiel .... et le référentiel .... La .... d'un point est l'ensemble des positions successives occupées par ce point au cours de son mouvement. La .... d'un point dépend du .... d'étude choisi. La .... correspond au rapport de la distance parcourue par la durée du parcours. La .... dépend du .... d'étude choisi.

Correction

Un référentiel est constitué d'un **solide** de **référence** et d'une **horloge**. Le **solide** de **référence** permet le repérage des positions du corps en mouvement. L'**horloge** permet le repérage du temps. Les principaux référentiels sont le référentiel **terrestre**, le référentiel **géocentrique** et le référentiel **héliocentrique**. La **trajectoire** d'un point est l'ensemble des positions successives occupées par ce point au cours de son mouvement. La **trajectoire** d'un point dépend du **référentiel** d'étude choisi. La **vitesse moyenne** correspond au rapport de la distance parcourue par la durée du parcours. La **vitesse moyenne** dépend du **référentiel** d'étude choisi.

■ ***Vrai ou faux ? Quand c'est faux, corrigez les erreurs ! Courage…***

1. Un référentiel est constitué d'un solide de référence et d'une horloge.
2. La vitesse moyenne correspond au rapport de la durée du parcours par rapport à la distance parcourue.

3. Le référentiel géocentrique est défini par le centre du Soleil et trois étoiles éloignées considérées comme fixes.
4. La trajectoire dépend du référentiel d'étude choisi.
5. Pour étudier les mouvements des objets situés au voisinage de la surface de la Terre on se place dans le référentiel terrestre.
6. Une voiture qui parcourt une trajectoire courbe avec une vitesse qui diminue a un mouvement rectiligne et uniforme.
7. Un TGV peut acquérir une vitesse de 300 $km.h^{-1}$ cela signifie qu'il parcourt une distance d'environ 83 m en une seconde.
8. La vitesse d'un solide est indépendante du référentiel d'étude choisi.

Correction

1. Vrai.
2. Faux : la vitesse moyenne correspond au rapport de la distance parcourue par rapport à la durée du parcours.
3. Faux : le référentiel géocentrique est défini par le centre de la Terre et trois étoiles éloignées considérées comme fixes.
4. Vrai.
5. Vrai.
6. Faux : une voiture qui parcourt une trajectoire courbe avec une vitesse qui diminue a un mouvement curviligne ralenti.
7. Vrai.
8. Faux : la vitesse d'un solide dépend du référentiel d'étude choisi.

Réflexes

	SITUATIONS	REFLEXES
1.	Comment définir un référentiel ?	Un référentiel est constitué d'un solide de référence et d'une horloge. Le solide de référence permet le repérage des positions du corps en mouvement. L'horloge permet le repérage du temps.
2.	Quels sont les principaux référentiels ?	Les principaux référentiels sont : – **le référentiel terrestre** : il permet l'étude des mouvements des objets situés sur la Terre ou au voisinage de la surface de la Terre ; – **le référentiel géocentrique** : il est défini par le centre de la Terre et trois étoiles éloignées considérées comme fixes ; – **le référentiel héliocentrique** : il est défini par le centre du Soleil et trois étoiles éloignées considérées comme fixes. Il permet l'étude des mouvements des planètes du système solaire.
3.	Comment définir la trajectoire d'un point ?	**La trajectoire d'un point** est l'ensemble des positions successives occupées par ce point au cours de son mouvement.
4.	De quoi dépend la trajectoire d'un point ?	La trajectoire d'un point dépend du référentiel d'étude choisi.
5.	Comment définir la vitesse moyenne d'un point ?	La vitesse moyenne est donnée par : $v = \frac{d}{\Delta t}$ d = distance parcourue pendant la durée Δt en m Δt = durée du parcours en s v = vitesse moyenne en $m.s^{-1}$
6.	De quoi dépend la vitesse moyenne d'un point ?	La vitesse moyenne dépend du référentiel d'étude choisi.
7.	Comment convertir une vitesse en km/h en m/s et inversement ?	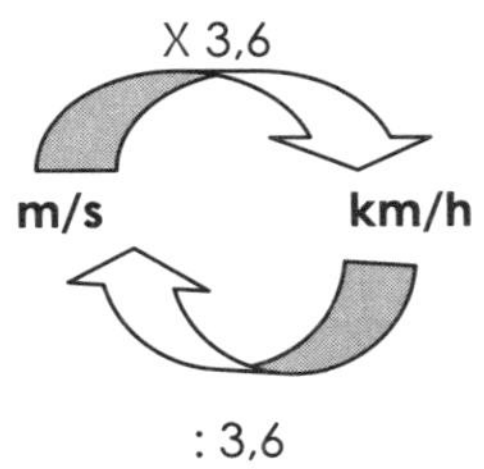

Chapitre 16

LE PRINCIPE D'INERTIE

Action mécanique ? Principe d'inertie ? Bilan des forces ? Représentation vectorielle ? Mais QUESAKO ? Inutile de me le dire : je sais que vous parlez français… Soyons clair, précis et concis ! Rendons fluide et facile ce qui paraît lourd pesant et incompréhensible…
Votre nouvelle mission si vous l'acceptez, sera de défier les lois de la physique en comprenant pour la première fois de votre vie en quelques secondes ce que le génialisme Newton a mis quelques mois à démontrer… Mais comment être aussi rapide pour digérer l'un des piliers de la physique moderne ? Citrate de bétaine ? Tisane hallucinogène ? Greffe d'un disque dur ? Raccourcis hasardeux dans les notions ? Manque de rigueur ? Approximations ? Pas de ça chez nous ! Chez Ellipses, la clé du succès est toujours la même : des METHODES ! Vous êtes prêt pour découvrir les secrets de Mister Newton ? Bien sûr que oui ! AU TRAVAIL…

METHODE 1 : Savoir définir une action mécanique

■ Principe

Sachez que lorsque vous tapez dans un ballon de foot ou dans une balle de tennis, vous ne faites pas simplement du sport… Vous effectuez des « actions mécaniques »… Je suis sûr que ça vous fait une belle jambe de le savoir ! Ah ! Ah ! Les programmes de l'éducation nationale : que du bonheur !
Pour faire simple, on appellera « action mécanique » toute action capable de modifier le mouvement d'un corps.

■ Exemple 1 : Un célèbre slogan : droit au but !

Quelles sont les actions mécaniques qui s'exercent sur un ballon de football en mouvement ?

Correction

Lorsqu'on étudie le mouvement d'un ballon de foot, on se rend compte que le footballeur, par l'intermédiaire de son pied (parfois aussi de sa main, mais ça c'est un autre débat…) modifie régulièrement sa trajectoire ! (Il dribble, fait des passes, des tirs etc.)
Le corps qui subit l'action mécanique est appelé « système » (ici, c'est le ballon).

Allons un peu plus loin... Il n'y a pas que le pied du joueur qui exerce une action sur le ballon. En effet, il y a aussi la Terre qui exerce sur lui une action attractive à distance : la gravité. Il y a également le sol qui joue un rôle essentiel : il permet en effet à la balle de ne pas s'enfoncer dans le sol... On peut aussi penser aux frottements de l'air sur la balle lorsqu'elle est en mouvement...
Bref ! Deux types d'actions mécaniques sont distinguables : les actions à distance et les actions de contact. Dans notre exemple, on peut résumer la situation par le schéma suivant :

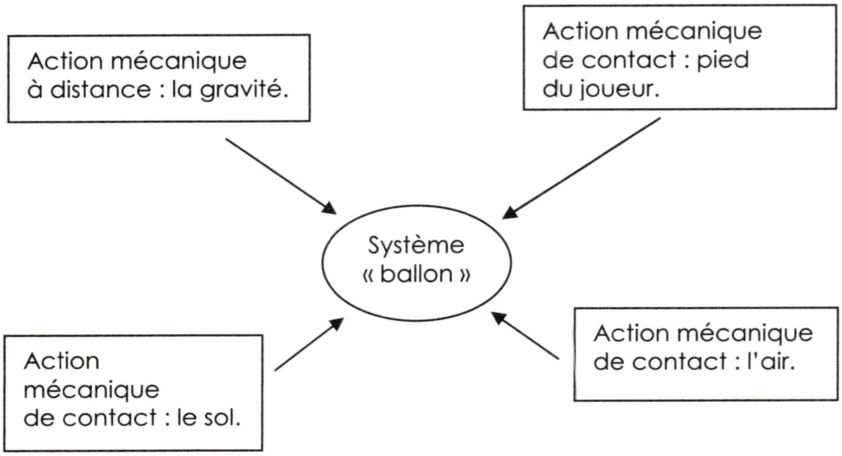

- **Exemple 2 : La chute libre du parachutiste.**

Quelles sont les actions mécaniques qui s'exercent sur un parachutiste ?

Correction

Il y a la gravité et les frottements de l'air sur l'individu.

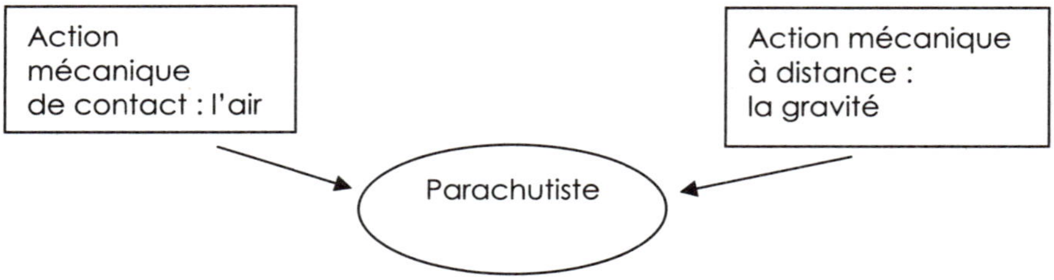

METHODE 2 : Savoir modéliser une action mécanique

■ Principe

Une action mécanique est modélisée par une force. Une force sera représentée par un vecteur possédant 4 caractéristiques :

- Point d'application
- Direction
- Sens
- Intensité (valeur, norme)

■ Exemple 1 : Etudions la chute libre d'une pomme (sacré Newton…)

Soit une pomme de masse 200 g tombant d'un pommier d'une hauteur de 2 m. On néglige les forces de frottements de l'air et on prendra g_{Terre} = 9,8 N/kg.
Déterminez les caractéristiques du vecteur poids et représentez le sachant que 1 N correspond à 2 cm.

Correction

Le système étudié est la pomme.
Le poids est modélisé par le vecteur $\vec{P}$ dont les caractéristiques sont les suivantes :
Point d'application : centre de gravité « G ».
Direction : verticale.
Sens : vers le bas.
Intensité : P = m×g = 0,2×9,8 = 1,96 N.

1 N ⟷ 2 cm
1,96 N ⟷ x ?

x = 1,96×2 = 3,92 cm.

Le vecteur poids sera donc représenté par une flèche de longueur **3,92 cm** !

■ Exemple 2 : Le cas ultra classique du livre posé sur une table…

Soit un livre posé sur une table. Il est immobile… Ce livre est soumis à la gravité modélisée par le vecteur $\vec{P}$. Sa masse est de 500 g. On rappelle que g_{Terre} = 9,8 N/kg.
La table exerce aussi une action mécanique de contact modélisée par le vecteur $\vec{F}$. (Cette force permet au livre de ne pas traverser la table…)
Cette force appelée aussi « réaction du support » a pour intensité 4,9 N.
Déterminez les caractéristiques de $\vec{P}$ et $\vec{F}$. Représentez ces 2 vecteurs sachant que 1N correspond à 1 cm.

Correction

<u>Caractéristiques du vecteur « poids » $\vec{P}$:</u>
Point d'application : centre de gravité « G ».
Direction : verticale.
Sens vers le bas.
Intensité : P = m×g = 0,5×9,8 = 4,9 N.

<u>Caractéristiques du vecteur « réaction du support » $\vec{R}$:</u>
Point d'application : point de contact entre la table et le livre « C ».
Direction : verticale.
Sens : vers le haut.
Intensité : R = 4,9 N.

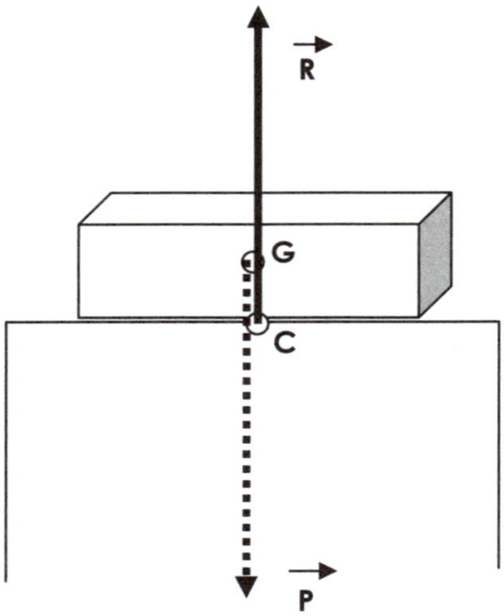

1 N ⟷ 1 cm
4,9 N ⟷ x ?

x = 4,9×1 = 4,9 cm.

Les 2 vecteurs seront donc représentés par une flèche de longueur **4,9 cm** !

METHODE 3 : Connaître les effets d'une force sur le mouvement

■ Principe

On va faire vite : il y a deux effets majeurs à retenir…
Une force exercée sur un corps peut :

- Modifier la trajectoire du corps.
- Modifier la vitesse du corps (maintenir le corps immobile, l'accélérer ou le ralentir !).

METHODE 4 : Connaître l'influence de la masse sur le mouvement

■ Principe

Lorsqu'un corps est soumis à une force, plus **sa masse est faible**, plus la **modification** de son mouvement **sera importante** !
Autrement dit, la masse d'un corps caractérise son **inertie**. L'inertie correspond donc à la difficulté de le mettre en mouvement ou de modifier sa trajectoire…
C'est bizarre, mais j'ai le sentiment qu'un petit exemple ne serait pas de refus pour illustrer mon propos…

■ Exemple : Faire ses courses ou l'art de maîtriser son inertie…

Une situation au combien passionnante et rocambolesque qui nous a tous transcendé un jour ! Vous êtes tranquillement en train de faire vos courses dans un centre commercial. Votre caddie est plein à craquer et subitement, un fandgio excité et stressé par notre société de consommation vous fait une queue de poisson et vous passe devant à la caisse… Ah le faquin ! Vous gardez votre calme bien sûr… C'est là que la notion d'inertie prend tout son sens ! Pourquoi ?

Correction

Votre caddie est plein, sa masse est donc très importante. Vous effectuez une action mécanique afin d'éviter le choc entre les 2 caddies et vous vous apercevez tout de suite qu'il est très difficile de modifier sa trajectoire … Votre caddie a une grande inertie du fait de sa grande masse ! S'il avait été vide, il vous aurait été plus simple de le manipuler afin d'éviter l'accident…

METHODE 5 : Savoir énoncer et utiliser le principe d'inertie

■ Principe

Il est impératif de savoir énoncer très précisément le principe d'inertie... Alors apprenez par cœur cette méthode ! (Vous avez aussi le droit de la comprendre...)

- Si les forces qui s'exercent sur un corps se compensent :
  soit il est au **repos** (immobile) ;
  soit il a un mouvement **rectiligne et uniforme**.

- La réciproque est vraie :
  si un corps est au repos ou a un mouvement rectiligne et uniforme, alors, les forces qui s'exercent sur lui se compensent !

Conséquence importante à retenir :
si un corps est soumis à des forces qui ne se compensent pas, alors sa vitesse et/ou sa trajectoire varient !

Lorsqu'on veut utiliser le principe d'inertie, il est obligatoire de réaliser au préalable un **bilan des forces.** En effet, il est très fréquent qu'un corps soit soumis en même temps à différentes actions mécaniques de contact ou à distance.

Pour réaliser un bilan des forces, la méthode est toujours la même. Il faut :
- choisir un système,
- choisir un référentiel,
- réaliser l'inventaire de toutes les forces qui s'exercent sur le système.

■ Exemple : Le parachutiste.

Un parachutiste équipé de son matériel, a une masse de 100 kg. On fait l'approximation qu'au cours de sa chute, g_{Terre} = 9,8 N/kg.
Dans un premier temps, il chute verticalement sans ouvrir son parachute. Sa vitesse augmente pour atteindre une valeur limite de 150 km/h.
Dans un deuxième temps, il ouvre son parachute et sa vitesse passe très rapidement de 150 km/h à 20 km/h. Son mouvement est alors rectiligne et uniforme...

a) Dans la première phase du saut, pourquoi peut-on affirmer que les forces qui s'exercent sur le parachutiste ne se compensent pas ?

b) Pour la deuxième phase du saut, réaliser un bilan des forces pour le système « parachutiste + parachute ouvert ».

c) Représentez alors les différents vecteurs sachant qu'1 cm correspond à 200 N.

Correction

a) D'après le principe d'inertie, si un corps a une vitesse qui varie (et c'est le cas pendant la première phase du saut car la vitesse passe de 0 km/h à 150 km/h) alors les forces qui s'exercent sur lui ne se compensent pas !

b) Bilan des forces :

- **Système :** « parachutiste + parachute ».
- Référentiel terrestre.
- **Les forces** qui s'exercent sur le système sont le poids $\vec{P}$ et les forces de frottement de l'air $\vec{F}$. D'après le principe d'inertie, étant donné que le système a un mouvement rectiligne et uniforme lors de la deuxième phase de saut, les forces qui s'exercent sur lui se compensent. Dans le cas présent, les 2 forces auront donc **la même direction**, **la même intensité** mais **des sens opposés** !

<u>Caractéristiques du vecteur poids $\vec{P}$:</u>
Point d'application : G.
Direction verticale.
Sens : vers le bas.
Intensité : P = m×g = 100×9,8 = 980 N.

<u>Caractéristiques du vecteur $\vec{F}$:</u>
Point d'application : G.
Direction verticale.
Sens : vers le haut.
Intensité : F = 980 N (même intensité que le poids…).

c) Modélisation des actions mécaniques par des vecteurs !
1N correspond à 200 N. Les deux forces ont pour intensité 980 N. Elles seront donc représentées par des vecteurs de longueur : $\frac{980}{200}$ = **4,91 cm** !

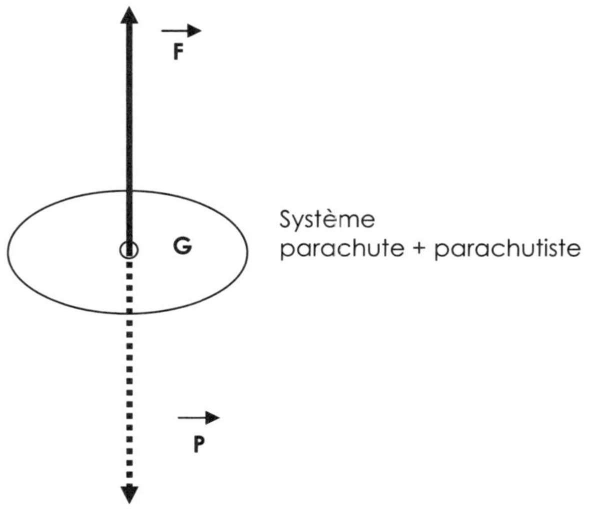

Testez-vous !

■ ***Complétez le texte à trous suivant.***

Une action mécanique est une action capable de .... le mouvement d'un objet. Une action mécanique est modélisée par une .... La force est représentée par un..........................

Le vecteur possède 4 ....: le .... d'............., la ...., le .... et l'............................

L'intensité d'une force correspond à la .... du vecteur.

Une force peut modifier la .... et/ou la .... d'un corps.

La masse a une influence sur le mouvement d'un corps, c'est l'.....................

Lorsqu'un corps est soumis à une force, plus sa masse est ...., plus la modification de son mouvement sera importante !

D'après le .... d'....................., lorsqu'un corps a un mouvement rectiligne et uniforme, les forces qui s'exercent sur lui se ....

Si la valeur de la .... d'un corps varie ou si sa .... n'est pas rectiligne, alors ce corps est soumis à des forces qui ne se .... pas !

Correction

Une action mécanique est une action capable de **modifier** le mouvement d'un objet. Une action mécanique est modélisée par une **force**. La force est représentée par un **vecteur.**
Le vecteur possède 4 **caractéristiques** : le **point** d'**application**, la **direction**, le **sens** et l'**intensité.**
L'intensité d'une force correspond à la **norme** du vecteur.
Une force peut modifier la **vitesse** et/ou la **trajectoire** d'un corps.
La masse a une influence sur le mouvement d'un corps, c'est l'**inertie.**
Lorsqu'un corps est soumis à une force, plus sa masse est **faible**, plus la modification de son mouvement sera importante !
D'après le **principe** d'**inertie**, lorsqu'un corps a un mouvement rectiligne et uniforme, les forces qui s'exercent sur lui se **compensent.**
Si la valeur de la **vitesse** d'un corps varie ou si sa **trajectoire** n'est pas rectiligne, alors ce corps est soumis à des forces qui ne se **compensent** pas !

■ ***Vrai ou faux ? Quand c'est faux, corrigez les erreurs ! Courage…***

1. La masse n'a aucune influence sur le mouvement d'un corps.
2. L'intensité d'une force correspond à la norme de son vecteur.
3. Quand les forces qui s'exercent sur un corps ne se compensent pas, il est immobile.
4. Quand les forces qui s'exercent sur un corps se compensent, il peut être immobile.
5. Quand les forces qui s'exercent sur un corps se compensent, il peut être en mouvement rectiligne et uniforme.
6. Une force ne modifie jamais la trajectoire d'un corps.
7. Une force peut accélérer ou ralentir un corps.
8. La direction du poids est : vers le bas.
9. Le sens du poids est : la verticale.
10. L'inertie d'un corps correspond à la difficulté de le mettre en mouvement ou de modifier sa trajectoire !

Correction

1. Faux : la masse a une influence sur le mouvement d'un corps. C'est la notion d'inertie.
2. Vrai.
3. Faux : quand les forces qui s'exercent sur un corps ne se compensent pas, sa vitesse et/ou sa trajectoire varient !
4. Vrai.
5. Vrai.
6. Faux : une force peut modifier la trajectoire d'un corps.
7. Vrai.
8. Faux : la direction du poids est la verticale.
9. Faux : le sens du poids est vers le bas.
10. Vrai.

Réflexes

	SITUATIONS	REFLEXES
1.	Qu'est-ce qu'une action mécanique ?	C'est une action capable de modifier le mouvement d'un corps.
2.	Comment modélise-t-on une action mécanique ?	C'est la force qui modélise l'action mécanique. La force est représentée par un vecteur possédant 4 caractéristiques : point d'application, direction, sens et intensité (norme du vecteur)
3.	Quels sont les effets d'une force sur un corps ?	La force peut modifier sa trajectoire ou la valeur de sa vitesse.
4.	Quelle est l'influence de la masse sur le mouvement ?	La masse a une influence directe sur le mouvement d'un corps. Lorsqu'un corps est soumis à une force, plus sa masse est faible, plus la modification de son mouvement sera importante ! La masse caractérise l'inertie d'un corps.
5.	Comment énoncer le principe d'inertie ?	Si un corps est au repos (immobile) ou a un mouvement rectiligne et uniforme, alors il est soumis à des forces qui se compensent. La réciproque est vraie : si un corps est soumis à des forces qui se compensent, alors il est immobile ou en mouvement rectiligne et uniforme. Conséquence directe : si un corps est soumis à des forces qui ne se compensent pas, alors sa vitesse et/ou sa trajectoire varient.
6.	Comment réalise-t-on un bilan des forces ?	Il faut choisir un système, un référentiel et faire l'inventaire des forces qui s'exercent sur ce système.

Chapitre 17

LA QUANTITE DE MATIERE

La quantité de matière, c'est LA notion fondamentale du programme de chimie en 2de... Cette partie est fondamentale, c'est le B.A.BA du chimiste. C'est aussi important que l'alphabet ou l'apprentissage de l'écriture au CP ! (Que de bons souvenirs...) La quantité de matière est une grandeur physique inventée par les scientifiques pour pouvoir compter, dénombrer le nombre d'entités chimiques présentes dans la matière solide, liquide ou gazeuse. Comme toute grandeur physique, elle possède une unité : la mole ! Afin d'éviter de déclencher une crise aigüe de votre tant aimé prof de physique, je vous conseille de ne jamais oublier les **unités** dans vos calculs : ça frictionne violement la susceptibilité de MONSIEUR le professeur... Houchachepasbon !
Le principe pour réussir est toujours le même : lis, comprends et apprends les Méthodes ! Do you understand what I mean ? All right, let's go ! Fight !!!

METHODE 1 : Définir la mole : unité de la quantité de matière

■ Principe

La quantité de matière d'un solide liquide ou gaz se note « n ». C'est une grandeur physique (car mesurable) qui s'exprime en mole de symbole « mol ».

La définition ultra-classique et rigoureuse donnée dans tous les manuels scolaires de la mole est la suivante : « une mole contient autant d'entités chimiques qu'il y a d'atomes dans 12,0 g d'atomes de carbone 12 ». Ainsi, une mole contient $6{,}02.10^{23}$ entités chimiques identiques...
Le seul problème, c'est qu'en général vous ne comprenez rien au sens de cette phrase... C'est embêtant !

Comme je l'ai dit en intro, la mole est l'unité de la quantité de matière présente dans un solide, un liquide ou un gaz. On l'a inventé pour deux raisons majeures : la première, c'est qu'elle permet de dénombrer la matière et la deuxième raison est qu'elle permet de simplifier les calculs... Eh oui, quand vous comptez par exemple le nombre d'atomes présents dans une barre de fer, il y en a des milliards de milliards de milliards... Ça fait beaucoup de 0 dans les calculs !

Le chimiste « s'amusera » à compter non pas le nombre d'atomes mais le nombre **de moles d'atomes** présentes dans ce morceau de fer ! (Ils sont rusés ces chimistes...)

Pour vous éclaircir les idées, une mole, c'est un peu comme un grand sac dans lequel vous pourriez y mettre $6{,}02.10^{23}$ objets identiques. (Un nouveau concept pour les femmes et leur sac à main... HA HA HA ! Je suis en train de m'attirer les foudres de la gente féminine...)

Ainsi, une mole d'atomes correspond à un sac contenant $6{,}02.10^{23}$ atomes, de même, une mole d'ions correspond à $6{,}02.10^{23}$ ions... Capito ? Va bene !

METHODE 2 : Connaître la constante d'Avogadro

■ Principe

A retenir et à appliquer : la constante d'Avogadro indique le **nombre d'entités** par mole.

La constante d'Avogadro se note **N_A** et son unité est **mol^{-1}**.

N_A vaut $6{,}02.10^{23}$ mol^{-1}, cette valeur signifie qu'il y a $6{,}02.10^{23}$ atomes de carbone 12 dans 12,0 g de carbone 12. C'est le chat qui se mord la queue : voir méthode N°1.

METHODE 3 : Savoir calculer la quantité de matière d'un échantillon à l'aide de la constante d'Avogadro N_A

■ Principe

La quantité de matière se note n, N représente le nombre d'entités présentes dans l'échantillon :

mol → $$n = \frac{N}{N_A}$$

N ← Sans unité

N_A ← mol^{-1}

Comme d'habitude, on apprend gentiment la relation mathématique et on n'oublie pas les **UNITES** !

■ Exemple 1 : Un cachet de diiode I_2.

Un cachet de diiode prescrit dans le cadre d'un examen médical contient $4{,}74.10^{18}$ molécules de diiode I_2. Déterminer la quantité de matière contenue dans ce cachet.

Donnée : constante d'Avogadro : $N_A = 6{,}02.10^{23}$ mol^{-1}.

Correction

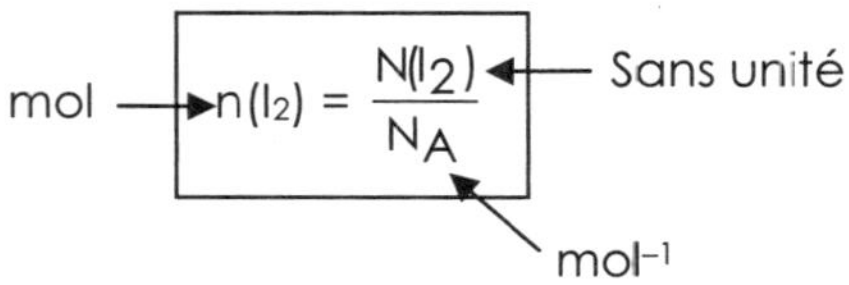

Soit $n\ (I_2) = \dfrac{4{,}74.10^{18}}{6{,}02.10^{23}}$ donc **$n\ (I_2) = 7{,}87.10^{-6}$ mol.**

■ Exemple 2 : Une bouteille de gaz de propane.

Une bouteille de gaz de propane C_3H_8 de volume 5,0 L contient une quantité de matière $n(C_3H_8) = 2{,}10.10^{-1}$ mol de propane. Déterminer le nombre de molécules de propane contenu dans cette bouteille de gaz.

Donnée : constante d'Avogadro : $N_A = 6{,}02.10^{23}$ mol^{-1}.

Correction

Soit $n(C_3H_8) = \dfrac{N(C_3H_8)}{N_A}$ donc $N\ (C_3H_8) = n\ (C_3H_8) \times N_A = 2{,}10.10^{-1} \times 6{,}02.10^{23}$.

D'où **$N\ (C_3H_8) = 1{,}26.10^{23}$ molécules de propane**.

METHODE 4 : Savoir calculer la masse molaire moléculaire

■ Principe

La masse molaire atomique d'un élément chimique est la masse d'une mole d'atomes de cet élément chimique. L'unité est le gramme par mole, notée g.mol^{-1}.

Par exemple, la masse molaire atomique de l'oxygène est $M(O) = 16{,}0$ g.mol^{-1}.

La masse molaire moléculaire est égale à la somme des masses molaires atomiques des éléments chimiques constituant la molécule. L'unité est toujours le gramme par mole, notée g.mol^{-1}.

Ainsi, la masse molaire de la molécule d'eau H_2O est :
$M(H_2O) = 2 \times M(H) + M(O) = 2 \times 1{,}00 + 16{,}0 = 18{,}0$ g.mol^{-1}.

■ Exemple 1 : Quelle migraine ! Pas vous… moi !

Un élève, suite à une longue journée de travail intensif, manifeste un début de migraine. Afin de soigner ce mal de tête, il prend un cachet d'aspirine de formule brute $C_9H_8O_3$. Déterminer la masse molaire moléculaire de l'aspirine.

Données : masses molaires atomiques : M(H) = 1,00 g.mol^{-1} ; M(O) = 16,0 g.mol^{-1} ; M(C) = 12,0 g.mol^{-1}.

Correction

$M(C_9H_8O_3) = 9 \times M(C) + 8 \times M(H) + 3 \times M(O) = 9 \times 12{,}0 + 8 \times 1{,}00 + 3 \times 16{,}0$
$M(C_9H_8O_3) = 164$ g.mol^{-1}

■ Exemple 2 : Des masses molaires en pagaille ! Ça sent le sud…

Compléter le tableau ci-dessous :

Nom de l'espèce chimique	Formule brute de l'espèce chimique	Masse molaire moléculaire
Paracétamol	$C_8H_9O_2N$	
Acide ascorbique *(vitamine C)*	$C_6H_8O_6$	
Saccharose	$C_{12}H_{22}O_{11}$	
Éosine	$C_{20}H_6O_5Br_4Na_2$	
Pénicillamine	$C_5H_{11}O_2NS$	
Ibuprofène	$C_{13}H_{18}O_2$	

Données : masses molaires atomiques : M(H) = 1,0 g.mol^{-1} ; M(O) = 16,0 g.mol^{-1} ; M(C) = 12,0 g.mol^{-1} ; M(N) = 14,0 g.mol^{-1} ; M(S) = 32,1 g.mol^{-1} ; M(Br) = 79,9 g.mol^{-1} ; M(Na) = 23,0 g.mol^{-1}.

Correction

Nom de l'espèce chimique	Formule brute de l'espèce chimique	Masse molaire moléculaire
Paracétamol	$C_8H_9O_2N$	**151g.mol⁻¹**
Acide ascorbique *(vitamine C)*	$C_6H_8O_6$	**176 g.mol⁻¹**
Saccharose	$C_{12}H_{22}O_{11}$	**342 g.mol⁻¹**
Éosine	$C_{20}H_6O_5Br_4Na_2$	**691,6 g.mol⁻¹**
Pénicillamine	$C_5H_{11}O_2NS$	**149,1 g.mol⁻¹**
Ibuprofène	$C_{13}H_{18}O_2$	**206 g.mol⁻¹**

METHODE 5 : Savoir calculer la quantité de matière à partir de la masse d'un solide

■ Principe

M représente la masse molaire de l'échantillon, m représente la masse de l'échantillon et n représente la quantité de matière de l'échantillon :

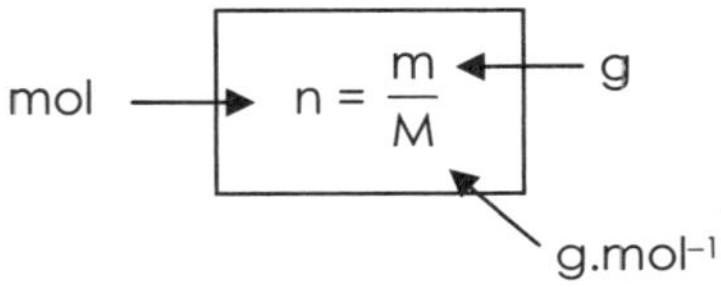

■ Exemple 1 : Préparer un pain maison.

Une recette fournie avec une machine à pain indique qu'il faut mélanger un volume de 315 mL d'eau avec 500 g de farine, 280 g de glucose, une pincée de sel et un sachet de levure boulangère.

1) Calculer la masse molaire du glucose de formule brute $C_6H_{12}O_6$.
2) Déterminer la quantité de matière introduite en glucose dans la recette.

Données : masses molaires atomiques : M(H) = 1,00 g.mol⁻¹ ; M(O) = 16,0 g.mol⁻¹ ; M(C)= 12,0 g.mol⁻¹.

Correction

1) $M(C_6H_{12}O_6) = 6 \times M(C) + 12 \times M(H) + 6 \times M(O)$
$M(C_6H_{12}O_6) = 6 \times 12{,}0 + 12 \times 1{,}00 + 6 \times 16{,}0$

$M(C_6H_{12}O_6)$ = 180 g.mol^{-1}.

2) $n(C_6H_{12}O_6) = \dfrac{m(C_6H_{12}O_6)}{M(C_6H_{12}O_6)} = \dfrac{280}{180}$ donc **$n(C_6H_{12}O_6)$ = 1,56 mol.**

■ Exemple 2 : Un médicament anti-vertige.

Un médicament qui lutte contre les vertiges contient 5,0 mg d'acétyl-leucine de formule brute $C_8H_{15}O_3N$. L'acétyl-leucine constitue le principe actif de ce médicament.

1) Calculer la masse molaire de l'acétyl-leucine.
2) Déterminer la quantité de matière en acétyl-leucine contenue dans ce médicament.

Données : masses molaires atomiques : M(H) = 1,00 g.mol^{-1} ; M(O) = 16,0 g.mol^{-1} ; M(C)= 12,0 g.mol^{-1} ; M (N) = 14,0 g.mol^{-1}.

Correction

1) $M(C_8H_{15}O_3N) = 8 \times M(C) + 15 \times M(H) + 3 \times M(O) + M(N)$
$M(C_8H_{15}O_3N) = 8 \times 12{,}0 + 15 \times 1{,}00 + 3 \times 16{,}0 + 14{,}0$
$M(C_8H_{15}O_3N)$ = 173 g.mol^{-1}.

2) $m(C_8H_{15}O_3N)$ = 5,0 mg = 5,0.10^{-3} g

$n(C_8H_{15}O_3N) = \dfrac{m(C_8H_{15}O_3N)}{M(C_8H_{15}O_3N)} = \dfrac{5{,}0.10^{-3}}{173}$ donc **$n(C_8H_{15}O_3N)$ = 2,89.10^{-5} mol.**

Testez-vous !

■ Avez-vous bien appris vos méthodes ? Vérifions… Complétez le texte à trous suivant.

La ……………… est l'unité de la quantité de matière. Par définition, une ………….. contient autant d'entités chimiques qu'il y a d'atomes dans ……….. g d'atomes de carbone 12. Ainsi, une …………….. contient 6,02.10^{23} entités chimiques identiques. La constante d'Avogadro indique le nombre d'entités par mole, elle se note ………. et son unité est ………….. N_A vaut 6,02.10^{23} mol^{-1}, cette valeur signifie qu'il y a 6,02.10^{23} atomes de carbone 12 dans 12,0 g de carbone 12. La quantité de matière n est égale au ……………. du nombre d'entités chimiques N par la constante d'Avogadro N_A.

La masse molaire .... d'un élément chimique est la masse d'une mole d'atomes de cet élément chimique. L'unité est le gramme par mole, notée g.mol⁻¹. Par contre, la masse molaire .... est égale à la .... des masses molaires atomiques des éléments chimiques constituant la molécule. L'unité est toujours le gramme par mole, notée $g.mol^{-1}$. La quantité de matière est égale au .... de la masse m (en ....) de l'échantillon par la masse molaire de l'échantillon (en ....).

Correction

La **mole** est l'unité de la quantité de matière. Par définition, une **mole** contient autant d'entités chimiques qu'il y a d'atomes dans **12,0** g d'atomes de carbone 12. Ainsi, une **mole** contient $6{,}02.10^{23}$ entités chimiques identiques. La constante d'Avogadro indique le nombre d'entités par mole, elle se note $\mathbf{N_A}$ et son unité est $\mathbf{mol^{-1}}$. N_A vaut $6{,}02.10^{23}$ mol^{-1}, cette valeur signifie qu'il y a $6{,}02.10^{23}$ atomes de carbone 12 dans 12,0 g de carbone 12. La quantité de matière n est égale au **rapport** du nombre d'entités chimiques N par la constante d'Avogadro N_A.
La masse molaire **atomique** d'un élément chimique est la masse d'une mole d'atomes de cet élément chimique. L'unité est le gramme par mole, notée $g.mol^{-1}$. Par contre, la masse molaire **moléculaire** est égale à la somme des masses molaires atomiques des éléments chimiques constituant la molécule. L'unité est toujours le gramme par mole, notée $g.mol^{-1}$. La quantité de matière est égale au **rapport** de la masse m (en **g**) de l'échantillon par la masse molaire de l'échantillon (en $\mathbf{g.mol^{-1}}$).

■ ***Vrai ou faux ? Quand c'est faux, corrigez les erreurs ! Courage...***

1. L'unité de la quantité de matière est le « moldus » de symbole ($g.mol^{-1}$).
2. La constante d'Avogadro se note N_A et vaut $6{,}02.10^{23}$ mol^{-1}.
3. La masse molaire moléculaire est la masse d'une mole d'atomes de cet élément chimique.
4. La quantité de matière peut se calculer à l'aide de la masse molaire exprimée en $g.mol^{-1}$ et de la masse exprimée en mg.
5. La masse molaire du dioxyde de carbone CO_2 vaut 44 $g.mol^{-1}$.
6. La quantité de matière contenue dans une masse de 35 mg de carbone 12 est $4{,}2.10^{-1}$ mol.
7. Le nombre d'entités chimiques contenu dans une mole est de $6{,}02.10^{23}$ entités.
8. Une quantité de matière de fluor F de $5{,}6.10^{-2}$ mol contient $3{,}37.10^{22}$ atomes de fluor.

Correction

1. Faux : l'unité de la quantité de matière est la mole (mol).
2. Vrai.

3. Faux : la masse molaire moléculaire est égale à la somme des masses molaires atomiques des éléments chimiques constituant la molécule.
4. Faux : la quantité de matière peut se calculer à l'aide de la masse molaire exprimée en $g.mol^{-1}$ et de la masse exprimée en g.
5. Vrai.
6. Faux : la quantité de matière contenue dans une masse de 35 mg de carbone 12 est $2{,}9.10^{-3}$ mol.
7. Vrai.
8. Vrai.

Réflexes

	SITUATIONS	REFLEXES
1.	Quelle est l'unité de la quantité de matière ?	L'unité de la quantité de matière est la mole, notée mol.
2.	Comment définit-on la mole ?	Une mole contient autant d'entités chimiques qu'il y a d'atomes dans 12,0 g d'atomes de carbone 12. Une mole contient $6{,}02.10^{23}$ entités chimiques identiques.
3.	Que représente la constante d'Avogadro ?	La constante d'Avogadro indique le nombre d'entités par mole.
4.	Quelle est l'unité de la constante d'Avogadro ?	La constante d'Avogadro se note N_A et son unité est mol^{-1}.
5.	Quelle est la valeur de la constante d'Avogadro ?	**N_A vaut $6{,}02.10^{23}$ mol^{-1}**, cette valeur signifie qu'il y a $6{,}02.10^{23}$ atomes de carbone 12 dans 12,0 g de carbone 12.
6.	Comment calculer la quantité de matière à partir de la constante d'Avogadro ?	$n = \frac{N}{N_A}$ avec n en mol, N sans unité, N_A en mol^{-1}.
7.	Comment calculer la masse molaire moléculaire ?	La masse molaire moléculaire est égale à la somme des masses molaires atomiques des éléments chimiques constituant la molécule. L'unité est le gramme par mole, notée **$g.mol^{-1}$**.
8.	Comment calculer la quantité de matière à partir de la masse d'un solide ?	$n = \frac{m}{M}$ avec n en mol, m en g, M en $g.mol^{-1}$.

Chapitre 18

SOLUTIONS ET CONCENTRATIONS

Tout comme le chapitre 17, le chapitre 18 aborde des notions fondamentales qu'il est impératif de bien maîtriser pour la suite de vos études scientifiques… Eh oui, si vous aspirez à intégrer une 1re S l'année prochaine, vous devez obligatoirement être au TOP sur les connaissances liées aux solutions, dissolutions, dilutions, concentrations molaires et massiques !
Don't stress ! La recette miracle est toujours la même : vous avez eu la bonne idée d'acheter ce bouquin qui est de très bonne qualité… AH le MITO !
C'était l'instant « autosatisfaction » : ça ne sert à rien, mais ça fait du bien…
Pour parler plus sérieusement, j'ai fait en sorte de vous présenter les notions de manière la plus synthétique possible… Travailler avec méthodes vous simplifie la vie ! Vous le valez bien…
Certains pensaient que les bleus allaient en Afrique du Sud pour faire uniquement un safari (l'Histoire leur a donné raison), d'autres pensent que vous allez faire un Hold up au prochain DS : je vous certifie qu'ils ne se trompent pas ! AU BOULOT !

METHODE 1 : Définir une solution

■ Principe

Une solution est obtenue par **dissolution** d'une espèce chimique dans un solvant. L'espèce chimique dissoute se nomme **le soluté**, il peut être sous forme solide, liquide ou gaz, tandis que le solvant est sous forme liquide.
Après dissolution, le soluté peut être sous forme d'**ions** ou sous forme de **molécules**.

Une solution aqueuse est une solution dont **le solvant est l'eau.**
(Aqua, Aquae pour les latinistes : signifie « eau ». Tous les chemins mènent au latin, avec plus ou moins de succès, il faut bien le reconnaître…)

■ Exemple 1 : Préparation d'un plat de pâtes « al dente » !

La pasta al dente es aquella que está bien cocida, pero que está lo suficientemente firme como para que sea agradable de comer.

Muchas gracias por la receta !

Afin de faire cuire des coquillettes, on remplit une casserole d'eau à laquelle on rajoute une pincée de sel, c'est-à-dire du chlorure de sodium NaCl solide. Identifier le solvant et le soluté. S'agit-il d'une solution aqueuse ? Justifier.

Correction

Le soluté est le sel c'est-à-dire le chlorure de sodium, il constitue l'espèce chimique dissoute qui se trouve sous forme solide.
Le solvant est l'eau qui est sous forme liquide.
Il s'agit d'une solution aqueuse puisque le solvant est l'eau.

■ **Exemple 2 : Mais qui est qui ? On va quand même pas appeler Bones...**

Identifier dans chacun des cas le solvant et le soluté. Préciser s'il s'agit d'une solution aqueuse.

a) La dissolution du sulfate de cuivre solide dans l'eau donne une solution bleue.
b) Afin de préparer une boisson chocolaté, on introduit trois cuillères à café de chocolat en poudre dans un bol auquel on rajoute du lait chaud. On mélange l'ensemble.
c) Dans les régions industrialisées, de nombreux gaz polluants, notamment le chlorure d'hydrogène HCl, sont rejetés dans l'atmosphère. La dissolution de ce gaz dans l'eau des nuages génère des pluies acides.
d) La dissolution de cristaux de diiode I_2 dans le cyclohexane donne une solution mauve.

Correction

a) Soluté : sulfate de cuivre sous forme solide.
Solvant : eau.

Il s'agit d'une solution aqueuse puisque le solvant est l'eau.

b) Soluté : le chocolat en poudre.
Solvant : le lait.

c) Soluté : chlorure d'hydrogène HCl à l'état gazeux.
Solvant : eau.

Il s'agit d'une solution aqueuse puisque le solvant est l'eau.

d) Soluté : cristaux de diiode I_2.
Solvant : le cyclohexane.

METHODE 2 : Connaître la notion de solution saturée

■ Principe

Une solution est dite saturée quand le solvant ne peut plus dissoudre de soluté après agitation.

■ Exemple : Un comprimé de paracétamol.

Afin de faire baisser la fièvre, un patient dépose un comprimé de paracétamol dans un grand verre d'eau. Un dépôt blanc persiste au fond du verre.

a) Identifier le solvant et le soluté. S'agit-il d'une solution aqueuse ? Justifier.
b) La solution ainsi obtenue est-elle saturée ? Justifier.

Correction

a) Soluté : le comprimé de paracétamol
Solvant : l'eau

Il s'agit d'une solution aqueuse puisque le solvant est l'eau.

b) La solution obtenue est une solution saturée, le solvant ne peut plus dissoudre le soluté (il y a un dépôt blanc au fond du verre).

METHODE 3 : Mettre en œuvre une dissolution

■ Principe

Pour réaliser une dissolution, il y a un protocole très précis à respecter…
Prélever à l'aide d'une coupelle et d'une balance électronique, la masse m_0 de solide. Introduire, à l'aide d'un entonnoir, le solide dans une fiole jaugée, rincer la coupelle et l'entonnoir avec de l'eau distillée. Remplir la fiole aux 2/3, boucher et homogénéiser. Compléter avec de l'eau distillée jusqu'au trait de jauge, le bas du ménisque devant être tangent au trait de jauge (ou le bas du ménisque affleurant le trait de jauge). On bouche et on agite.

Schéma de la verrerie :

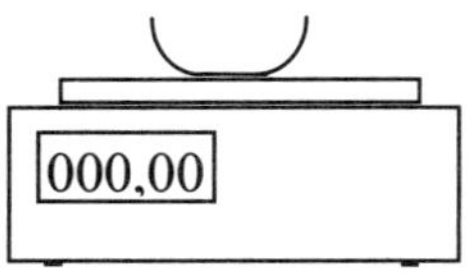

Balance électronique
Coupelle

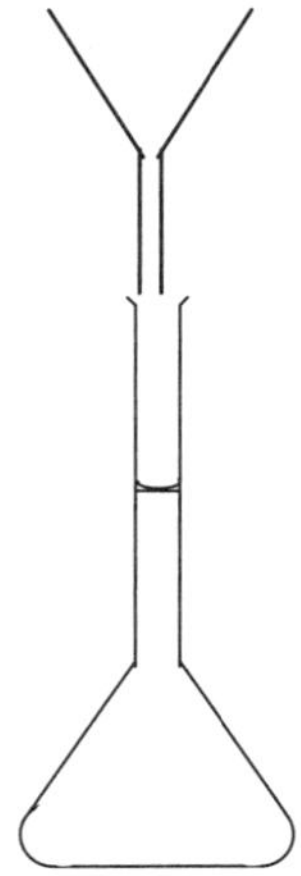

Fiole jaugée
entonnoir

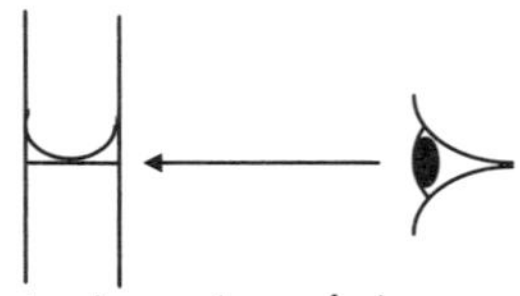

Le bas du ménisque est tangent au trait de jauge

METHODE 4 : Savoir calculer la concentration molaire

■ Principe

La concentration molaire d'une espèce chimique en solution est la quantité de matière de soluté présente par litre de solution. La concentration molaire d'une espèce chimique A se note C_A ou [A], elle s'exprime en mol.L^{-1}.

$$C_{espèce} = \frac{n(espèce)}{V_{solution}}$$ avec $C_{espèce}$ en mol.L^{-1}, n(espèce) en mol, $V_{solution}$ en L.

Comme d'habitude, je vous fais l'affront de vous le répéter : vous apprenez par cœur la relation mathématique et vous n'oubliez pas ces chères UNITES !!! Voici quelques exemples pour faire travailler vos neurones… Si Grégory H. était là, il vous dirait avec sa mine patibulaire : « N°13, boostez votre électro-encéphalogramme ! »

■ Exemple 1 : Un café sucré.

Afin de sucrer un café contenu dans une tasse de 50,0 mL, on introduit un sucre de masse m = 3,0 g. Le sucre est constitué majoritairement de saccharose de formule brute $C_{12}H_{22}O_{11}$.

a) Calculer la masse molaire du saccharose.

b) Calculer la quantité de matière introduite dans le café en saccharose.
c) Calculer la concentration molaire en saccharose dans la tasse de café.

Donnée : masses molaires atomiques : M(C) = 12,0 g.mol^{-1}, M(H) = 1,00 g.mol^{-1}, M(O) = 16,0 g.mol^{-1}.

Correction

a) $M(C_{12}H_{22}O_{11}) = 12 \times M(C) + 22 \times M(H) + 11 \times M(O)$
$M(C_{12}H_{22}O_{11}) = 12 \times 12,0 + 22 \times 1,00 + 11 \times 16,0$ donc $\mathbf{M(C_{12}H_{22}O_{11}) = 342\ g.mol^{-1}}$.

b) $n(C_{12}H_{22}O_{11}) = \frac{m(C_{12}H_{22}O_{11})}{M(C_{12}H_{22}O_{11})} = \frac{3,0}{342}$ donc $\mathbf{n(C_{12}H_{22}O_{11}) = 8,8.10^{-3}\ mol}$.

c) $C_{saccharose} = \frac{n(C_{12}H_{22}O_{11})}{V_{tasse}}$ or $V_{tasse} = 50,0\ mL = 5,00.10^{-2}\ L$

$C_{saccharose} = \frac{8,8.10^{-3}}{5,0.10^{-2}}$ donc $\mathbf{C_{saccharose} = 1,8.10^{-1}\ mol.L^{-1}}$.

■ **Exemple 2 : Un sirop de menthe.**

Un sirop de menthe contient le colorant alimentaire bleu de patenté (E 131) et le colorant alimentaire jaune de tartrazine (E 102) lui conférant cette couleur verte. La concentration molaire en bleu de patenté, dans ce sirop de menthe de volume $V_{bouteille}$ = 500 mL, est C_{bleu} = 6,0.10^{-5} mol.L^{-1}.

a) Déterminer la quantité de matière en bleu de patenté contenue dans la bouteille de sirop.
On verse un volume V' = 10,0 mL de sirop pour obtenir un verre de menthe de volume final V_f = 100 mL.

b) Calculer la quantité de matière en bleu de patenté introduite dans le verre.

c) Déterminer la concentration molaire en bleu de patenté dans le verre de sirop de menthe.

Correction

a) $n(bleu)_{bouteille} = C_{bleu} \times V_{bouteille}$ or $V_{bouteille} = 500\ mL = 5,0.10^{-1}\ L$

$n(bleu)_{bouteille} = 6,0.10^{-5} \times 5,0.10^{-1}$ donc $\mathbf{n(bleu)_{bouteille} = 3,0.10^{-5}\ mol}$.

b) $n(bleu)_{introduite} = C_{bleu} \times V'$ or $V' = 10,0\ mL = 1,0.10^{-2}\ L$

$n(bleu)_{introduite} = 6,0.10^{-5} \times 1,0.10^{-2}$ donc $\mathbf{n(bleu)_{introduite} = 6,0.10^{-7}\ mol}$.

c) $C_{bleu\ verre} = \frac{n(bleu)_{introduite}}{V_f} = \frac{6{,}0.10^{-7}}{1{,}0.10^{-1}}$ avec V_f = 100,0 mL = $1{,}0.10^{-1}$ L

$C_{bleu\ verre}$ = $6{,}0.10^{-6}$ mol.L^{-1}.

METHODE 5 : Savoir calculer la concentration massique

■ Principe

La concentration massique d'une espèce chimique en solution est la masse de soluté présente par litre de solution. La concentration massique se note C_m, elle s'exprime en g.L^{-1}.

$C_m = \frac{m(espèce)}{V_{solution}}$ avec C_m en g.L^{-1}, m(espèce) en g, $V_{solution}$ en L.

Même tarif qu'à la méthode 4, relation mathématique à apprendre et unités à donner ! Ne soufflez pas, c'est pour votre bien... Un p'tit sourire SVP !

Lorsque la concentration molaire est connue, on peut également calculer la concentration massique à l'aide la formule suivante :

$C_m = C \times M$ avec C_m en g.L^{-1}, C en mol.L^{-1} et M en g.mol^{-1}.

■ Exemple 1 : Etude d'une étiquette d'une eau minérale.

L'étiquette d'une bouteille d'eau minérale naturelle d'un volume V =1,5 L fournit les informations suivantes :

« ion calcium Ca^{2+} : 176 mg/L ; ion magnésium Mg^{2+} : 46 mg/L ; ion sulfate SO_4^{2-} : 372 mg/L ; ion hygrogénocarbonate HCO_3^- : 312 mg/L »

a) Calculer la masse molaire des ions sulfate et des ions hydrogénocarbonate.
b) Exprimer la concentration massique des différents ions en g/L.
c) Calculer la concentration molaire des différents ions.
d) Calculer la masse des ions présents dans cette eau minérale.

Données : masses molaires atomiques : M(H) = 1,00 g.mol^{-1}, M(C) = 12,0 g.mol^{-1}, M(O) = 16,0 g.mol^{-1}, M(S) = 32,1 g.mol^{-1}, M(Ca) = 40,1 g.mol^{-1}, M(Mg) = 24,3 g.mol^{-1}.

Correction

a) $M(SO_4^{2-}) = M(S) + 4 \times M(O) = 32{,}1 + 4 \times 16{,}0 = 96{,}1$ g.mol^{-1}
$M(HCO_3^-) = M(H) + M(C) + 3 \times M(O) = 1{,}00 + 12{,}0 + 3 \times 16{,}0 = 61{,}0$ g.mol^{-1}.

b) $C_m(Ca^{2+}) = 0,176$ g/L ; $C_m(Mg^{2+}) = 0,046$ g/L ; $C_m(SO_4^{2-}) = 0,372$ g/L
$C_m(HCO_3^-) = 0,312$ g/L.

c) $[Ca^{2+}] = \frac{C_m(Ca^{2+})}{M(Ca)} = \frac{0,176}{40,1}$ donc $\mathbf{[Ca^{2+}] = 4,39.10^{-3}}$ **mol.L⁻¹**

$[Mg^{2+}] = \frac{C_m(Mg^{2+})}{M(Mg)} = \frac{0,046}{24,3}$ donc $\mathbf{[Mg^{2+}] = 1,89.10^{-3}}$ **mol.L⁻¹**

$[SO_4^{2-}] = \frac{C_m}{M} = \frac{0,372}{96,1}$ donc $\mathbf{[SO_4^{2-}] = 3,87.10^{-3}}$ **mol.L⁻¹**

$[HCO_3^-] = \frac{C_m}{M} = \frac{0,312}{61}$ donc $\mathbf{[HCO_3^-] = 5,11.10^{-3}}$ **mol.L⁻¹.**

d) $m(Ca^{2+}) = C_m(Ca^{2+}) \times V = 0,176 \times 1,5$ donc $\mathbf{m(Ca^{2+}) = 0,264}$ **g = 264 mg**

$m(Mg^{2+}) = C_m(Mg^{2+}) \times V = 0,046 \times 1,5$ donc $\mathbf{m(Mg^{2+}) = 0,069}$ **g = 69 mg**

$m(SO_4^{2-}) = C_m(SO_4^{2-}) \times V = 0,372 \times 1,5$ donc $\mathbf{m(SO_4^{2-}) = 0,558}$ **g = 558 mg**

$m(HCO_3^-) = C_m(HCO_3^-) \times V = 0,312 \times 1,5$ donc $\mathbf{m(HCO_3^-) = 0,468}$ **g = 468 mg.**

■ Exemple 2 : Une solution de glucose.

On souhaite préparer une solution aqueuse de glucose par dissolution d'une masse m = 50,0 mg de glucose $C_6H_{12}O_6$ dans une fiole jaugée de 250 mL.

a) Déterminer la masse molaire du glucose.
b) Calculer la quantité de matière introduite en glucose.
c) Calculer la concentration molaire en glucose.
d) Calculer la concentration massique en glucose.

Données : masses molaires atomiques : M(H) = 1,00 g.mol⁻¹, M(C) = 12,0 g.mol⁻¹, M(O) = 16,0 g.mol⁻¹.

Correction

a) $M(C_6H_{12}O_6) = 6 \times M(C) + 12 \times M(H) + 6 \times M(O) = 6 \times 12,0 + 12 \times 1,00 + 6 \times 16,0$
$\mathbf{M(C_6H_{12}O_6) = 180}$ **g.mol⁻¹.**

b) $n(C_6H_{12}O_6) = \frac{m(C_6H_{12}O_6)}{M(C_6H_{12}O_6)}$ or $m(C_6H_{12}O_6) = 50,0 \text{ mg} = 5,0.10^{-2}$ g

$n(C_6H_{12}O_6) = \frac{5,0.10^{-2}}{180}$ donc $\mathbf{n(C_6H_{12}O_6) = 2,8.10^{-4}}$ **mol.**

c) $C_{glucose} = \frac{n_{glucose}}{V} = \frac{2,8.10^{-4}}{0,250}$ avec V = 250 mL = 0,250 L

$\mathbf{C_{glucose} = 1,1.10^{-3}}$ **mol.L⁻¹.**

d) $C_m(glucose) = C_{glucose} \times M(glucose) = 1{,}1.10^{-3} \times 180$
donc **$C_m(glucose) = 2{,}0.10^{-1}$ g.L^{-1}**

ou bien

$C_m(glucose) = \frac{m_{glucose}}{V} = \frac{5{,}0.10^{-2}}{0{,}250}$ donc **$C_m(glucose) = 2{,}0.10^{-1}$ g.L^{-1}.**

METHODE 6 : Etudier la notion de dilution d'une solution

■ Principe

Diluer une solution, c'est obtenir une nouvelle solution moins concentrée que la solution initiale, en ajoutant du solvant !
La solution initiale se nomme la **solution mère**, la solution diluée se nomme la **solution fille**. La famille, y a que ça de vrai…

Au cours d'une dilution la quantité de matière de l'espèce chimique ne varie pas :

$$n_{mère} = n_{fille}$$

or $\begin{cases} n_{mère} = C_0 \times V_0 \\ n_{fille} = C_1 \times V_1 \end{cases}$ donc **$C_0 \times V_0 = C_1 \times V_1$**

Facteur de dilution : $f = \frac{C_0}{C_1} = \frac{V_1}{V_0}$

■ Exemple 1 : Dissolution d'un cachet d'ibuprofène.

Un patient effectue la dissolution d'un cachet d'ibuprofène 500 mg de formule brute $C_{13}H_{18}O_2$ dans un verre contenant 100 mL d'eau.

a) Calculer la masse molaire de l'ibuprofène.
b) Calculer la quantité de matière en ibuprofène dans un cachet de 500 mg.
c) Calculer la concentration molaire en ibuprofène dans le verre d'eau.

Le patient pour atténuer le goût du médicament rajoute 50 mL d'eau dans le verre.

d) Calculer la nouvelle concentration molaire en ibuprofène dans le verre d'eau.
e) Déterminer le facteur de dilution f.

Correction

a) $M(C_{13}H_{18}O_2) = 13 \times M(C) + 18 \times M(H) + 2 \times M(O) = 13 \times 12 + 18 \times 1,0 + 2 \times 16,0$
$M(C_{13}H_{18}O_2) = 206$ g.mol^{-1}.

b) $n(C_{13}H_{18}O_2) = \dfrac{m(C_{13}H_{18}O_2)}{M(C_{13}H_{18}O_2)}$ or $m(C_{13}H_{18}O_2) = 500$ mg $= 5,0.10^{-1}$ g

$n(C_{13}H_{18}O_2) = \dfrac{0,50}{206}$ d'où **$n(C_{13}H_{18}O_2) = 2,4.10^{-3}$ mol.**

c) $[C_{13}H_{18}O_2] = \dfrac{n(C_{13}H_{18}O_2)}{V}$ or $V = 100$ mL $= 1,0.10^{-1}$ L

$[C_{13}H_{18}O_2] = \dfrac{2,4.10^{-3}}{0,100}$ donc **$[C_{13}H_{18}O_2] = 2,4.10^{-2}$ mol.L^{-1} $= C_0$.**

d) $[C_{13}H_{18}O_2]' = \dfrac{n(C_{13}H_{18}O_2)}{V'}$ avec $V' = 100 + 50 = 150$ mL $= 1,50.10^{-1}$ L

$[C_{13}H_{18}O_2]' = \dfrac{2,4.10^{-3}}{0,150}$ donc **$[C_{13}H_{18}O_2]' = 1,60.10^{-2}$ mol.L^{-1} $= C_1$.**

e) $f = \dfrac{C_0}{C_1} = \dfrac{2,4.10^{-2}}{1,6.10^{-2}}$ soit **$f = 1,5 =$** $\dfrac{3}{2}$.

■ **Exemple 2 : Préparation d'une solution d'hydroxyde de sodium.**

Pour un TP, il est nécessaire de préparer un volume V = 500 mL d'une solution d'hydroxyde de sodium de concentration molaire $C = 2,5.10^{-3}$ mol.L^{-1}, cependant on dispose au laboratoire de chimie uniquement d'une solution d'hydroxyde de sodium de concentration molaire $C_0 = 5,0.10^{-1}$ mol.L^{-1}.

a) Déterminer le volume à prélever de solution mère pour préparer la solution nécessaire pour le T.P.
b) Déterminer le facteur de dilution f.

Correction

a) Au cours d'une dilution la quantité de matière de l'espèce chimique ne varie pas : **$n_{mère} = n_{fille}$**
or $n_{mère} = C_0 \times V_0$
$n_{fille} = C_1 \times V_1$ donc $C_0 \times V_0 = C_1 \times V_1$ avec $V_1 = 500$ mL $= 0,500$ L

soit $V_0 = \dfrac{C_1 \times V_1}{C_0} = \dfrac{2,5.10^{-3} \times 0,5}{0,5}$ donc **$V_0 = 2,5.10^{-3}$ L $= 2,5$ mL.**

b) $f = \frac{C_0}{C_1} = \frac{0,5}{2,5.10^{-3}}$ donc **f = 200**

ou bien :

$f = \frac{V_1}{V_0} = \frac{500}{2,5}$ donc **f = 200.**

Cela signifie que l'on a dilué 200 fois la solution mère pour obtenir la solution fille.

METHODE 7 : Connaître le protocole d'une dilution

■ Principe

On ne dilue pas n'importe quoi n'importe comment… Il y a des règles à respecter ! Il faut prélever à partir d'une petite quantité de solution introduite dans un bécher, un volume de solution S_0 à l'aide d'une pipette jaugée munie d'une propipette. On introduit le prélèvement dans une fiole jaugée de volume précis. On complète avec de l'eau distillée jusqu'au 2/3. On bouche et on agite. On complète jusqu'au trait de jauge avec de l'eau distillée, le bas du ménisque affleurant le trait de jauge (ou tangent au ménisque).

Schéma de la verrerie :

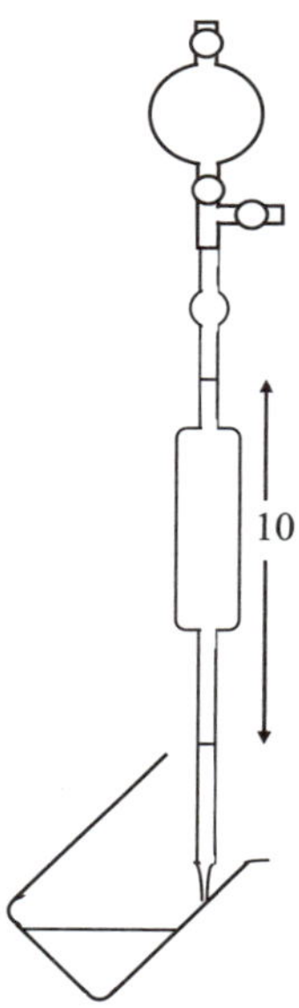

Pipette jaugée munie d'une propipette

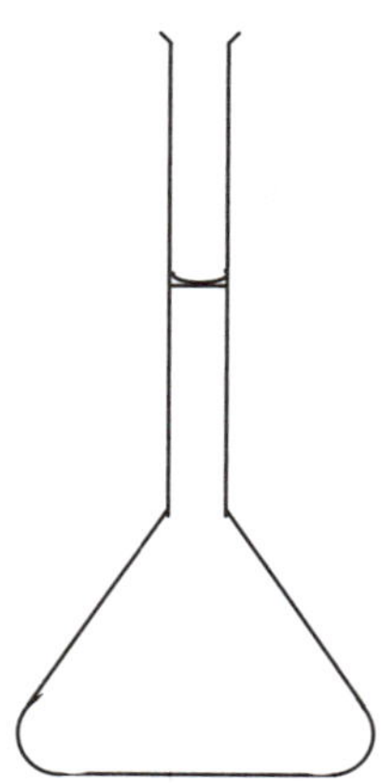

Fiole jaugée

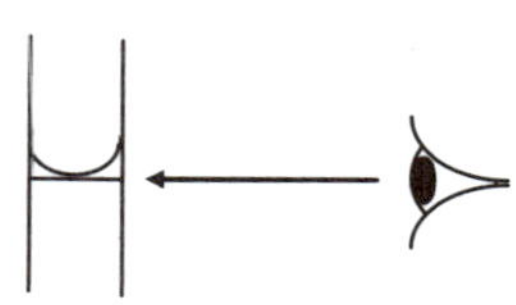

Le bas du ménisque est tangent au trait de jauge

Testez-vous !

■ ***Complétez le texte à trous suivant.***

Une solution est obtenue par .... d'une espèce chimique dans un solvant. L'espèce chimique dissoute se nomme le ...., il peut être sous forme ...., ... ou ...., tandis que le .... est sous forme .... Après dissolution, le .... peut être sous forme d'........ ou sous forme de .... Une solution .... est une solution dont le .... est l'eau. Une solution est dite .... quand le .... ne peut plus dissoudre de .... après agitation.

La concentration molaire d'une espèce chimique en solution est la .... de .... de .... présente par .... de .... La concentration molaire d'une espèce chimique s'exprime en .... Elle correspond au .... de la quantité de matière de l'espèce chimique par le .... de la solution. La concentration massique d'une espèce chimique en solution est la .... de .... présente par .... de .... La concentration massique s'exprime en .... Elle correspond au .... de la .... de l'espèce chimique par le .... de la solution.

Diluer une solution, c'est obtenir une nouvelle solution .... concentrée que la solution initiale, en ajoutant du .... La solution initiale se nomme la solution ...., la solution diluée se nomme la solution .... Au cours d'une dilution la .... de .... de l'espèce chimique ne .... pas.

Correction

Une solution est obtenue par **dissolution** d'une espèce chimique dans un solvant. L'espèce chimique dissoute se nomme le **soluté**, il peut être sous forme **solide**, **liquide** ou **gaz**, tandis que le **solvant** est sous forme **liquide**. Après dissolution, le **soluté** peut être sous forme d'**ions** ou sous forme de **molécules.** Une solution **aqueuse** est une solution dont le **solvant** est l'eau. Une solution est dite **saturée** quand le **solvant** ne peut plus dissoudre de **soluté** après agitation.

La concentration molaire d'une espèce chimique en solution est la **quantité** de **matière** de **soluté** présente par **litre** de **solution**. La concentration molaire d'une espèce chimique s'exprime en **mol.L^{-1}**. Elle correspond au **rapport** de la quantité de matière de l'espèce chimique par le **volume** de la solution. La

concentration massique d'une espèce chimique en solution est la **masse** de **soluté** présente par **litre** de **solution**. La concentration massique s'exprime en **g.L^{-1}**. Elle correspond au **rapport** de la **masse** de l'espèce chimique par le **volume** de la solution.
Diluer une solution, c'est obtenir une nouvelle solution **moins** concentrée que la solution initiale, en ajoutant du **solvant**. La solution initiale se nomme la solution **mère**, la solution diluée se nomme la solution **fille**. Au cours d'une dilution la **quantité** de **matière** de l'espèce chimique ne **varie** pas.

■ ***Vrai ou faux ? Quand c'est faux, corrigez les erreurs ! Courage…***

1. L'unité de la concentration massique est mol.L^{-1}.
2. La concentration molaire d'une espèce chimique correspond au rapport de la quantité de matière de cette espèce par le volume de la solution.
3. La dilution consiste à concentrer une solution, c'est-à-dire à augmenter la concentration molaire d'une espèce chimique en solution.
4. Le solvant constitue l'espèce majoritaire en solution tandis que le soluté représente l'espèce chimique minoritaire en solution.
5. Le facteur de dilution peut se calculer grâce au rapport de la concentration molaire de la solution fille par la concentration molaire de la solution mère.
6. L'unité de la concentration molaire est g.mol^{-1}.
7. La concentration massique d'une espèce chimique en solution est la masse de soluté présente par litre de solution.
8. La concentration molaire est égale au produit de la concentration massique de l'espèce chimique et de la masse molaire de l'espèce chimique.
9. Lors d'une dilution, la quantité de matière prélevée se conserve.
10. Pour mettre en œuvre une dissolution, le matériel nécessaire est :
    - balance électronique
    - coupelle
    - pipette jaugée munie d'une propipette
    - entonnoir
    - pissette d'eau distillée

Correction

1. Faux : l'unité de la concentration massique est g.L^{-1}.
2. Vrai.
3. Faux : diluer une solution, c'est obtenir une nouvelle solution moins concentrée que la solution initiale, en ajoutant du solvant.
4. Vrai.
5. Faux : Le facteur de dilution peut se calculer grâce au rapport de la concentration molaire de la solution mère par la concentration molaire de la solution fille.
6. Faux : l'unité de la concentration molaire est mol.L^{-1}.
7. Vrai.

8. Faux : la concentration massique est égale au produit de la concentration molaire de l'espèce chimique et de la masse molaire de l'espèce chimique.
9. Vrai.
10. Faux : pour mettre en œuvre une dissolution, le matériel nécessaire est :
    - balance électronique
    - coupelle
    - fiole jaugée munie d'un bouchon
    - entonnoir
    - pissette d'eau distillée

Réflexes

	SITUATIONS	REFLEXES
1.	Comment définir une solution ?	Une solution est obtenue par **dissolution** d'une espèce chimique dans un solvant.
2.	Qu'appelle-t-on solvant et soluté ?	L'espèce chimique dissoute se nomme **le soluté**, il peut être sous forme solide, liquide ou gaz, tandis que le solvant est sous forme liquide. Après dissolution, le soluté peut être sous forme d'**ions** ou sous forme de **molécules**. Le solvant constitue l'espèce majoritaire alors que le soluté constitue l'espèce minoritaire en solution.
3.	Qu'appelle-t-on une solution aqueuse ?	**Une solution aqueuse** est une solution dont **le solvant est l'eau.**
4.	Comment définir la concentration molaire ?	La concentration molaire d'une espèce chimique en solution est la quantité de matière de soluté présente par litre de solution. La concentration molaire d'une espèce chimique A se note C_A ou [A].
5.	Quelle est l'unité de la concentration molaire ?	L'unité de la concentration molaire est **$mol.L^{-1}$**.
6.	Comment calculer la concentration molaire ?	$C_{espèce} = \frac{n_{espèce}}{V_{solution}}$ avec $C_{espèce}$ en $mol.L^{-1}$, n en mol et $V_{solution}$ en L.
7.	Comment définir la concentration massique ?	La concentration massique d'une espèce chimique en solution est la masse de soluté présente par litre de solution.
8.	Quelle est l'unité de la concentration massique ?	L'unité de la concentration massique est **$g.L^{-1}$**.

9.	Comment calculer la concentration massique ?	$C_m = \frac{m(\text{espèce})}{V_{solution}}$ avec C_m en $g.L^{-1}$, m(espèce) en g, $V_{solution}$ en L $C_m = C \times M$ avec C_m en $g.L^{-1}$, C en $mol.L^{-1}$ et M en $g.mol^{-1}$.
10.	Que signifie diluer une solution ?	Diluer une solution, c'est obtenir une nouvelle solution moins concentrée que la solution initiale, en ajoutant du solvant.
11.	Quelle est la grandeur qui se conserve au cours d'une dilution.	La grandeur qui se conserve au cours d'une dilution est **la quantité de matière prélevée.**
12.	Comment calculer le facteur de dilution ?	$f = \frac{C_0}{C_1} = \frac{V_1}{V_0}$ C_0 : concentration de la solution mère C_1 : concentration de la solution fille V_0 : volume prélevé de solution mère V_1 : volume de solution fille

Chapitre 19

LA REACTION CHIMIQUE

La réaction chimique ? On vous en a parlé en 4e (c'est l'une des principales parties du programme…), puis en 3e (au moins 1 mois…). Il est donc tout à fait naturel d'en remettre une couche cette année. Eh oui, la réaction chimique est à la chimie ce que sont les recettes à la cuisine. On part d'ingrédients que l'on va mélanger, assaisonner, cuire pour au final obtenir un plat succulent qui va émoustiller vos petites papilles ! La réaction chimique traduit, retranscrit l'évolution d'espèces chimiques initiales qui vont disparaître pour aboutir à la formation de nouvelles espèces chimiques !
Rien ne se perd, rien ne se crée, tout se transforme ! A moi de vous expliquer dans quelles conditions…

METHODE 1 : Définir un système chimique

■ Principe

Un système chimique est l'ensemble des espèces chimiques que l'on étudie au cours d'une transformation chimique. Un état du système est caractérisé par :

- la température
- la pression
- l'état physique des espèces chimiques : solide (s), liquide (ℓ), gazeux (g)
- la quantité de matière des espèces chimiques présentes.

REMARQUE :
A l'état liquide, si le solvant est l'eau, l'espèce chimique est dite à l'état aqueux noté (aq).

METHODE 2 : Connaître la notion de transformation chimique

■ Principe

Une transformation chimique correspond à l'apparition ou à la disparition d'une ou plusieurs espèces chimiques. Il y a alors passage d'un état initial à un état final.

La combustion du carbone dans le dioxygène peut ainsi être représentée :

Etat Initial (E.I)		Etat Final (E.F)
• T = 25°C • P = 1 bar • $C_{(s)}$: n(C) • $O_{2(g)}$: $n(O_2)$	➡ **Transformation chimique**	• T = 25°C • P = 1 bar • $CO_{2(g)}$: $n(CO_2)$ • $O_{2(g)}$: $n(O_2)$ si non totalement consommée • $C_{(s)}$: n(C) si non totalement consommée

ATTENTION, il est très important de **savoir distinguer** une **transformation chimique** d'une **transformation physique**. Ces notions ont été traitées au collège, mais bon, on connaît tous les effets dévastateurs de 2 mois de vacances d'été sur vos acquis de sciences physiques... Quelques rappels vous feront du bien !

Pour faire simple, lors d'une transformation physique, l'espèce chimique de départ est **conservée.**
Exemple ultra classique : le **changement d'état**. On prend un glaçon (eau solide) que l'on place à température ambiante (20°C environ). Bien entendu, notre cher glaçon va fondre, il va passer de l'état solide à l'état liquide. Ce qu'il faut bien remarquer, c'est qu'au départ, on a des molécules d'eau et en fin de transformation, on a également des molécules d'eau... **La transformation physique n'a changé ici que l'état** de la molécule considérée, mais en aucun cas, il y a eu formation de nouvelles molécules !
C'est la même espèce chimique qui se retrouve en fin de transformation...

En revanche, une transformation chimique est une réaction au cours de laquelle des **espèces chimiques disparaissent et de nouvelles espèces chimiques apparaissent**.
Histoire de bien enfoncer le clou, je vous reparlerai de ces notions dans les méthodes suivantes !

■ Exemple 1 : Chimique ou physique ?

Identifier dans chacun des cas ci-après si la transformation est chimique ou physique. Justifier.
a) Un verre qui tombe et se brise.
b) Du lait qui bout.
c) Une bûche de bois qui brûle dans la cheminée.
d) Formation d'un précipité rouge brique lors du test à la liqueur de Fehling.
e) Une tranche de pain que l'on découpe avec un couteau.
f) Préparation d'une eau sucrée.

Correction

a) Transformation physique. Au cours d'une transformation physique, il n'y a ni apparition ni disparition d'une nouvelle espèce chimique. Le verre qui se brise reste toujours du verre sauf qu'il existe dorénavant en plusieurs morceaux au lieu d'un.

b) Transformation physique. Il s'agit d'un changement d'état (passage de l'état liquide à l'état gazeux). Le lait reste du lait, il n'y a ni apparition ni disparition d'une nouvelle espèce chimique.

c) Transformation chimique. Il y a une combustion du bois avec le dioxygène de l'air qui produit de l'eau et du dioxyde de carbone. Il y apparition de nouvelles espèces chimiques.

d) Transformation chimique.
e) Transformation physique.
f) Transformation physique.

■ Exemple 2 : Décrire une transformation chimique.

Dans un bécher de 50 mL, on mélange un volume V_1 = 20 mL d'une solution de sulfate d'aluminium contenant les ions sulfate $SO_4^{2-}{}_{(aq)}$ et les ions aluminium $Al^{3+}{}_{(aq)}$, avec un volume V_2 = 15 mL d'une solution d'hydroxyde de potassium contenant les ions hydroxyde $HO^-{}_{(aq)}$ et les ions potassium $K^+{}_{(aq)}$. Il se forme alors un précipité blanc d'hydroxyde d'aluminium de formule $Al(OH)_{3(s)}$. La transformation chimique se déroule à 25°C sous une pression de 10^5 Pa.
Décrire l'état initial et l'état final du système chimique. Pourquoi dit-on qu'il y a eu transformation chimique ?

Correction

Etat Initial (E.I)

- T = 25°C
- P = 10^5 Pa
- $SO_4^{2-}{}_{(aq)}$: $n(SO_4^{2-})$
- $Al^{3+}{}_{(aq)}$: $n(Al^{3+})$
- $HO^-{}_{(aq)}$: $n(HO^-)$
- $K^+{}_{(aq)}$: $n(K^+)$

→ **Transformation chimique** →

Etat Final (E.F)

- T = 25°C
- P = 10^5 Pa
- $Al(OH)_{3(s)}$: $n(Al(OH)_3)$
- $SO_4^{2-}{}_{(aq)}$: $n(SO_4^{2-})$
- $K^+{}_{(aq)}$: $n(K^+)$

Au cours d'une transformation chimique, il y a disparition et apparition d'espèces chimiques. Il y a eu ici formation d'une nouvelle espèce chimique l'hydroxyde d'aluminium $Al(OH)_{3(s)}$ et disparition des ions hydroxyde $HO^-{}_{(aq)}$ et des ions aluminium $Al^{3+}{}_{(aq)}$.

METHODE 3 : Savoir identifier les réactifs et les produits

■ Principe

Je vous l'ai dit tout à l'heure, les notions de réactifs et de produits sont très importantes. Afin de bien fixer les idées, voici les définitions à connaître et des exemples pour vous entraîner !

Réactif : espèce chimique qui disparaît au cours de la transformation chimique.

Produit : espèce chimique qui apparaît au cours de la transformation chimique.

REMARQUE
Les espèces chimiques spectatrices *sont des espèces qui ne participent pas à la transformation chimique. Elles sont présentes dans le milieu réactionnel, mais elles regardent la transformation chimique se produire sans y intervenir, elles sont dites « spectatrices ».*

■ Exemple : Réactifs ou produits ?

Identifier le(s) réactif(s) et le(s) produit(s) dans chacun des cas. Préciser, s'il y a lieu les espèces chimiques spectatrices.

a) Le carbonate de calcium de formule $CaCO_{3(s)}$, plus connu sous le nom de calcaire, peut être obtenu en mélangeant une solution de carbonate de sodium contenant les ions carbonate $CO_3^{2-}{}_{(aq)}$ et les ions sodium $Na^+{}_{(aq)}$ avec une solution de chlorure de calcium contenant les ions chlorure $Cl^-{}_{(aq)}$ et les ions calcium $Ca^{2+}{}_{(aq)}$.

b) La combustion complète du propène $C_3H_{6(l)}$ par du dioxygène $O_{2(g)}$ donne du dioxyde de carbone $CO_{2(g)}$ et de l'eau $H_2O_{(l)}$.

c) Au cours d'une électrolyse de l'eau $H_2O_{(l)}$, on obtient du dihydrogène $H_{2(g)}$ à une électrode et du dioxygène $O_{2(g)}$ à l'autre électrode.

d) Quand on mélange une solution de sulfate de sodium contenant les ions sulfate $SO_4^{2-}{}_{(aq)}$ et les ions sodium Na^+ à une solution de chlorure de baryum contenant les ions chlorure $Cl^-{}_{(aq)}$ et les ions baryum $Ba^{2+}{}_{(aq)}$, il se forme un précipité de sulfate de baryum $BaSO_{4(s)}$.

e) Au cours de la photosynthèse, une plante produit des glucides $C_6H_{12}O_6$ et du dioxygène $O_{2(g)}$ à l'aide du dioxyde de carbone $CO_{2(g)}$ et de l'eau $H_2O_{(l)}$.

Correction

a) Réactifs : ion carbonate CO_3^{2-} et ion calcium Ca^{2+}.
Produit : carbonate de calcium $CaCO_3$.
Ions spectateurs : ion sodium Na^+ et ion chlorure Cl^-.

b) Réactifs : propène C_3H_6 et dioxygène O_2.
Produits : dioxyde de carbone CO_2 et eau H_2O.

c) Réactif : eau H_2O.
Produits : dioxygène O_2 et dihydrogène H_2.

d) Réactifs : ion sulfate SO_4^{2-} et ion baryum Ba^{2+}.
Produit : sulfate de baryum $BaSO_4$
Ions spectateurs : ion sodium Na^+ et ion chlorure Cl^-.

e) Réactifs : dioxyde de carbone CO_2 et eau H_2O.
Produits : glucide $C_6H_{12}O_6$ et dioxygène O_2.

METHODE 4 : Savoir définir la réaction chimique

■ Principe

Une réaction chimique **modélise** la transformation chimique subie par un système chimique.
Au cours d'une réaction chimique, il y a **conservation des éléments chimiques et de la charge électrique.**

METHODE 5 : Savoir ajuster les nombres stoechiométriques d'une équation chimique

■ Principe

Dans une équation chimique, il faut ajuster les nombres stoechiométriques afin de respecter la conservation des éléments chimiques et celle de la charge électrique simultanément.

$$\underbrace{Cu_{(s)} + 2\,Ag^+_{(aq)}}_{\text{Réactifs}} \rightarrow \underbrace{Cu^{2+}_{(aq)} + 2\,Ag_{(s)}}_{\text{Produits}}$$

1 élément cuivre (Cu) et 2 éléments argent (Ag^+) chez les réactifs car le nombre stoechiométrique devant l'ion argent Ag^+ est 2 et celui devant l'atome de cuivre Cu est 1.

1 élément cuivre (Cu^{2+}) et 2 éléments argent (Ag) chez les produits, car le nombre stoechiométrique devant l'atome d'argent Ag est 2 et celui devant l'ion cuivre Cu^{2+} est 1. On a bien **conservation des éléments**.

2 charges positives apportées par les deux ions argent chez les réactifs et 2 charges positives apportées par l'ion cuivre chez les produits, ainsi on a bien **conservation de la charge**. En effet, l'ion argent Ag^{+} apporte une charge positive, or il y a deux ions argent donc 2 × 1 = 2 charges positives, et l'ion cuivre Cu^{2+} porte deux charges positives.

■ Exemple : Mais où sont donc passés les nombres stoechiométriques ?

Ajuster, si nécessaire, les nombres stoechiometriques des équations chimiques proposées.

a) ....S + ...$O_2 \rightarrow$ ....SO_3

b) .....Cu^{2+} + ...$Fe^{2+} \rightarrow$ ....Cu + ...Fe^{3+}

c) ....NH_3 + ...$O_2 \rightarrow$ ....N_2 + ...H_2O

d) ....Zn^{2+} + ...$HO^{-} \rightarrow$ ....$Zn(HO)_2$

e) ....Fe + ...O_2 + ...$H^{+} \rightarrow$ ......H_2O + ...Fe^{2+}

f) ....NH_3 + ...$H_3PO_4 \rightarrow$ ....$(NH_4)_3PO_4$

g) ....C_6H_6 + ...$O_2 \rightarrow$ ....CO_2 + ...H_2O

Correction

a) **2** S + **3** $O_2 \rightarrow$ **2** SO_3

b) Cu^{2+} + **2** $Fe^{2+} \rightarrow Cu$ + **2** Fe^{3+}

c) **4** NH_3 + **3** $O_2 \rightarrow$ **2** N_2 + **6** H_2O

d) Zn^{2+} + **2** $HO^{-} \rightarrow Zn(HO)_2$

e) **2** Fe + O_2 + **4** $H^{+} \rightarrow$ **2** H_2O + 2 Fe^{2+}

f) **3** NH_3 + $H_3PO_4 \rightarrow (NH_4)_3PO_4$

g) **2** C_6H_6 + **15** $O_2 \rightarrow$ **12** CO_2 + **6** H_2O

METHODE 6 : Etudier les effets thermiques d'une transformation

■ Principe

Au cours d'une transformation physique ou chimique, il peut y avoir **une augmentation ou une diminution de la température**.
Quand la transformation dégage de l'énergie sous forme de chaleur, on dit que **la transformation est exothermique**, comme la solidification, la combustion ou encore le fonctionnement de la pile électrochimique vu en classe de 3e...

Quand la transformation absorbe de l'énergie sous forme de chaleur, on dit que **la transformation est endothermique**, comme la fusion ou bien la dissolution de l'éthanoate de sodium CH_3COONa dans l'eau.

■ **Exemple : Transformation endothermique ou exothermique.**

Identifier si la transformation physique ou chimique est endothermique ou exothermique.

a) Une bouillotte auto-chauffante fonctionne en déclanchant la cristallisation de l'éthanoate de sodium qui passe de l'état liquide à l'état solide en dégageant de la chaleur.
b) Une eau qui bout dans une casserole se vaporise, c'est-à-dire qu'elle passe de l'état liquide à l'état gazeux.
c) La formation de glaçon engendre une solidification de l'eau, c'est-à-dire le passage de l'état liquide à l'état solide.
d) Un enfant mélange malencontreusement dans un bol du vinaigre et du bicarbonate de soude, quelques secondes après il constate que le bol est froid.

Correction

a) Transformation exothermique.
b) Transformation endothermique.
c) Transformation exothermique.
d) Transformation endothermique.

Testez-vous !

■ ***Complétez le texte à trous suivant.***

Un système chimique est l'ensemble des espèces chimiques que l'on étudie au cours d'une transformation chimique. Un état du système est caractérisé par sa ………………………, sa ……………………, l'……….. …………… des espèces chimiques et la ………………. de … ………. des espèces chimiques présentes.

Au cours d'une transformation chimique, il y a …………………… et …………………….. d'une ou plusieurs espèces chimiques. Il y a alors passage d'un état ………… à un état ………… Il y a des …………….. qui sont des espèces chimiques qui disparaissent au cours de la transformation chimique tandis que les ……………… sont des espèces chimiques qui apparaissent au cours de la transformation chimique. Les espèces chimiques …………………

sont des espèces chimiques qui sont présentes dans le milieu réactionnel mais ne participent pas à la transformation chimique.

Une réaction chimique .... la transformation chimique subie par un système chimique. Au cours d'une réaction chimique, il y a .... des éléments chimiques et de la charge électrique. Il faut .... les nombres stoechiométriques afin de respecter simultanément la .... de la .... électrique et des éléments chimiques.

Une transformation chimique ou physique peut engendrer une .... ou une .... de la température. Quand il y a une .... de température, il y a un dégagement de chaleur on dit que la transformation est ...., dans le cas contraire elle est dite ....

Correction

Un système chimique est l'ensemble des espèces chimiques que l'on étudie au cours d'une transformation chimique. Un état du système est caractérisé par sa **température**, sa **pression**, **l'état physique** des espèces chimiques et la **quantité** de **matière** des espèces chimiques présentes.

Au cours d'une transformation chimique, il y a **apparition** et **disparition** d'une ou plusieurs espèces chimiques. Il y a alors passage d'un état **initial** à un état **final**. Il y a des **réactifs** qui sont des espèces chimiques qui disparaissent au cours de la transformation chimique tandis que les **produits** sont des espèces chimiques qui apparaissent au cours de la transformation chimique. Les espèces chimiques **spectatrices** sont des espèces chimiques qui sont présentes dans le milieu réactionnel mais ne participent pas à la transformation chimique.

Une réaction chimique **modélise** la transformation chimique subie par un système chimique. Au cours d'une réaction chimique, il y a **conservation** des éléments chimiques et de la charge électrique. Il faut **ajuster** les nombres stoechiométriques afin de respecter simultanément la **conservation** de la **charge** électrique et des éléments chimiques.

Une transformation chimique ou physique peut engendrer une augmentation ou une **diminution** de la température. Quand il y a une augmentation de température, il y a un dégagement de chaleur on dit que la transformation est **exothermique**, dans le cas contraire elle est dite **endothermique**.

■ ***Vrai ou faux ? Quand c'est faux, corrigez les erreurs ! Courage…***

1. Un produit est une espèce chimique qui disparaît au cours de la transformation chimique.
2. Il faut ajuster les nombres stoechiométriques afin de respecter la conservation des éléments chimiques et celle de la charge électrique simultanément.

3. Une transformation chimique correspond au passage d'un état initial à un état final avec apparition ou disparition d'une ou plusieurs espèces chimiques.
4. Un système chimique est caractérisé par la température, la pression, par l'état physique des espèces chimiques et par le volume des espèces chimiques présentes.
5. Une transformation chimique correspond uniquement à la disparition d'une seule espèce chimique. Il y a alors passage d'un état initial à un état final.
6. A l'état liquide, si le solvant est l'eau, l'espèce chimique est dite à l'état aqueux noté (aq).
7. Une transformation qui s'accompagne d'une élévation de température est dite endothermique.

Correction

1. Faux : un produit est une espèce chimique qui apparaît au cours de la transformation chimique.
2. Vrai.
3. Vrai.
4. Faux : un système chimique est caractérisé par la température, la pression, par l'état physique des espèces chimiques et par **la quantité de matière** des espèces chimiques présentes.
5. Faux : une transformation chimique correspond à l'apparition ou à la disparition d'une ou plusieurs espèces chimiques. Il y a alors passage d'un état initial à un état final.
6. Vrai.
7. Faux : une transformation chimique qui s'accompagne d'une élévation de température est dite exothermique.

Réflexes

	SITUATIONS	REFLEXES
1.	Comment définir un système chimique ?	Un système chimique est l'ensemble des espèces chimiques que l'on étudie au cours d'une transformation chimique. Un état du système est caractérisé par : – la température – la pression – l'état physique des espèces chimiques : solide (s), liquide (ℓ), gazeux (g) – la quantité de matière des espèces chimiques présentes.
2.	Quand utilise-t-on la notation (aq) ?	Quand à l'état liquide, le solvant est l'eau, l'espèce chimique est dite à l'état aqueux noté (aq).
4.	Comment définit-on un réactif et un produit ?	**Réactif :** espèce chimique qui disparaît au cours de la transformation chimique. **Produit :** espèce chimique qui apparaît au cours de la transformation chimique.
5.	Qu'appelle-t-on une espèce chimique spectatrice ?	Une espèce spectatrice ne participe pas à la transformation chimique. Elle est présente dans le milieu réactionnel, mais elle regarde la transformation chimique se produire sans y intervenir.
6.	Comment définit-on une réaction chimique ?	Une réaction chimique modélise la transformation chimique subie par un système chimique.
7.	Qu'est-ce qui se conserve au cours d'une réaction chimique ?	Au cours d'une réaction chimique, il y a conservation des éléments chimiques et de la charge électrique.
8.	Pourquoi doit-on ajuster les nombres stoechiométriques ?	Il faut ajuster les nombres stoechiométriques afin de respecter la conservation des éléments chimiques et celle de la charge électrique simultanément.
9.	Quels sont les effets d'une transformation ?	Une transformation physique ou chimique peut engendrer une élévation ou une diminution de température.
10.	Qu'appelle-t-on une transformation endothermique ou exothermique ?	Une transformation qui dégage de l'énergie sous forme de chaleur, est dite **exothermique**. Une transformation qui absorbe de l'énergie sous forme de chaleur, est dite **endothermique**.

Chapitre 20

LA PRESSION

Nous allons travailler aujourd'hui sur les propriétés des gaz. Je vous le dis très clairement, ce chapitre n'est pas évident ! Il y a des formules à apprendre, des unités à retenir, des conversions à maîtriser, des définitions à connaître… Bref, il va falloir être bien concentré, rigoureux et méthodique pour ne pas être largué ! Vous flippez un peu… YES ! Vous n'en serez que plus attentif.
Arrêtez de stresser, vous détenez l'arme absolue pour majorer le futur DS : Moi ou plutôt votre livre METHOD'S… Ça fait moins prétentieux !
Avant toute chose, il me semble essentiel de partir sur de bonnes bases. Pour cela, voici quelques rappels du collège avant d'aborder les notions du lycée… L'année dernière, on a du vous dire (normalement…) que les gaz sont compressibles, qu'on mesure la pression d'un gaz avec un manomètre en Pascal (Pa), que les gaz sont constitués de molécules, que l'état gazeux est dispersé et désordonné et enfin qu'un volume d'air contient approximativement 20% de dioxygène (O_2) et 80% de diazote (N_2)… J'ose espérer que ce sont des révisions !
Je vous ai concocté 7 méthodes (à consommer sans modération…) qui globalement vont vous parler de la notion de pression, de la représentation d'une force pressante, de la loi de Messieurs Boyle-Mariotte (SVP, pas de moquerie, on ne choisit pas son nom…) et enfin de la loi de Messieurs Avogadro-Ampère. Y a du beau monde aujourd'hui, soyons à la hauteur !
Attention, gardons la tête froide, ne nous mettons pas trop la pression… AHAHAHAH !!

METHODE 1 : Connaître la notion de force pressante

■ Principe

Les liquides et les gaz sont des fluides. Ils sont constitués de molécules en mouvement. Cette agitation augmente avec la température, on parle d'agitation thermique.

Un liquide ou un gaz contenu dans un récipient exerce une force sur les parois de ce récipient. Cette force est appelée force pressante.

<u>Caractéristiques du vecteur force pressante $\vec{F}$:</u>
- point d'application : centre de la surface
- direction : perpendiculaire à la surface

- sens : du fluide vers la surface
- norme (valeur, intensité) : F en Newton (N)

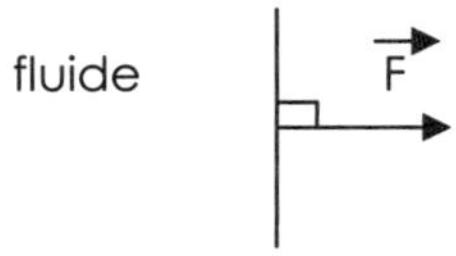

■ **Exemple : Représentation de la force pressante.**

Dans chacune des situations, représenter le vecteur de la force pressante.

<u>Situation n°1</u>

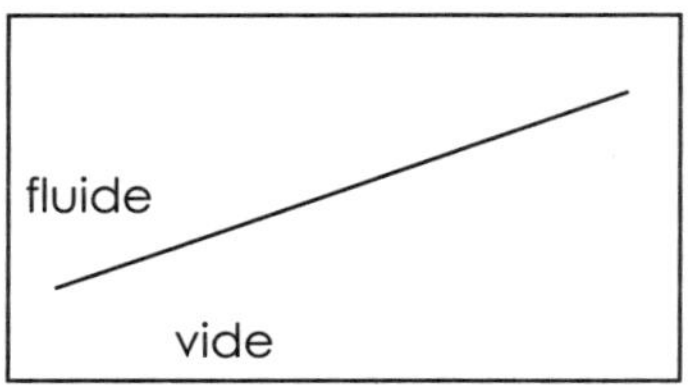

<u>Situation n°2</u>

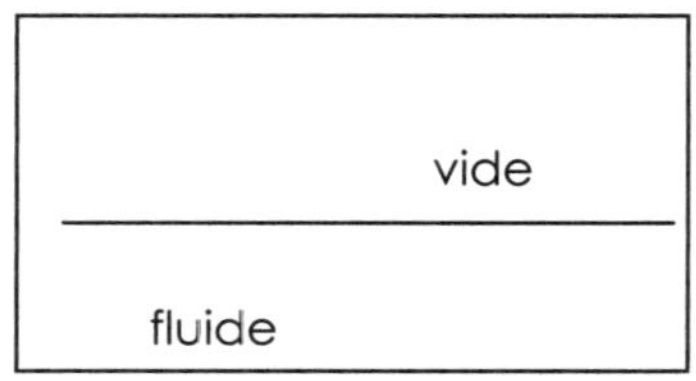

<u>Situation n°3</u>

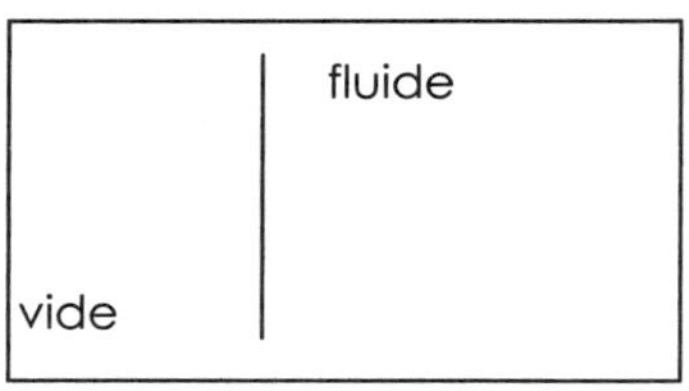

<u>Situation n°4</u>

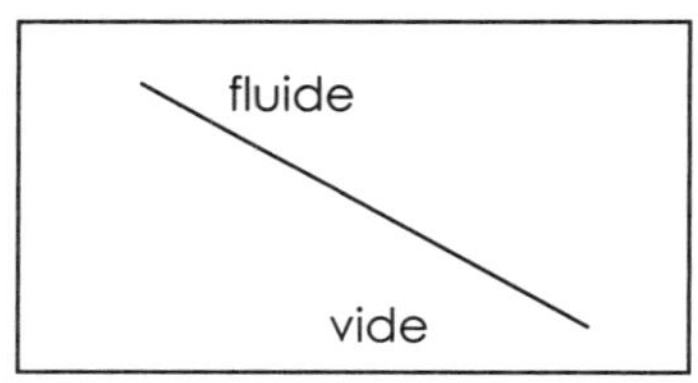

Correction

<u>Situation n°1</u>

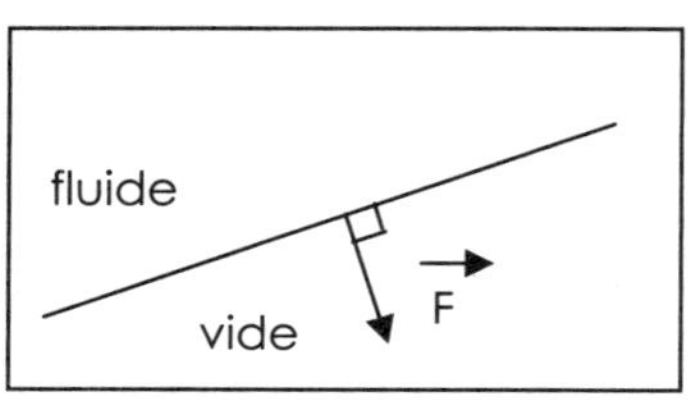

<u>Situation n°2</u>

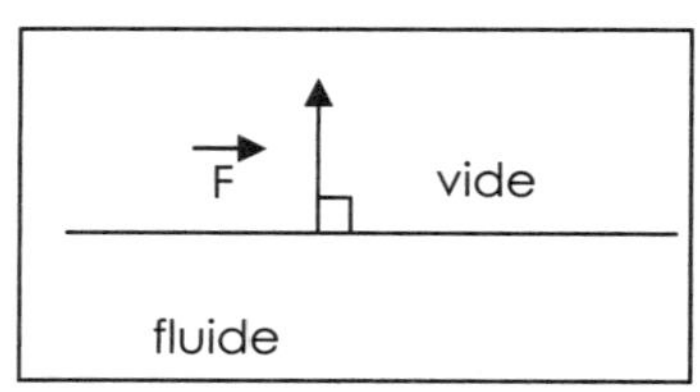

<u>Situation n°3</u>

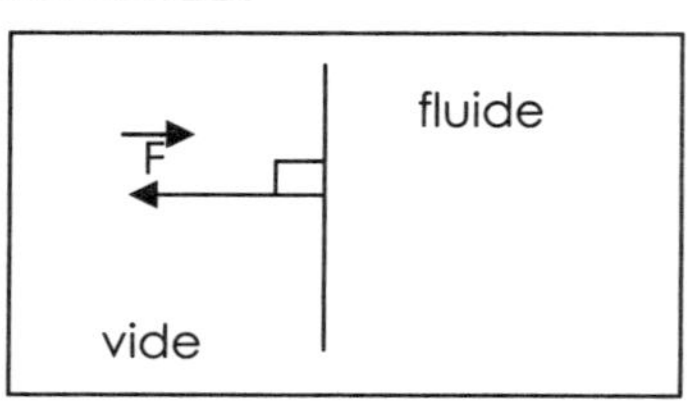

<u>Situation n°4</u>

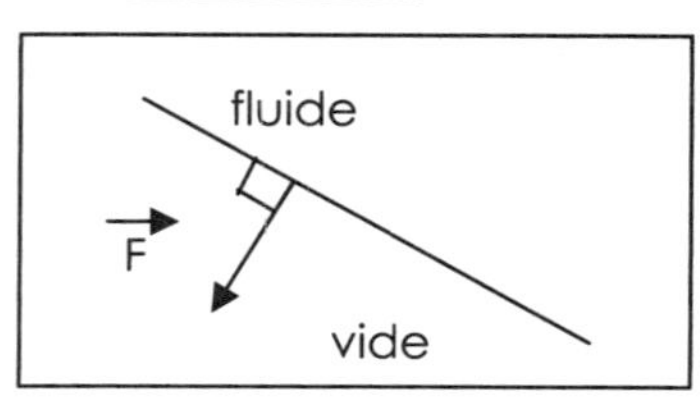

METHODE 2 : Savoir définir la pression

■ Principe

La pression d'un fluide, notée P, s'exprime en Pascal (Pa) et se définit par la relation :

$$P = \frac{F}{S}$$

Avec P en Pa (Pascal), F en N (Newton) et S : surface de la paroi en m^2.

La pression d'un fluide se mesure à l'aide d'un manomètre.
Un baromètre mesure la pression atmosphérique, c'est-à-dire la pression de l'air atmosphérique. Elle se note P_{atm} et diminue quand l'altitude augmente.

Au niveau de la mer, la pression atmosphérique vaut $P_{atm} = 1{,}013 \times 10^5$ Pa.

■ Exemple 1 : Pression et force pressante.

Compléter le tableau ci-dessous :

Pression	**Force pressante**	**Surface de la paroi**
$2{,}5.10^6$ Pa		**10^3 m²**
	500 N	**2 m²**
10^5 Pa	**$2{,}0.10^5$ N**	
	$9{,}5.10^7$ N	**50 m²**
$6{,}8.10^8$ Pa		**200 m²**

Correction

Pression	**Force pressante**	**Surface de la paroi**
$2{,}5.10^6$ Pa	**$2{,}5.10^9$ N**	10^3 m²
250 Pa	500 N	2 m²
10^5 Pa	$2{,}0.10^5$ N	**2 m²**
$1{,}90.10^6$ Pa	$9{,}5.10^7$ N	50 m²
$6{,}8.10^8$ Pa	**$1{,}36.10^{11}$ N**	200 m²

■ Exemple 2 : Mais qui est qui ?

Attribuer à chaque lieu sa pression atmosphérique en justifiant.

Lieu :

- *un avion volant à une altitude h_1 = 10 000 m*
- *le Mont Everest se trouve à une altitude d'environ h_2 = 8 850 m*
- *le Mont Blanc se trouve à une altitude d'environ h_3 = 4 810 m*
- *la ville de Mexico se trouve à une altitude d'environ h_4 = 2 200 m.*

Choisissez la bonne pression en fonction du lieu étudié :
P = 775 hPa
P = 500 hPa
P = 265 hPa
P = 300 hPa

Correction

Plus l'altitude est importante, plus la pression atmosphérique diminue ! (En effet, la pression atmosphérique correspond au poids de l'air en un lieu donné. Or plus on s'élève en altitude et moins il y a d'air, donc moins il y a de pression.)

Altitude	**Pression**
h_1	**265 hPa**
h_2	**300 hPa**
h_3	**500 hPa**
h_4	**775 hPa**

METHODE 3 : Savoir convertir l'unité de la pression

■ Principe

Pour convertir des pascals (Pa) en hectopascal (hPa) ou en bar (bar) ou en millibar (mbar), il suffit tout simplement d'apprendre le tableau ci-dessous… Bon courage !

Pascal (Pa)	hectopascal (hPa)	Bar (bar)	millibar (mbar)
10^5	10^3	1	10^3
1	10^{-2}	10^{-5}	10^{-2}
10^2	1	10^{-3}	1

On retiendra obligatoirement que :
1 hPa = 1 mbar
1 bar = 10^5 Pa.

■ Exemple : une histoire passionnante de conversions !

La consigne est simple : complétez le tableau ci-dessous :

hPa	Pa	Bar	mBar
	$3{,}5\times10^6$		
		$7{,}8\times10^2$	
$6{,}9\times10^3$			
			10
	834		
		4,9	
102120			
			300

Correction

hPa	Pa	Bar	mBar
$3{,}5\times10^4$	$3{,}5\times10^6$	35	$3{,}5\times10^4$
$7{,}8\times10^5$	**$7{,}8\times10^7$**	$7{,}8\times10^2$	**$7{,}8\times10^5$**
$6{,}9\times10^3$	**$6{,}9\times10^5$**	**6,9**	**$6{,}9\times10^3$**
10	**$1{,}0\times10^3$**	**$1{,}0\times10^{-2}$**	10
8,34	834	**$8{,}34\times10^{-3}$**	**8,34**
$4{,}9\times10^3$	**$4{,}9\times10^5$**	4,9	**$4{,}9\times10^3$**
102120	**$1{,}0212\times10^7$**	**$1{,}0212\times10^2$**	**$1{,}0212\times10^5$**
300	**$3{,}0\times10^4$**	**$3{,}0\times10^{-1}$**	300

METHODE 4 : Savoir définir la pression dans un liquide au repos

■ Principe

La pression au sein d'un liquide dépend de la profondeur.

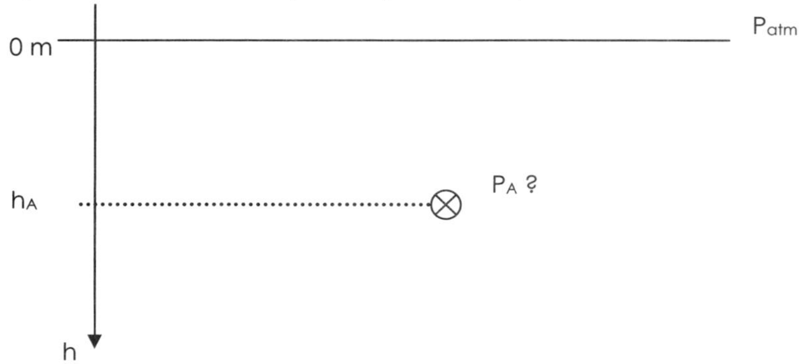

Pour calculer la pression au point A, on utilise la relation mathématique suivante :

$\mathbf{P_A = P_{atm} + \rho \times g \times h}$

A retenir impérativement :

- ρ = masse volumique du liquide en **kg/m³**
- g = intensité de la pesanteur en **N/kg**
- P_A = pression dans le liquide à la profondeur « h_A » en **Pa**
- P_{atm} = pression atmosphérique en **Pa**
- h_A = profondeur au point A en **m**.

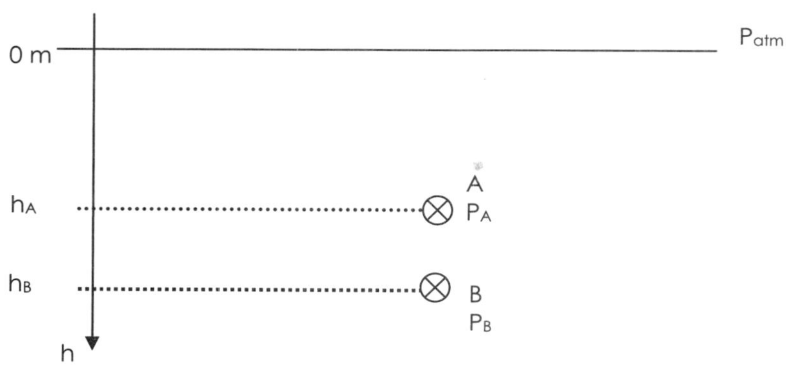

Pour calculer la différence de pression ($P_B - P_A$), on utilise la relation suivante : $\mathbf{(P_B - P_A) = \rho \times g \times (h_B - h_A)}$.

A retenir impérativement :

- ρ = masse volumique du liquide en **kg/m³**
- g = intensité de la pesanteur en **N/kg**
- PA = pression dans le liquide à la profondeur « hA » en **Pa**
- PB = pression dans le liquide à la profondeur « hB » en **Pa**
- Patm = pression atmosphérique en **Pa**
- hA = profondeur au point A en **m**
- hB = profondeur au point B en **m**.

■ Exemple 1 : La pression d'un plongeur.

La pression atmosphérique à la surface de l'eau de mer vaut P_{atm} = 1 Bar.

a) Calculer la valeur de la pression quand le plongeur se trouve à une profondeur de 12 m par rapport à la surface de l'eau. Exprimez le résultat en pascal (Pa) et en bar.
b) Calculez la profondeur atteinte quand le plongeur est soumis à une pression de 3,0 bar.

Données :
g_{terre} = 9,8 N/kg et masse volumique de l'eau de mer « ρ » = $1{,}02\times10^3$ kg/m³.

Correction

a) On utilise la relation : $P_A = P_{atm} + \rho\times g\times h_A$

P_{atm} = 1 bar = $1{,}0\times10^5$ Pa.
$P_A = 1{,}0\times10^5 + 1{,}02\times10^3\times9{,}8\times12$
$P_A = 2{,}2\times10^5$ Pa = 2,2 bar.

b) On utilise la relation : $P_B = P_{atm} + \rho\times g\times h_B$

$(P_B - P_{atm})/(\rho\times g) = h_B$

P_B = 3,0 bar = $3{,}0\times10^5$ Pa.
P_{atm} = 1,0 bar = $1{,}0\times10^5$ Pa.

$$h_B = \frac{3{,}0\times10^5 - 1{,}0\times10^5}{1{,}02\times10^3\times9{,}8}$$

h_B = 20 m.

Le plongeur se trouve donc à 20 m de profondeur !

■ **Exemple 2 : Pression au sein d'un fluide visqueux.**

On considère la chute d'une bille en acier au sein d'un fluide visqueux. La pression atmosphérique à la surface du fluide vaut P_{atm} = 1,0 bar.

a) Calculer la valeur de la pression quand la bille a parcouru une distance d_1 = 20 cm par rapport à la surface du fluide. Exprimez le résultat en Pa et mBar.

b) Quelle distance la bille a-t-elle parcourue depuis sa position précédente pour être soumise à une pression de 1,3 bars ?

Données : g = 9,8 N/kg et masse volumique du fluide visqueux ρ = 800 kg/m³.

Correction

a) $P_A = P_{atm} + \rho \times g \times d_1$

$P_{atm} = 1{,}0 \text{ bar} = 1{,}0\times10^5$ Pa
$d_1 = 20 \text{ cm} = 2{,}0\times10^{-1}$ m.

$P_A = 1{,}0\times10^5 + 800\times9{,}8\times2{,}0\times10^{-1} = \mathbf{1{,}16\times10^5\ Pa}$.

b) $(P_B - P_A) = \rho\times g\times(d_2 - d_1)$

$$(d_2 - d_1) = \frac{P_B - P_A}{\rho\times g}$$

$$(d_2 - d_1) = \frac{1{,}3\times10^5 - 1{,}16\times10^5}{9{,}8\times800}$$

$(d_2 - d_1)$ = 1,8 m. La bille a donc parcouru une distance de 1,8 m depuis sa position précédente !

METHODE 5 : Connaître la loi de Boyle-Mariotte

■ Principe

A température constante, pour une quantité de gaz donnée, le produit de la pression P par le volume V de ce gaz est constant.

P×V = constante.

P s'exprime en Pa
V s'exprime en m³.

Attention, cette relation n'est valable que pour de faibles pressions.

■ **Exemple 1 : Pression d'un gaz.**

Au cours d'un TP, on fabrique du chlorure d'hydrogène « HCl » que l'on enferme dans un ballon à fond rond d'un volume « V » de 200 mL. Le gaz se trouve alors soumis à une pression P = 1,0 bar.
Le gaz étant maintenu à température constante, on renverse le ballon sur un autre ballon de volume « V' » de 100 mL.

a) Déterminer le volume final « V_f » occupé par le chlorure d'hydrogène.
b) Calculer alors la pression finale « P_f » à laquelle est soumis le chlorure d'hydrogène. Exprimez votre résultat en Pa et Bar.

Correction

a) $V_f = V+V' = 300$ mL $= 3,0\times10^{-1}$ L $= 3,0\times10^{-4}$ m^3.
b) D'après la loi de Boyle-Mariotte, à température constante, on peut écrire : $P\times V$ = constante.
Dans le cas présent, on peut donc écrire que : $P\times V = P_f\times V_f$

Donc $\mathbf{P_f} = \dfrac{P\times V}{V_f}$

Il faut bien sûr faire attention aux unités !

$V = 200$ mL $= 2,0\times10^{-4}$ m^3
$P = 1,0$ bar $= 1,0\times10^{5}$ Pa
$V_f = 3,0\times10^{-4}$ m^3

$$P_f = \frac{1,0\times10^{5}\times2,0\times10^{-4}}{3,0\times10^{-4}}$$
$P_f = 6,67\times10^{4}$ Pa $= 6,67\times10^{-1}$ bar.

■ **Exemple 2 : Volume d'un gaz.**

On enferme dans une enceinte de volume $V = 20$ m^3 un gaz à la pression $P = 4,8\times10^{3}$ Pa. On comprime alors ce gaz à l'aide d'un piston mobile jusqu'à une pression finale $P_f = 7,6\times10^{4}$ Pa.
Déterminer alors le volume final V_f occupé par ce gaz.

Correction

D'après la loi de Boyle Mariotte, à température constante, $P\times V$ = constante.
$P\times V = P_f\times V_f$
$V_f = \dfrac{P\times V}{P_f}$ = **1,26 m^3**

METHODE 6 : Connaître la loi d'Avogadro-Ampère

■ Principe

A pression et température données, un nombre précis de molécules occupe un volume indépendant de la nature du gaz.
Autrement dit, à la température de 20°C et sous une pression de 1,013 bar, une mole de gaz occupe un volume d'environ 24 L, c'est-à-dire que dans ces conditions une mole de dihydrogène H_2 occupe 24 L et il en va de même pour une mole de dioxygène O_2 ou encore une mole de diazote N_2 !

Attention, cette loi est vérifiée pour de faibles pressions...

■ Exemple : Influence de la nature d'un gaz ?

A la température de 100°C et sous une pression de $1{,}013\times10^5$ Pa, une mole de diazote occupe un volume de 30,6 L.

a Quel serait le volume occupé par une mole de dioxyde de carbone ? Par une mole de dioxygène ?

b) Quel est le volume occupé par 0,25 mole de diazote ? Par 2,0 moles de dioxygène ? Justifier !

Correction

a) Le volume occupé par une mole de gaz à température et pression fixées est indépendant de la nature du gaz. Donc une mole de dioxyde de carbone ainsi qu'une mole de dioxygène occupent un volume de 30,6 L à 100°C et sous une pression de $1{,}013\times10^5$ Pa.

b) Soit une mole occupe un volume de 30,6 L, donc 0,25 mole occupe un quart du volume soit $\frac{30{,}6}{4} = 7{,}65$ L.

Pour 2 moles, le volume occupé sera double soit $30{,}6\times2 = 61{,}2$ L.

METHODE 7 : Etudier la dissolution d'un gaz dans un liquide

■ Principe

La quantité maximale de gaz dissous dans un volume donné de liquide augmente avec la pression, c'est-à-dire que la **solubilité** d'un gaz dans un liquide augmente avec la pression.

■ **Exemple : L'eau pétillante : plein de petites bulles !**

Lorsqu'on ouvre une bouteille d'eau gazeuse, il y a apparition de plusieurs bulles qui remontent à la surface ! Pourquoi ?

Correction

Lorsque la bouteille est fermée, la pression à l'intérieur de cette bouteille est très grande. Par conséquent, il y a énormément de gaz dissous dans l'eau. Dés que l'on ouvre la bouteille, la pression intérieure diminue grandement et devient égale à la pression atmosphérique. Cela provoque ainsi une diminution de la solubilité du gaz dans l'eau. Des bulles se forment et le gaz s'échappe hors de l'eau minérale...

Testez-vous !

■ ***Complétez le texte à trous suivant.***

Un liquide ou un gaz contenu dans un récipient exerce une .... sur les parois du récipient appelée .... Cette force s'applique au .... de la surface, elle est .... à la surface et s'oriente du .... vers .... Elle s'exprime en .... de symbole N.
La pression d'un fluide correspond au rapport de la .... pressante par la .... de la paroi. La pression s'exprime en .... dans le système international mais il est également possible d'utiliser l'...............ou le ....
La pression d'un fluide se mesure à l'aide d'un .... alors que la pression atmosphérique se mesure avec un .... La pression atmosphérique .... quand l'altitude .... La pression au sein d'un liquide .... de sa .... La loi de .... permet d'affirmer qu'à température constante et pour une quantité de gaz donnée, le produit de la .... par le ....du gaz reste .... Cette loi n'est pas valable pour de fortes pressions !
La loi d'................................permet de conclure qu'à température et pression données, le volume occupé par une mole de gaz est ....de la nature du gaz. Enfin, la quantité maximale de gaz que l'on peut dissoudre dans un volume de liquide .... avec la ....

Correction

Un liquide ou un gaz contenu dans un récipient exerce une **force** sur les parois du récipient appelée **force pressante**. Cette force s'applique au **centre** de la surface, elle est **perpendiculaire** à la surface et s'oriente du **fluide** vers la **surface**. Elle s'exprime en **Newton** de symbole N.
La pression d'un fluide correspond au rapport de la **force pressante** par la **surface** de la paroi. La pression s'exprime en **Pascal** dans le système international mais il est également possible d'utiliser l'**hectopascal** ou le **bar**.
La pression d'un fluide se mesure à l'aide d'un **manomètre** alors que la pression atmosphérique se mesure avec un **baromètre**. La pression atmosphérique **diminue** quand l'altitude **augmente**. La pression au sein d'un liquide **dépend** de sa **profondeur**. La loi de **Boyle Mariotte** permet d'affirmer qu'à température constante et pour une quantité de gaz donnée, le produit de la **pression** par le **volume** du gaz reste **constant**. Cette loi n'est pas valable pour de fortes pressions !
La loi d'**Avogadro-Ampère** permet de conclure qu'à température et pression données, le volume occupé par une mole de gaz est **indépendant** de la nature du gaz. Enfin, la quantité maximale de gaz que l'on peut dissoudre dans un volume de liquide **augmente** avec la **pression**.

■ ***Vrai ou faux ? Quand c'est faux, corrigez les erreurs ! Courage…***

1. L'unité dans le système international de la pression est le bar.
2. La pression correspond au rapport de la surface de la paroi par la force pressante : $P = \frac{S}{F}$ avec P en Pa, S en m^2 et P en N.
3. La pression atmosphérique diminue quand l'altitude augmente.
4. La loi de Boyle Mariotte affirme que le volume occupé par une mole de gaz est indépendant de la nature du gaz à température et pression fixées.
5. La loi de Boyle Mariotte n'est plus valable pour les fortes pressions.
6. La force pressante est perpendiculaire à la surface de la paroi.
7. La pression d'un gaz se mesure à l'aide d'un baromètre.
8. La pression au sein d'un liquide dépend de la profondeur.
9. A température constante, pour une quantité de gaz donné, le produit de la pression par le volume du gaz reste constant. Cette loi n'est plus valable pour de faibles pressions.
10. La quantité maximale de gaz que l'on peut dissoudre dans un volume fixé de liquide augmente avec la pression.

Correction

1. Faux, l'unité dans le SI de la pression est le pascal « Pa ».
2. Faux : $P = \frac{F}{S}$.
3. Vrai.
4. Faux, c'est la loi d'Avogadro-Ampère.
5. Vrai.

6. Vrai.
7. Faux, elle se mesure avec un manomètre.
8. Vrai.
9. Faux, cette loi n'est plus valable pour les fortes pressions.
10. Vrai.

Réflexes

	SITUATIONS	REFLEXES
1.	Comment définir la force pressante ?	Un liquide ou un gaz contenu dans un récipient exerce une force sur les parois du récipient. Il s'agit d'une force « pressante ».
2.	Quelles sont les caractéristiques de la force pressante ?	Il y a 4 caractéristiques qui définissent le vecteur force pressante $\vec{F}$: Point d'application : centre de la surface Direction : perpendiculaire à la surface Sens : du fluide vers la surface Intensité : F en Newton (Norme du vecteur…)
3.	Comment calculer la pression d'un fluide ?	$P = \frac{F}{S}$ P : pression en Pa F : intensité de la force pressante en N S : surface en m^2
4.	Comment mesure-t-on la pression atmosphérique ? Comment varie-t-elle en fonction de l'altitude ?	La pression atmosphérique se mesure avec un baromètre contrairement à celle d'un gaz quelconque qui se mesure avec un manomètre. Quand l'altitude augmente, la pression diminue.
5.	Comment convertir les unités de pression ?	1 hPa = 1 mBar 1 Bar = 10^5 Pa 1 hPa = 10^2 Pa
6.	Comment calculer la pression au sein d'un liquide au repos ?	$P_A = P_{atm} + \rho \times g \times h_A$ ρ masse volumique du liquide en kg/m^3 g intensité de pesanteur en N/kg P_A pression dans le liquide à la profondeur h_A en Pa P_{atm} = Pression atmosphérique en Pa h_A = profondeur au point A en m.
7.	Que dit la loi de Boyle Mariotte ?	A température constante, pour une quantité de gaz donnée, le produit de la pression « P » par le volume « V » de gaz est constant. $P \times V$ = constante. P en Pa V en m^3

8.	Que dit la loi d'Avogadro Ampère ?	A pression et température données, un nombre donné de molécules occupe un volume indépendant de la nature du gaz. Cette loi est vérifiée pour de faibles pressions.
9.	Comment varie la solubilité d'un gaz dans un liquide avec la pression ?	Quand la pression augmente, la solubilité d'un gaz dans un liquide augmente.

EXERCICES
ET CORRIGES

Chapitre 1
ESPECES CHIMIQUES NATURELLES ET SYNTHETIQUES
EXERCICES & CORRIGES

Exercices

1 Etude d'un produit d'entretien.

L'étiquette d'un produit d'entretien fournit les informations suivantes :

Produit d'entretien

– contient 70 % d'eau
– présence de substances acides
– arômes artificiels à la pomme

a) Préciser la signification des pictogrammes, ainsi que les consignes de sécurité à respecter.
b) Comment pourrait-on mettre en évidence l'eau contenue dans ce produit ? Expliquer.
c) Comment pourrait-on mettre en évidence l'acidité de ce produit ? Expliquer.
d) Définir une espèce chimique artificielle.

2 Analyse chimique d'une substance inconnue.

L'analyse chimique d'une substance inconnue donne les résultats consignés dans le tableau ci-dessous :

Test à l'eau iodée	Négatif
Test au papier pH	Substance acide
Test à l'eau de chaux	Négatif
Test à la liqueur de Fehling	Positif

a) Interpréter chacun des tests en précisant l'espèce chimique mise en évidence.
b) Identifier la substance inconnue. Justifier.

On donne les caractéristiques de différents produits.

Eau de source	– eau – oligoéléments – pH = 6,8
Orange	– eau – glucose – pH = 5,8
Boisson gazéifiée au cola	– eau – glucose – pH = 4,0 – gaz : dioxyde de carbone

c) S'agit-il d'une espèce chimique naturelle, synthétique ou artificielle ? Justifier.

3 Etude d'un kiwi.

Au cours d'un TP, un élève introduit un volume V = 5,0 mL de liqueur de Fehling à l'aide d'une éprouvette graduée dans un tube à essai contenant un morceau de kiwi. Il chauffe l'ensemble au bain-marie. Après quelques minutes, un précipité rouge brique apparaît.

Liqueur de Fehling

Composition :
- sulfate de cuivre
- sel de Seignette

(tartrate double de potassium et de sodium)

a) Schématiser la verrerie utilisée au cours de cette manipulation.
b) Interpréter le test à la liqueur de Fehling.
c) Quelles précautions doit-on prendre lors de l'utilisation de la liqueur de Fehling ? Justifier.

4 Lecture d'une étiquette d'un produit alimentaire.

L'étiquette d'un produit alimentaire fournit les informations suivantes :

« eau, sel, arômes naturels, acidifiant : acide citrique »

a) On réalise sur cet aliment différents tests d'identifications. Quels sont les résultats obtenus ? Compléter alors le tableau ci-dessous :

Tests de caractérisation	Résultats	Espèce chimique mise en évidence
Sulfate de cuivre anhydre		
Papier pH		
Eau de chaux		
Liqueur de Fehling		
Eau iodée		

b) Définir une espèce chimique naturelle, synthétique et artificielle. Identifiez-les dans le produit alimentaire étudié.

Corrigés

1 **Méthodes utilisées : 2, 3 et 4.**

a) Signification des pictogrammes :

Signification : nocif ou irritant.

Consignes de sécurité : éviter tout contact avec la peau, les yeux et les vêtements. Porter des gants, des lunettes de protection et une blouse.

Signification : inflammable.

Consignes de sécurité : éloigner de toute flamme, étincelle, source de chaleur. Toujours refermer le flacon.

b) Le test au sulfate de cuivre anhydre permet de mettre en évidence l'eau contenue dans le produit d'entretien. Celui-ci devient bleu en présence d'eau.

c) Le papier pH permet de mettre en évidence l'acidité d'une espèce chimique. Celui-ci change de couleur est indique un pH inférieur à 7,0.

d) Une espèce chimique artificielle est une espèce chimique fabriquée par l'Homme à l'aide de transformation chimique et qui n'existe pas dans la nature. Ainsi, le nylon est une substance artificielle.

2 Méthodes utilisées : 3, 4.

a) L'analyse chimique permet de conclure qu'elle contient une espèce chimique acide, ainsi que du glucose puisque les tests sont positifs. Par contre elle ne contient pas d'amidon ni de dioxyde de carbone CO_2.

b) L'espèce chimique analysée est l'orange.

c) L'orange est une espèce chimique naturelle. Une espèce chimique naturelle est une espèce chimique qui existe dans la nature, comme la laine, le caoutchouc, le lait...

3 Méthodes utilisées : 1, 2 et 4.

a) Schéma de la verrerie :

Tube à essai

Eprouvette Graduée

b) Le test à la liqueur de Fehling est positif, il forme un précipité rouge brique après chauffage, cela signifie que le kiwi contient du glucose.

c) Précautions à prendre pour manipuler la liqueur de Fehling :

Signification : corrosif.

Consignes de sécurité : éviter tout contact avec la peau et les yeux. Ne pas respirer les vapeurs. Porter des lunettes de protection et des gants, travailler sous la hotte et porter une blouse.

Signification : nocif pour l'environnement.

Consignes de sécurité : ne pas jeter dans l'évier ou dans la poubelle. Utiliser les flacons de récupération.

4 **Méthodes utilisées : 3, 4.**

a) Tableau complété

Tests de caractérisation	Résultats	Espèce chimique mise en évidence
Sulfate de cuivre anhydre	Positif	Eau (H_2O)
Papier pH	Acide : pH < 7	Espèce chimique acide
Eau de chaux	Négatif	
Liqueur de Fehling	Négatif	
Eau iodée	Négatif	

b) Définitions

Une **espèce chimique naturelle** est une espèce chimique qui existe dans la nature, comme la laine, le caoutchouc, le lait…

Une **espèce chimique synthétique** est une espèce chimique fabriquée par l'Homme à l'aide de transformation chimique et qui trouve son homologue dans la nature. Par exemple, le caoutchouc synthétique, le diamant synthétique,…

Une **espèce chimique artificielle** est une espèce chimique fabriquée par l'Homme à l'aide de transformation chimique et qui n'existe pas dans la nature. Ainsi, le nylon est une substance artificielle.

Espèces chimiques naturelles :

- eau
- sel
- arômes naturels
- acide citrique.

Espèce chimique synthétique :

- acide citrique.

Pas d'espèces chimiques artificielles

Chapitre 2
LES TECHNIQUES D'EXTRACTION
EXERCICES & CORRIGES

Exercices

1 Les techniques ancestrales d'extraction.

Attribuer à chaque préparation, la technique ancestrale appropriée : macération, infusion, décoction ou enfleurage.

a) Au cours d'une recette, il est recommandé de laisser immergés pendant 24 heures des morceaux de poulets dans un mélange d'eau et d'herbes de provence.
b) Préparation d'une tisane à la verveine.
c) Préparation de pommes de terre à l'eau : on immerge les pommes de terre dans l'eau froide puis on porte l'ensemble à ébullition, on laisse mijoter jusqu'à ce que la chair des pommes de terre soit tendre.
d) On dispose des fleurs de jasmin sur des plateaux recouverts de graisses.

2 Extraction de l'arôme naturel de menthe.

L'arôme de menthe contenu dans le dentifrice est la menthone. Cette espèce chimique peut être extraite des fleurs de menthe poivrée, par entraînement à la vapeur. Le distillat ainsi obtenu est introduit dans une ampoule à décanter dans laquelle on rajoute un solvant organique afin de mettre en œuvre une extraction par solvant.

Menthone
Température de fusion : – 6°C Température d'ébullition : 209°C Densité : 0,89 Couleur : incolore

a) Faire un schéma légendé du montage de l'hydrodistillation.
b) Expliquer le principe de l'entraînement à la vapeur.
c) Faire un schéma légendé de l'erlenmeyer contenant le distillat. Justifier, si nécessaire, la position des différentes phases.
d) On dispose au laboratoire de chimie des solvants organiques suivants :

Toluène	**Ethanol**
Température de fusion : – 93°C Température d'ébullition : 110°C Densité : 0,87  	Température de fusion : – 117,3°C Température d'ébullition : 78,5°C Densité : 0,79 

Lequel doit-on choisir pour mettre en œuvre l'extraction par solvant ? Justifier.

e) Quelle(s) précaution(s) doit-on prendre pour manipuler ce solvant ? Justifier.
f) Schématiser et légender l'ampoule à décanter après la phase de décantation. Justifier, si nécessaire, la position des différentes phases.

Données :

Densité de l'eau : $d_{eau} = 1,0$

	Eau	**Ethanol**	**Toluène**
Solubilité de la menthone	Très faible	Importante	Importante
Miscibilité de l'éthanol	Miscible		Non miscible
Miscibilité du Toluène	Non miscible	Non miscible	

3 Extraction de l'acétate de benzyle.

L'acétate de benzyle est une des huiles essentielles de la fleur de jasmin. Il peut être extrait par hydrodistillation, on obtient un distillat constitué de deux phases. On met ensuite en œuvre une extraction par solvant à l'aide d'un solvant adapté puis on évapore le solvant extracteur pour ne récupérer que l'huile essentielle du jasmin.

Acétate de benzyle
Température de fusion : – 51°C Température d'ébullition : 212°C Densité : 1,06 Couleur : incolore

a) Faire un schéma légendé de l'erlenmeyer contenant le distillat. Justifier la position des différentes phases.
b) On dispose au laboratoire de chimie des solvants suivants :

Acide sulfurique pur
Température de fusion : –15°C Température d'ébullition : 330°C Densité : 1,83

Cyclohexane
Température de fusion : 6,5°C Température d'ébullition : 80,7°C Densité : 0,78

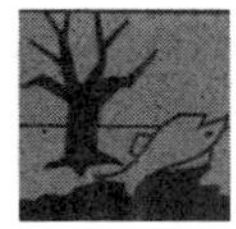

Lequel doit-on choisir pour mettre en œuvre l'extraction par solvant ? Justifier.

c) Quelle(s) précaution(s) doit-on prendre pour manipuler ce solvant ? Justifier.

d) Schématiser et légender l'ampoule à décanter après la phase de décantation. Justifier, si nécessaire, la position des différentes phases.

Données :

Densité de l'eau : $d_{eau} = 1,0$

	Eau	Acide sulfurique	Cyclohexane
Solubilité de l'acétate de benzyle	Très faible	faible	Importante
Miscibilité de l'acide sulfurique	Miscible		Non miscible
Miscibilité du cyclohexane	Non miscible	Non miscible	

4 Extraction du linalol.

Afin d'extraire le linalol de la lavande, on introduit 50,0 g de fleurs de lavande dans un ballon à fond rond dans lequel on rajoute 200 mL d'eau distillée. A l'aide d'un montage d'hydrodistillation, on chauffe l'ensemble pendant 40 min, le distillat est recueilli dans un erlenmeyer. On peut distinguer deux phases au sein du distillat.

Linalol
Température de fusion : 20°C Température d'ébullition : 200°C Densité : 0,87

c) Faire un schéma légendé de l'erlenmeyer contenant le distillat. Justifier la position des différentes phases.

b) On souhaite mettre en œuvre une extraction par solvant pour récupérer le linalol. On dispose au laboratoire de chimie des solvants organiques suivants :

Dichlorométhane	**Ethanol**
Température de fusion : – 97°C Température d'ébullition : 39,8°C Densité : 1,33	Température de fusion : –117,3°C Température d'ébullition : 78,5°C Densité : 0,79

Lequel doit-on choisir pour mettre en œuvre l'extraction par solvant ? Justifier.

c) Quelle précaution doit-on prendre pour manipuler ce solvant ? Justifier.
d) Schématiser et légender l'ampoule à décanter après la phase de décantation. Justifier, si nécessaire, la position des différentes phases.

Données :

Densité de l'eau : $d_{eau} = 1{,}0$

	Eau	**Ethanol**	**Dichlorométhane**
Solubilité du linalol	Très faible	Importante	Importante
Miscibilité de l'éthanol	Miscible		Non miscible
Miscibilité du dichlorométhane	Non miscible	Non miscible	

Corrigés

1 **Méthode utilisée : 1.**

a) Macération
b) Infusion
c) Décoction
d) Enfleurage

2 **Méthodes : 2, 3.**

a) Schéma du montage d'hydrodistillation

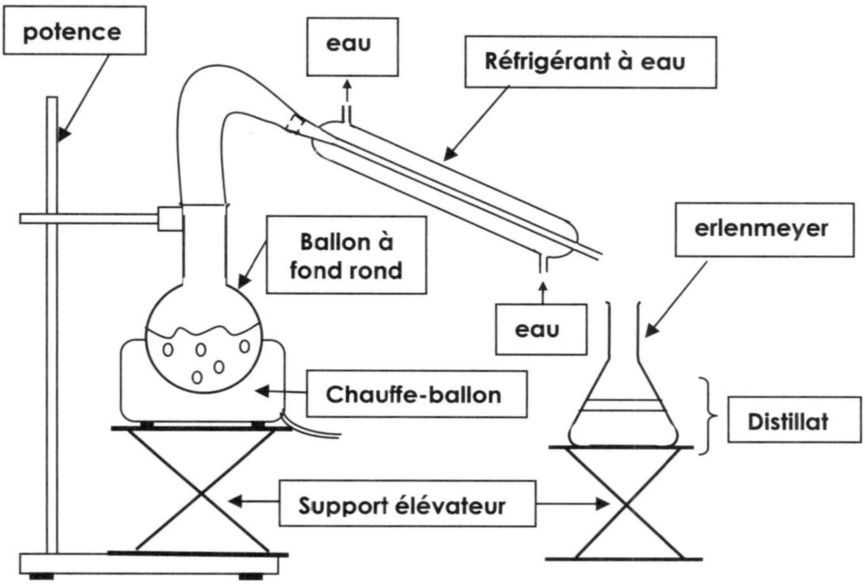

b) Principe de l'entraînement à la vapeur

Une hydrodistillation est la distillation d'un mélange d'eau et d'une espèce chimique à extraire. On porte à ébullition le mélange, la vapeur d'eau se charge en huile essentielle. Au contact du réfrigérant à eau, le mélange eau-huile se condense, et on récupère le distillat.

c) Schéma de l'erlenmeyer contenant le distillat

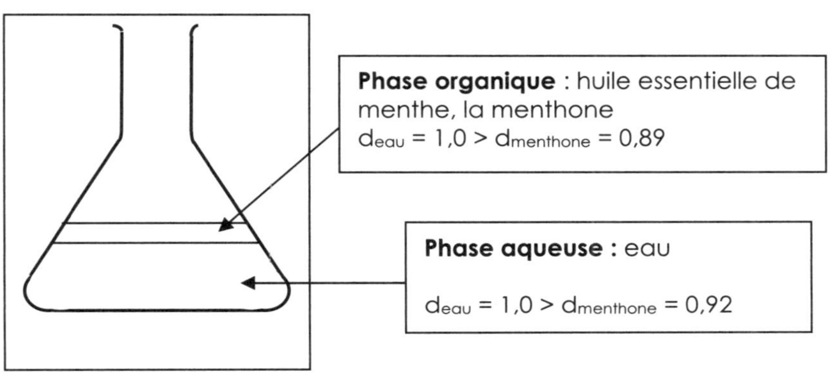

d) Choix du solvant extracteur

Le solvant d'extraction doit satisfaire plusieurs critères :

- l'espèce chimique à extraire doit être la plus soluble possible dans le solvant d'extraction.
- le solvant d'extraction doit être non miscible avec le liquide contenant l'espèce chimique à extraire.

Il faut choisir le toluène puisque la menthone y est très soluble et que le toluène est non miscible avec l'eau. L'éthanol ne convient pas puisque ce solvant est miscible avec l'eau.

e) Consignes de sécurité

Pour manipuler le toluène, il faut travailler sous hotte avec des gants, des lunettes de protection et une blouse. Il faut également le tenir éloigné de toutes flammes ou sources de chaleur et refermer le flacon après chaque utilisation.

Signification : Inflammable.

Signification : Nocif ou irritant.

f) Schéma de l'ampoule à décanter après l'étape de décantation

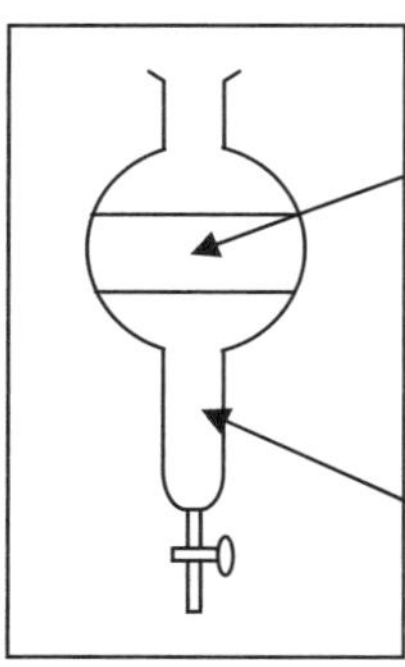

Phase organique : contient du toluène + menthone.
$d_{eau} = 1,0 > d_{toluène} = 0,87$.

La phase organique constitue la phase supérieure.

Phase aqueuse : contient de l'eau.
$d_{eau} = 1,0 > d_{toluène} = 0,87$.

La phase aqueuse constitue la phase inférieure.

3 **Méthodes : 2, 3.**

a) Schéma de l'erlenmeyer contenant le distillat

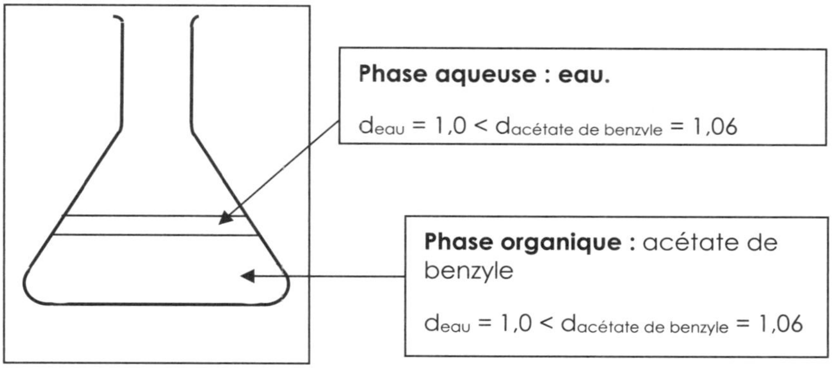

b) Choix du solvant extracteur

Le solvant d'extraction doit satisfaire plusieurs critères :

- l'espèce chimique à extraire doit être la plus soluble possible dans le solvant d'extraction
- le solvant d'extraction doit être non miscible avec le liquide contenant l'espèce chimique à extraire

Il faut choisir le cyclohexane puisque l'acétate de benzyle y est très soluble et que ce solvant est non miscible avec l'eau.

c) Consignes de sécurité

Pour manipuler le cyclohexane, il faut travailler sous hotte avec des gants, des lunettes de protection et une blouse. Il faut également le tenir éloigné de toutes flammes ou sources de chaleur et refermer le flacon après chaque utilisation. Il ne faut pas verser le cyclohexane dans l'évier mais dans un flacon de récupération.

Signification : Inflammable.

Signification : Nocif ou irritant.

Signification : Nocif pour l'environnement.

d) Schéma de l'ampoule à décanter après l'étape de décantation

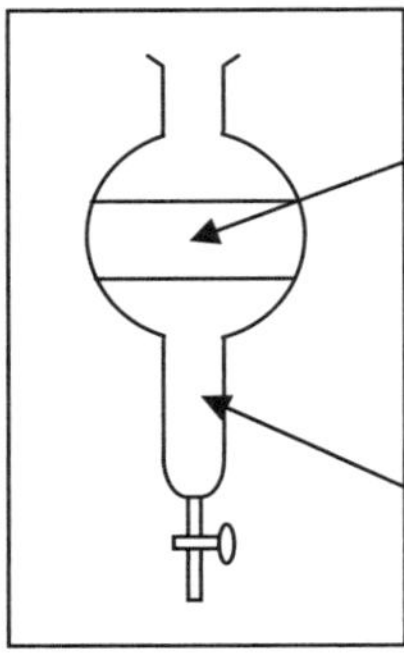

Phase organique : contient du cyclohexane + acétate de benzyle.
$d_{eau} = 1{,}0 > d_{cyclohexane} = 0{,}78$.

La phase organique constitue la phase supérieure.

Phase aqueuse : contient de l'eau.
$d_{eau} = 1{,}0 > d_{cyclohexane} = 0{,}78$.

La phase aqueuse constitue la phase inférieure.

4 **Méthodes : 2, 3.**

a) Schéma de l'erlenmeyer contenant le distillat

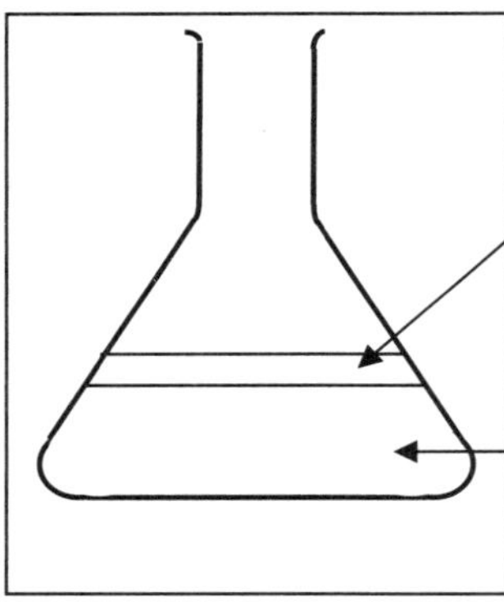

Phase organique : linalol

$d_{eau} = 1{,}0 > d_{linalol} = 0{,}87$

Phase aqueuse : eau

$d_{eau} = 1{,}0 > d_{linalol} = 0{,}87$

b) Choix du solvant extracteur

Le solvant d'extraction doit satisfaire plusieurs critères :

- l'espèce chimique à extraire doit être la plus soluble possible dans le solvant d'extraction.
- le solvant d'extraction doit être non miscible avec le liquide contenant l'espèce chimique à extraire.

Il faut choisir le dichlorométhane puisque le linalol y est très soluble et que ce solvant est non miscible avec l'eau.

c) Consignes de sécurité

Pour manipuler le dichlorométhane, il faut travailler sous hotte avec des gants, des lunettes de protection et une blouse.

Signification : Nocif ou irritant.

d) Schéma de l'ampoule à décanter après l'étape de décantation

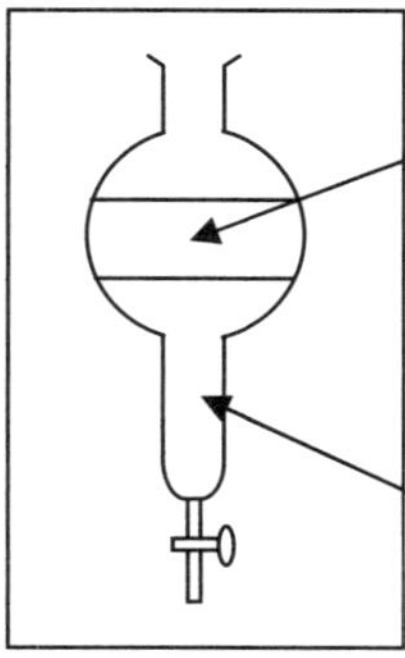

Phase aqueuse : contient de l'eau.
$d_{\text{eau}} = 1{,}0 < d_{\text{dichlorométhane}} = 1{,}33$.

La phase aqueuse constitue la phase supérieure.

Phase organique : contient du dichlorométhane + linalol.
$d_{\text{eau}} = 1{,}0 < d_{\text{dichlorométhane}} = 1{,}33$.

La phase organique constitue la phase inférieure.

Chapitre 3
SEPARATION ET IDENTIFICATION D'ESPECES CHIMIQUES
EXERCICES & CORRIGES

Exercices

1 Une histoire d'étiquettes.

Au laboratoire de chimie, on dispose de quatre bouteilles numérotées 1, 2, 3 et 4 ainsi que de quatre étiquettes :

- Etiquette n°1 : propanol d = 0,81
- Etiquette n°2 : acide éthanoïque d = 1,05
- Etiquette n°3 : éthyle iodure pur d = 1,93
- Etiquette n°4 : pentène pur d = 0,64

A l'aide d'une éprouvette graduée et d'une balance électronique préalablement tarée, on effectue les mesures consignées dans le tableau ci-dessous :

Bouteille	Volume mesuré (en mL)	Masse pesée (en g)
n°1	25,0	48,3
n°2	50,0	40,5
n°3	40,0	25,6
n°4	15,0	15,8

a) Calculer la masse volumique en g/cm^3 puis en kg/m^3 de l'espèce chimique contenue dans la bouteille n°1.
b) Faire de même pour les bouteilles n°2, n°3 et n°4.
c) Calculer la densité de l'espèce chimique contenue dans la bouteille n°1.
d) Faire de même pour les bouteilles n°2, n°3 et n°4.
e) Attribuer à chaque bouteille son étiquette.

Donnée : masse volumique de l'eau ρ_{eau} = 1 000 kg/m^3

2 Le chlorure d'ammonium.

Le chlorure d'ammonium, de formule NH_4Cl, est employé dans les stations de ski pour le traitement des pistes dont la température est supérieure à 0°C. Cette espèce chimique permet en effet de solidifier la neige en retardant sa fonte.
L'étiquette du chlorure d'ammonium fournit les informations suivantes :

Chlorure d'ammonium

Formule : NH_4Cl
Température de fusion : T_f = 340°C sublimé
Température d'ébullition : T_{eb} = 520°C
Solubilité dans l'eau à 20°C : s = 374 g/L
Couleur : blanc

a) Quelles précautions doit-on prendre pour manipuler le chlorure d'ammonium ? Justifier.
b) A une température de 5°C, sous quel état physique se trouve le chlorure d'ammonium ? Justifier.
c) Quelle masse de chlorure d'ammonium peut-on dissoudre dans 200,0 mL d'eau à 20°C ?

3 Conservation des produits chimiques.

Les étiquettes de certains produits chimiques conservés au laboratoire fournissent les informations suivantes :

Eucalyptol pur

Température de fusion : T_f = 1,5°C
Température d'ébullition : T_{eb} = 177°C
Densité : d = 0,93

Gaiacol pur

Température de fusion : T_f = 29°C
Température d'ébullition : T_{eb} = 205°C

Glycérol pur

Température de fusion : T_f = 19°C
Température d'ébullition : T_{eb} = 290°C
Densité : d = 1,23

a) Préciser l'état physique de chaque espèce chimique à une température de 25 °C. Justifier.

b) En hiver, la température du laboratoire de chimie peut atteindre des températures de l'ordre de 10°C en l'absence de chauffage. Quelle est la conséquence sur les produits chimiques présentés ?

c) Calculer la masse volumique des espèces chimiques étudiées en kg/m^3 puis en g/cm^3, quand cela est possible.

Donnée : masse volumique de l'eau ρ_{eau} = 1 000 kg/m^3

4 Identification d'une espèce chimique.

On réalise la chromatographie sur couche mince de la solution d'extraction de l'anis étoilé obtenue après une hydrodistillation. On introduit dans une cuve à chromatographie un volume de 7,0 mL de dichlorométhane. On referme la cuve. Sur une plaque de silice en aluminium, on dépose sur la ligne des dépôts une microgoutte de la solution d'extraction de l'anis étoilé ainsi qu'une microgoutte d'anéthole. On réalise l'élution, on sèche et on révèle le chromatogramme à l'aide d'une lampe à U.V.

Schéma du chromatogramme obtenu :

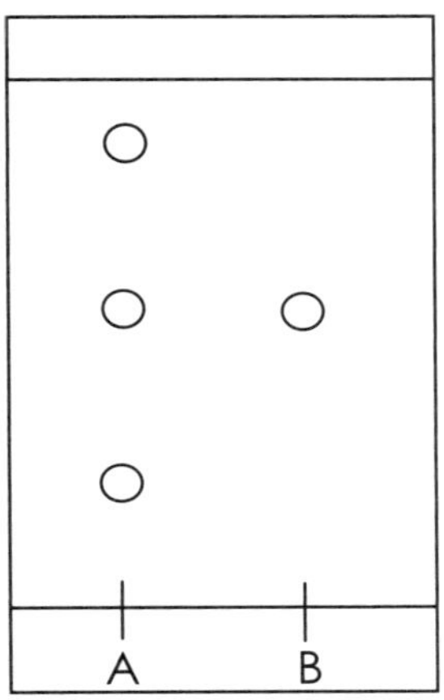

Caractéristiques du chromatogramme :

– **Echantillon A** : Solution d'extraction de l'anis étoilé

– **Echantillon B :** Anéthole

a) Identifier l'éluant et la phase stationnaire.

b) Pourquoi est-il nécessaire de révéler ? Proposer une autre méthode pour révéler le chromatogramme.

c) La solution d'extraction de l'anis étoilé contient-elle de l'anéthole ? Justifier.

d) La solution d'extraction de l'anis étoilé est-elle une espèce chimique pure ? Justifier.

e) Calculer le rapport frontal de l'anéthole.

5 Schématisation d'un chromatogramme.

On effectue la chromatographie de la solution d'extraction des fleurs de lavande. L'éluant utilisé est une solution de dichlorométhane tandis que la phase fixe est constituée par une plaque de silice. Sur la ligne de base, on dépose un échantillon de la solution d'extraction ainsi qu'un échantillon de linalol et un échantillon d'acétate de linalyle. Après élution et avoir révéler le chromatogramme à l'aide des vapeurs de diiode, on constate que la solution d'extraction des fleurs de lavande contient trois tâches. On fournit les rapports frontaux des ces trois tâches.

Tâche n°1	0,25
Tâche n°2	0,52
Tâche n°3	0,85

On fournit également les rapports frontaux du linalol et de l'acétate de linalyle.

Linalol	0,85
Acétate de linalyle	0,52

a) Représenter et légender le chromatogramme obtenu, si le front du solvant se situe à 5,2 cm de la ligne des dépôts.

b) Identifier les espèces chimiques contenues dans la solution d'extraction des fleurs de lavande. Justifier.

c) Le linalol ainsi que l'acétate de linalyle sont-elles des espèces chimiques pure ? Justifier.

Corrigés

1 **Méthodes : 1, 2.**

a) <u>Masse volumique de l'espèce contenue dans la bouteille n°1 :</u>

$V = 25,0$ mL $= 25,0$ cm^3 et $m = 48,3$ g

$\rho_{\text{bouteille n°1}} = \dfrac{m_1}{V_1} = \dfrac{48,3}{25,0}$ donc $\boldsymbol{\rho_{\text{bouteille n°1}} = 1,93}$ **g/cm^3 = 1930 kg/m^3.**

b) <u>Masse volumique de l'espèce contenue dans la bouteille n°2 :</u>

$V = 50,0$ mL $= 50,0$ cm^3 et $m = 40,5$ g

$\rho_{\text{bouteille n°2}} = \dfrac{m_2}{V_2} = \dfrac{40,5}{50,0}$ donc $\boldsymbol{\rho_{\text{bouteille n°2}} = 0,81}$ **g/cm^3 = 810 kg/m^3.**

<u>Masse volumique de l'espèce contenue dans la bouteille n°3 :</u>

V = 40,0 mL = 40,0 cm³ et m = 25,6 g

$$\rho_{\text{bouteille n°3}} = \frac{m_3}{V_3} = \frac{25{,}6}{40{,}0} \quad \text{donc} \quad \boldsymbol{\rho_{\text{bouteille n°3}} = 0{,}64\ g/cm^3 = 640\ kg/m^3.}$$

<u>Masse volumique de l'espèce contenue dans la bouteille n°4 :</u>

V = 15,0 mL = 15,0 cm³ et m = 15,8 g

$$\rho_{\text{bouteille n°4}} = \frac{m_4}{V_4} = \frac{15{,}8}{15{,}0} \quad \text{donc} \quad \boldsymbol{\rho_{\text{bouteille n°3}} = 1{,}05\ g/cm^3 = 1053\ kg/m^3.}$$

c) <u>Densité de l'espèce chimique contenue dans la bouteille n°1 :</u>

$$d_{\text{bouteille n°1}} = \frac{\rho_1}{\rho_{eau}} = \frac{1930}{1000} \quad \text{donc} \quad \boldsymbol{d_{\text{bouteille n°1}} = 1{,}93.}$$

d) <u>Densité de l'espèce chimique contenue dans la bouteille n°2 :</u>

$$d_{\text{bouteille n°2}} = \frac{\rho_2}{\rho_{eau}} = \frac{810}{1000} \quad \text{donc} \quad \boldsymbol{d_{\text{bouteille n°2}} = 0{,}81.}$$

<u>Densité de l'espèce chimique contenue dans la bouteille n°3 :</u>

$$d_{\text{bouteille n°3}} = \frac{\rho_3}{\rho_{eau}} = \frac{640}{1000} \quad \text{donc} \quad \boldsymbol{d_{\text{bouteille n°3}} = 0{,}64.}$$

<u>Densité de l'espèce chimique contenue dans la bouteille n°4 :</u>

$$d_{\text{bouteille n°4}} = \frac{\rho_4}{\rho_{eau}} = \frac{1053}{1000} \quad \text{donc} \quad \boldsymbol{d_{\text{bouteille n°4}} = 1{,}05.}$$

e) Identification du contenu des bouteilles :

Bouteille n°1 : éthyle iodure pur
Bouteille n°2 : propanol
Bouteille n°3 : pentène
Bouteille n°4 : acide éthanoïque

[2] **Méthodes : 3, 4.**

a) Pour manipuler ce produit, il faut éviter tout contact avec la peau, les yeux et les vêtements. Porter des gants, des lunettes de protection et une blouse.

Signification : nocif ou irritant

b) Le chlorure d'ammonium se trouve à **l'état solide** pour une température inférieure à 5°C, la température de fusion est bien supérieure à 5°C (T_{fusion} = 340°C).

c) La solubilité du chlorure d'ammonium est de 374 g/L, cela signifie que dans un litre d'eau on peut dissoudre 374 g de chlorure d'ammonium.

Dans 200,0 mL d'eau, on peut dissoudre une masse **m = 0,2×374 = 74,8 g**.

3 **Méthodes : 1,2 et 3.**

a) <u>A une température de 25°C :</u>

- Eucalyptol pur est à l'état liquide, car $T_{fusion} < 25°C$
- Gaiacol pur est à l'état solide, car $T_{fusion} > 25°C$
- Glycérol pur est à l'état liquide, car $T_{fusion} < 25°C$

b) <u>Pour une température de l'ordre de 10°C :</u>

- Aucun changement pour l'Eucalyptol pur.
- Aucun changement pour le Gaiacol pur.
- Glycérol pur gèle, il passe de l'état liquide à l'état solide, il y a un changement d'état qui s'appelle la solidification.

c) <u>Masse volumique de l'eucalyptol pur</u> :

$\rho_{eucalyptol} = d_{eucalyptol} \times \rho_{eau} = 0{,}93 \times 1\,000$
donc $\boldsymbol{\rho_{eucalyptol} = 930\ kg/m^3 = 0{,}93\ g/cm^3}$.

<u>Masse volumique du glycérol pur :</u>

$\rho_{glycérol} = d_{glycérol} \times \rho_{eau} = 1{,}23 \times 1\,000$ donc $\boldsymbol{\rho_{glycérol} = 1\,230\ kg/m^3 = 1{,}23\ g/cm^3}$.

4 **Méthodes : 5 et 6.**

a) **Eluant :** dichlorométhane.
Phase stationnaire (ou phase fixe) : plaque de silice en aluminium.

b) Il est nécessaire de révéler pour faire apparaître les tâches qui sont initialement invisibles. Pour révéler le chromatogramme, on pourrait utiliser une solution de permanganate de potassium ou bien les vapeurs de diiode.

c) La solution d'extraction contient de l'anéthole puisque il y a deux tâches à la même hauteur.

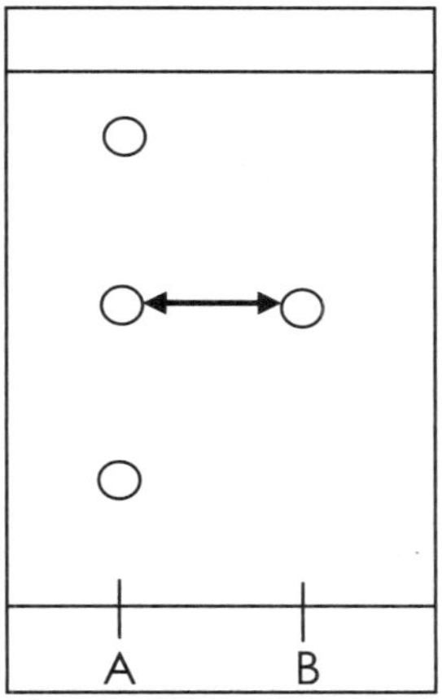

Caractéristiques du chromatogramme :

– **Echantillon A** : Solution d'extraction de l'anis étoilé

– **Echantillon B** : Anéthole

d) La solution d'extraction de l'anis étoilé n'est pas une espèce chimique pure puisque on observe plusieurs tâches au niveau de l'échantillon A.

e) Rapport frontal : $R_f = \frac{h}{H} = \frac{2,7}{4,8}$ donc $\mathbf{R_f = 0,56}$**.**

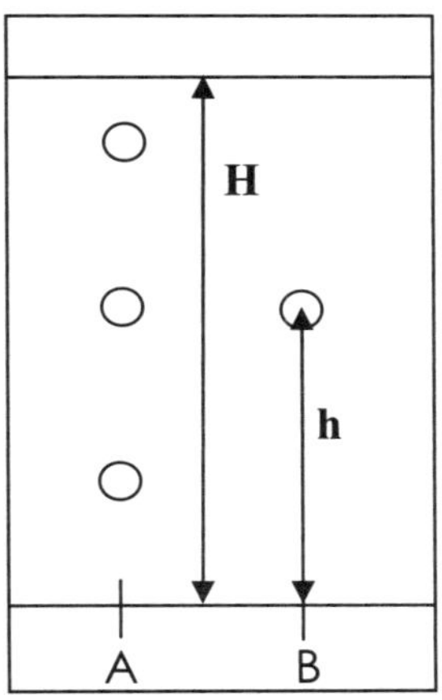

Caractéristiques du chromatogramme :

– h = 2,7 cm

– H = 4,8 cm

5 **Méthodes : 5 et 6.**

a) Représentation légendé du chromatogramme ci-après.

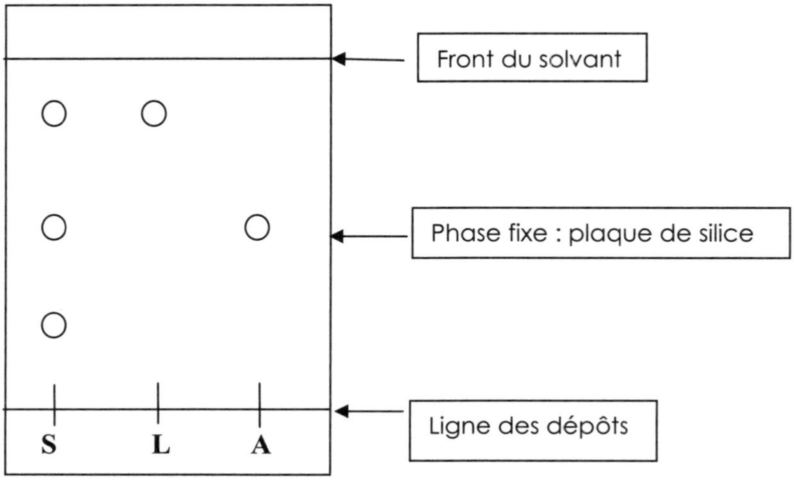

S : solution d'extraction des fleurs de lavande.
L : Linalol.
A : Acétate de linalyle.

<u>Pour la tâche n°1</u> : $h_1 = R_{f1} \times H = 0{,}25 \times 5{,}2 = 1{,}3$ cm
<u>Pour la tâche n°2</u> : $h_2 = R_{f2} \times H = 0{,}52 \times 5{,}2 = 2{,}7$ cm
<u>Pour la tâche n°3</u> : $h_3 = R_{f3} \times H = 0{,}85 \times 5{,}2 = 4{,}4$ cm

b) La solution d'extraction des fleurs de lavande contient du linalol et de l'acétate de linalyle. On observe des tâches à la même hauteur.

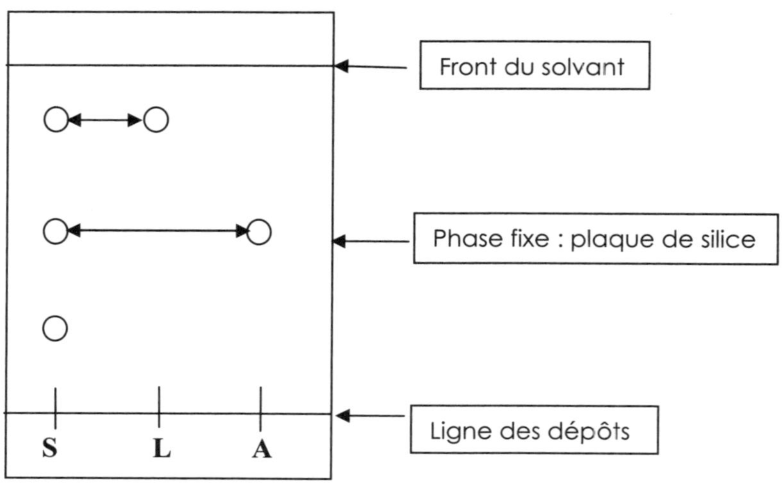

c) Le linalol et l'acétate de linalyle sont des espèces chimiques pures, il n'y a qu'une seule tâche qui apparaît après élution et révélation, donc une seule espèce chimique.

Chapitre 4
LES MEDICAMENTS
EXERCICES & CORRIGES

Exercices

1 Au cœur des principes actifs.

Les notices de différents médicaments fournissent les informations ci-dessous :

ADVIL® 200 mg comprimé enrobé	Composition : – Ibuprofène …………………. 200 mg Les autres composants : amidon de maïs, amidon prégélatinisé, silice colloïdale anhydre, acide stéarique, saccharose, fécule acétylée, povidone, polysorbate 80, macrogol 6000, dioxyde de titane, carbonate de calcium, talc, cire de carnauba, oxyde de fer rouge, gomme laque, oxyde de fer noir, N-butylalcool, eau purifiée, propylène glycol, alcool éthylique dénaturé, alcool isopropylique.
Ibuprofène Sandoz 200 mg comprimé enrobé	Composition : – Ibuprofène …………………. 200 mg Composition de l'enveloppe de la gélule : amidon de maïs, amidon, silice, stéarique acide, enrobage : povidone, talc, saccharose, macrogol, polysorbate 80, calcium carbonate, cire d'abeille blanche, saccharose, sodium benzoate, parahydroxy-benzoate de méthyl, parahydroxybenzoate de propyle, fer oxyde.
NUROFEN® 200 mg comprimé enrobé	Composition : – Ibuprofène …………………. 200 mg Composition de l'enveloppe de la gélule : acide stéarique, croscarmellose sel de Na, sodium laurylsulfate,sodium citrate, silice colloïdale anhydre, gomme arabique poudre, talc, carmellose sodique, saccharose, macrogol 6000, titane dioxyde, alcool méthylique, gomme laque, fer noir oxyde, butanol, soja lécithine, diméticone, propylèneglycol, alcool isopropylique, eau purifiée.

NUREFLEX® 200 mg comprimé enrobé	<u>Composition :</u> – Ibuprofène .... 200 mg <u>Les autres composants :</u> stéarique acide, croscarmellose sodique, sodium laurylsulfate, sodium citrate, silice, gomme arabique, talc, carmellose, saccharose, macrogol, titane dioxyde, alcool, gomme laque, fer oxyde, butanol, lécithine de soja, polydiméthylsiloxane, black printing Ink, gomme laque, propylèneglycol, isopropylique alcool, butanol, fer oxyde, méthanol, eau purifiée.

A l'aide de ces données, compléter le tableau ci-dessous :

Médicaments Princeps	Dénomination commune internationale DCI	Médicaments génériques

2 Un médicament sous toutes les coutures.

Dafalgan® 500 mg comprimés effervescents	<u>Composition :</u> – Paracétamol .... 500 mg <u>Les autres composants :</u> citrique acide, mannitol, saccharine sodique, sodium laurylsulfate, povidone, sodium bicarbonate, sodium carbonate, leucine.
Dafalgan® 500 mg gélules	<u>Composition :</u> – Paracétamol .... 500 mg – Magnésium stéarate <u>Composition de l'enveloppe de la gélule :</u> gélatine, azorubine, titane dioxyde
Dafalgan® 80 mg suppositoires	<u>Composition :</u> – Paracétamol .... 80 mg <u>Les autres composants :</u> glycérides semi-synthétiques (suppocire AML).
Dafalgan® 150 mg poudre effervescente pour solution buvable	<u>Composition :</u> – Paracétamol .... 150 mg <u>Les autres composants :</u> acide citrique anhydre, bicarbonate de sodium, sorbitol, carbonate de sodium anhydre, povidone, docusate de sodium, benzoate de sodium, arôme orange, aspartame.

a) Comment nomme-t-on les différentes sortes de Dafalgan® présentées ci-dessus ?
b) Identifier le principe actif.
c) Qu'est-ce qui différencient tous ces types de Dafalgan® ? Quels sont leurs intérêts ?
d) Quels sont les intérêts des excipients ?
e) S'agit-il d'un médicament générique ?

3 A la recherche de l'étiquette.

On dispose au laboratoire de trois boîtes de médicaments ainsi que de trois notices partiellement endommagées. A l'aide des informations ci-dessous, attribuer à chaque médicament sa notice.

Médicaments :

– NUROFEN® 200 mg comprimé enrobé
– Aspirine® 500 mg comprimés
– Doliprane® 500 mg comprimés effervescents

Extrait des notices partiellement endommagées :

Notice n°1	<u>Composition :</u> – Acide acétylsalicylique .... 500 mg <u>Les autres composants :</u> amidon de maïs, poudre de cellulose.
Notice n°2	<u>Composition :</u> – Paracétamol .... 500 mg <u>Les autres composants :</u> acide citrique, mannitol, saccharine sodique, laurilsulfate de sodium, povidone, bicarbonate de sodium, carbonate de sodium anhydre, L-leucine.
Notice n°3	<u>Composition :</u> – Ibuprofène .... 200 mg <u>Les autres composants :</u> acide stéarique, croscarmellose sel de Na, sodium laurylsulfate,sodium citrate, silice colloïdale anhydre, gomme arabique poudre, talc, carmellose sodique, saccharose, macrogol 6000, titane dioxyde, alcool méthylique, gomme laque, fer noir oxyde, butanol, soja lécithine, diméticone, propylèneglycol, alcool isopropylique, eau purifiée.

Corrigés

1 Méthodes : 2 et 4.

Médicaments Princeps	Dénomination commune internationale DCI	Médicaments génériques
ADVIL® 200 mg NUREFLEX® 200 mg NUROFEN® 200 mg	Ibuprofène	Ibuprofène Sandoz 200 mg

2 Méthodes : 1, 2, 3 et 4.

a) Un médicament peut se présenter sous différentes formes que l'on appelle les formes galéniques. Toutes ces formes galéniques résultent d'un processus nommé formulation.

b) Le principe actif est le paracétamol.

c) Les formes galéniques se différencient dans un premier temps par les excipients qui sont caractéristiques de chaque forme. Ensuite, leurs modes d'assimilation par l'organisme sont différents ainsi que la quantité de principe actif présent dans chaque médicament.
L'intérêt de toutes ces formes du Dafalgan est d'adapter la prescription au patient.

d) Les excipients permettent d'améliorer l'aspect, le goût, d'assurer la conservation du principe actif, de faciliter la mise en forme et l'administration du médicament par l'organisme.

e) Il s'agit d'un médicament princeps.

3 Méthodes : 1, 2, 3 et 4.

Notice n°1	Aspirine® 500 mg comprimés
Notice n°2	Doliprane® 500 mg comprimés effervescents
Notice n°3	NUROFEN® 200 mg comprimé enrobé

Chapitre 5
SYNTHESE D'ESPECES CHIMIQUES
EXERCICES & CORRIGES

Exercices

1 Synthèse d'un savon.

Au cours de travaux pratiques, les élèves préparent un savon à base d'huile végétale. Pour cela, ils introduisent dans un ballon à fond rond 15,0 mL de solution de soude concentrée, 8,0 mL d'huile d'olive et quelques grains de pierres ponces. L'ensemble est surmonté d'un réfrigérant à eau. On chauffe pendant environ 30 minutes.
Après transformation chimique, on introduit une solution de chlorure de sodium saturée, le savon précipite. Afin de récupérer le solide, on effectue une filtration sous vide. On laisse ensuite sécher le savon dans un récipient approprié.

a) Faire un schéma légendé du montage à reflux.
b) Expliquer le principe du chauffage à reflux.
c) Expliquer le rôle de la pierre ponce.
d) Quelles précautions doit-on prendre pour manipuler la solution de soude concentrée ? Justifier.
e) Schématiser et légender la filtration sous vide. Préciser l'intérêt d'une telle filtration.

	Pictogramme
Solution de soude concentrée	

2 Hémisynthèse de l'aspirine.

L'aspirine est connue pour ses propriétés analgésiques et anti-inflammatoires. Il est également utilisé comme antiagrégant plaquettaire. Il est possible de le synthétiser au laboratoire en chauffant à reflux de l'acide salicylique et de l'anhydride éthanoïque en présence d'acide sulfurique concentré et de quelques grains de pierres ponces.
Après transformation chimique, on ajoute de l'eau distillée froide au mélange réactionnel, on observe alors l'apparition des premiers cristaux d'aspirine. Afin de récupérer les cristaux d'aspirine ainsi synthétisés, on filtre sous vide.

a) Schématiser et légender le montage du chauffage à reflux.

b) Quelles précautions doit-on prendre lors de la manipulation de l'acide salicylique ? De l'anhydride éthanoïque et de l'acide sulfurique concentré ? Justifier.
c) Quel est l'intérêt d'une filtration sous vide ?

	Pictogramme
Anhydride éthanoïque	
Acide sulfurique	
Acide salicylique	

3 Synthèse d'un arôme de lavande.

L'éthanoate de linalyle rentre dans la composition de l'huile essentielle de lavande. Il est possible de le synthétiser au laboratoire en chauffant à reflux du linalol et de l'anhydride éthanoïque en présence de quelques grains de pierres ponces.

a) Faire un schéma légendé du montage à reflux.
b) Expliquer le principe du chauffage à reflux.
c) Expliquer le rôle de la pierre ponce.
d) Quelles précautions doit-on prendre pour manipuler l'anhydride éthanoïque et le linalol ? Justifier.

	Pictogramme
Anhydride éthanoïque	
Linalol	

Corrigés

1 **Méthodes : 1, 2.**

a) Schéma légendé du montage à reflux.

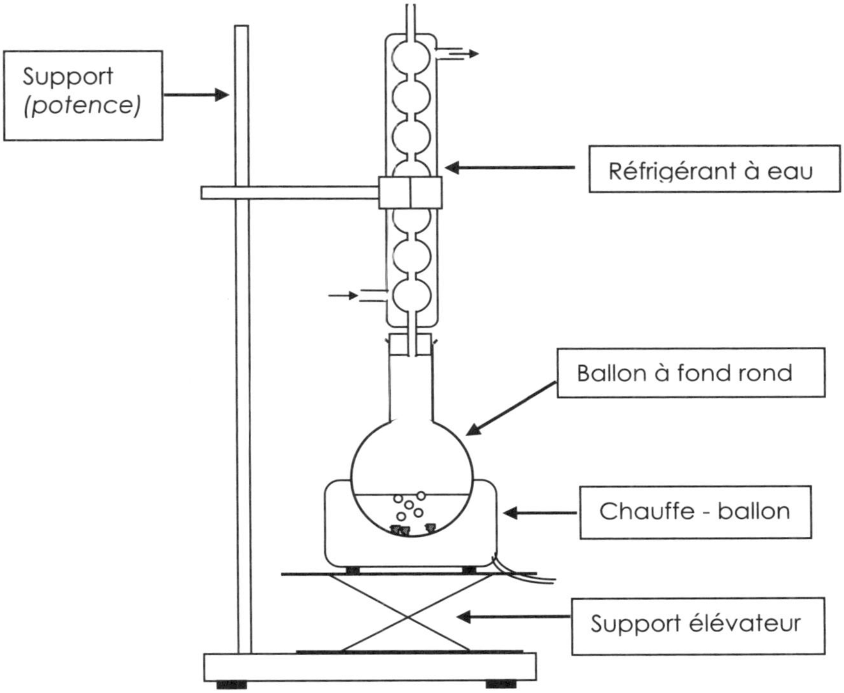

b) Principe du chauffage à reflux

Chauffer à reflux signifie porter à ébullition les réactifs dans un ballon surmonté d'un réfrigérant à eau. Ce dernier permet de condenser les vapeurs qui s'échappent du mélange. Le montage à reflux permet d'éviter les pertes des réactifs et des produits lors de la synthèse d'espèces chimiques.

c) Rôle de la pierre ponce

On ajoute des pierres ponces afin d'homogénéiser le mélange et de réguler l'ébullition.

d) Consignes de sécurité

Signification : corrosif
Consignes de sécurité : éviter tout contact avec la peau et les yeux. Ne pas respirer les vapeurs. Porter des lunettes de protection et des gants, travailler sous la hotte et porter une blouse.

e) Schéma de la filtration sous vide

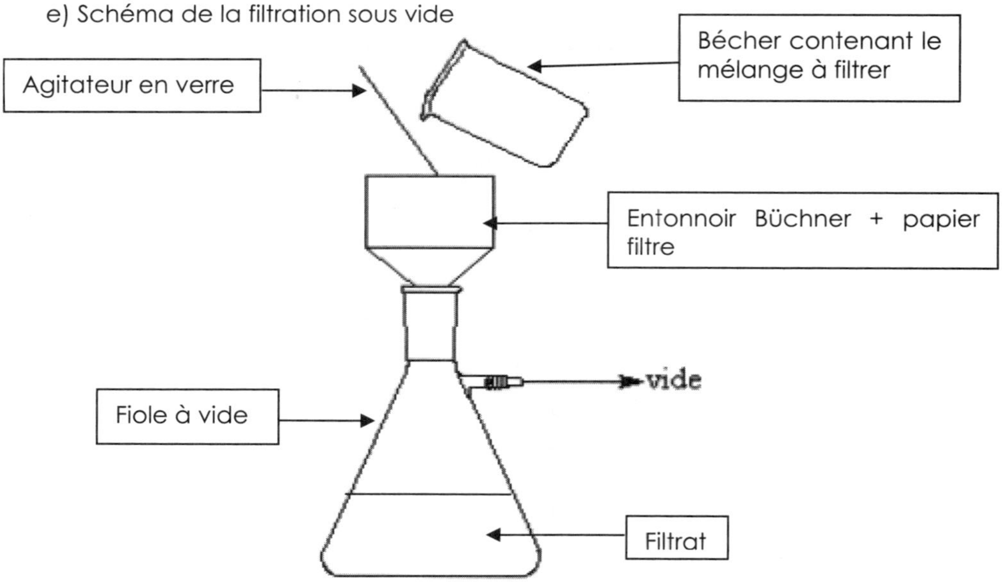

La filtration sous vide est une technique plus efficace et plus rapide que la filtration par gravité.

2 **Méthodes : 1, 2.**

a) Schéma du montage à reflux

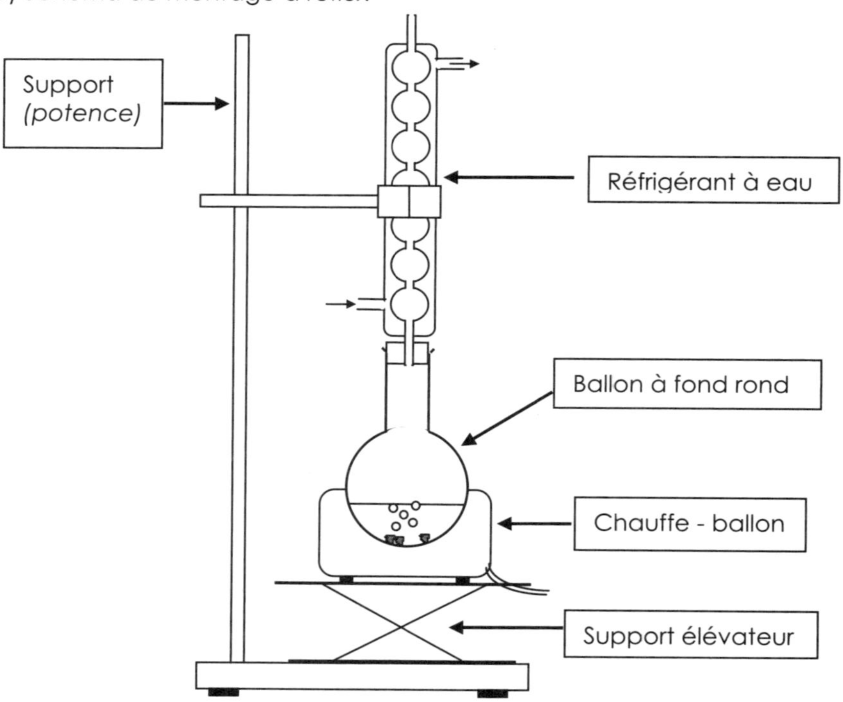

b) Consignes de sécurité

Pour l'acide éthanoïque et l'acide sulfurique :

Signification : corrosif
Consignes de sécurité : éviter tout contact avec la peau et les yeux. Ne pas respirer les vapeurs. Porter des lunettes de protection et des gants, travailler sous la hotte et porter une blouse.

Pour l'acide salicylique :

Signification : nocif/irritant
Consignes de sécurité : éviter tout contact avec la peau, les yeux et les vêtements. Porter des gants, des lunettes de protection et une blouse.

En conclusion, il faut porter une blouse, des lunettes de protection et des gants. Il faut travailler sous la hotte.

c) La filtration sous vide permet de séparer la phase liquide de la phase solide. Une filtration sous vide est plus efficace et plus rapide qu'une filtration par gravité.

[3] **Méthodes : 1, 2.**

a) Schéma légendé du montage à reflux.

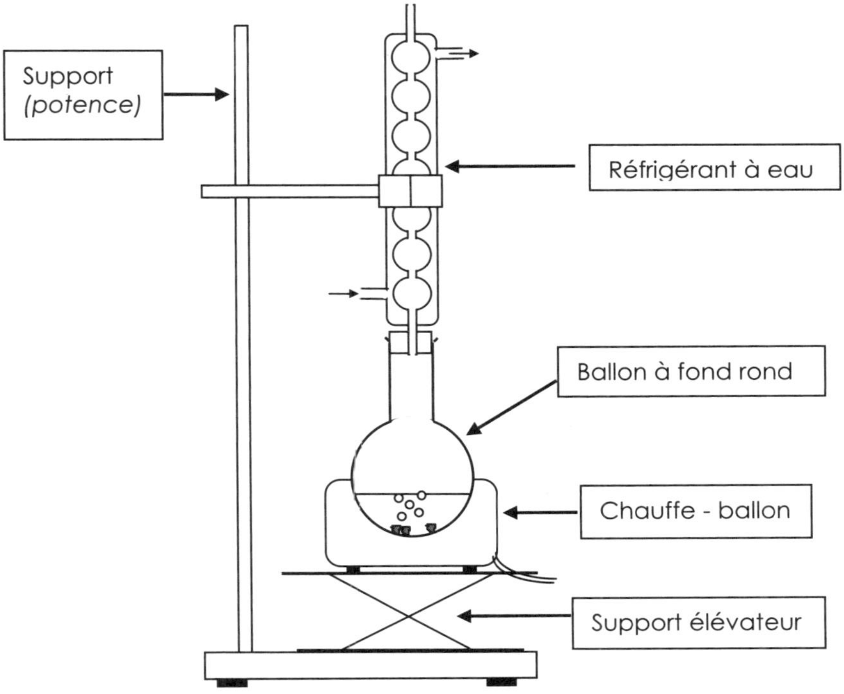

b) Principe du chauffage à reflux

Chauffer à reflux signifie porter à ébullition les réactifs dans un ballon surmonté d'un réfrigérant à eau. Ce dernier permet de condenser les vapeurs qui s'échappent du mélange. Le montage à reflux permet d'éviter les pertes des réactifs et des produits lors de la synthèse d'espèces chimiques.

c) Rôle de la pierre ponce

On ajoute des pierres ponces afin d'homogénéiser le mélange et de réguler l'ébullition.

d) Consignes de sécurité

Signification : corrosif
Consignes de sécurité : éviter tout contact avec la peau et les yeux. Ne pas respirer les vapeurs. Porter des lunettes de protection et des gants, travailler sous la hotte et porter une blouse.

Signification : nocif/irritant
Consignes de sécurité : éviter tout contact avec la peau, les yeux et les vêtements. Porter des gants, des lunettes de protection et une blouse.

En conclusion, il faut porter une blouse, des lunettes de protection et des gants. Il faut travailler sous la hotte.

Chapitre 6
LES SIGNAUX PERIODIQUES
EXERCICES & CORRIGES

Exercices

1 Caractéristiques d'un signal créneau.

L'oscillogramme d'un signal créneau est obtenu en branchant un GBF aux bornes d'un oscilloscope.

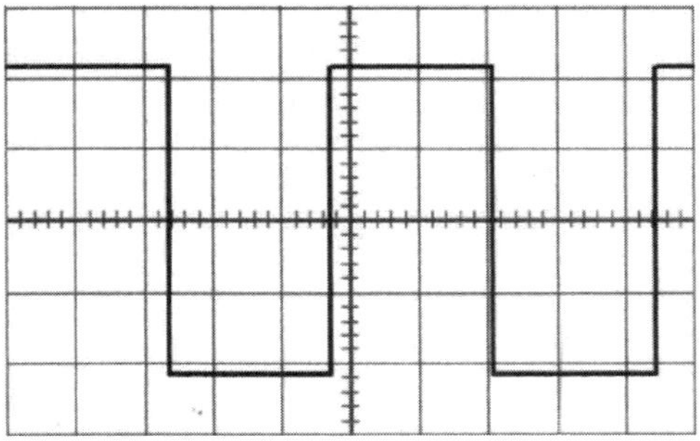

Réglages de l'oscilloscope :

– sensibilité horizontale : 2 ms/div

– sensibilité verticale : 2 V/div

a) Représenter la période du signal. Calculer sa valeur.
b) Calculer la fréquence de cette tension électrique.
c) Représenter la tension maximale et minimale. Calculer leurs valeurs.

2 Que choisir ?

Au cours d'un TP, on branche un GBF qui délivre une tension sinusoïdale de fréquence f = 40,0 kHz, à un oscilloscope. La sensibilité horizontale de l'oscilloscope est réglée sur 10 µs/division alors que la sensibilité verticale est réglée sur 5 V/division.

a) Calculer la période du signal sinusoïdal.
b) Choisir, en justifiant, l'oscillogramme correspondant à l'expérience.

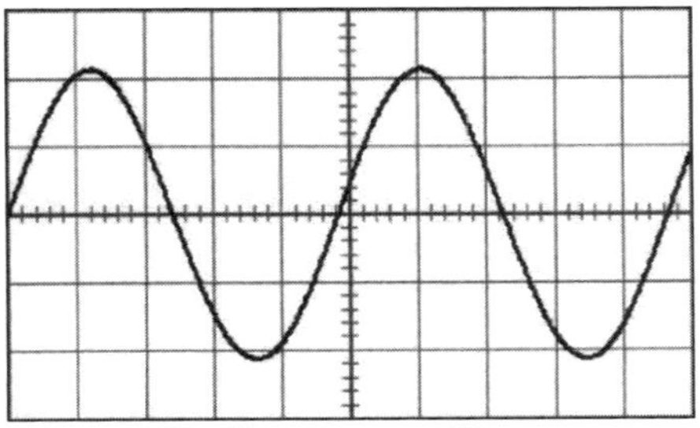

Oscillogramme ①

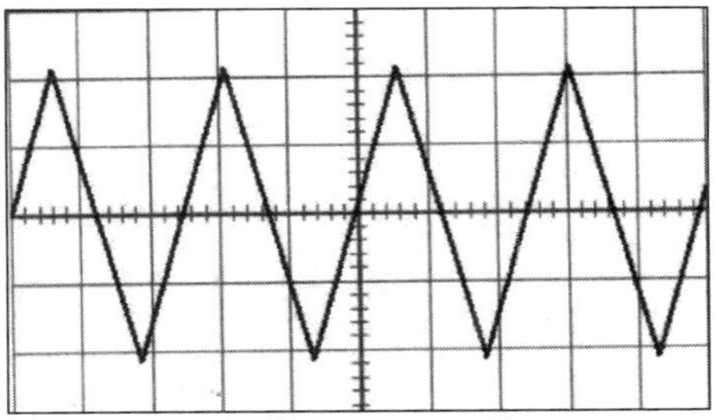

Oscillogramme ②

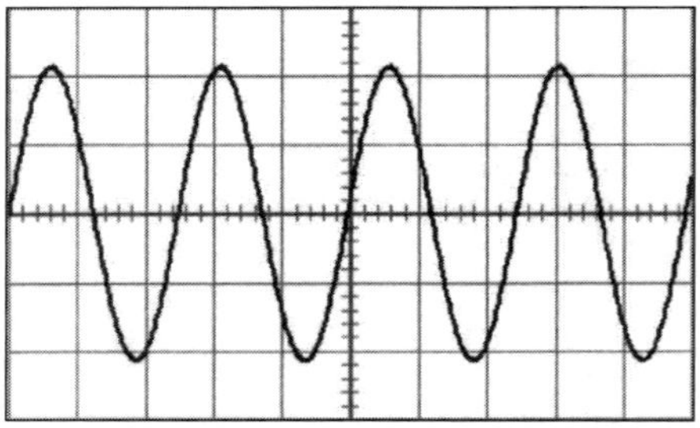

Oscillogramme ③

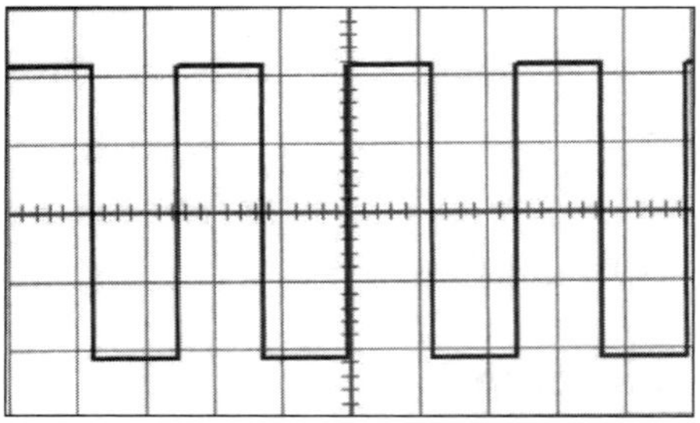

Oscillogramme ④

c) Représenter la tension maximale et la tension minimale. Préciser leurs valeurs.

3 Représentation d'un signal périodique.

Un signal triangulaire est obtenu en branchant un GBF, délivrant une tension de fréquence f = 200 Hz à un oscilloscope. La vitesse de balayage est réglée sur 1,0 ms/division tandis que la sensibilité verticale est réglée sur 2 V/division. La tension maximale vaut 5 V alors que la tension minimale vaut 2 V.

a) Calculer la période du signal triangulaire.
b) Représenter le signal périodique obtenu. Justifier.

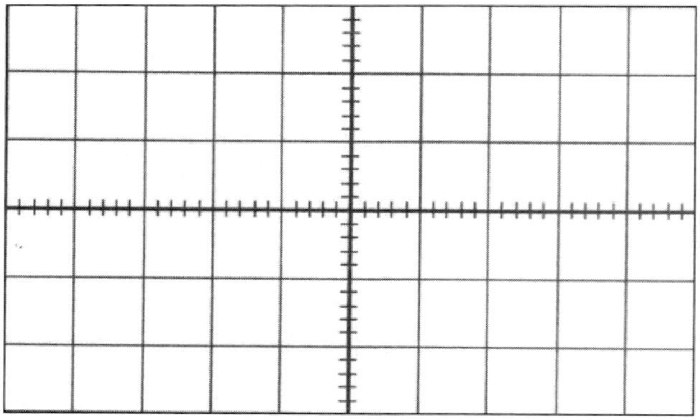

4 Etude d'un électrocardiogramme (ECG).

Un patient fournit l'enregistrement de son électrocardiogramme à son médecin traitant.

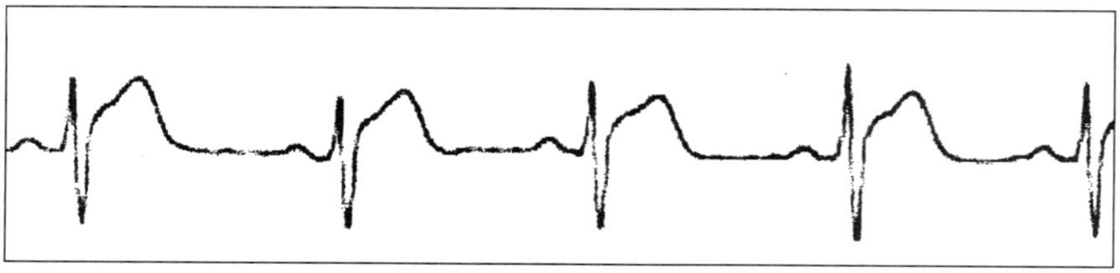

a) Représenter la période T sur cet enregistrement.
b) Sachant que la période cardiaque du patient est de 0,5 s, calculer sa fréquence cardiaque.
c) Le médecin donne à son patient les informations suivantes :
- fréquence cardiaque comprise entre 50 et 80 pulsations par minute : aucune anomalie ;
- fréquence cardiaque inférieure à 50 pulsations par minute : bradycardie ;
- fréquence cardiaque supérieure à 100 pulsations par minute : tachycardie. Calculer chacune de ces fréquences en hertz (Hz). Le patient présente-t-il une pathologie ? Justifier.

Corrigés

1 **Méthodes : 2 et 3.**

a) Représentation de la période

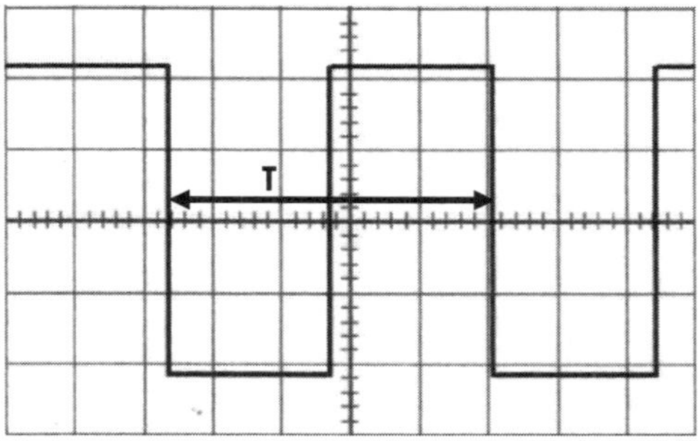

La période représente 4,6 divisions or la sensibilité horizontale vaut 2,0 ms/division donc **$T = 4,6 \times 2,0 = 9,2$ ms $= 9,2.10^{-3}$ s.**

b) Soit $f = \frac{1}{T} = \frac{1}{9,2.10^{-3}}$ donc **f = 108,7 Hz.**

c) Tension minimale et maximale

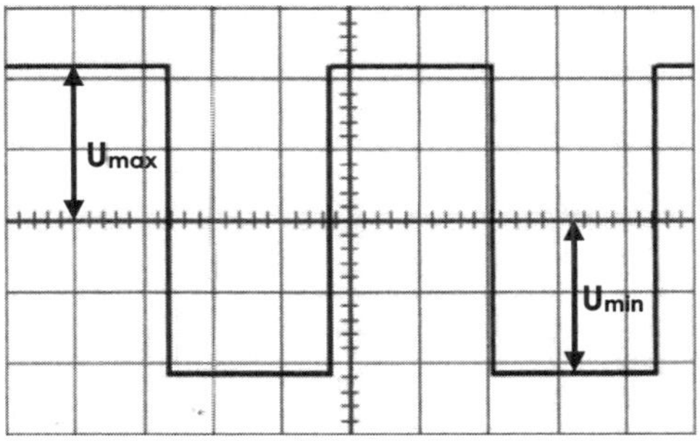

La tension maximale U_{max} représente 2,2 divisions or la sensibilité verticale vaut 2 V/division, donc **U_{max} = 2,2 x 2 = 4,4 V.**

La tension minimale U_{min} représente 2,2 divisions or la sensibilité verticale vaut 2 V/division, donc **U_{min} = – 2,2 x 2 = – 4,4 V.**

On constate que $U_{max} = - U_{min}$, le signal est symétrique.

2 **Méthodes : 2 et 3.**

a) La fréquence vaut f = 40 kHz = 40.10^3 Hz or $T = \frac{1}{f} = \frac{1}{40000}$

donc **$T = 2{,}5.10^{-5}$ s = 25 µs.**

b) La sensibilité horizontale est de 10 µs/division or la période vaut 25 µs donc la période représente $\frac{25}{10} = 2{,}5$ divisions.

La période représente donc 2,5 divisions.

L'oscillogramme correspondant à l'expérience est l'oscillogramme ③.

c) Représentation des tensions maximales et minimales

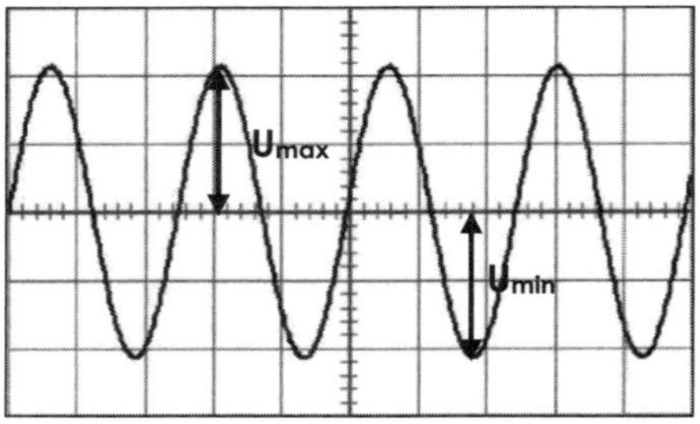

La tension maximale U_{max} représente 2,2 divisions or la sensibilité verticale vaut 5 V/division, donc **U_{max} = 2,2 x 5 = 11 V.**

La tension minimale U_{min} représente 2,2 divisions or la sensibilité verticale vaut 5 V/division, donc **U_{min} = – 2,2 x 5 = – 11 V.**

On constate que $U_{max} = - U_{min}$, le signal est symétrique.

3 **Méthodes : 2 et 3.**

a) Soit $T = \frac{1}{f}$ or f = 200 Hz donc **$T = \frac{1}{200}$ = $5{,}0.10^{-3}$ s = 5,0 ms.**

b) La vitesse de balayage est de 1 ms/division or la période vaut 5,0 ms donc la période représente $\frac{5}{1} = 5$ divisions.

La période représente donc 5 divisions.

La tension maximale vaut 5 V or la sensibilité verticale vaut 2 V/division donc la tension maximale représente $\frac{5}{2} = 2{,}5$ divisions.

La tension maximale vaut 2 V or la sensibilité verticale vaut 2 V/division donc la tension maximale représente $\frac{2}{2} = 1$ division.

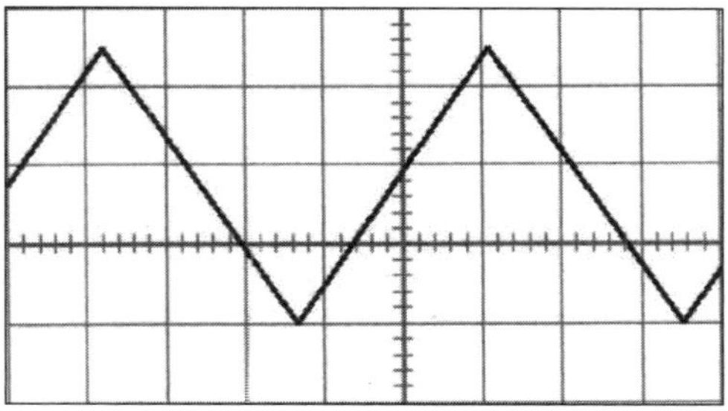

4 Méthodes : 2 et 3.

a) Représentation de la période T

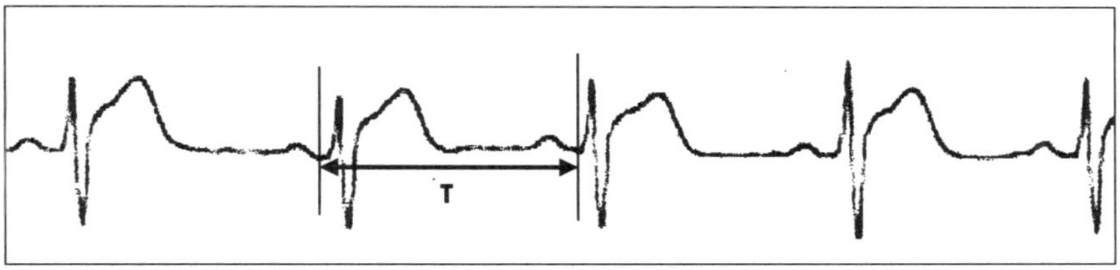

b) Soit $f = \frac{1}{T} = \frac{1}{0{,}5}$ donc f = 2,0 Hz.

c) Soit 50 pulsations par minute soit en 60 secondes or la fréquence représente le nombre de période par seconde c'est-à-dire le nombre de pulsation par seconde donc $f = \frac{50}{60} = 0{,}83$ Hz.

– La fréquence cardiaque normale est comprise entre 0,83 Hz et 1,33 Hz.
– La fréquence cardiaque d'une tachycardie est supérieure à 1,67 Hz.
– La fréquence cardiaque d'une bradycardie est inférieure à 0,83 Hz.

La fréquence du patient est supérieure à 1,67 Hz donc le patient est atteint de tachycardie.

Chapitre 7
LES ONDES
ET LEURS APPLICATIONS MÉDICALES
EXERCICES & CORRIGES

Exercices

1 Une chauve-souris en chasse.

Une chauve-souris émet un signal sonore de période T = 29 ms afin de repérer sa proie. Le signal ainsi émis met une durée Δt = 7,0 ms pour revenir à la chauve-souris.

a) Calculer la fréquence du signal périodique produit par la chauve-souris. Est-il audible ? Justifier. Comment qualifie-t-on ce type d'onde sonore ?
b) Sachant que l'onde se propage à la vitesse v = 350 $m.s^{-1}$, déterminer à quelle distance se trouve la proie de la chauve-souris.

2 Détermination de la vitesse de propagation d'une onde sonore dans l'eau.

Un émetteur d'ultrasons est relié à un générateur de salves. Le récepteur transforme l'onde ultrasonore reçue en signal électrique de même fréquence que cette onde. L'émetteur et le récepteur, placés dans l'eau, en regard l'un de l'autre, sont distant de ℓ = 20,0 cm. On obtient l'enregistrement du signal reçu par le récepteur dans l'eau ci-dessous.

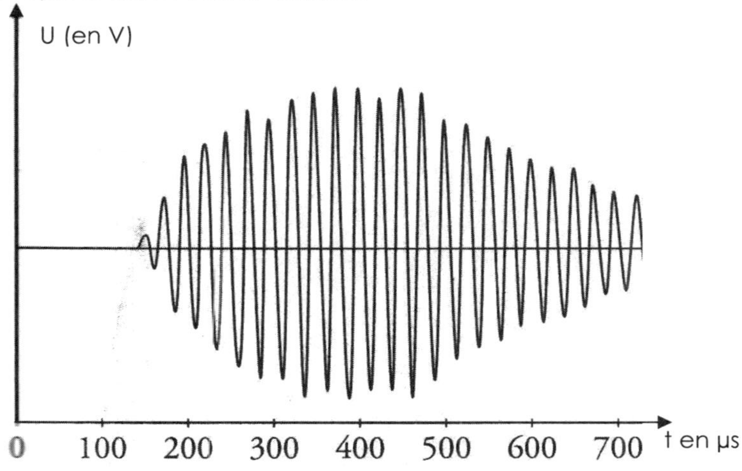

L'origine des dates t = 0 s est l'instant de l'émission. Calculer la vitesse de propagation des ondes ultrasonores dans l'eau.

3 La sismique.

La sismique est une technique de mesure indirecte qui consiste à enregistrer en surface des échos issus de la propagation dans le sous-sol d'une onde provoquée.
Un camion vibreur émet une salve d'ondes à l'aide d'un marteau de masse 2500 kg venant frapper périodiquement le sol avec une fréquence f = 14,0 Hz.
Le temps d'arrivée de l'écho permet de situer la position de la première hétérogénéité.

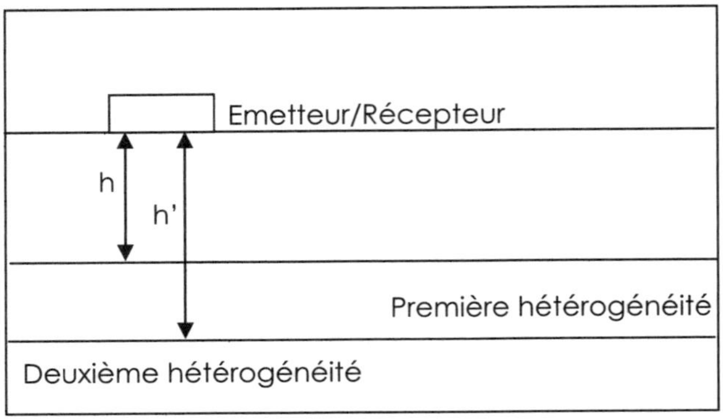

a) Calculer la période d'une salve d'ondes.
b) L'onde réfléchie par la première limite hétérogène rencontrée est détectée au bout d'une dure égale à Δt = 580 ms. Sachant que l'onde se propage à la vitesse moyenne v = 6,21 km.s^{-1}, calculer la profondeur h de la première couche.
c) L'onde réfléchie par la deuxième limite hétérogène rencontrée est détectée au bout d'une dure égale à Δt = 800 ms. Sachant que l'onde se propage à la vitesse moyenne v = 6,21 km.s^{-1}, calculer la profondeur h' de la deuxième couche.

4 Réfraction par un prisme.

On envoie un rayon lumineux vers un prisme de verre sous une incidence i = 45°.

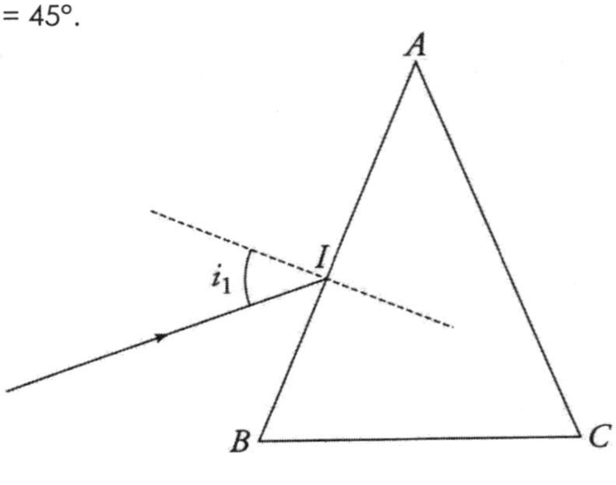

Indice de réfraction :
- n_{air} = 1,00
- n_{verre} = 1,50

a) Le rayon lumineux subit une première réfraction en I sur la face AB du prisme. Tracer approximativement le rayon réfracté à l'intérieur du prisme, il frappe la face AC en I'.
b) A la traversée de la face AC, une nouvelle réfraction se produit en I'. Tracer approximativement le rayon réfracté émergeant du prisme en I'.

5 Que choisir ?

Un rayon lumineux issu de l'air pénètre dans l'eau avec un angle d'incidence i = 40°. Sachant que l'indice de réfraction de l'air vaut n_{air} = 1,00 et que celui de l'eau vaut n_{eau} = 1,33, identifier le schéma correspondant à la situation.

Schéma 1 :

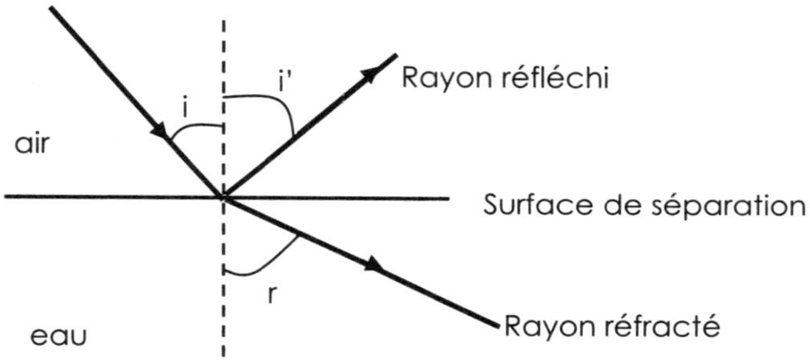

Schéma 2 :

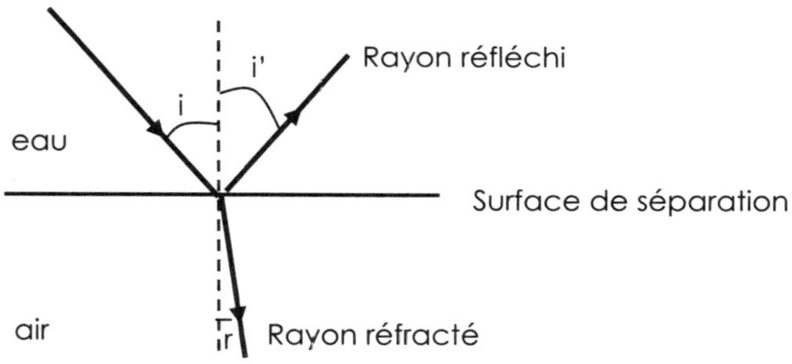

Schéma 3 :

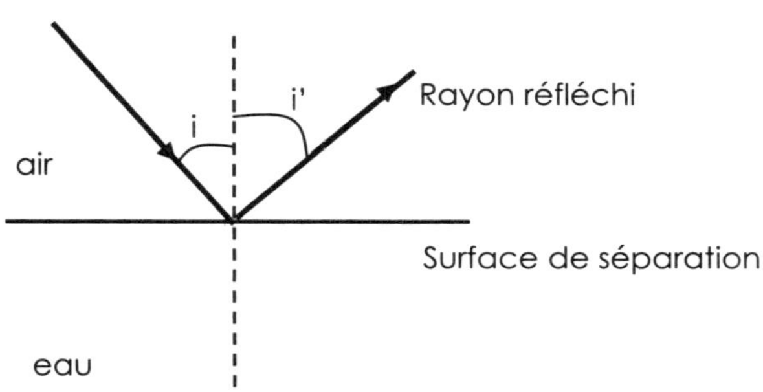

Schéma 4 :

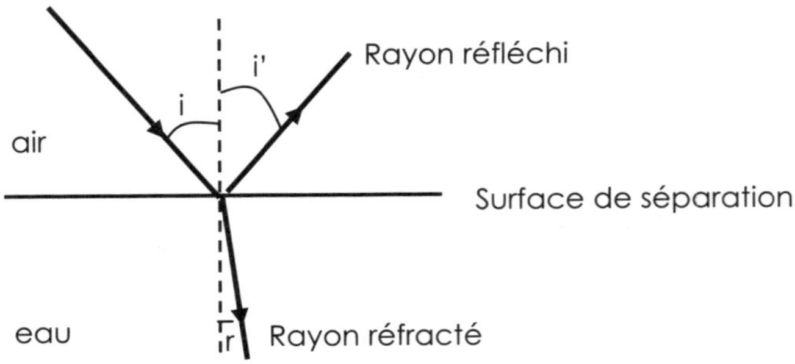

Corrigés

1 **Méthodes : 2 et 3.**

a) Fréquence du signal périodique : $f = \frac{1}{T}$ or $T = 29\ ms = 29.10^{-3}\ s = 2,9.10^{-2}\ s$

donc $f = \frac{1}{2,9.10^{-2}}$ soit **$f = 34,5\ Hz$.**

Le signal est audible puisque la fréquence est comprise entre 20Hz et 20 kHz.

b) Soit $v = \frac{2 \times d}{\Delta t}$ donc $d = \frac{v \times \Delta t}{2}$.

L'onde fait un aller-retour donc la distance parcourue pendant Δt correspond à 2d.

or $\Delta t = 7,0\ ms = 7,0.10^{-3}\ s$

d'où **$d = 1,23\ m$.**

La chauve-souris se trouve à 1,23 m de sa proie.

2 **Méthode : 3.**

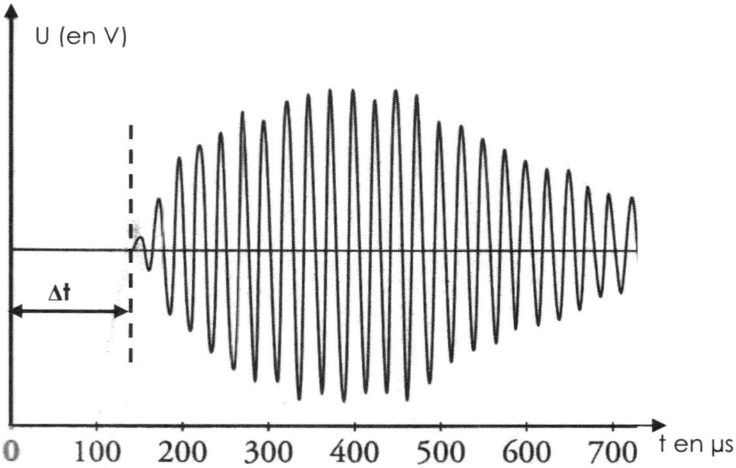

Soit $v = \dfrac{\ell}{\Delta t}$ or Δt = 130 μs = 130.10^{-6} s = $1{,}30.10^{-4}$ s et ℓ = 20,0 cm = $2{,}0.10^{-1}$m.

Donc $v = \dfrac{2{,}0.10^{-1}}{1{,}30.10^{-4}}$ = **1538 m.s⁻¹.**

La vitesse de propagation des ondes ultrasonores dans l'eau vaut 1538 $m.s^{-1}$.

3 **Méthode : 3.**

a) $T = \dfrac{1}{f} = \dfrac{1}{14}$ donc T = $7{,}1.10^{-2}$ s = 71 ms.

b) Soit $v = \dfrac{2h}{\Delta t}$ donc h = v x Δt or Δt = 580 ms = $5{,}80.10^{-1}$ s

d'où $\mathbf{h = \dfrac{6{,}21 \times 5{,}8.10^{-1}}{2} = 1{,}8}$ **km.**

La première hétérogénéité se trouve à 1,8 km de profondeur.

c) Soit $v = \dfrac{2h'}{\Delta t}$ donc h' = v x Δt or Δt = 800 ms = $8{,}00.10^{-1}$ s

d'où $\mathbf{h' = \dfrac{6{,}21 \times 8{,}00.10^{-1}}{2} = 2{,}45}$ **km.**

La deuxième hétérogénéité se trouve à 2,45 km de profondeur.

4 **Méthode : 8.**

a) $n_{air} < n_{verre}$ donc r < i, le rayon réfracté se rapproche de la normale.

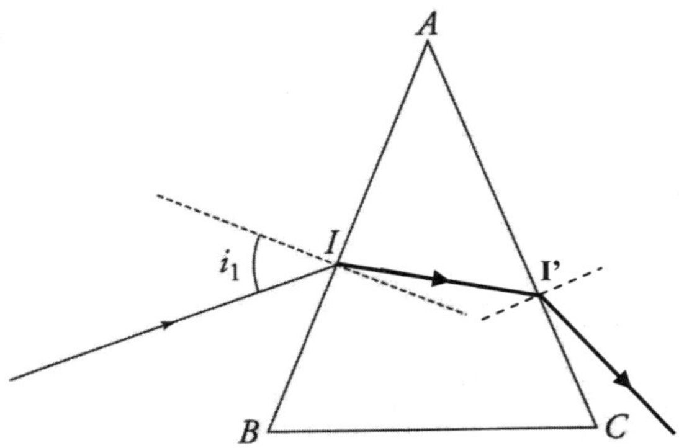

b) $n_{verre} > n_{air}$ donc $r > i$, le rayon réfracté s'éloigne de la normale.

5 Méthode : 8.

$n_{air} < n_{eau}$ donc $r < i$, le rayon réfracté se rapproche de la normale. Il faut choisir le schéma 4.

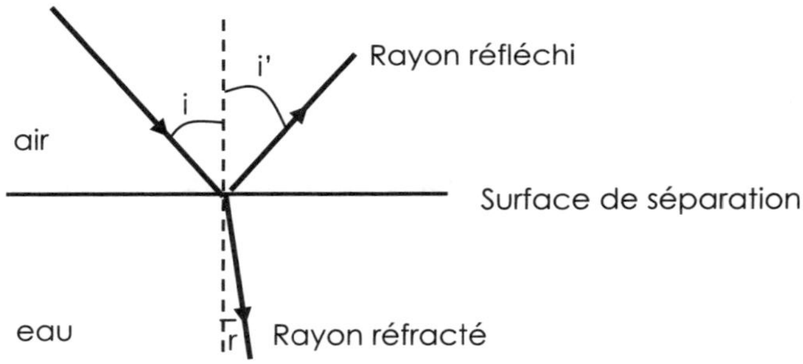

Chapitre 8
DESCRIPTION DE L'UNIVERS
EXERCICES & CORRIGES

Exercices

1 La planète Jupiter.

C'est la plus grosse planète du système solaire. C'est la première des planètes gazeuses ! Elle est environ 12 fois plus grande que la Terre. Elle possède plusieurs satellites : les 4 plus gros sont découverts par Galilée au XVIIe siècle : Io, Europe, Ganymède, Callisto. Révolution autour du Soleil : 12 ans. Température moyenne : –140°C.
Diamètre : 143 000 km.

a) Rappeler la position de Jupiter dans le système solaire.
b) Jupiter se situe à une distance de 778 000 000 km du Soleil. Exprimer ce résultat en écriture scientifique. Déterminer en km l'ordre de grandeur de cette distance.
c) Exprimer la valeur de son diamètre en écriture scientifique et donner son ordre de grandeur en km.

2 Proxima du Centaure.

L'étoile Proxima du Centaure se situe à 41 600 milliards de km de la Terre.

a) Exprimez la distance en km selon une écriture scientifique. Donner l'ordre de grandeur en km de cette distance.
b) Donner la définition d'une année de lumière. Rappelez à quoi correspond une année de lumière en km.
c) Exprimer la distance séparant la Terre de Proxima en a.l.
d) Supposons que Proxima explose. Dans combien de temps le saurons-nous ?

3 Où sommes-nous dans notre galaxie ?

La Terre se situe à 286 millions de milliards de km du centre de la Voie Lactée.

a) Exprimer en km en écriture scientifique la distance entre la Terre et le centre de notre galaxie ainsi que son ordre de grandeur en km.
b) A quelle distance en année de lumière nous trouvons-nous du centre de notre galaxie ? Exprimer ce résultat en écriture scientifique.
c) Si nous avions la technologie suffisante pour nous déplacer à la vitesse de la lumière, combien de temps mettrions-nous pour rejoindre le centre de la galaxie ?
d) Sachant qu'une fusée se déplace environ à 10 km/s, combien de temps lui faudrait-il pour rejoindre le centre de notre galaxie ?

4 Ecriture scientifique et ordre de grandeur.

	Ecriture scientifique	Ordre de grandeur	Année de lumière (a.l)
10 740 km			
57,8 x 10^{6} m			
3,5 x 10^{27} km			
708 x 10^{15} km			
98,7 x 10^{37} m			
2,08 x 10^{-5} m			

5 La nébuleuse d'Oméga.

La nébuleuse d'Oméga qui se trouve à 4231 a.l de la Terre.

a) Calculer en km, la distance séparant la nébuleuse d'Oméga et le système solaire. Exprimer ce résultat en notation scientifique.
b) Donner l'ordre de grandeur de cette distance.
c) Calculer la durée en seconde, mise par la lumière de cette explosion pour être détectée par un observateur terrestre. Exprimer ce résultat en notation scientifique.
d) Evaluer l'ordre de grandeur de cette durée en seconde.
e) Supposons qu'une explosion se produise en 2011 dans la nébuleuse d'Oméga, à quelle date pourrions-nous l'observer depuis la Terre ?

Donnée : vitesse de la lumière dans le vide : c = 3,0 x 10^{8} m.s^{-1}

Corrigés

1 **Méthodes : 1, 2 et 3.**

a) Jupiter est la 5e planète du système solaire.
b) Distance Soleil/Jupiter est égale à 778 000 000 km = 7,78 x10^{8} km. L'ordre de grandeur est de 10^{9} km.
c) Diamètre = 140 000 km = 1,4 x10^{5} km. Son ordre de grandeur est de 10^{5} km.

2 **Méthodes : 2, 3 et 4.**

a) Distance Terre/Proxima = 41600 milliards de km = 4,16 x1013 km. Ordre de grandeur = 1013 km.

b) L'année de lumière est une unité de distance. Elle correspond à la distance parcourue par la lumière en une année dans le vide.
1 a.l = 9,5 x 10^{12} km

c) Distance = $\dfrac{4{,}16\times10^{13}}{9{,}5\times10^{12}}$ = 4,3 a.l.

d) Si Proxima venait à exploser maintenant, nous le verrions au télescope dans environ 4 ans !

3 **Méthodes : 2, 3 et 4.**

a) Distance Terre/centre galaxie = $2{,}86 \times 10^{17}$ km.
Ordre de grandeur = 10^{17} km.

b) On sait que : 1a.l = $9{,}5 \times 10^{12}$ km.

Distance Terre/Centre galaxie = $\dfrac{2{,}86\times10^{17}}{9{,}5\times10^{12}}$ = 30 000 a.l

Distance Terre/Centre galaxie = $3{,}0 \times 10^{4}$ a.l

c) Si nous pouvions nous déplacer à la vitesse de la lumière nous mettrions 30 000 ans pour atteindre le centre de la galaxie…

d) $t = \dfrac{d}{v} = \dfrac{2{,}86\times10^{17}}{10} = 2{,}86 \times 10^{16}$ s

1 année = 365 x24 x3600 = $3{,}15 \times 10^{7}$ s.

$t = \dfrac{2{,}86\times10^{16}}{3{,}15\times10^{7}}$ = $9{,}0 \times 10^{8}$ années soit 900 millions d'années…

4 **Méthodes : 2, 3 et 4.**

	Ecriture scientifique	Ordre de grandeur	Année de lumière (a.l)
10740 km	$1{,}0740 \times 10^{4}$ km	10^{4} km	$1{,}13 \times 10^{-9}$
$57{,}8 \times 10^{6}$ m	$5{,}78 \times 10^{7}$ m	10^{8} m	$6{,}08 \times 10^{-9}$
$3{,}5 \times 10^{27}$ km	$3{,}5 \times 10^{27}$ km	10^{27} km	$3{,}68 \times 10^{14}$
708×10^{15} km	$7{,}08 \times 10^{17}$ km	10^{18} km	74 426
$98{,}7 \times 10^{37}$ m	$9{,}87 \times 10^{38}$ m	10^{39} m	$1{,}04 \times 10^{23}$
$2{,}08 \times 10^{-5}$ m	$2{,}08 \times 10^{-5}$ m	10^{-5} m	$2{,}18 \times 10^{-21}$

5 **Méthodes : 2, 3, 4 et 5.**

a) Distance nébuleuse d'Oméga – Système Solaire = d_{OS}
d_{OS} = 4231 x 9,5 x 10^{12} = 4,02 x 10^{16} km.

b) 4,02 < 5 donc on arrondit à 1, donc l'ordre de grandeur vaut **10^{16} km.**

c) Soit $v = \frac{d_{OS}}{\Delta t}$ d'où $\Delta t = \frac{d_{OS}}{v} = \frac{4{,}02 \times 10^{16}}{3{,}0 \times 10^{5}}$ donc $\Delta t = 1{,}34 \times 10^{11}$ s

or 1 année = 365 jours = 365 x 24 x 3600 = 3,15 x 10^7 s

donc **$\Delta t = \frac{1{,}34 \times 10^{11}}{3{,}15 \times 10^{7}}$ = 4 249 années = 4,25 x 10^3 années = 1,34.10^{11} s.**

Autre méthode :

d = 4 231 a.l, cela veut dire que la lumière mettra 4231 années pour parvenir jusqu'à la Terre.
Or 1 année = 365 x 24 x 3600 = 3,15.10^7 s donc Δt = 4 231 x 3,15.10^7 = 1,34.10^{11} s.

d) Ordre de grandeur de Δt = 10^{11} secondes.

e) La lumière met 4231 années pour nous parvenir, on observera l'explosion en 2011 + 4231 = 6242 soit en l'an 6242.

Chapitre 9
LES SPECTRES LUMINEUX
EXERCICES & CORRIGES

Exercices

1 Mais qui est qui ?

Compléter le tableau avec le vocabulaire approprié :

– spectre continu d'origine thermique
– spectre de raies d'émission
– spectre de raies d'absorption

Description du spectre ou de l'expérience	**Nature du spectre**
Ce spectre est obtenu en éclairant en lumière blanche une espèce chimique gazeuse à basse pression	
En chauffant une barre de fer à très hautes températures, on peut observer ce type de spectre.	
Ce spectre est constitué de raies colorées sur fond noir.	
L'analyse de ce spectre permet d'identifier les éléments chimiques constituant l'atmosphère d'une étoile.	
Ce spectre constitue la carte d'identité d'une entité chimique. On dit qu'il est caractéristique de cette espèce chimique.	
Quand ce spectre s'enrichit en couleur bleue et violette, on sait que la température augmente.	

2 Analyse d'un spectre d'émission.

L'analyse du spectre d'émission de l'élément argon révèle la présence de raies de longueur d'onde bien définie.

Spectre d'émission de l'argon

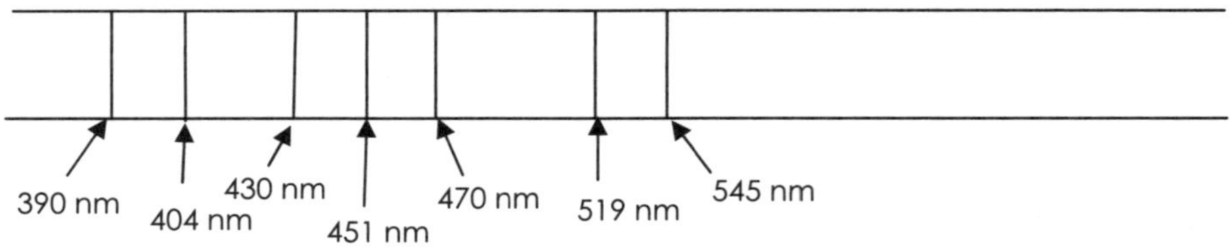

a) Quelles sont les longueurs d'onde des raies appartenant au domaine du visible ? Au domaine des ultraviolets ? Au domaine de l'infrarouge ?
b) S'agit-il d'une lumière polychromatique ou monochromatique ? Justifier.
c) Associer à chaque longueur d'onde une couleur quand cela est possible.

3 Spectre d'absorption d'une étoile.

On fournit une partie du spectre d'absorption d'une étoile ainsi que les longueurs d'onde d'émission de quelques éléments.

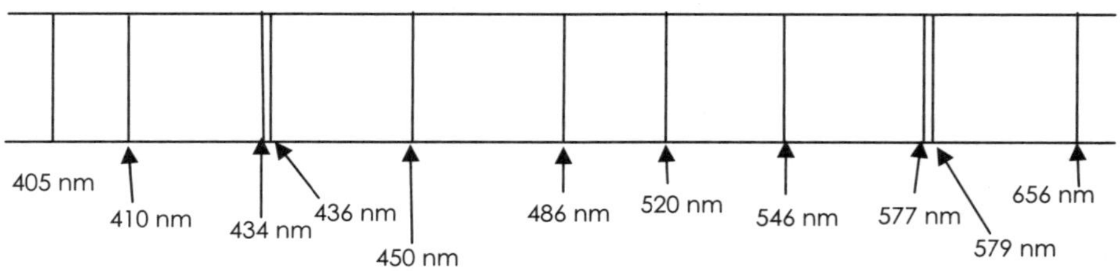

Elément chimique	Longueur d'onde λ en nm de certaines raies caractéristiques					
Hydrogène H	410	434	486	656		
Mercure Hg	405	436	546	577	579	
Argon Ar	404	430	451	470	519	545

a) A quel domaine appartiennent les longueurs d'ondes du spectre de l'étoile ? Justifier.
b) S'agit-il d'une lumière polychromatique ou monochromatique ? Justifier.
c) Identifier les éléments que peuvent contenir les couches superficielles de l'étoile. Justifier.

4 Analyse de l'atmosphère d'une étoile.

On fournit une partie du spectre d'absorption d'une étoile nommé « Gamma 2 » ainsi que le spectre d'émission de quelques éléments. Identifier les éléments que peut contenir l'atmosphère de cette étoile. Justifier.

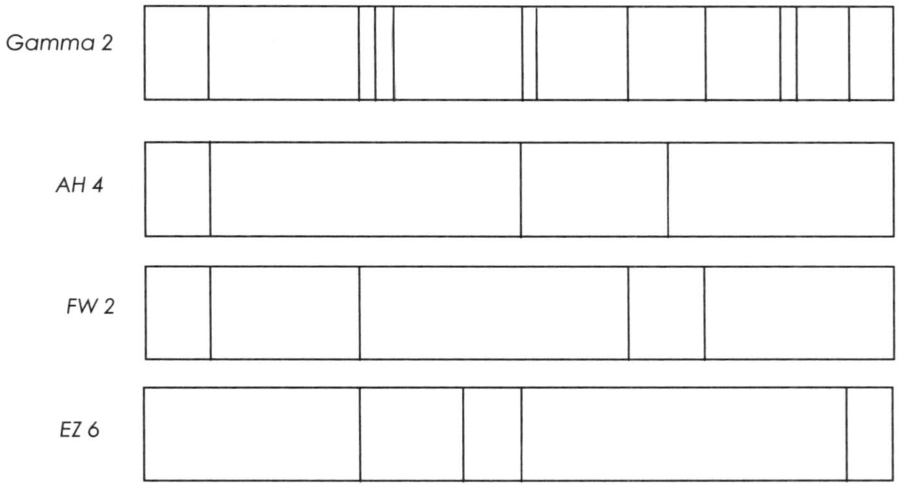

Corrigés

1 Méthodes : 2, 3 et 4.

Description du spectre ou de l'expérience	Nature du spectre
Ce spectre est obtenu en éclairant en lumière blanche une espèce chimique gazeuse à basse pression	**Spectre de raies d'absorption**
En chauffant une barre de fer à très hautes températures, on peut observer ce type de spectre.	**Spectre continu d'origine thermique**
Ce spectre est constitué de raies colorées sur fond noir.	**Spectre de raies d'émission**
L'analyse de ce spectre permet d'identifier les éléments chimiques constituant l'atmosphère d'une étoile.	**Spectre de raies d'absorption**
Ce spectre constitue la carte d'identité d'une entité chimique. On dit qu'il est caractéristique de cette espèce chimique.	**Spectre de raies d'émission**
Quand ce spectre s'enrichit en couleur bleue et violette, on sait que la température augmente.	**Spectre continu d'origine thermique**

2 **Méthodes : 1 et 3.**

a) Longueur d'onde appartenant au domaine des ultraviolets UV : 390 nm
Longueur d'onde appartenant au domaine du visible : 404 nm ; 430 nm ; 451 nm ; 470 nm ; 519 nm ; 545 nm.
Longueur d'onde appartenant au domaine des infrarouges IR : aucune.

b) Il s'agit d'une lumière polychromatique puisque le spectre révèle plusieurs radiations de longueurs d'onde différentes.

c) Correspondance des couleurs et des longueurs d'onde :

λ_2 = 404 nm : violet

λ_3 = 430 nm : indigo

λ_4 = 451 nm : bleu foncé

λ_5 = 470 nm : bleu clair

λ_6 = 519 nm : bleu/vert

λ_7 = 545 nm : vert

3 **Méthodes : 1 et 5.**

a) Les longueurs d'onde appartiennent au domaine du visible puisque $400 \text{ nm} \leq \lambda \leq 800 \text{ nm}$.
b) Il s'agit d'une lumière polychromatique puisque le spectre révèle plusieurs radiations de longueurs d'onde différentes.
c) On identifie **l'hydrogène H** et le **mercure Hg** puisque on retrouve toutes les raies de l'élément hydrogène et de l'élément mercure dans le spectre de l'absorption de l'étoile.

4 **Méthodes : 3 et 5.**

On identifie **l'élément FW2** puisque l'on retrouve toutes les raies d'émission de l'élément FW2 dans le spectre d'absorption de l'étoile.
Pour les éléments AH4 et EZ6, on ne retrouve pas toutes les raies d'émission dans le spectre d'absorption de l'étoile.

Chapitre 10
DISPERSION
ET REFRACTION DE LA LUMIERE
EXERCICES & CORRIGES

Exercices

1 Dispersion de la lumière par un prisme.

Un faisceau lumineux éclaire un prisme en plexiglas. En sortie du prisme, on observe six radiations monochromatiques : rouge, orange, jaune, vert, bleu et violet sur l'écran.

a) La lumière éclairant le prisme est-elle polychromatique ou monochromatique ? Justifier.
b) Nommer et expliquer le phénomène observé.
c) On constate sur l'écran les déviations suivantes :
violet > bleu > vert > jaune > orange > rouge (> : signifie plus dévié)

On fournit les valeurs de quelques longueurs d'ondes :
λ_1 = 540 nm, λ_2 = 600 nm, λ_3 = 750 nm, λ_4 = 480 nm, λ_5 = 420 nm, λ_6 = 580 nm

Attribuer à chaque couleur sa longueur d'onde en justifiant.

2 Etude du dioptre air/eau.

Un rayon incident arrive à la surface de séparation du dioptre air/eau avec un angle i = 46°. Quand il pénètre dans l'eau, il subit le phénomène de réfraction, l'angle entre la normale et le rayon réfracté vaut alors r = 32,7°.

a) Définir le phénomène de réfraction.
b) Schématiser et légender la situation.
c) Calculer l'indice de réfraction de l'eau.
d) Déterminer la vitesse de propagation de la lumière dans l'eau.

Données : indice de réfraction de l'air : n_{air} =1,00.
Vitesse de propagation de la lumière dans le vide : c = $3{,}00.10^8$ $m.s^{-1}$.

3 Etude du dioptre verre/eau.

Un rayon incident issu du verre arrive à la surface de séparation du dioptre verre/eau avec un angle i = 40°. Quand il pénètre dans l'eau, il subit le phénomène de réfraction.

a) Définir le phénomène de réfraction.
b) Schématiser et légender la situation.
c) Calculer l'angle de réfraction r.
d) Déterminer la vitesse de propagation de la lumière dans le verre.

Données : indice de réfraction du verre : $n_{verre} = 1,50$.
Indice de réfraction de l'eau : $n_{eau} = 1,33$.
Vitesse de propagation de la lumière dans le vide : $c = 3,00.10^8$ m.s^{-1}.

4 Détermination de l'indice de réfraction du plexiglas.

Au cours d'une séance de TP, on réalise l'expérience suivante : on éclaire sous différentes incidences un demi-cylindre en plexiglas, on relève pour chaque angle d'incidence i, la valeur de l'angle de réfraction r.

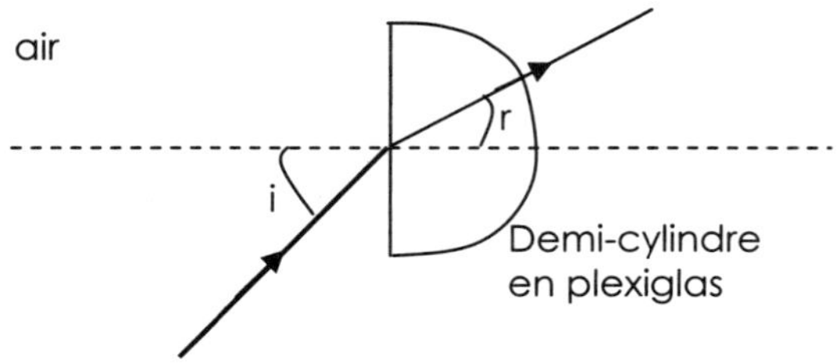

Les résultats sont consignés dans le tableau ci-dessous :

Angle d'incidence i (en degré)	0	10	20	30	35	40	45
Angle de réfraction r (en degré)	0	6,6	13,2	19,5	22,5	25,4	28,1

a) Compléter le tableau ci-dessous :

sin i							
sin r							

b) Tracer le graphe sin i en fonction de sin r : sin i = f(sin r).
c) Que représente le coefficient directeur de la droite. Le calculer. En déduire la valeur de l'indice de réfraction du plexiglas.

Donnée : indice de réfraction de l'air : $n_{air} = 1,00$.

5 Prisme et réfraction.

Une lumière monochromatique rouge de longueur d'onde λ = 780 nm éclaire un prisme en verre sous une incidence i = 30°. A l'entrée de la première face du prisme, le faisceau lumineux subit un phénomène de réfraction en I.

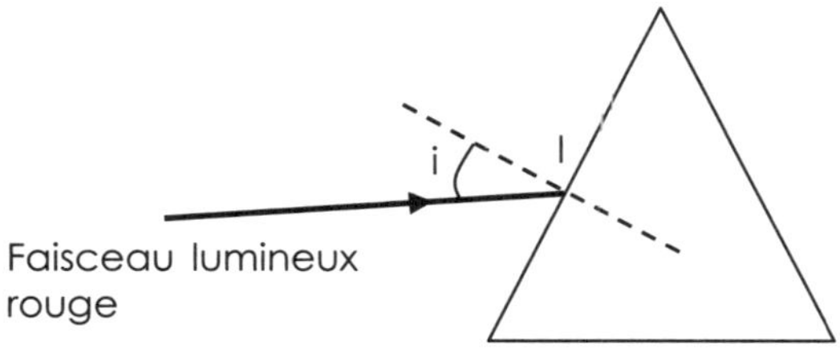

a) Définir le phénomène de réfraction.
b) Calculer l'angle de réfraction r.
c) Tracer le trajet du faisceau lumineux à l'intérieur du prisme.

Le faisceau lumineux frappe la deuxième face du prisme en I' sous un angle i' = 38° et subit de nouveau un phénomène de réfraction.

d) Calculer l'angle de réfraction r' en sortie du prisme.
e) Tracer le trajet du faisceau lumineux à l'extérieur du prisme.
f) On remplace la lumière monochromatique rouge par une lumière monochromatique violette λ = 410 nm. L'angle de réfraction r' en sortie du prisme sera-t-il modifié ? Si oui, comment ?

Données : indice de réfraction de l'air : n_{air} =1,00.
Indice de réfraction du verre : n_{verre} =1,50.

Corrigés

1 Méthode : 1.

a) La lumière étudiée est polychromatique puisqu'elle est constituée de plusieurs radiations monochromatiques différentes.
b) Le phénomène observé se nomme la dispersion de la lumière. Un prisme peut décomposer une lumière polychromatique en ses différentes radiations monochromatiques qui la constitue.
c) La déviation d'une radiation monochromatique dépend de sa longueur d'onde. Plus la longueur d'onde est petite plus la radiation qui lui est associée sera déviée.

violet : λ_5 = 420 nm

bleu : λ_4 = 480 nm

vert : λ_1 = 540 nm

jaune : λ_6 = 580 nm

orange : λ_2 = 600 nm

rouge : λ_3 = 750 nm

2 **Méthodes : 2 et 3.**

a) On appelle **réfraction**, le changement de direction subit par la lumière quand elle traverse la surface de séparation de deux milieux transparents.

b) <u>Schéma du phénomène de réfraction de la lumière :</u>

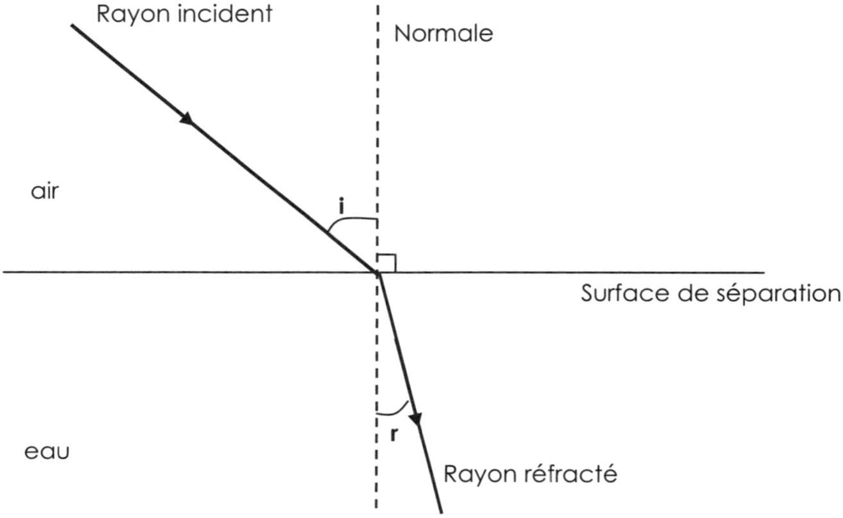

i : angle d'incidence en degré
r : angle de réfraction en degré

c) Deuxième loi de Snell-Descartes

$n_{air} \times \sin i = n_{eau} \times \sin r$ donc $n_{eau} = \dfrac{n_{air} \times \sin i}{\sin r} = \dfrac{1{,}00 \times \sin(46)}{\sin(32{,}7)}$

$\mathbf{n_{eau} = 1{,}33}$.

d) $n_{eau} = \dfrac{c}{v_{eau}}$ donc $v_{eau} = \dfrac{c}{n_{eau}} = \dfrac{3{,}00 \times 10^8}{1{,}33}$

d'où $\mathbf{v_{eau} = 2{,}26 \times 10^8\ m.s^{-1}}$.

3 **Méthodes : 2 et 3.**

a) On appelle **réfraction**, le changement de direction subit par la lumière quand elle traverse la surface de séparation de deux milieux transparents.

b) Schéma du phénomène de réfraction de la lumière :

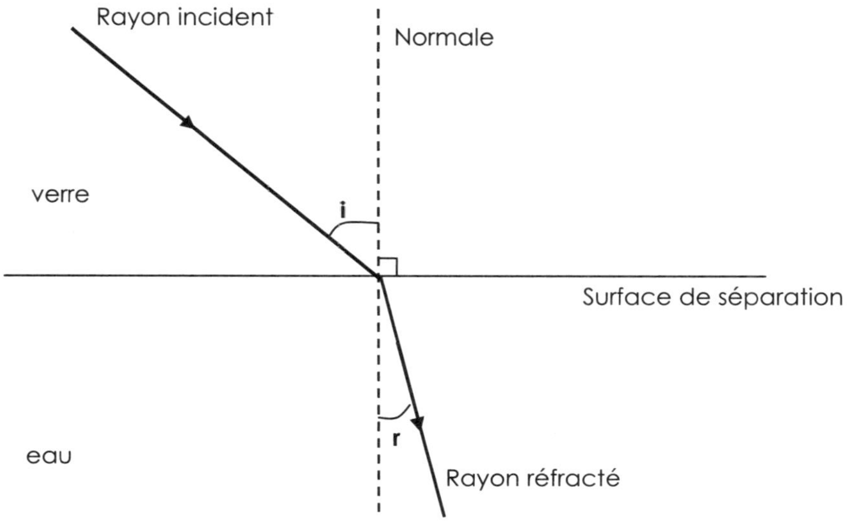

i : angle d'incidence en degré
r : angle de réfraction en degré

c) Deuxième loi de Snell-Descartes

n_{verre} x sin i = n_{eau} x sin r donc $\sin r = \dfrac{n_{verre} \times \sin i}{n_{eau}} = \dfrac{1,50 \times \sin(40)}{1,33}$

d'où r = 46,5°.

d) $n_{verre} = \dfrac{c}{v_{verre}}$ donc $v_{verre} = \dfrac{c}{n_{verre}} = \dfrac{3,00 \times 10^8}{1,50}$

d'où **v_{eau} = 2,00x10⁸ m.s⁻¹.**

4 **Méthode : 3.**

a) Tableau complété

sin i	0	0,17	0,34	0,50	0,57	0,64	0,71
sin r	0	0,11	0,23	0,33	0,38	0,43	0,47

b) Graphe sin i en fonction de sin r

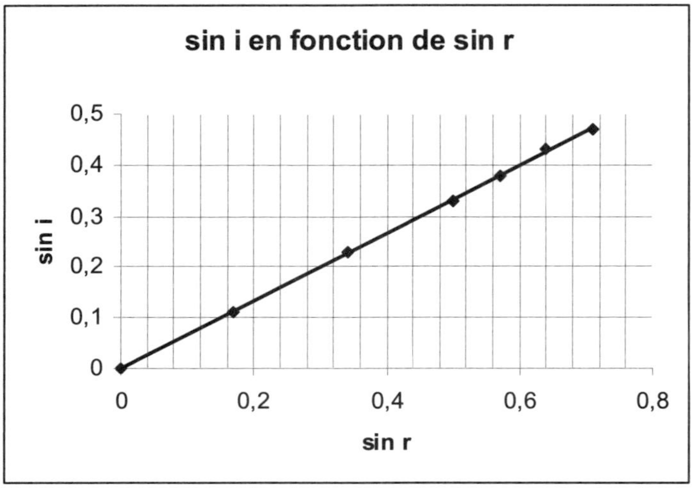

c) p = coefficient directeur = $\frac{Y_B - Y_A}{X_B - X_A}$ soit A (0,11 ; 0,17) et B (0,47 ; 0,71)

$$p = \frac{0{,}71 - 0{,}17}{0{,}47 - 0{,}11} = 1{,}50.$$

Le coefficient directeur représente l'indice de réfraction du plexiglas.

L'indice de réfraction du plexiglas vaut : $\mathbf{n_{plexiglas} = 1{,}50}$.

5 **Méthodes : 1, 2 et 3.**

a) On appelle **réfraction**, le changement de direction subit par la lumière quand elle traverse la surface de séparation de deux milieux transparents.

b) Deuxième loi de Snell-Descartes

$\mathbf{n_{air} \times \sin i = n_{verre} \times \sin r}$ donc $\sin r = \frac{n_{air} \times \sin i}{n_{verre}} = \frac{1{,}00 \times \sin(30)}{1{,}50}$

d'où **r = 19,5°.**

c) Schéma du trajet du rayon lumineux

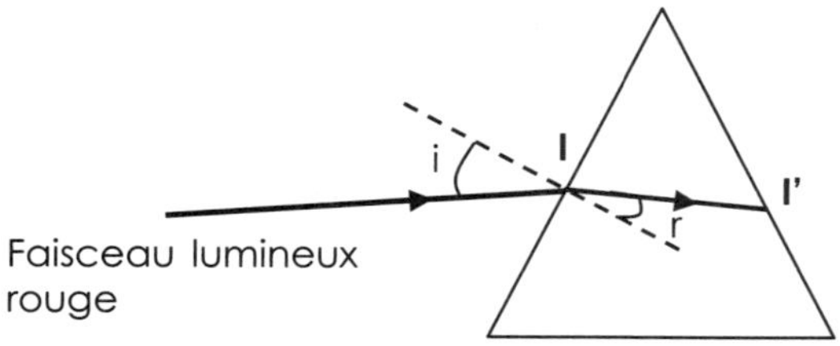

d) Deuxième loi de Snell-Descartes

n_{verre} x sin i' = n_{air} x sin r' donc $\sin r' = \dfrac{n_{verre} \times \sin i'}{n_{air}} = \dfrac{1,50 \times \sin(38)}{1,00}$

d'où **r' = 67,4°**

e) Schéma du trajet du rayon lumineux

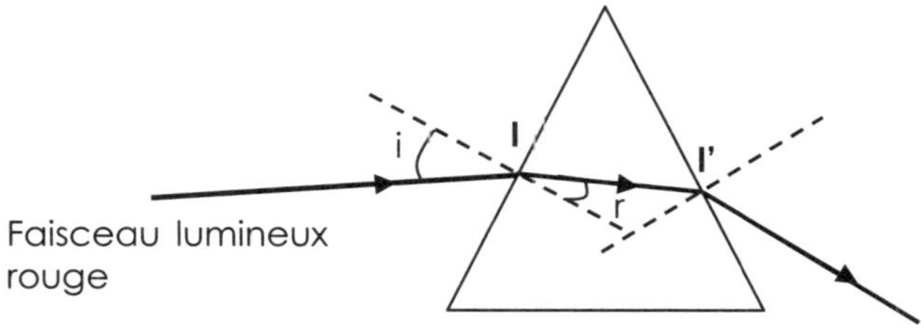

f) La déviation d'une radiation monochromatique dépend de sa longueur d'onde. Plus la longueur d'onde associée à cette radiation est petite plus elle est déviée.

$\lambda_{violette} < \lambda_{rouge}$ donc la radiation violette est plus déviée que la radiation rouge, ainsi r' sera modifié et sera plus grand.

Chapitre 11
UN MODELE DE L'ATOME
EXERCICES & CORRIGES

Exercices

1 Au cœur d'un semi-conducteur.

Le silicium $^{28}_{14}Si$ possède des propriétés de semi-conducteur, qui lui vaut d'être un élément essentiel dans l'industrie de l'électronique. On l'utilise notamment dans les circuits intégrés.

a) Déterminer le nombre de protons, de neutrons et d'électrons de l'atome de silicium. Justifier.
b) Calculer la charge du noyau atomique de l'élément silicium.
c) Calculer la masse du noyau de l'atome de silicium.
d) Calculer la masse de l'atome de silicium.
e) Comparer la masse du noyau et celle de l'atome. Conclure.

Données :

Masse d'un neutron : $m_{neutron} = 1,675.10^{-27}$ kg
Masse d'un proton : $m_{proton} = 1,673.10^{-27}$ kg
Masse d'un électron : $m_{électron} = 9,10.10^{-31}$ kg
Charge élémentaire : $e = 1,60.10^{-19}$ C

2 A la recherche de l'élément perdu.

Cet élément chimique est un oligo-élément dont la principale fonction est la minéralisation de l'os. La charge de son noyau vaut $q_{noyau} = 3,20.10^{-18}$ C tandis que la masse de son noyau s'élève à $m_{noyau} = 6,70.10^{-26}$ kg.

a) Déterminer le numéro atomique Z de cet élément chimique.
b) Déterminer le nombre de nucléons A de cet élément chimique.
c) Identifier l'élément chimique parmi ceux proposés :
$^{90}_{40}Zr$; $^{20}_{10}Ne$; $^{40}_{20}Ca$; $^{39}_{10}K$
d) Déterminer le nombre d'électrons au sein de l'atome de cet élément chimique. Justifier.
e) Sachant que cet atome perd deux électrons pour former l'ion monoatomique le plus stable, établir la représentation de cet ion. Préciser s'il s'agit d'un anion ou d'un cation en justifiant.
f) Calculer la charge du noyau de cet ion.
g) Calculer la masse de cet ion. Justifier.

Données :

Masse d'un nucléon : $m_{nucléon} = 1,67.10^{-27}$ kg
Masse d'un électron : $m_{électron} = 9,10.10^{-31}$ kg
Charge élémentaire : $e = 1,60.10^{-19}$ C

3 L'élément zinc.

Le zinc est un oligo-élément qui joue un rôle dans le métabolisme des protéines, des glucides et des lipides. Cet élément se décline majoritairement sous trois formes :

- $^{64}_{30}Zn$ présent à 48,6 % dans la nature
- $^{66}_{30}Zn$ présent à 27,9 % dans la nature
- $^{68}_{30}Zn$ présent à 18,8 % dans la nature

a) Comment nomme-t-on ces trois atomes ? Expliquer.
b) Calculer la charge du noyau atomique de ces trois atomes.
c) Calculer la masse du noyau atomique de ces trois atomes.
d) Calculer la masse de ces trois atomes.
e) Comparer leurs masses atomiques et celles du noyau. Conclure.
f) L'ion stable monoatomique formé par l'élément zinc porte une charge positive $q_{ion} = + 2e$. Donner la représentation de cet ion. S'agit-il d'un anion ou d'un cation ? Comment pourrait-on le mettre en évidence ? Expliquer.

Données :

Masse d'un neutron : $m_{neutron} = 1,675.10^{-27}$ kg
Masse d'un proton : $m_{proton} = 1,673.10^{-27}$ kg
Masse d'un électron : $m_{électron} = 9,10.10^{-31}$ kg
Charge élémentaire : $e = 1,60.10^{-19}$ C

4 Les atomes et leurs configurations électroniques.

Compléter le tableau ci-dessous.

Elément chimique	Représentation Symbolique	Configuration électronique	Nombre d'électrons sur la (les) couche(s) interne(s)	Nombre d'électrons sur la couche externe
Soufre	$^{32}_{16}S$			
Sodium	$^{23}_{11}Na$			
Bore	$^{11}_{5}B$			
Argon	$^{40}_{18}Ar$			
Azote	$^{14}_{7}N$			

5 Les ions et leurs configurations électroniques.

Compléter le tableau ci-dessous.

Elément chimique	Représentation symbolique	Formule de l'ion	Configuration électronique de l'ion
Fluor	$^{19}_{9}F$	F^-	
Magnésium	$^{24}_{12}Mg$	Mg^{2+}	
Aluminium	$^{27}_{13}Al$	Al^{3+}	
Phosphore	$^{31}_{15}P$	P^{3-}	
Hydrogène	$^{1}_{1}H$	H^+	
Béryllium	$^{9}_{4}Be$	Be^{2+}	

6 Quelle étiquette choisir ?

L'étiquette d'un produit chimique du laboratoire est devenue illisible. Afin d'identifier son contenu, on effectue des analyses chimiques. Les résultats sont consignés dans le tableau ci-dessous.

Test à la solution d'hydroxyde de sodium	Formation d'un précipité blanc
Test à la solution de nitrate d'argent	Aucun précipité formé
Test à la solution de chlorure de baryum	Formation d'un précipité blanc

a) Parmi les étiquettes proposées, choisir celle qui convient au produit analysé. Justifier.

- Etiquette n°1 : « solution de sulfate de cuivre (Cu^{2+}, SO_4^{2-}) »
- Etiquette n°2 : « solution de chlorure d'aluminium (Al^{3+} , 3 Cl^-) »
- Etiquette n°3 : « solution de sulfate d'aluminium (2 Al^{3+},3 SO_4^{2-}) »

b) Quelle est la charge portée par l'ion monoatomique stable intervenant dans la solution analysée ?

Sachant que la charge du noyau de cet ion vaut $q_{noyau} = 2{,}08.10^{-18}$ C et que la masse de son noyau est égale à $m_{noyau} = 4{,}5.10^{-26}$ kg.

c) Déterminer le numéro atomique Z de l'atome correspondant à cet ion.
d) Déterminer le nombre de nucléons A de l'atome.
e) Donner sa représentation symbolique.
f) Etablir la configuration électronique de l'atome. Justifier.
g) Etablir la configuration électronique de l'ion. Justifier.

Données :

Masse d'un nucléon : $m_{nucléon} = 1,67.10^{-27}$ kg
Masse d'un électron : $m_{électron} = 9,10.10^{-31}$ kg
Charge élémentaire : $e = 1,60.10^{-19}$ C

7 Qui suis-je ?

L'ion monoatomique stable de cet élément porte une charge $q_{ion} = -e$. En présence d'une solution de nitrate d'argent, cet ion forme un précipité blanc qui noircit à la lumière. Le noyau de cet ion porte une charge $q_{noyau} = 2,72.10^{-18}$ C.

a) Identifier l'ion monoatomique de cet élément et donner sa représentation.
b) Déterminer le numéro atomique Z de l'atome correspondant à cet ion.
c) Déterminer le nombre d'électrons de l'atome. Justifier.
d) Déterminer le nombre d'électrons de l'ion monoatomique stable.
e) Etablir la configuration électronique de l'atome. Préciser le nombre d'électrons dans la couche externe, ainsi que dans les couches internes.
f) Etablir la configuration électronique de l'ion monoatomique stable. Préciser le nombre d'électrons dans la couche externe, ainsi que dans les couches internes.

Données :

Masse d'un neutron : $m_{neutron} = 1,675.10^{-27}$ kg
Masse d'un proton : $m_{proton} = 1,673.10^{-27}$ kg
Masse d'un électron : $m_{électron} = 9,10.10^{-31}$ kg
Charge élémentaire : $e = 1,60.10^{-19}$ C

8 Un complément alimentaire.

Le magnésium $^{24}_{12}Mg$ est un élément chimique qui entre dans la composition d'un grand nombre de complément alimentaire.

a) Etablir la structure électronique de l'atome de magnésium.
b) Quel ion monoatomique stable, l'atome de magnésium peut-il engendrer ? Justifier.
c) L'ion magnésium est-il un anion ou un cation ? Justifier.
d) Donner la structure électronique de cet ion.

9 Quel élément choisir ?

La structure électronique de cet ion est $(K)^2(L)^8$.

a) Cet ion est-il stable ? Justifier.

b) On considère les éléments chimiques suivants : lithium $^{7}_{3}Li$, azote $^{14}_{7}N$, soufre $^{32}_{16}S$. Etablir la structure électronique de ces trois atomes.

c) Identifier l'atome dont est issu l'ion étudié. Justifier.
d) Donner la représentation de cet ion.

10 Règle de l'octet ou règle du duet.

Compléter le tableau ci-dessous.

Elément chimique	Représentation Symbolique	Configuration électronique de l'atome	Ion monoatomique stable formé	Règle respecté par l'ion stable
Aluminium	$^{27}_{13}Al$			
Oxygène	$^{16}_{8}O$			
Bore	$^{11}_{5}B$			
Phosphore	$^{31}_{15}P$			

Corrigés

1 **Méthodes : 1, 2 et 3.**

a) L'atome contient :
- 14 protons puisque le numéro atomique Z = 14
- 14 neutrons puisque A – Z = 28 – 14 = 14
- 14 électrons puisque l'atome est électriquement neutre.

b) $q_{noyau} = Z \times e = 14 \times 1{,}60.10^{-19} = \mathbf{2{,}24.10^{-18}\ C}$.
c) $m_{noyau} = Z \times m_{proton} + (A-Z) \times m_{neutron} = 14 \times 1{,}673.10^{-27} + 14 \times 1{,}675.10^{-27}$
$\mathbf{m_{noyau} = 4{,}687.10^{-26}\ kg}$.
d) $m_{atome} = Z \times m_{proton} + (A-Z) \times m_{neutron}$ + nombre d'électron $\times\ m_{électron}$
$m_{atome} = 14 \times 1{,}673.10^{-27} + 14 \times 1{,}675.10^{-27} + 14 \times 9{,}10.10^{-31}$
$\mathbf{m_{atome} = 4{,}688.10^{-26}\ kg}$.
e) $m_{noyau} \approx m_{atome}$, la masse d'un atome est concentrée dans son noyau.

2 **Méthodes : 1, 2, 3 et 5.**

a) $q_{noyau} = Z \times e$ donc $Z = \dfrac{q_{noyau}}{e} = \dfrac{3{,}20.10^{-18}}{1{,}60.10^{-19}}$ donc **Z = 20.**

b) $m_{noyau} = A \times m_{nucléon}$ donc $A = \dfrac{m_{noyau}}{m_{nucléon}} = \dfrac{6{,}70.10^{-26}}{1{,}67.10^{-27}}$ donc **A = 40.**

c) Il s'agit de l'atome de calcium $\mathbf{^{40}_{20}Ca}$.

d) Il y a 20 électrons puisque l'atome est électriquement neutre, il y a donc autant de charge positive que de charge négative, il y a autant de proton que d'électron.
e) La représentation de l'atome est : **Ca^{2+}**. Il s'agit d'un **cation** puisque l'atome a perdu deux électrons, l'ion est chargé positivement.
f) $\mathbf{q_{noyau\ de\ l'ion} = q_{noyau\ de\ l'atome} = 3{,}20.10^{-18}\ C}$.
g) $m_{ion} = A \times m_{nucléon} + \text{nombre d'électron} \times m_{électron} = 40 \times 1{,}67.10^{-27} + 18 \times 9{,}10.10^{-31}$
$\mathbf{m_{ion} = 6{,}68.10^{-26}\ kg}$.

3 **Méthodes : 1, 2, 3, 4 et 5.**

a) Ces trois atomes sont des atomes **isotopes** puisqu'ils ont le même numéro atomique Z mais un nombre de nucléons A différents.
b) $q_{noyau}({}^{64}_{30}Zn) = Z \times q_{proton} = 30 \times 1{,}60.10^{-19}$ donc $\mathbf{q_{noyau}({}^{64}_{30}Zn) = 4{,}8.10^{-18}\ C}$

$q_{noyau}({}^{66}_{30}Zn) = Z \times q_{proton} = 30 \times 1{,}60.10^{-19}$ donc $\mathbf{q_{noyau}({}^{66}_{30}Zn) = 4{,}8.10^{-18}\ C}$

$q_{noyau}({}^{68}_{30}Zn) = Z \times q_{proton} = 30 \times 1{,}60.10^{-19}$ donc $\mathbf{q_{noyau}({}^{68}_{30}Zn) = 4{,}8.10^{-18}\ C}$

c) $m_{noyau}({}^{64}_{30}Zn) = Z \times m_{proton} + (A - Z) \times m_{neutron}$

$m_{noyau}({}^{64}_{30}Zn)= 30 \times 1{,}673.10^{-27} + 34 \times 1{,}675.10^{-27}$

donc $\mathbf{m_{noyau}({}^{64}_{30}Zn) =1{,}071.10^{-25}\ kg}$

$m_{noyau}({}^{66}_{30}Zn)= 30 \times 1{,}673.10^{-27} + 36 \times 1{,}675.10^{-27}$

donc $\mathbf{m_{noyau}({}^{66}_{30}Zn) =1{,}105.10^{-25}\ kg}$

$m_{noyau}({}^{68}_{30}Zn)= 30 \times 1{,}673.10^{-27} + 38 \times 1{,}675.10^{-27}$

donc $\mathbf{m_{noyau}({}^{68}_{30}Zn) =1{,}138.10^{-25}\ kg}$

d) $m_{atome}({}^{64}_{30}Zn) = Z \times m_{proton} + (A - Z) \times m_{neutron} + \text{nombre d'électrons} \times m_{électron}$

$\mathbf{m_{atome}({}^{64}_{30}Zn)} = 30 \times 1{,}673.10^{-27} + 34 \times 1{,}675.10^{-27} + 30 \times 9{,}10.10^{-31} = \mathbf{1{,}072.10^{-25}\ kg}$

$\mathbf{m_{atome}({}^{66}_{30}Zn)} = 30 \times 1{,}673.10^{-27} + 36 \times 1{,}675.10^{-27} + 30 \times 9{,}10.10^{-31} = \mathbf{1{,}105.10^{-25}\ kg}$

$\mathbf{m_{atome}({}^{68}_{30}Zn)} = 30 \times 1{,}673.10^{-27} + 38 \times 1{,}675.10^{-27} + 30 \times 9{,}10.10^{-31} = \mathbf{1{,}139.10^{-25}\ kg}$

e) $m_{noyau} \approx m_{atome}$, la masse d'un atome est concentrée dans son noyau.

f) Représentation de l'ion : Zn^{2+}. Il s'agit d'un cation puisque l'atome de zinc a perdu deux électrons, l'ion est chargé positivement. Pour mettre en évidence l'ion Zn^{2+}, on peut utiliser une solution d'hydroxyde de sodium, il y a alors formation d'un précipité blanc.

4 Méthodes : 8 et 9.

Elément chimique	Représentation Symbolique	Configuration électronique	Nombre d'électrons sur la (les) couche(s) interne(s)	Nombre d'électrons sur la couche externe
Soufre	$^{32}_{16}S$	**$(K)^2(L)^8(M)^6$**	**8+2 = 10**	**6**
Sodium	$^{23}_{11}Na$	**$(K)^2(L)^8(M)^1$**	**8+2 = 10**	**1**
Bore	$^{11}_{5}B$	**$(K)^2(L)^3$**	**2**	**3**
Argon	$^{40}_{18}Ar$	**$(K)^2(L)^8(M)^8$**	**8+2 = 10**	**8**
Azote	$^{14}_{7}N$	**$(K)^2(L)^5$**	**2**	**5**

5 Méthodes : 8 et 9.

Elément chimique	Représentation symbolique	Formule de l'ion	Configuration électronique de l'ion
Fluor	$^{19}_{9}F$	F^-	**$(K)^2(L)^8$**
Magnésium	$^{24}_{12}Mg$	Mg^{2+}	**$(K)^2(L)^8$**
Aluminium	$^{27}_{13}Al$	Al^{3+}	**$(K)^2(L)^8$**
Phosphore	$^{31}_{15}P$	P^{3-}	**$(K)^2(L)^8(M)^8$**
Hydrogène	$^{1}_{1}H$	H^+	**$(K)^0$**
Béryllium	$^{9}_{4}Be$	Be^{2+}	**$(K)^2$**

6 Méthodes : 2, 5, 6 et 8.

a) Le test au nitrate d'argent est **négatif**, c'est-à-dire qu'il n'y a pas de formation de précipité, **il n'y a donc pas d'ion chlorure Cl^-** dans le produit analysé.
Le test au chlorure de baryum est **positif**, c'est-à-dire qu'il y a formation d'un précipité blanc, **il y a donc des ions sulfate SO_4^{2-}** dans le produit étudié.
Le test à la solution d'hydroxyde de sodium conduit à la formation d'un **précipité blanc, il n'y a donc pas d'ions cuivre Cu^{2+}** qui conduiraient à la formation d'un précipité bleu, mais **des ions aluminium Al^{3+}.**

Le produit analysé contient donc des ions sulfate SO_4^{2-} et des ions aluminium Al^{3+}, **il faut choisir l'étiquette n°3** : « solution de sulfate d'aluminium ».

b) L'ion monoatomique stable intervenant dans la solution est l'ion aluminium Al^{3+}, il porte une charge **$q_{ion} = + 3e = 3 \times 1,60.10^{-19} = 4,80.10^{-19}$ C.**

c) $q_{noyau} = Z \times q_{proton}$ donc $Z = \frac{q_{noyau}}{q_{proton}} = \frac{2{,}08.10^{-18}}{1{,}60.10^{-19}}$ d'où **Z = 13**

d) $m_{noyau} = A \times m_{nucléon}$ donc $A = \frac{m_{noyau}}{m_{nucléon}} = \frac{4{,}5.10^{-26}}{1{,}67.10^{-27}}$ d'où **A = 27**

e) Représentation symbolique : $^{27}_{13}$**Al.**

f) L'atome d'aluminium est électriquement neutre donc il y a autant de protons que d'électrons donc il y a 13 électrons à répartir sur les couches électroniques : **$(K)^2(L)^8(M)^3$.**

g) L'ion a perdu 3 électrons par rapport à l'atome donc il y a 10 électrons à répartir : **$(K)^2(L)^8$.**

[7] **Méthodes : 1, 2, 5, 6, 7 et 8.**

a) L'ion monoatomique stable est l'ion chlorure Cl^- puisqu'il y a formation d'un **précipité blanc qui noircit à la lumière**.

b) $q_{noyau} = Z \times q_{proton}$ donc $Z = \frac{q_{noyau}}{q_{proton}} = \frac{2{,}72.10^{-18}}{1{,}60.10^{-19}}$ d'où **Z = 17.**

c) Un atome est électriquement neutre donc il y a autant de charge positive que de charge négative, il y a donc autant de proton que d'électron. **L'atome possède 17 électrons.**

d) L'ion monoatomique est un anion, il a gagné un électron par rapport à l'atome donc **l'ion chlorure Cl^- possède 18 électrons**.

e) Configuration électronique de l'atome : **$(K)^2(L)^8(M)^7$.**
Il y a **7 électrons dans la couche externe**. Il y a **10 électrons dans les couches internes.**

f) Configuration électronique de l'ion : **$(K)^2(L)^8(M)^8$.**
Il y a **8 électrons dans la couche externe**. Il y a **10 électrons dans les couches internes.**

[8] **Méthodes : 9, 11 et 12.**

a) Structure électronique de l'atome de magnésium : $(K)^2(L)^8(M)^2$.

b) L'atome de magnésium perd deux électrons pour satisfaire à la règle de l'octet et donner un ion monoatomique stable : Mg^{2+}.

c) L'ion magnésium Mg^{2+} est un cation puisqu'il porte une charge positive.

d) Structure de l'ion magnésium Mg^{2+} : $(K)^2(L)^8$.

[9] **Méthodes : 9, 11 et 12.**

a) L'ion est stable puisqu'il respecte la règle de l'octet.

b) Structure électronique du lithium $^{7}_{3}Li$: $(K)^2(L)^1$

Structure électronique de l' azote $^{14}_{7}N$: $(K)^2(L)^5$

Structure électronique du soufre $^{32}_{16}S$: $(K)^2(L)^8(M)^6$

c) L'atome dont est issu l'ion monoatomique stable est l'atome d'azote, puisque cet atome gagne 3 électrons pour satisfaire à la règle de l'octet.

d) Représentation de l'ion : N^{3-}

10 **Méthodes : 9, 11 et 12.**

Elément chimique	**Représentation Symbolique**	**Configuration électronique de l'atome**	**Ion monoatomique stable formé**	**Règle respectée par l'ion stable**
Aluminium	$^{27}_{13}Al$	$(K)^2(L)^8(M)^3$	Al^{3+}	Octet
Oxygène	$^{16}_{8}O$	$(K)^2(L)^6$	O^{2-}	Octet
Bore	$^{11}_{5}B$	$(K)^2(L)^3$	B^{3+}	Duet
Phosphore	$^{31}_{15}P$	$(K)^2(L)^8(M)^5$	P^{3-}	Octet

Chapitre 12
LES MOLECULES
EXERCICES & CORRIGES

Exercices

1 Les molécules et leurs représentations.

A partir des formules développées des différentes molécules, donner leurs formules semi-développées et brutes.

a) Molécule d'acide méthanoïque

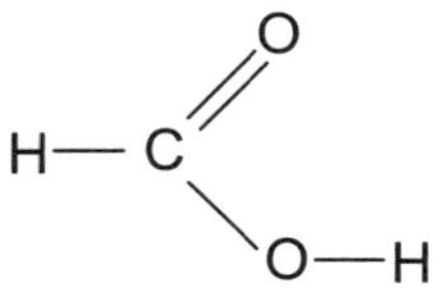

b) Molécule d'éthanoate de propyle

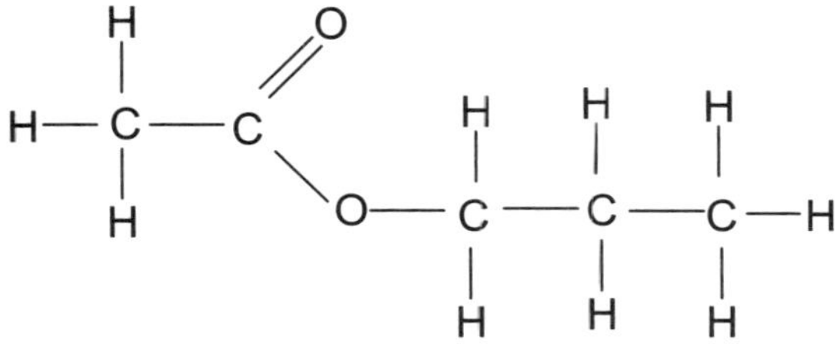

c) Molécule de butane

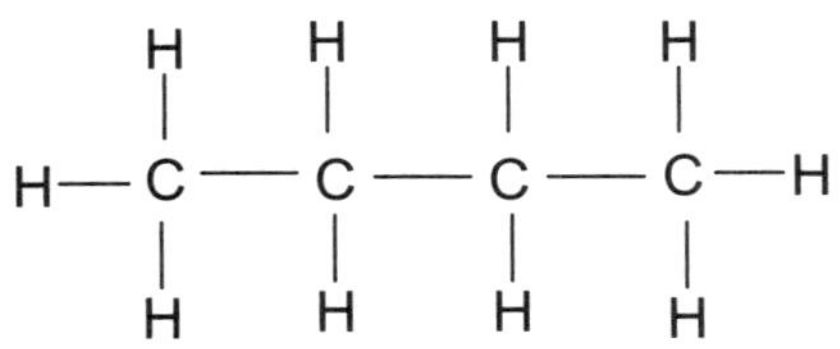

d) Molécule de propanone

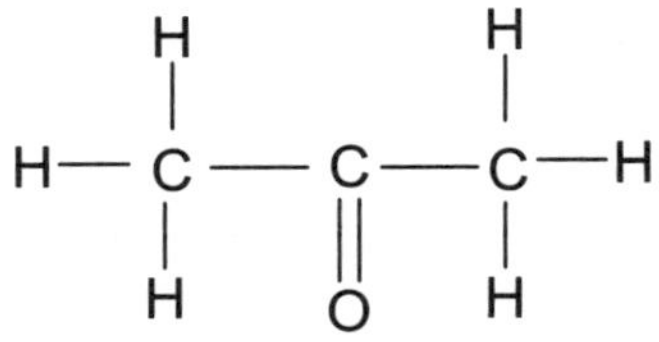

e) Chloroéthanol

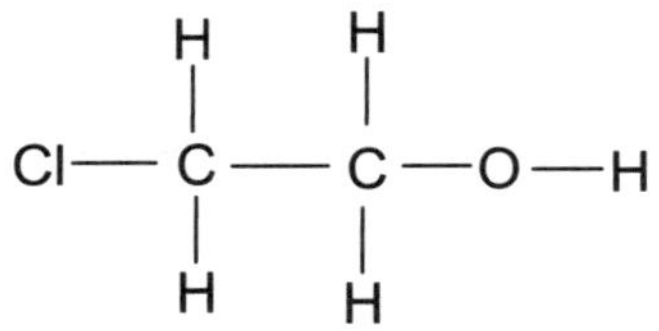

f) Ethène

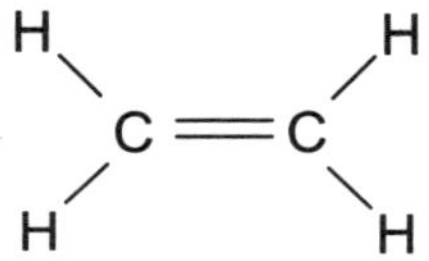

2 Des isomères en nombre !

Donner les formules semi-développées des isomères possibles correspondant à une même formule brute.

a) C_2H_7N (2 isomères)
b) C_2H_6NCl (5 isomères)
c) C_3H_6O (8 isomères)

3 Des groupes caractéristiques en pagaille !

Entourer et nommer les groupes caractéristiques présents dans les différentes molécules.

a) Acide acétylsalicylique

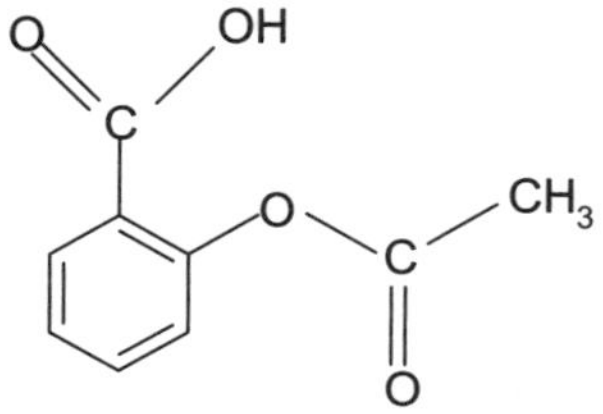

b) Acétylcystéine

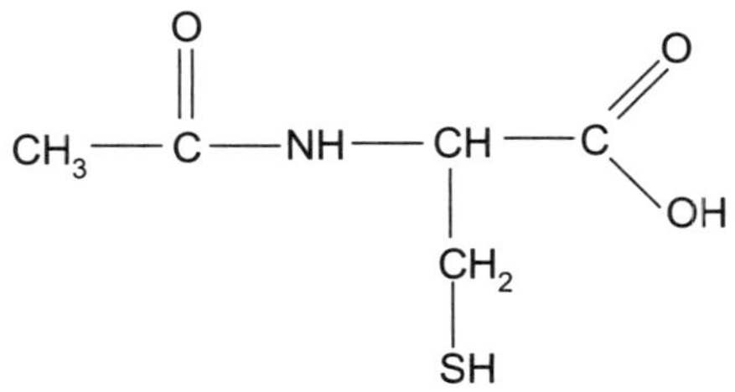

c) Pénicillamine

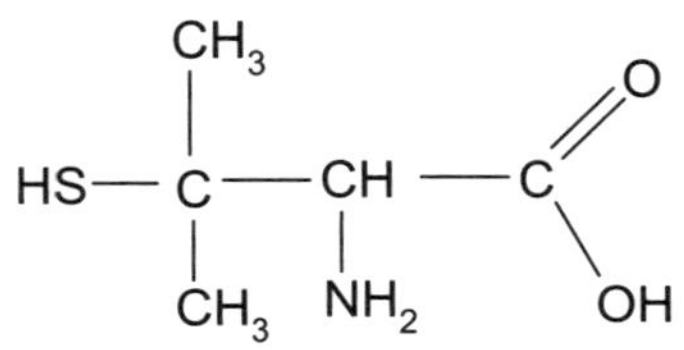

d) Dextropropoxyphène

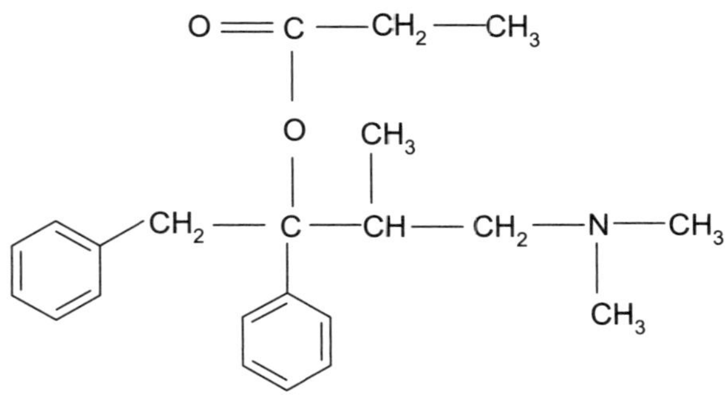

e) Ibuprofène

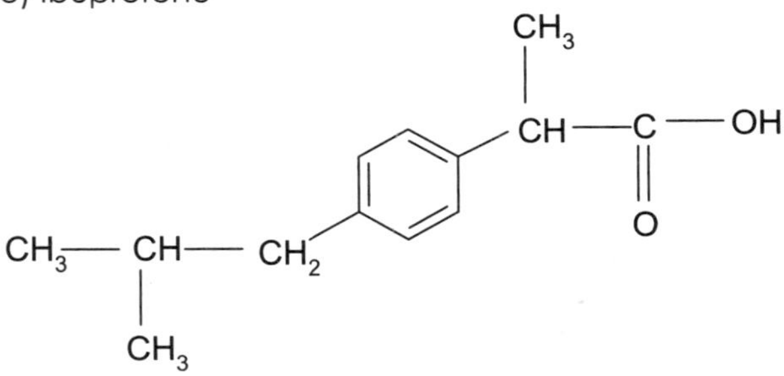

Corrigés

1 Méthode : 3.

a) Molécule d'acide méthanoïque

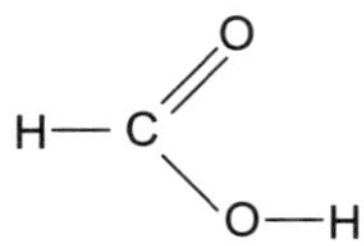

Formule semi-développée :

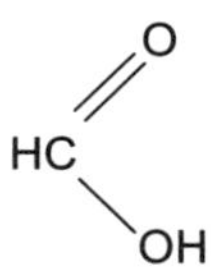

Formule brute : CH_2O_2

b) Molécule d'éthanoate de propyle

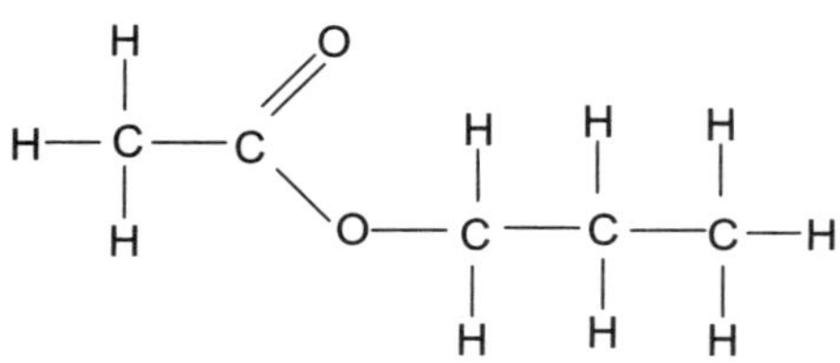

Formule semi-développée :

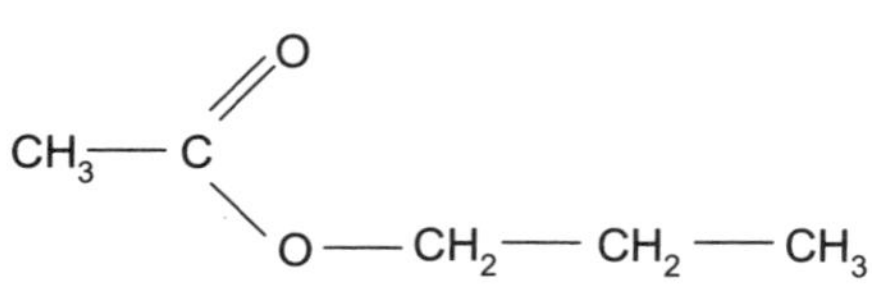

Formule brute : $C_5H_{10}O_2$

c) Molécule de butane

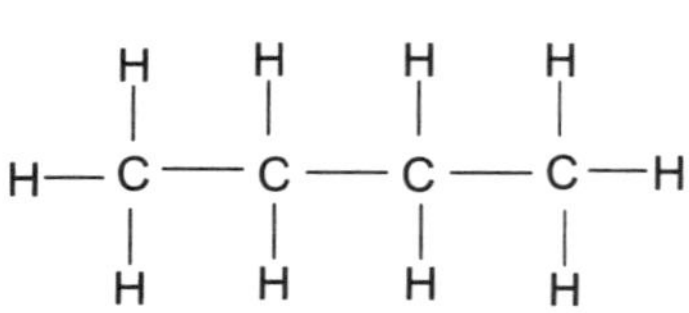

Formule semi-développée : $CH_3 - CH_2 - CH_2 - CH_3$

Formule brute : C_4H_{10}

d) Molécule de propanone

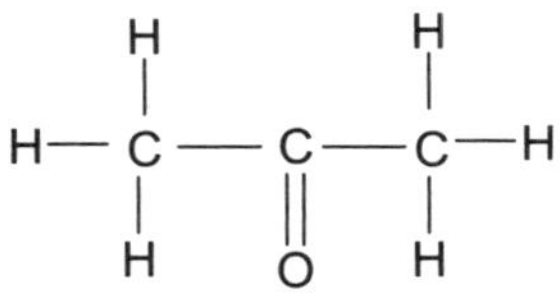

Formule semi-développée :

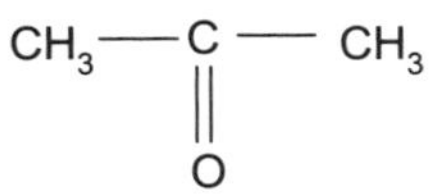

Formule brute : C_3H_6O

e) Chloroéthanol

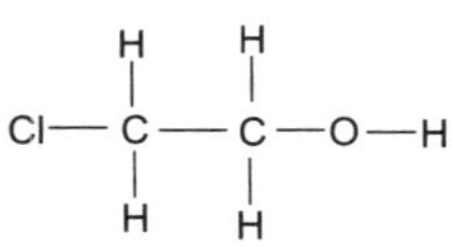

Formule semi-développée :

$Cl - CH_2 - CH_2 - OH$

Formule brute : C_2H_5OCl

f) Ethène

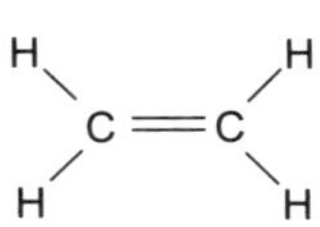

Formule semi-développée : $CH_2 = CH_2$

Formule brute : C_2H_4

2 **Méthode : 5.**

a) C_2H_7N (2 isomères)

$CH_3 - CH_2 - NH_2$; $CH_3 - NH - CH_3$

b) C_2H_6NCl (5 isomères)

$CH_3 - CH_2 - NH - Cl$; $Cl - CH_2 - NH - CH_3$; $Cl - CH_2 - CH_2 - NH_2$;

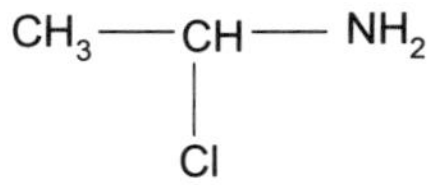

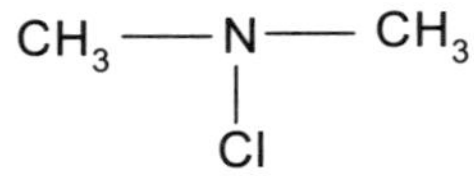

c) C_3H_6O (8 isomères)

$CH_3 - O - CH = CH_2$; $CH_2 = CH - CH_2 - OH$; $CH_3 - CH = CH - OH$;

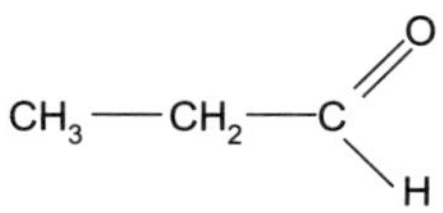

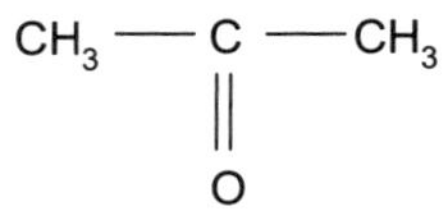

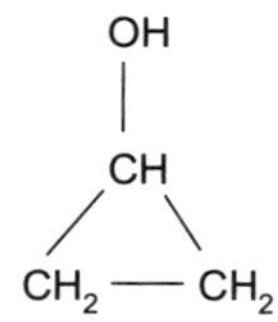

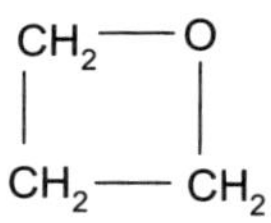

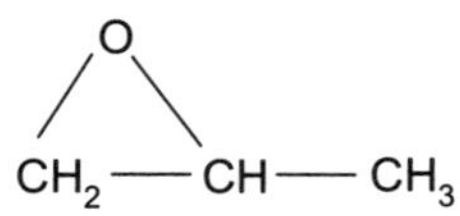

3 **Méthode : 6.**

a) Acide acétylsalicylique

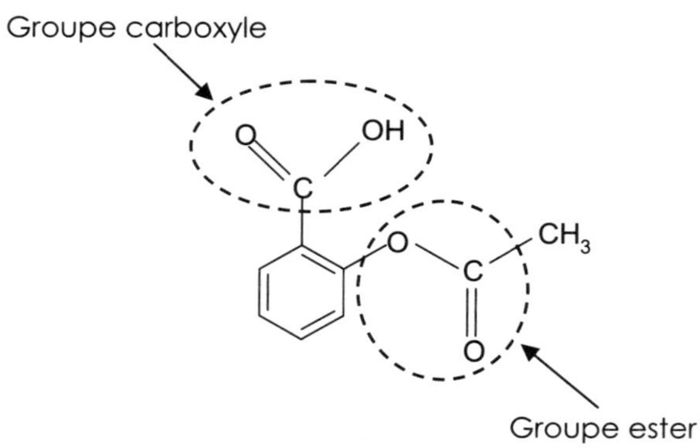

b) Acétylcystéine

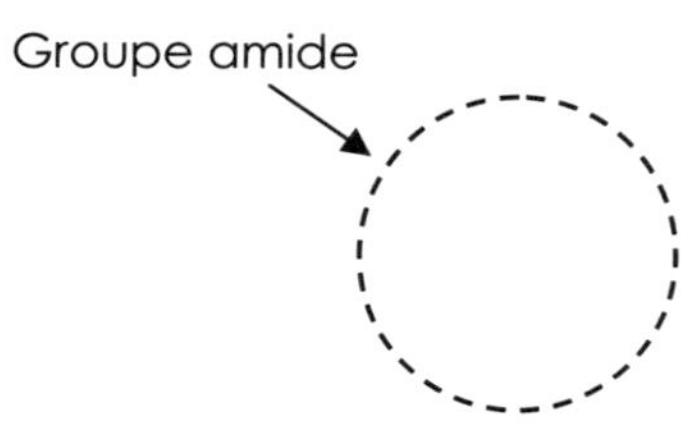

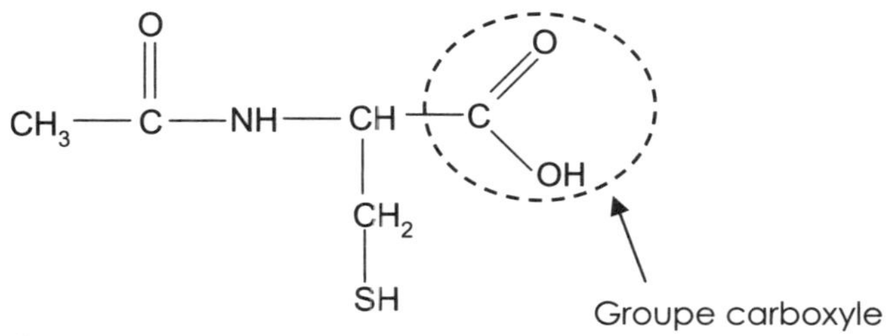

c) Pénicillamine

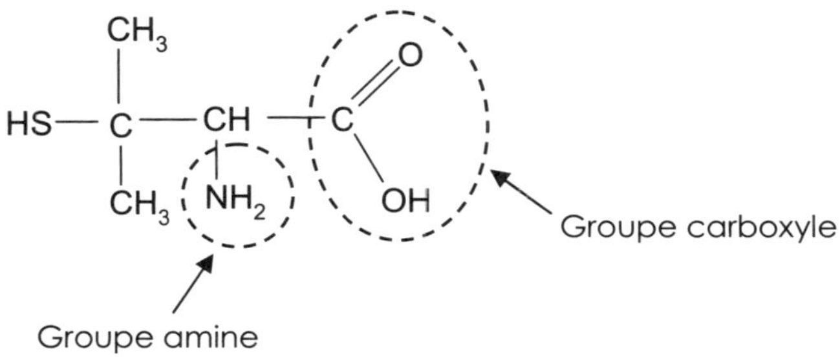

d) Dextropropoxyphène

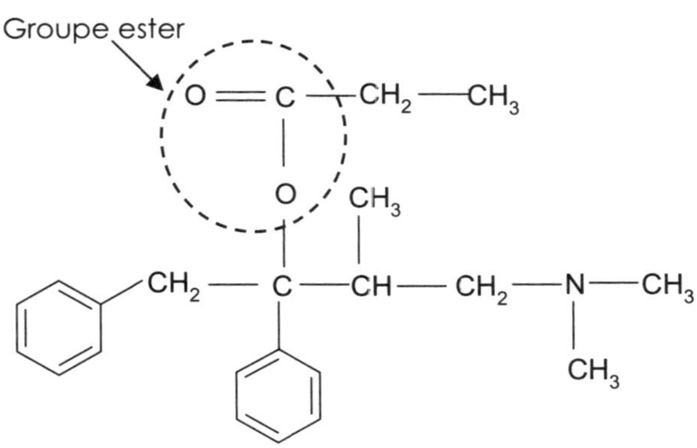

e) Ibuprofène

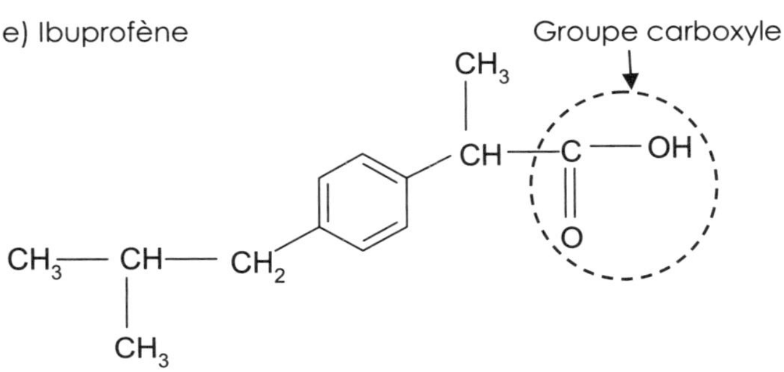

Chapitre 13
LA CLASSIFICATION PERIODIQUE DES ELEMENTS CHIMIQUES
EXERCICES ET CORRIGES

Exercices

1 Qui suis-je ?

Cet élément chimique appartient à la famille des alcalino-terreux et sa dernière couche occupée est la couche L.

a) A l'aide de la classification périodique, identifier l'élément chimique. Donner son numéro atomique.
b) Etablir la structure électronique de cet atome.
c) Quel ion monoatomique stable, cet atome peut-il former ?
d) Citer deux autres éléments appartenant à la famille des alcalino-terreux. Combien d'électrons possèdent-ils sur leur couche électronique externe. Justifier.
e) Donner le symbole des ions monoatomiques stables formés par ces deux éléments chimiques.

2 Quel élément choisir ?

Cet ion monoatomique stable possède une charge +e et sa dernière couche occupée est la couche L.

a) Etablir la structure électronique de cet ion.
b) Etablir la structure électronique de l'atome à l'origine de cet ion. Donner le numéro atomique de cet atome.
c) A l'aide de la classification périodique, identifier l'élément chimique. A quelle famille chimique appartient cet élément chimique.
d) Citer deux éléments chimiques de cette même famille. Donner la représentation des ions formés par chacun de ces éléments.

3 Une histoire de famille.

Compléter le tableau à l'aide de la classification périodique.

Elément chimique	Représentation Symbolique	Nom de la famille chimique	Nombre d'électrons sur la couche externe	Ion monoatomique formé
Lithium	${}^{7}_{3}Li$			
Magnésium	${}^{24}_{12}Mg$			
Chlore	${}^{35}_{17}Cl$			
Césium	${}^{133}_{55}Cs$			
Astate	${}^{210}_{85}At$			
Baryum	${}^{137}_{56}Ba$			
Potassium	${}^{39}_{19}K$			
Béryllium	${}^{9}_{4}Be$			

4 Un élément parmi tant d'autres.

Un anion chargé une fois possède un noyau de masse $m_{noyau} = 6{,}68.10^{-26}$ kg, tandis que la charge du nuage électronique vaut $q_{nuage} = -5{,}76.10^{-18}$ C.

a) Déterminer le nombre d'électrons de cet anion. En déduire le numéro atomique de l'élément dont est issu cet ion. Justifier.
b) A l'aide de la classification périodique, identifier cet élément chimique. Préciser la période et la colonne.
c) A quelle famille chimique appartient cet élément chimique ?
d) Citer deux autres éléments chimiques appartenant à cette famille chimique. Combien d'électrons y a-t-il sur la couche externe de chacun de ces atomes ? Donner la formule de l'ion formé par chacun d'eux.
e) Quel est l'élément chimique qui suit ? A quelle famille chimique appartient-il ?

Donnée : charge élémentaire : $e = 1{,}60.10^{-19}$ C.

Corrigés

1 **Méthodes : 2, 3 et 4.**

a) Il s'agit de l'atome de béryllium ${}^{9}_{4}Be$. Son numéro atomique est $Z = 4$.

b) Structure électronique de l'atome de Béryllium : $(K)^2(L)^2$.

c) L'atome de béryllium peut donner l'ion Be^{2+}, il est stable puisqu'il vérifie la règle du duet. Structure électronique de l'ion : $(K)^2$.

d) On peut citer le magnésium $^{24}_{12}Mg$ et le calcium $^{40}_{20}Ca$. Chacun de ces éléments chimiques possède deux électrons sur la couche externe, puisque tous les éléments appartenant à une même colonne possèdent le même nombre d'électrons sur la couche externe.

e) Tous les éléments appartenant à la même colonne donne des ions monoatomiques de même charge donc Mg^{2+} et Ca^{2+}.

2 Méthodes : 2, 3 et 4.

a) Structure électronique de l'ion : $(K)^2(L)^8$.

b) L'ion formé est un cation, c'est-à-dire qu'il a perdu un électron, donc la structure électronique de l'atome est : $(K)^2(L)^8(M)^1$. Le numéro atomique est $Z = 11$.

c) Il s'agit de l'atome de sodium $^{23}_{11}Na$, il appartient à la famille des alcalins.

d) On peut citer le lithium $^{7}_{3}Li$ et le potassium $^{40}_{19}K$. Ces deux éléments chimiques donnent respectivement l'ion lithium Li^+ et l'ion potassium K^+.

3 Méthodes : 2, 3 et 4.

Elément chimique	Représentation Symbolique	Nom de la famille chimique	Nombre d'électrons sur la couche externe	Ion monoatomique formé
Lithium	$^{7}_{3}Li$	**Alcalin**	**1**	Li^+
Magnésium	$^{24}_{12}Mg$	**Alcalino-terreux**	**2**	Mg^{2+}
Chlore	$^{35}_{17}Cl$	**Halogène**	**7**	Cl^-
Césium	$^{133}_{55}Cs$	**Alcalin**	**1**	Cs^+
Astate	$^{210}_{85}At$	**Halogène**	**7**	At^-
Baryum	$^{137}_{56}Ba$	**Alcalino-terreux**	**2**	Ba^{2+}
Potassium	$^{39}_{19}K$	**Alcalin**	**1**	K^+
Béryllium	$^{9}_{4}Be$	**Alcalino-terreux**	**2**	Be^{2+}

4 Méthodes : 2, 3 et 4.

a) Nombre d'électrons $= \dfrac{-|q_{nuage}|}{e} = \dfrac{5{,}76.10^{-18}}{1{,}60.10^{-19}} = 36$. Il y a donc 36 électrons dans le nuage électronique.

L'atome a gagné un électron pour former l'anion donc l'atome possède 35 électrons. Un atome est électriquement neutre, il y a donc autant de protons que d'électrons. Il y a 35 électrons donc il y a également 35 protons. Le numéro atomique est Z = 35.

b) L'élément chimique étudié est l'atome de brome $^{80}_{35}Br$. Il se trouve dans la quatrième période et l'avant dernière colonne.
c) Cet élément chimique appartient à la famille des halogènes.
d) On peut citer l'élément fluor $^{19}_{9}F$ et l'élément chlore $^{35}_{17}Cl$. Il y a 7 électrons sur la couche externe de chacun de ces atomes puisque tous les éléments appartenant à une famille chimique possèdent le même nombre d'électrons sur la couche externe.
La formule des ions est F^- et Cl^-, tous les éléments appartenant à une même famille chimique donnent des ions de même charge.
e) L'élément chimique est le krypton Kr. Il appartient à la famille des gaz nobles.

Chapitre 14
LA GRAVITATION UNIVERSELLE
EXERCICES & CORRIGES

Exercices

1 Pluton et Charon.

Pluton a été découvert par l'astronome Clyde W.Tombaugh, le 18 février 1930. En 1978, le premier satellite naturel de Pluton fut découvert, on le nomma Charon. Charon se situe à une distance moyenne $d = 1,94.10^4$ km de Pluton.

a) Faire un schéma légendé de la situation en assimilant le satellite Charon et Pluton à des points. Indiquer le vecteur force gravitationnelle exercé par Pluton sur Charon.
b) Donner l'expression littérale de la valeur de la force exercée par Pluton sur Charon. La calculer.
c) Donner les caractéristiques du vecteur force exercé par Pluton sur Charon.
d) Que peut-on dire du vecteur force gravitationnelle exercée par Charon sur Pluton.

Données : masse de Pluton : $M_{Pluton} = 1,31.10^{22}$ kg
masse de Charon : $M_{Charon} = 1,61.10^{21}$ kg.
Constante universelle de gravitation : $G = 6,67.10^{-11}$ N.m^2.kg^{-2}.

2 Le satellite Envisat.

Envisat était le plus gros satellite européen d'observation lors de son lancement le 1er mars 2002. Ses capteurs peuvent recueillir des données à l'intérieur d'une bande de largeur au sol de 3 000 km permettant une observation biquotidienne de l'ensemble de la planète. La Terre exerce une force d'interaction gravitationnelle sur le satellite d'une valeur $F_{T/S} = 6,32.10^4$ N qui se trouve à une distance moyenne $d = 7\,180$ km du centre de la Terre.

a) Faire un schéma légendé de la situation en assimilant le satellite Envisat et la Terre à des points. Indiquer le vecteur force gravitationnelle exercé par la Terre sur Envisat.
b) Donner l'expression littérale de la valeur de la force exercée par la Terre sur Envisat. En déduire la masse du satellite.
c) Donner les caractéristiques du vecteur force exercé par la Terre sur Envisat.

Données : masse de la Terre : $M_{Terre} = 5,98.10^{24}$ kg.
Constante universelle de gravitation : $G = 6,67.10^{-11}$ N.m^2.kg^{-2}.

3 La Terre et une bille en acier.

On considère une bille en acier de masse m_{bille} = 15 g immobile à la surface de la Terre de rayon R_{Terre} = 6 380 km.

a) Calculer le poids de la bille à la surface de la Terre.
b) Calculer la valeur de la force gravitationnelle exercée par le Terre sur la bille.
c) Comparer la valeur du poids et de la force gravitationnelle. Conclure.

Données : masse de la Terre : $M_{Terre} = 5{,}98.10^{24}$ kg.
Intensité de la pesanteur sur Terre : $g_{Terre} = 9{,}8\ N.kg^{-1}$.

4 Un astronaute à la surface de la Lune.

Un astronaute de masse m = 120 kg à la surface de la Lune subit un poids d'une valeur P_{Lune} = 192 N.

a) Déterminer la valeur de l'intensité de pesanteur sur la Lune.
b) Quelle serait la valeur du poids si l'astronaute se trouvait sur Mars ?
c) Quelle serait la valeur de la force gravitationnelle exercée par la Terre sur l'astronaute ?

Données : Intensité de la pesanteur sur Mars : $g_{Mars} = 3{,}7\ N.kg^{-1}$.
Intensité de la pesanteur sur Terre : $g_{Terre} = 9{,}8\ N.kg^{-1}$.

Corrigés

1 **Méthode : 1.**

a) Schématisation de la situation

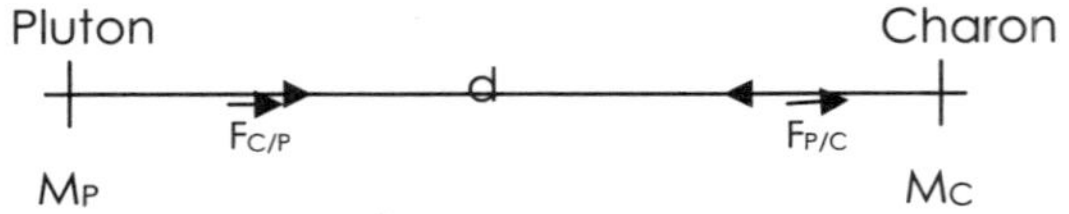

b) $F_{P/C} = G \times \dfrac{M_P \times M_C}{d^2} = 6{,}67.10^{-11} \times \dfrac{1{,}31.10^{22} \times 1{,}61.10^{21}}{(1{,}94.10^{7})^2}$

donc $\mathbf{F_{P/C} = 3{,}74.10^{18}\ N}$

c) <u>Caractéristiques du vecteur force $\overrightarrow{F_{P/C}}$:</u>
- point d'application : centre de gravité de Charon
- direction : droite (PC)
- sens : de Charon vers Pluton
- valeur (norme, intensité) : $F_{P/C} = 3{,}74.10^{18}$ N

d) Les deux vecteurs forces $\overrightarrow{F_{P/C}}$ et $\overrightarrow{F_{C/P}}$ ont la même direction, la même valeur mais de sens opposés : $\overrightarrow{F_{P/C}} = -\overrightarrow{F_{C/P}}$.

2 Méthode : 1.

a) Schématisation de la situation

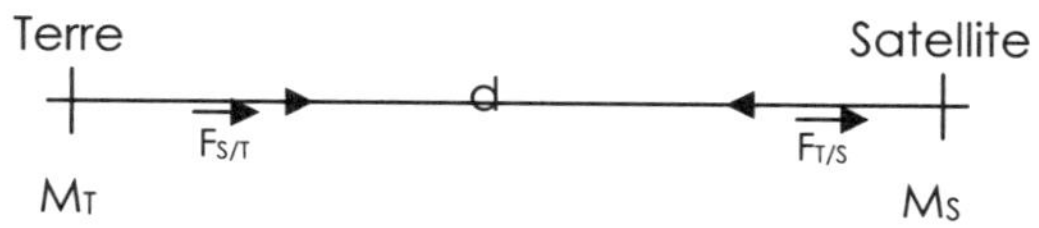

b) $F_{T/S} = G \times \dfrac{M_T \times m_S}{d^2}$ donc $m_S = \dfrac{F_{T/S} \times d^2}{M_T \times G} = \dfrac{6{,}30.10^4 \times (7180.10^3)^2}{5{,}98.10^{24} \times 6{,}67^{-11}}$

donc **m_S = 8 143 kg = 8,14.10³ kg.**

c) <u>Caractéristiques du vecteur force $\vec{F}_{T/S}$:</u>
- point d'application : centre de gravité du satellite Envisat
- direction : droite (TS)
- sens : du satellite Envisat vers la Terre.
- valeur (norme, intensité) : $F_{T/S} = 6{,}30.10^4$ N

3 Méthodes : 1 et 2.

a) $P_{Terre} = m_{bille} \times g_{Terre} = 15.10^{-3} \times 9{,}8$ donc $\mathbf{P_{Terre} = 1{,}47.10^{-1}}$ **N.**

b) $F_{T/B} = G \times \dfrac{m_{bille} \times M_{Terre}}{R_T^{\ 2}} = 6{,}67.10^{-11} \times \dfrac{15.10^{-3} \times 5{,}98.10^{24}}{(6380.10^3)^2}$

donc $\mathbf{F_{T/S} = 1{,}47.10^{-1}}$ **N.**

c) On constate que $F_{T/B}$ = P à la surface de la Terre donc le poids est assimilable à la force gravitationnelle à la surface de la Terre.

4 Méthodes : 1 et 2.

a) $P_{Lune} = m \times g_{Lune}$ donc $g_{Lune} = \dfrac{P_{Lune}}{m} = \dfrac{192}{120}$ donc $\mathbf{g_{Lune} = 1{,}6}$ **N.kg⁻¹.**

b) $P_{Mars} = m \times g_{Mars} = 120 \times 3{,}7$ donc $\mathbf{P_{Mars} = 444}$ **N.**

c) A la surface de la Terre le poids est assimilable à la force gravitationnelle exercée par la Terre sur l'astronaute.

$P_{Terre} = F_{T/A} = m \times g_{Terre} = 120 \times 9{,}8$ donc $\mathbf{P_{Terre} = F_{T/A} = 1176}$ **N.**

Chapitre 15
LA RELATIVITE DU MOUVEMENT
EXERCICES & CORRIGES

Exercices

1 Mouvement d'un bateau.

Un bateau décrit une trajectoire courbe à une vitesse constante de 70 km/h.

a) Donner la définition d'un référentiel. Préciser le référentiel pour étudier le mouvement du bateau. Pourquoi doit-on préciser le référentiel d'étude ?
b) Donner la définition de la trajectoire. Décrire le mouvement du bateau en justifiant.
c) Convertir la vitesse du bateau en $m.s^{-1}$.
d) Quelle distance aura parcouru le bateau au bout de 10 min ? Exprimer le résultat en m et en km.

2 Course cycliste.

Un cycliste A double un cycliste B sur une longue ligne droite. Le cycliste A roule à une vitesse v_A = 10 km/h alors que le cycliste B roule à une vitesse v_B = 5 km/h. Leurs vitesses restent constantes au cours du temps.

a) Décrire la nature du mouvement du cycliste A et B. Justifier.
b) Convertir les vitesses vA et vB en $m.s^{-1}$.
c) Quelle distance aura parcouru le cycliste A pendant 30 min ? Et le cycliste B ? Exprimer les résultats en m et en km.
d) Par rapport à quel solide de référence se place-t-on pour affirmer que le cycliste A est immobile ?

3 Mouvement d'une bille en acier.

Une bille en acier chute dans une éprouvette contenant un liquide visqueux.

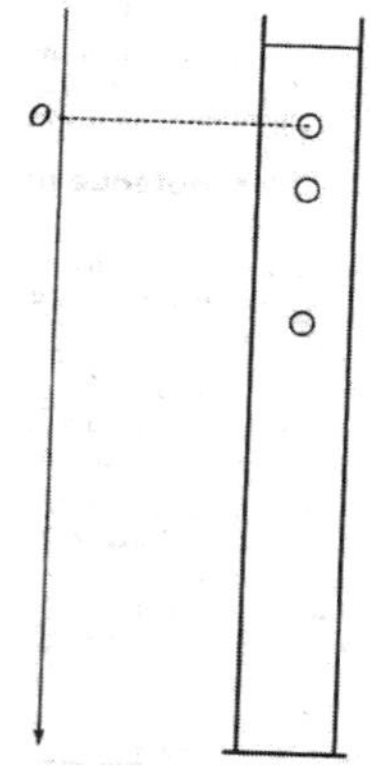

On fournit l'évolution de la vitesse de la bille au cours du temps.

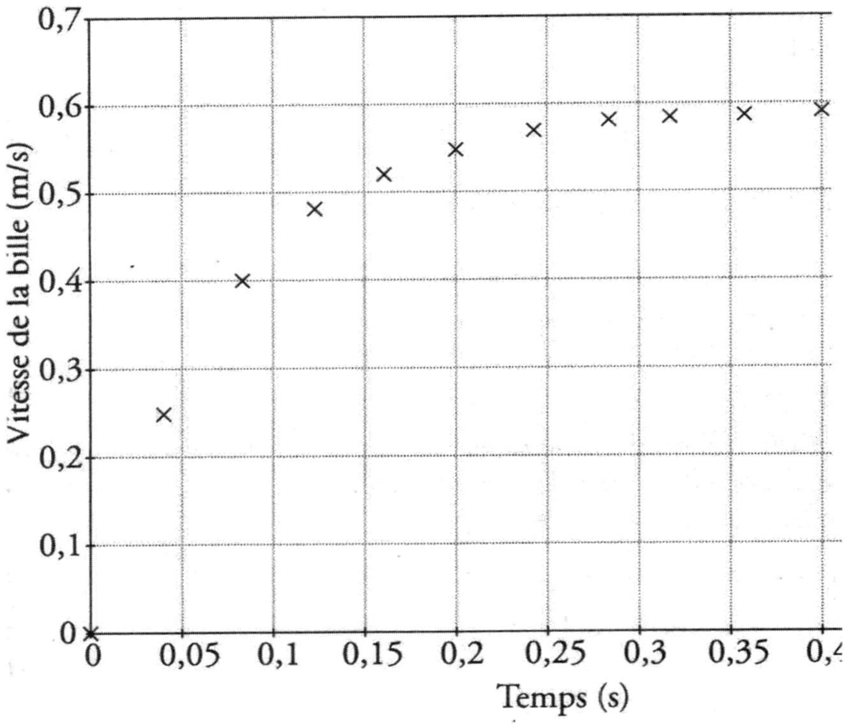

a) Donner la définition d'un référentiel. Préciser le référentiel d'étude.
b) Donner la nature du mouvement de la bille jusqu'à t = 0,35 s. Justifier.
c) Que peut-on dire de la vitesse de la bille à partir de t = 0,35 s ? Justifier. Donner alors la nature du mouvement de la bille à partir de cet instant.

d) Calculer la distance parcourue par la bille en acier à $t_1 = 0,20$ s et $t_2 = 0,40$ s.

4 Une histoire de conversion.

Compléter le tableau ci-dessous :

Distance en km	Distance en m	Vitesse en $m.s^{-1}$	Temps en s
130		**60**	
	25		**40**
		$4,50.10^3$	**$2,7.10^{-4}$**
52			**$9,8.10^6$**
	$2,5.10^7$	**84**	

Corrigés

1 **Méthodes : 1, 2 et 3.**

a) Un référentiel est constitué d'un solide de référence et d'une horloge. Le solide de référence permet le repérage des positions du corps en mouvement. L'horloge permet le repérage du temps.

Le référentiel terrestre : il permet l'étude des mouvements des objets situés sur la Terre ou au voisinage de la surface de la Terre.

La trajectoire et la vitesse d'un point dépendent du référentiel d'étude choisi.

b) **La trajectoire d'un point** est l'ensemble des positions successives occupées par ce point au cours de son mouvement.

Le bateau a un mouvement **curviligne uniforme.**

c) **v = 70 km/h = 19,4 m/s**

il faut diviser la vitesse par 3,6 pour l'obtenir en m/s soit $v = \frac{70}{3,6} = 19,4$ m/s.

d) $v = \frac{d}{\Delta t}$ donc $d = v \times \Delta t$ avec $v = 19,4$ m/s et $\Delta t = 10$ min $= 600$ s

donc $d = 19,4 \times 600$ d'où **$d = 1,16.10^4$ m = 11,6 km.**

2 **Méthodes : 1, 2 et 3.**

a) Le mouvement est rectiligne uniforme car la trajectoire est une ligne droite donc rectiligne et la vitesse est constante donc uniforme.

b) **v_A = 10 km/h = 2,8 m/s**

il faut diviser la vitesse par 3,6 pour l'obtenir en m/s soit $v_A = \frac{10}{3,6} = 2,8$ m/s.

v_B = 5 km/h = 1,4 m/s

il faut diviser la vitesse par 3,6 pour l'obtenir en m/s soit $v_B = \frac{5}{3,6} = 1,4$ m/s.

c) $v_A = \frac{d_A}{\Delta t}$ donc $d_A = v_A \times \Delta t$ or Δt = 30 min = 30 x 60 = 1 800 s

donc d_A = 2,8 x 1800 d'où **$d_A = 5,04.10^3$ m = 5,04 km.**

$v_B = \frac{d_B}{\Delta t}$ donc $d_B = v_B \times \Delta t$ or Δt = 30 min = 30 x 60 = 1 800 s

donc d_B = 1,4 x 1800 d'où **$d_B = 2,52.10^3$ m = 2,52 km.**

d) On se place par rapport **au vélo du cycliste A**.

3 **Méthodes : 1, 2 et 3.**

a) Un référentiel est constitué d'un solide de référence et d'une horloge. Le solide de référence permet le repérage des positions du corps en mouvement. L'horloge permet le repérage du temps.

Le référentiel terrestre : il permet l'étude des mouvements des objets situés sur la Terre ou au voisinage de la surface de la Terre.

b) Le mouvement de la bille est rectiligne accéléré car la trajectoire est une droite et la vitesse augmente au cours du temps.

c) A partir de t = 0,35 s, la vitesse est constante. Le mouvement est donc **rectiligne uniforme**.

d) $v_1 = \frac{d_1}{t_1}$ donc $d_1 = v_1 \times t_1$ = 0,55 x 0,20 d'où **$d_1 = 1,1.10^{-1}$ m = 11 cm**

$v_2 = \frac{d_2}{t_2}$ donc $d_2 = v_2 \times t_2$ = 0,59 x 0,40 d'où **$d_2 = 2,36.10^{-1}$ m = 23,6 cm.**

4 Méthodes : 1, 2 et 3.

Distance en km	**Distance en m**	**Vitesse en $m.s^{-1}$**	**Temps en s**
130	**$1,30.10^5$**	60	**$2,17.10^3$**
$2,5.10^{-2}$	25	**$6,25.10^{-1}$**	40
$1,22.10^{-3}$	**1,22**	$4,50.10^3$	$2,7.10^{-4}$
52	**$5,2.10^4$**	**$5,31.10^{-3}$**	$9,8.10^6$
$2,5.10^4$	$2,5.10^7$	84	**$2,98.10^5$**

Chapitre 16
LE PRINCIPE D'INERTIE
EXERCICES & CORRIGES

Exercices

1 Le curling.

Le curling est un jeu qui a été inventé au XVIe siècle en Ecosse. C'est un sport de précision qui consiste à lancer un palet en granite sur une piste glacée horizontale et à se rapprocher le plus possible d'une cible. Ce jeu appelé aussi « pétanque de glace » est devenu sport olympique en 1998…
Lors du déplacement du palet, certains coéquipiers balayent la glace afin d'éliminer au maximum les frottements et de faciliter ainsi sa progression sur la piste. On peut décomposer le mouvement en 4 étapes.

Etape n°1 : le palet est mis en mouvement.
Etape n°2 : le palet a un mouvement rectiligne et uniforme grâce au balayage de la glace. (On suppose alors qu'il n'y a plus aucun frottement entre le palet et la glace…)
Etape n°3 : le balayage est stoppé. Le palet ralentit.
Etape n°4 : le palet s'arrête. (Le plus près possible de la cible…)

a) Dans la première phase du mouvement, les forces qui s'exercent sur le palet se compensent-elles ? Pourquoi ?
b) Lors de la phase N°2, réaliser un bilan des forces sur le système « palet ». On prendra g_{Terre} = 9,8 N/kg et la masse du palet égale à 1 kg. Représentez alors ces forces sachant que 1cm correspond à 2 N.
c) Lors de la phase N°3, pourquoi la vitesse du palet diminue-t-elle ?
d) Dans la dernière étape du mouvement, pourquoi peut-on affirmer que les forces qui s'exercent sur le palet se compensent ?

2 La vitesse d'une voiture.

On relève régulièrement dans le temps, toutes les secondes, la position d'une voiture qui se déplace sur une ligne droite. La masse du véhicule est de 1 000 kg. On prend g_{Terre} = 9,8 N/kg. On obtient l'enregistrement suivant :

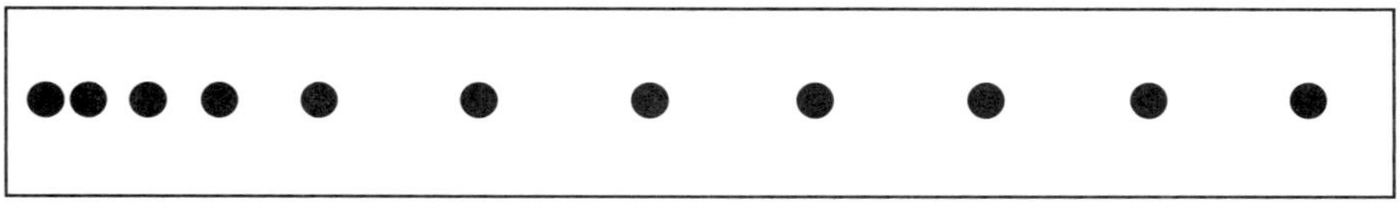

a) Enoncer le principe d'inertie.
b) En combien de phases se décompose le mouvement du véhicule ? Soyez précis !
c) Pour la 1re phase, que peut-on dire concernant les forces qui s'exercent sur la voiture ?
d) Pour la dernière phase, même question.
e) Lors de cette dernière phase, on néglige les forces de frottements entre les pneus du véhicule et la route. Réaliser un bilan des forces.
f) Sachant qu'1cm correspond à 5 000 N, représentez ces forces.

3 La grue !

Sur les docks du port de Marseille, une grue soulève à vitesse constante et verticalement un conteneur métallique de forme cubique d'une masse de 3 tonnes à l'aide d'un câble tendu en acier. On prendra g_{terre} = 9,8 N/kg.

a) Réaliser un bilan des forces sur le système « conteneur ».
b) Sachant que 1 cm correspond à 15 000 N, représentez ces vecteurs forces.

4 Le saut en parachute : essayons d'être original !

Au cours du saut d'un parachutiste (du moment où il saute de l'avion à t = 0s jusqu'à ce qu'il atteigne le sol à t = 240 s), on relève la valeur de sa vitesse au cours du temps. On précise que le parachutiste se déplace verticalement tout au long du saut. La masse de l'individu et de son équipement est égale à 90 kg. On prend g_{Terre} = 9,8 N/kg.
On obtient le graphique ci-dessous :

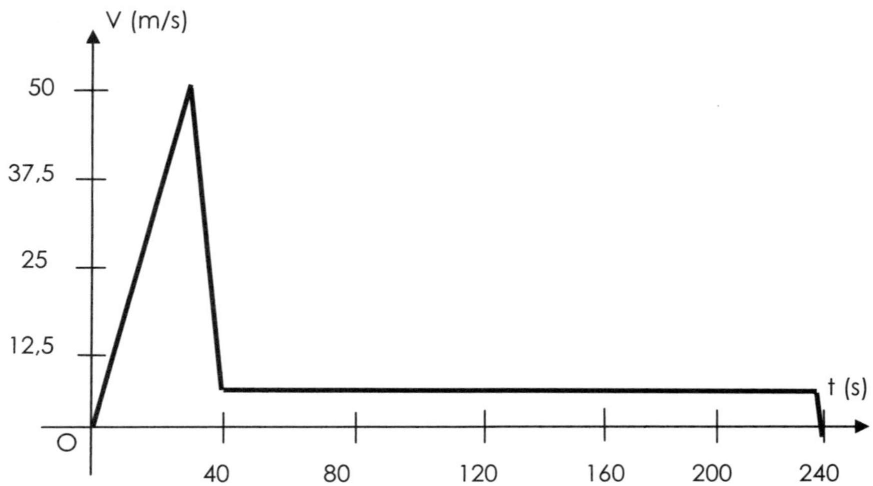

a) Combien de phases comporte le saut du parachutiste ?
b) Le principe d'inertie est-il vérifié pendant la 1re phase du saut ?

c) Combien de temps dure le mouvement rectiligne et uniforme du parachutiste ? Durant cette phase de vol, réaliser un bilan des forces.
d) Sachant que 1 cm correspond à 400 N, représentez les forces qui s'exercent sur le système « parachutiste + parachute » lors de ce mouvement rectiligne et uniforme !

5 Etude du mouvement d'un mobile autoporteur.

Un mobile autoporteur est posé sur une table à coussin d'air, le coussin d'air est mis en marche.

a Que permet le coussin d'air sous le mobile ?
b) Le mobile est au repos. Quelles sont les forces qui s'exercent sur lui ?
c) On lance le mobile. Celui-ci décrit alors un mouvement rectiligne uniforme. Quelles sont les forces qui s'exercent sur lui ?
d) Justifier vos réponses en énonçant le principe d'inertie !
e) Le mobile se déplace selon un mouvement rectiligne et uniforme. On arrête brusquement la soufflerie du coussin d'air... Que fait le mobile ? Comment appelle t-on ce mouvement ?

Corrigés

1 **Méthodes : 2, 3, 5.**

a) Dans la phase n°1, le palet est mis en mouvement. Sa vitesse augmente. C'est l'une des conséquences du principe d'inertie qui précise que : si la vitesse d'un corps varie alors les forces qui s'exercent sur lui ne se compensent pas !

b) Phase n°2 : bilan des forces !
– Système choisi : le palet.
– Référentiel terrestre.
– Inventaire des forces qui s'exercent sur le système :
On a un mouvement rectiligne et uniforme. On nous précise que les forces de frottements sont négligées. Les deux forces qui s'exercent sur le palet sont donc le poids $\vec{P}$ et la réaction du support $\vec{F}$.

Caractéristiques du vecteur poids $\vec{P}$:
Point d'application : centre de gravité du palet « G ».
Direction : verticale.
Sens : vers le bas.
Intensité : $P = m \times g = 9,8 \times 1 = 9,8$ N.

Caractéristiques du vecteur $\vec{F}$:
Point d'application : point de contact entre le palet et la glace « A ».
Direction : verticale.
Sens : vers le haut.
Intensité : 9,8 N car d'après le principe d'inertie, lorsqu'un corps a un mouvement rectiligne et uniforme, il est soumis à des forces qui se compensent ! Ces forces ont donc la même direction, des sens opposés et la même intensité...

On sait que 2 N correspondent à 1 cm. Par conséquent les forces seront représentées par un vecteur dont la longueur fera $\frac{9,8}{2} = 4,9$ cm.

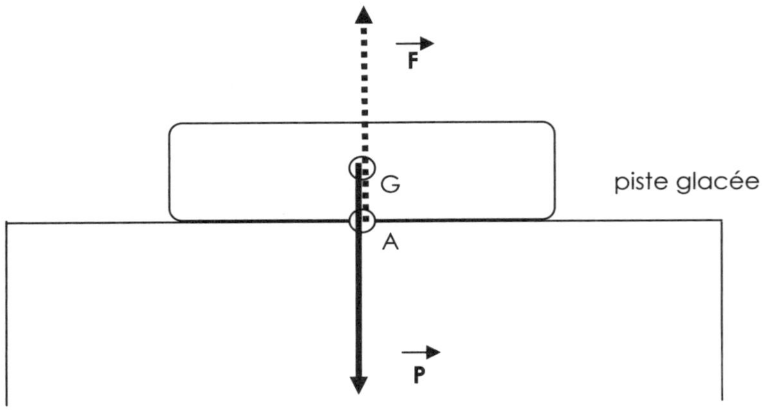

c) La vitesse du palet diminue car il y a désormais les forces de frottements entre le palet et la glace. D'après le principe d'inertie, il n'y a plus un mouvement uniforme car les forces qui s'exercent sur le palet ne se compensent plus !

d) Le palet est immobile (au repos). D'après le principe d'inertie, les forces qui s'exercent sur le palet se compensent donc…

2 **Méthodes : 2, 5.**

a) Il faut savoir énoncer le principe d'inertie précisément !
Si les forces qui s'exercent sur un corps se compensent alors :

- soit il est au repos (immobile) ;
- soit il a un mouvement rectiligne et uniforme.

La réciproque est vraie :
si un corps est au repos ou a un mouvement rectiligne et uniforme, alors, les forces qui s'exercent sur lui se compensent !

b) Il y a deux phases dans ce mouvement.
Pour des intervalles de temps égaux, la distance parcourue par la voiture augmente. Sa vitesse varie et augmente au cours du temps : la voiture accélère.
Pour des intervalles de temps égaux, on constate que la distance parcourue est la même au cours du temps. La vitesse roule donc à vitesse constante ! C'est un mouvement uniforme…

c) D'après le principe d'inertie, dans la 1re phase du mouvement, les forces qui s'exercent sur la voiture ne se compensent pas puisque sa vitesse varie.

d) Dans la 2e phase, le véhicule roule à vitesse constante et en ligne droite. On a donc un mouvement rectiligne et uniforme. D'après le principe d'inertie, les forces qui s'exercent sur la voiture se compensent !

e) Réalisons un bilan des forces. Pour cela, il faut :
un système, ici c'est la voiture ;
un référentiel : on choisit le référentiel terrestre.
Réaliser l'inventaire des forces qui s'exercent sur le système : on nous dit dans l'énoncé que l'on néglige les forces de frottements. Par conséquent, lors de son mouvement rectiligne et uniforme, la voiture est soumise au poids $\vec{P}$ et à la réaction du support (ici la route) $\vec{F}$.
D'après le principe d'inertie, les forces se compensent. Elles ont donc la même direction, des sens opposés mais la même intensité !

<u>Caractéristiques du vecteur poids $\vec{P}$:</u>
Point d'application : centre de gravité « G ».
Direction : verticale.
Sens : vers le bas.
Intensité : $P = m \times g = 1000 \times 9{,}8 = 9800$ N.

<u>Caractéristiques du vecteur $\vec{F}$</u>
Point d'application : contact entre le véhicule et la route en A.
Direction : verticale.
Sens : vers le haut.
Intensité : c'est la même que celle du poids. $F = 9800$ N.

f) Sachant que 1cm correspond à 5 000 N, les forces seront représentées par des vecteurs dont la longueur sera de $\frac{9800}{5000} = 1{,}96$ cm ! Je ne suis pas un bon dessinateur… J'ai donc représenté la voiture par un carré !

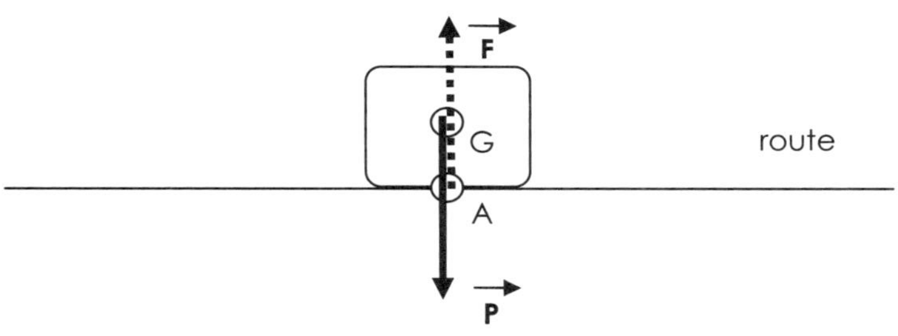

3 Méthodes : 2, 5.

a) Bilan des forces s'exerçant sur le système « conteneur » dans le référentiel terrestre : les forces sont le poids $\vec{P}$ et la tension du câble notée $\vec{T}$. D'après le principe d'inertie, étant donné que le système a un mouvement rectiligne et uniforme, les forces $\vec{P}$ et $\vec{T}$ se compensent. Elles auront donc la même direction, la même intensité mais des sens opposés.

<u>Poids $\vec{P}$:</u>
Point d'application : G.
Direction : verticale.
Sens : vers le bas.
Intensité : $P = m \times g = 3000 \times 9{,}8 = 29400$ N $= 2{,}94 \times 10^4$ N.

<u>Tension du câble $\vec{T}$</u>
Point d'application : A.
Direction : verticale.
Sens : vers le haut.
Intensité : $T = 2{,}94 \times 10^4$ N.

b) D'après l'énoncé, 1 cm ↔ 15000 N.
Représentons les vecteurs $\vec{P}$ et $\vec{T}$.
Les deux forces ont une intensité de $2{,}94 \times 10^4$ N.
Elles seront donc représentées par des vecteurs de longueur :
$$\frac{2{,}94 \times 10^4}{1{,}5 \times 10^4} = 1{,}96 \text{ cm}$$

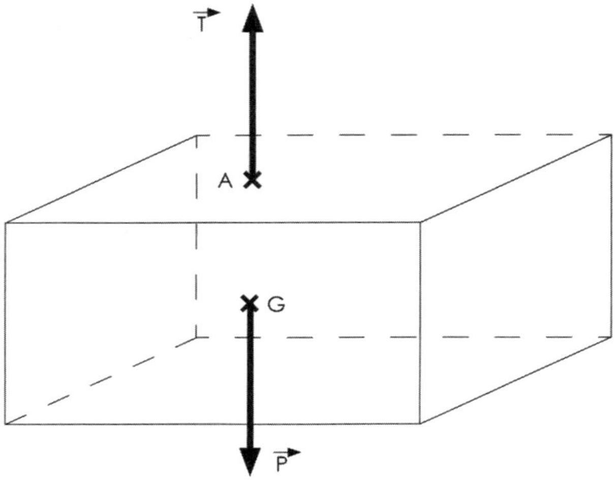

4 **Méthodes : 2, 3, 5.**

a) Il y a 4 phases pour ce saut.

Phase n°1 : le parachutiste saute de l'avion. Il est en chute libre. Son parachute est fermé. Sa vitesse augmente très rapidement jusqu'à 50 m/s soit environ 180 km/h.

Phase n°2 : on constate que la vitesse diminue très rapidement. Cela correspond à l'ouverture du parachute. Les forces de frottements de l'air sur le parachute freinent sa chute !

Phase n°3 : la vitesse est constante. La trajectoire est verticale. On a donc un mouvement rectiligne et uniforme.
Phase n°4 : le parachutiste touche le sol. Il s'immobilise. Sa vitesse est donc nulle à t = 240 s.

b) Lors de la première phase de saut, le principe d'inertie n'est pas vérifié puisque la vitesse du parachutiste varie (elle augmente !).
c) Le mouvement rectiligne et uniforme dure 200 s (240 – 40). Réalisons un bilan des forces : on considère le système « parachutiste + parachute » dans le référentiel terrestre. Les deux forces sont le poids et les frottements de l'air. D'après le principe d'inertie, le système sera soumis à des forces qui se compensent puisque son mouvement est rectiligne et uniforme. Ces forces auront donc la même direction, la même intensité mais des sens opposés !

<u>Caractéristiques du vecteur poids $\vec{P}$:</u>
Point d'application : centre de gravité « G ».
Direction : verticale.
Sens : vers le bas.
Intensité : P = m×g = 90×9,8 = 882 N.

<u>Caractéristiques du vecteur $\vec{F}$:</u>
Point d'application : G.
Direction : verticale.
Sens : vers le haut.
Intensité : F = P = 882 N.

d) Sachant qu'1 cm correspond à 400 N, les forces seront représentées par des vecteurs de longueur $\frac{882}{400}$ = 2,2 cm !

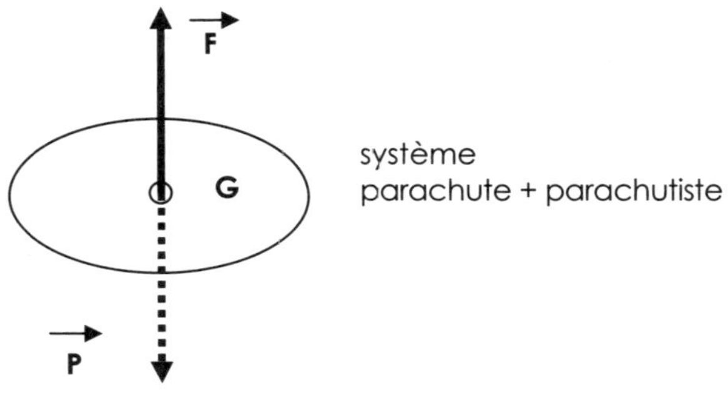

5 **Méthodes : 2 et 5.**

a) Le coussin d'air permet d'éviter les frottements du mobile sur la table.
b) Le mobile est au repos car le poids et la réaction du coussin d'air se compensent. C'est le principe d'inertie.
c) De même lorsque le mouvement du mobile est rectiligne uniforme, ce sont les deux mêmes forces qui s'exercent et qui se compensent. C'est toujours le principe d'inertie !
d) Ceci est prévu par le principe d'inertie : tout corps est dans son état de repos ou de mouvement rectiligne uniforme si les forces qui s'exercent sur lui se compensent.
e) Arrêt du coussin d'air : le mobile s'arrête progressivement. Il s'agit d'un mouvement rectiligne ralenti.

Chapitre 17
LA QUANTITE DE MATIERE
EXERCICES & CORRIGES

Exercices

1 Un complément alimentaire.

Un complément alimentaire contient 80,0 mg de calcium Ca, 4,0 mg de fer Fe et 4,0 mg de zinc Zn ainsi que de nombreuses vitamines. La masse totale de ce comprimé est de 500 mg.

a) Déterminer la quantité de matière en calcium, fer et zinc contenu dans ce comprimé.
b) Déterminer le nombre d'atomes de calcium, de fer et de zinc contenue dans ce comprimé.
c) Déterminer le pourcentage en masse de l'élément calcium contenu dans un comprimé. Faire de même pour l'élément fer et l'élément zinc.

Données : masses molaires atomiques : M(Ca) = 40,1 $g.mol^{-1}$; M(Fe) = 55,8 $g.mol^{-1}$; M(Zn) = 65,4 $g.mol^{-1}$.

Constante d'Avogadro : $N_A = 6{,}02.10^{23}$ mol^{-1}.

2 Un clou en fer.

Un clou en fer possède $2{,}16.10^{22}$ atomes de fer. Sa masse molaire vaut 55,8 $g.mol^{-1}$.

a) Déterminer la quantité de matière en fer contenue dans le clou.
b) Déterminer la masse du clou en fer.

Donnée : Constante d'Avogadro : $N_A = 6{,}02.10^{23}$ mol^{-1}.

3 Etude d'une étiquette d'un sel de mer.

L'étiquette d'un sel de mer iodé et fluoré donne les informations suivantes :

« Ingrédients : sel de mer, fluorure de potassium KF : 125 mg, iodure de sodium NaI : 7,5 mg »

a) Calculer la masse molaire moléculaire du fluorure de potassium et du iodure de sodium.
b) Calculer la quantité de matière en fluorure de potassium et en iodure de sodium contenu dans le sel étudié.

c) Déterminer le nombre de molécules en fluorure de potassium et en iodure de sodium contenu dans ce sel.

Donnée : masses molaires atomiques : M(F) = 19,0 g.mol^{-1} ; M(K) = 39,1 g.mol^{-1} ; M(I) = 126,9 g.mol^{-1} ; M(Na) = 23,0 g.mol^{-1}.

4 Des éléments chimiques en série.

Compléter le tableau ci-dessous :

Nom de l'espèce chimique	Formule brute	Masse molaire	Quantité de matière	Masse
Acide éthanoïque *(vinaigre)*	$C_2H_4O_2$		$2{,}5.10^{-2}$ mol	
Saccharose *(sucre)*	$C_{12}H_{22}O_{11}$			500 mg
Ethanol	C_2H_6O		4,5 mol	
Butane	C_4H_{10}			1,0 kg
Oléine *(constituant de l'huile d'olive)*	$C_{57}H_{104}O_6$		$3{,}6.10^{-4}$ mol	
Acide sulfurique	H_2SO_4			50 mg
Sulfate de cuivre	$CuSO_4$		$5{,}6.10^{-3}$ mol	

Donnée : masses molaires atomiques : M(C) = 12,0 g.mol^{-1} ; M(O) = 16,0 g.mol^{-1} ; M(H) = 1,00 g.mol^{-1} ; M(S) = 32,1 g.mol^{-1}, M(Cu) = 63,5 g.mol^{-1}.

5 Identification d'un élément chimique.

L'analyse d'une substance chimique de masse m = 800 mg permet de déterminer le nombre de molécules contenu dans cet échantillon, soit N = $2{,}83.10^{22}$ molécules.

a) Déterminer la quantité de matière contenue dans l'échantillon.
b) Déterminer la masse molaire de cet échantillon.
c) On dispose de plusieurs espèces chimiques :

Nitrate de potassium	KNO_3
Dioxyde de carbone	CO_2
Ammoniaque	NH_3
Acide chlorhydrique	HCl

Calculer la masse molaire moléculaire de chacune de ces espèces chimiques. Identifier la substance analysée.

Données : constante d'Avogadro : $N_A = 6{,}02.10^{23}$ mol^{-1}.

Masses molaires atomiques : $M(C) = 12{,}0\ g.mol^{-1}$; $M(O) = 16{,}0\ g.mol^{-1}$; $M(H) = 1{,}00\ g.mol^{-1}$; $M(N) = 14{,}0\ g.mol^{-1}$, $M(K) = 39{,}1\ g.mol^{-1}$, $M(Cl) = 35{,}5\ g.mol^{-1}$.

Corrigés

1 **Méthodes : 3, 4 et 5.**

a) $n(Ca) = \dfrac{m(Ca)}{M(Ca)}$ or $m(Ca) = 80{,}0$ mg $= 80{,}0.10^{-3}$ g d'où $n(Ca) = \dfrac{80{,}0.10^{-3}}{40{,}1}$
donc **n(Ca) = 2,0.10⁻³ mol.**

$n(Fe) = \dfrac{m(Fe)}{M(Fe)}$ or $m(Fe) = 4{,}0$ mg $= 4{,}0.10^{-3}$ g d'où $n(Fe) = \dfrac{4{,}0.10^{-3}}{55{,}8}$ donc **$n(Fe) = 7{,}2.10^{-5}$ mol.**

$n(Zn) = \dfrac{m(Zn)}{M(Zn)}$ or $m(Zn) = 4{,}0$ mg $= 4{,}0.10^{-3}$ g d'où $n(Zn) = \dfrac{4{,}0.10^{-3}}{65{,}4}$ donc **$n(Zn) = 6{,}1.10^{-5}$ mol.**

b) $N(Ca) = n(Ca) \times N_A = 2{,}0.10^{-3} \times 6{,}02.10^{23}$
donc **$N(Ca) = 1{,}2.10^{21}$ atomes de calcium.**

$N(Fe) = n(Fe) \times N_A = 7{,}2.10^{-5} \times 6{,}02.10^{23}$
donc **$N(Ca) = 4{,}3.10^{19}$ atomes de fer.**

$N(Zn) = n(Zn) \times N_A = 6{,}1.10^{-5} \times 6{,}02.10^{23}$
donc **$N(Zn) = 3{,}7.10^{19}$ atomes de calcium.**

c) Pourcentage en masse de l'élément calcium : $\% Ca = \dfrac{m(Ca)}{m_{comprimée}} \times 100$ $\% Ca = \dfrac{80}{500} \times 100 = 16.$

Il y a 16 % en masse d'élément calcium dans le comprimé.

Pourcentage en masse de l'élément fer : $\% Fe = \dfrac{m(Fe)}{m_{comprimée}} \times 100$ $\% Fe = \dfrac{4}{500} \times 100 = 0{,}8.$

Il y a 0,8 % en masse d'élément fer dans le comprimé.

Pourcentage en masse de l'élément zinc : $\% Zn = \dfrac{m(Zn)}{m_{comprimée}} \times 100$ $\% Zn = \dfrac{4}{500} \times 100 = 0{,}8.$

Il y a 0,8 % en masse d'élément zinc dans le comprimé.

2 Méthodes : 3 et 5.

a) $n(Fe) = \dfrac{N(Fe)}{N_A} = \dfrac{2{,}16.10^{22}}{6{,}02.10^{23}}$ donc **$n(Fe) = 3{,}59.10^{-2}$ mol.**

b) $m_{clou} = n(Fe) \times M(Fe) = 3{,}59.10^{-2} \times 55{,}8$ donc **$m_{clou} = 2{,}00$ g.**

3 Méthodes : 3, 4 et 5.

a) M(KF) = M(K) + M(F) = 39,1 + 19,0 donc **M(KF) = 58,1 $g.mol^{-1}$.**
M(NaI) = M(Na) + M(I) = 23,0 + 126,9 donc **M(NaI) = 149,9 $g.mol^{-1}$.**

b) $n(KF) = \dfrac{m(KF)}{M(KF)}$ or m(KF) = 125 mg = $1{,}25\ .10^{-1}$ g donc $n(KF) = \dfrac{1{,}25.10^{-1}}{58{,}1}$

d'où **$n(KF) = 2{,}15.10^{-3}$ mol.**

$n(NaI) = \dfrac{m(NaI)}{M(NaI)}$ or m(NaI) = 7,5 mg = $7{,}5\ .10^{-3}$ g donc $n(NaI) = \dfrac{7{,}5.10^{-3}}{149{,}9}$

d'où **$n(NaI) = 5{,}0.10^{-5}$ mol.**

c) $N(KF) = n(KF) \times N_A = 2{,}15.10^{-3} \times 6{,}02.10^{23}$
donc **$N(KF) = 1{,}29.10^{21}$ molécules de fluorure de potassium KF.**

$N(NaI) = n(NaI) \times N_A = 5{,}0.10^{-5} \times 6{,}02.10^{23}$
donc **$N(NaI) = 3{,}01.10^{19}$ molécules de iodure de sodium NaI.**

4 Méthodes : 4 et 5.

Nom de l'espèce chimique	Formule brute	Masse molaire	Quantité de matière	Masse
Acide éthanoïque *(vinaigre)*	$C_2H_4O_2$	**60 $g.mol^{-1}$**	$2{,}5.10^{-2}$ mol	**1,5 g**
Saccharose *(sucre)*	$C_{12}H_{22}O_{11}$	**342 $g.mol^{-1}$**	**$1{,}46.10^{-3}$ mol**	500 mg
Ethanol	C_2H_6O	**46 $g.mol^{-1}$**	4,5 mol	**207 g**
Butane	C_4H_{10}	**58 $g.mol^{-1}$**	**$1{,}7.10^{1}$ mol**	1,0 kg
Oléine *(constituant de l'huile d'olive)*	$C_{57}H_{104}O_6$	**884 $g.mol^{-1}$**	$3{,}6.10^{-4}$ mol	**$3{,}2.10^{-1}$ g**
Acide sulfurique	H_2SO_4	**98,1$g.mol^{-1}$**	**$5{,}1.10^{-4}$ mol**	50 mg
Sulfate de cuivre	$CuSO_4$	**159,6 $g.mol^{-1}$**	$5{,}6.10^{-3}$ mol	**$8{,}9.10^{-1}$ g**

5 Méthodes : 3, 4 et 5.

a) $n(\text{substance}) = \dfrac{N(\text{substance})}{N_A} = \dfrac{2{,}83.10^{22}}{6{,}02.10^{23}}$

donc **n(substance) = 4,70.10^{-2} mol.**

b) $M(\text{substance}) = \dfrac{m(\text{substance})}{n(\text{substance})}$ or m(substance) = 800 mg = 8,0.10^{-1} g

$M(\text{substance}) = \dfrac{8{,}0.10^{-1}}{4{,}70.10^{-2}}$ donc **M(substance) = 17 g.mol^{-1}.**

c) Masses molaires des espèces chimiques

Nitrate de potassium	KNO_3	**101,1 g.mol^{-1}**
Dioxyde de carbone	CO_2	**44 g.mol^{-1}**
Ammoniaque	NH_3	**17 g.mol^{-1}**
Acide chlorhydrique	HCl	**36,5 g.mol^{-1}**

L'espèce chimique analysée est l'ammoniaque NH_3.

Chapitre 18
SOLUTIONS ET CONCENTRATIONS
EXERCICES & CORRIGES

Exercices

1 Une solution de permanganate de potassium.

Afin de préparer une solution de permanganate de potassium de concentration molaire $C = 3{,}0.10^{-3}$ mol.L^{-1} de volume $V = 250$ mL, on dissout une masse m de cristaux de permanganate de potassium $KMnO_4$ dans de l'eau distillée.

a) Identifier le solvant et le soluté. S'agit-il d'une solution aqueuse ? Justifier.
b) Déterminer la quantité de matière de matière introduite en permanganate de potassium.
c) Calculer la masse molaire du permanganate de potassium.
d) Calculer la masse m dissoute en permanganate de potassium.
e) Donner le protocole d'une dissolution. Faire le schéma de la verrerie.

Donnée : masses molaires atomiques : M(K) = 39,1 g.mol^{-1} ; M(Mn) = 54,9 g.mol^{-1} ; M(O) = 16,0 g.mol^{-1}

2 C'est quoi cette bouteille de lait ? Comment…

L'étiquette d'une bouteille de lait de 1,0 L donne les informations suivantes :
« Protéines : 3,15 g pour 100 mL ; Glucides : 4,75 g pour 100 mL ; Lipides : 1,55 g pour 100 mL ; Calcium Ca : 120 mg pour 100 mL »

a) Déterminer la quantité de matière en calcium contenue dans 100 mL de lait.
b) Calculer la quantité de matière en calcium contenue dans 1,0 L de lait.
c) Calculer la concentration molaire en calcium dans la bouteille de lait.
d) Calculer la concentration massique en calcium dans la bouteille de lait.

Donnée : masse molaire atomique : M(Ca) = 40,1 g.mol^{-1}.

3 Une solution antiseptique.

Dans un laboratoire pharmaceutique, un étudiant en médecine prépare une solution d'éosine de formule brute $C_{20}H_6Br_4Na_2O_5$ en dissolvant une masse m = 1,0 mg dans 500,0 mL d'eau.

a) Calculer la masse molaire de l'éosine.
b) Calculer la quantité de matière dissoute en éosine.
c) Calculer la concentration molaire en éosine.
d) Calculer la concentration massique en éosine.

En réalité, la solution aqueuse d'éosine est beaucoup trop concentrée, il est nécessaire de la diluer 100 fois.

e) Calculer la nouvelle concentration molaire en éosine.
f) Déterminer le volume de solution mère à prélever afin de préparer cette nouvelle solution d'un volume V'= 500 mL.
g) Donner le protocole de la dilution. Faire le schéma de la verrerie.

Donnée : masses molaires atomiques : $M(C) = 12{,}0\ g.mol^{-1}$; $M(H) = 1{,}0\ g.mol^{-1}$; $M(Br) = 79{,}9\ g.mol^{-1}$; $M(Na) = 23{,}0\ g.mol^{-1}$; $M(O) = 16{,}0\ g.mol^{-1}$.

4 Que choisir ?

Au cours d'un TP, un élève doit diluer au dixième une solution d'acide chlorhydrique de concentration initiale C_0. Il dispose du matériel ci-dessous :

- burette graduée de 25,0 mL
- pipette jaugée de 5,0 mL
- pipette jaugée de 10,0 mL
- pipette jaugée de 20,0 mL
- fiole jaugée de 5,0 mL + bouchon
- fiole jaugée de 100 mL + bouchon
- fiole jaugée de 250 mL + bouchon
- bécher de 10 mL
- bécher de 20 mL
- bécher de 50 mL
- propipette
- pissette d'eau distillée

Quels matériels doit-il choisir ?

5 Une solution d'acide nitrique.

Pour des travaux pratiques, on souhaite disposer d'une solution d'acide nitrique HNO_3 de concentration molaire $C_0 = 1{,}5.10^{-1}\ mol.L^{-1}$ et de volume $V_0 = 500\ mL$. On dispose au laboratoire de chimie d'une solution commerciale d'acide nitrique HNO_3 avec les informations suivantes :

- densité de HNO_3 : d = 1,41
- Pourcentage en masse d'acide nitrique : 67 %
- Température d'ébullition : 122°C
- Volume : 1,00 L.

a) Déterminer la masse de la solution d'acide nitrique commerciale.
b) Déterminer la masse d'acide nitrique contenue dans la solution commerciale.
c) Déterminer la masse molaire de l'acide nitrique.
d) Déterminer la quantité de matière d'acide nitrique contenue dans la solution commerciale.
e) Déterminer la concentration molaire en acide nitrique de la solution commerciale.

f) Déterminer le volume de solution commerciale à prélever pour préparer la solution d'acide nitrique du TP de concentration $C_0 = 1,7.10^{-1}$ mol.L^{-1}.
g) Donner le protocole de la dilution pour préparer la solution d'acide nitrique. Faire le schéma de la verrerie.

Données : masses molaires atomiques : M(N) = 14,0 g.mol^{-1}, M(O) = 16,0 g.mol^{-1}, M(H) = 1,0 g.mol^{-1}.
Masse volumique de l'eau : ρ_{eau} = 1 000 kg.m^{-3}.

Corrigés

1 **Méthodes : 1, 3 et 4.**

a) Solvant : eau distillée
Soluté : cristaux de permanganate de potassium

Il s'agit d'une solution aqueuse puisque le solvant est l'eau.

b) $n(KMnO_4) = C \times V$ or V = 250 mL = $2,50.10^{-1}$ L

$n(KMnO_4) = 3,0.10^{-3} \times 2,50.10^{-1}$ donc **$n(KMnO_4) = 7,50.10^{-4}$ mol.**

c) $M(KMnO_4) = M(K) + M(Mn) + 4 \times M(O) = 39,1 + 54,9 + 4 \times 16$

$M(KMnO_4) = 158$ g.mol^{-1}.

d) $m(KMnO_4) = n(KMnO_4) \times M(KMnO_4) = 7,50.10^{-4} \times 158$

$m(KMnO_4) = 1,19.10^{-1}$ g = 119 mg.

e) Protocole d'une dissolution.

Prélever, à l'aide d'une coupelle et d'une balance électronique, la masse m = 119 mg de cristaux de permanganate de potassium. Introduire, à l'aide d'un entonnoir, le solide dans une fiole jaugée, rincer la coupelle et l'entonnoir avec de l'eau distillée. Remplir la fiole aux 2/3, boucher et homogénéiser. Compléter avec de l'eau distillée jusqu'au trait de jauge, le bas du ménisque devant être tangent au trait de jauge (ou le bas du ménisque affleurant le trait de jauge). On bouche et on agite.

Schéma de la verrerie :

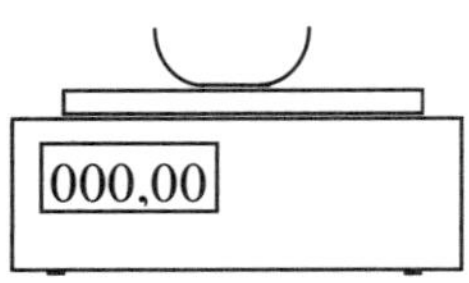

Balance électronique
Coupelle

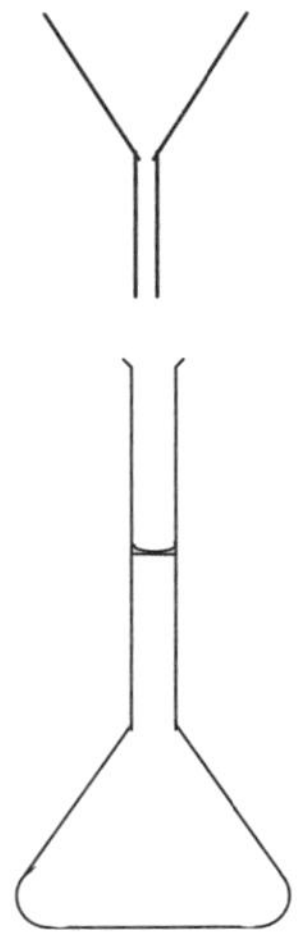

Fiole jaugée
entonnoir

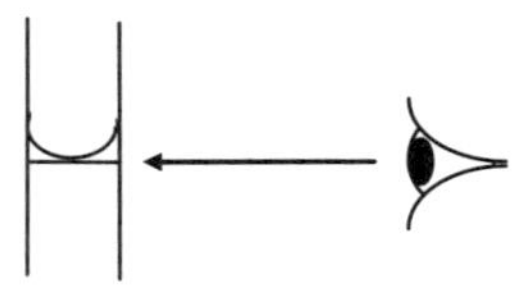

Le bas du ménisque est tangent au trait de jauge

2 **Méthodes : 4 et 5.**

a) $n(Ca) = \dfrac{m(Ca)}{M(Ca)}$ or $m(Ca) = 120$ mg $= 1{,}20.10^{-1}$ g

$n(Ca) = \dfrac{0{,}12}{40{,}1}$ donc **$n(Ca) = 3{,}0.10^{-3}$ mol.**

b) Pour 100 mL : $n(Ca) = 3{,}0.10^{-3}$ mol.
Pour 1,0 L : $n'(Ca) = 3{,}0.10^{-2}$ mol.

c) $C_{Ca} = \dfrac{n'(Ca)}{V} = \dfrac{3{,}0.10^{-2}}{1{,}0}$ donc **$C_{Ca} = 3{,}0.10^{-2}$ mol.L^{-1}.**

d) $C_m(Ca) = C_{Ca} \times M(Ca) = 3{,}0.10^{-2} \times 40{,}1$ donc **$C_m(Ca) = 1{,}2$ g.L^{-1}**

ou bien

pour 100 mL : $m(Ca) = 120$ mg $= 0{,}12$ g
pour 1,0 L : $m'(Ca) = 1{,}2$ g

$C_m(Ca) = \dfrac{m'(Ca)}{V} = \dfrac{1{,}2}{1{,}0}$ donc **$C_m(Ca) = 1{,}2$ g.L^{-1}.**

3 **Méthodes : 4, 5, 6 et 7.**

a) M(éosine) = 20 x M(C) + 6 x M(H) + 4 x M(Br) + 2 x M(Na) + 5 x M(O)
M(éosine) = 20 x 12 + 6 + 4 x 79,9 + 2 x 23 + 5 x 16
M(éosine) = 691,6 g.mol^{-1}.

b) $n(\text{éosine}) = \dfrac{m(\text{éosine})}{M(\text{éosine})}$ or m(éosine) = 1,0 mg = $1{,}0.10^{-3}$ g

$n(\text{éosine}) = \dfrac{1{,}0.10^{-3}}{691{,}6}$ donc **n(éosine) = 1,45.10⁻⁶ mol**

c) $C_{\text{éosine}} = \dfrac{n(\text{éosine})}{V}$ or V = 500 mL = $5{,}0.10^{-1}$ L

$C_{\text{éosine}} = \dfrac{1{,}45.10^{-6}}{5{,}0.10^{-1}}$ donc $\mathbf{C_{\text{éosine}} = 2{,}90.10^{-6}\ mol.L^{-1}}$

d) $C_m(\text{éosine}) = C_{\text{éosine}} \times M(\text{éosine}) = 2{,}90.10^{-6} \times 691{,}6$

$\mathbf{C_m(\text{éosine}) = 2{,}0.10^{-3}\ g.L^{-1}}$

e) $C'_{\text{éosine}} = \dfrac{C_{\text{éosine}}}{100} = \dfrac{2{,}90.10^{-6}}{100}$ donc $\mathbf{C'_{\text{éosine}} = 2{,}90.10^{-8}\ mol.L^{-1}}$

f) Au cours d'une dilution, la quantité de matière ne varie pas :

$f = 100 = \dfrac{C_{\text{éosine}}}{C'_{\text{éosine}}} = \dfrac{V'}{V}$ or V' = 500 mL donc $\mathbf{V} = \dfrac{V'}{f} = \dfrac{500}{100}$ **= 5,0 mL.**

Il faut donc prélever 5,0 mL de la solution initiale d'éosine.

g) Protocole d'une dilution

Il faut prélever à partir d'une petite quantité de solution introduite dans un bécher, 5,0 mL de solution d'éosine à l'aide d'une pipette jaugée munie d'une propipette. On introduit le prélèvement dans une fiole jaugée de 500 mL. On complète avec de l'eau distillée jusqu'au 2/3. On bouche et on agite. On complète jusqu'au trait de jauge avec de l'eau distillée, le bas du ménisque affleurant le trait de jauge (ou tangent au ménisque).

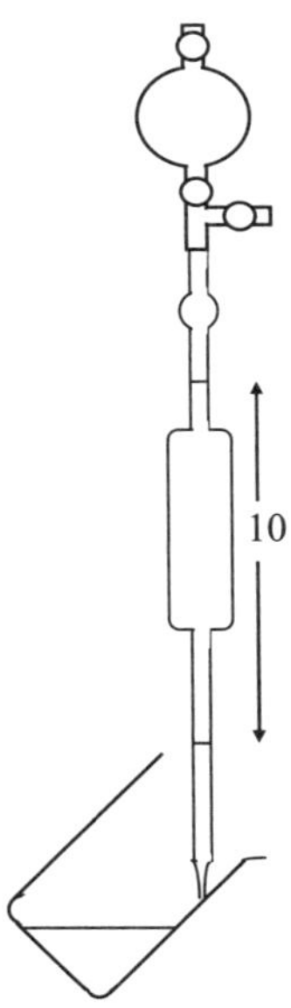

Pipette jaugée munie d'une propipette

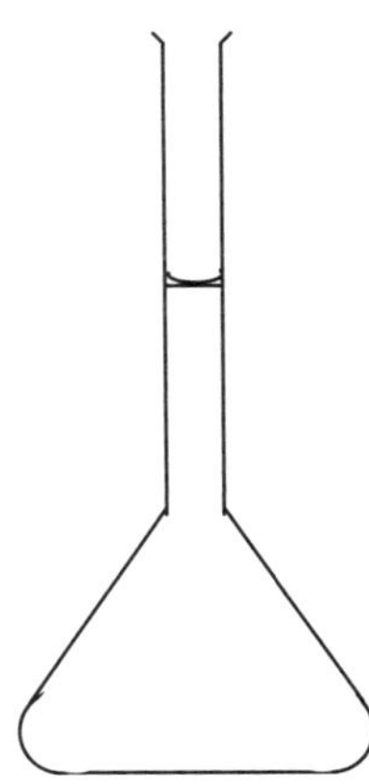

Fiole jaugée

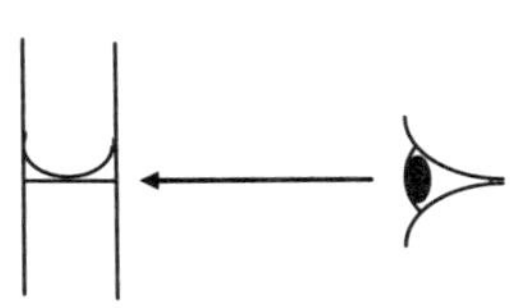

Le bas du ménisque est tangent au trait de jauge

4 **Méthodes : 6 et 7.**

Il faut choisir le matériel suivant :

- bécher de 20 mL
- pissette d'eau distillée
- propipette
- fiole jaugée de 100 mL + bouchon
- pipette jaugée de 10 mL

5 **Méthode : 4, 6 et 7.**

a) Masse de la solution commerciale

$d_{solution} = \frac{\rho_{solution}}{\rho_{eau}}$ donc $\rho_{solution} = d_{solution} \times \rho_{eau}$

or $\rho_{eau} = \frac{m_{solution}}{V_{solution}}$ donc $m_{solution} = \rho_{solution} \times V_{solution}$

$m_{solution} = \rho_{eau} \times d_{solution} \times V_{solution}$

Or $V_{solution}$ = 1,00 L = $1{,}00.10^{-3}$ m^3

$m_{solution} = 1000 \times 1{,}41 \times 1{,}00.10^{-3}$ donc $\mathbf{m_{solution} = 1{,}41}$ **kg.**

b) Masse d'acide sulfurique

$M_{acide} = 0{,}67 \times m_{solution} = 0{,}67 \times 1{,}41$ donc $\mathbf{m_{acide} = 0{,}945}$ **kg = 945 g.**

c) Masse molaire

$M(HNO_3) = M(H) + M(N) + 3 \times M(O) = 1{,}00 + 14{,}0 + 3 \times 16{,}0$
$\mathbf{M(HNO_3) = 63}$ **g.mol⁻¹.**

d) Quantité de matière

$n(HNO_3) = \frac{m(HNO_3)}{M(HNO_3)}$

$n(HNO_3) = \frac{945}{63}$ donc $\mathbf{n(HNO_3) = 1{,}5.10^1}$ **mol.**

e) Concentration molaire

$[HNO_3] = \frac{n(HNO_3)}{V_{solution}} = \frac{1{,}5.10^1}{1{,}00}$ d'où $\mathbf{[HNO_3] = 1{,}5.10^1}$ **mol.L⁻¹.**

f) Au cours d'une dilution, la quantité de matière prélevée ne varie pas, donc :
$n_{prélevée} = n_{fille}$ d'où $C \times V = C_0 \times V_0$

$$V = \frac{C_0 \times V_0}{C} = \frac{1,5.10^{-1} \times 5,0.10^{-1}}{1,5.10^{1}}$$ avec $V_0 = 500$ mL $= 5,0.10^{-1}$L

$V = 5,0.10^{-3}$ L = 5,0 mL.

Il faut prélever 5,0 mL de la solution commerciale d'acide nitrique.

g) Protocole d'une dilution

Il faut prélever à partir d'une petite quantité de solution introduite dans un bécher, 5,0 mL de solution S_0 à l'aide d'une pipette jaugée munie d'une propipette. On introduit le prélèvement dans une fiole jaugée de 500 mL. On complète avec de l'eau distillée jusqu'au 2/3. On bouche et on agite. On complète jusqu'au trait de jauge avec de l'eau distillée, le bas du ménisque affleurant le trait de jauge (ou tangent au ménisque).

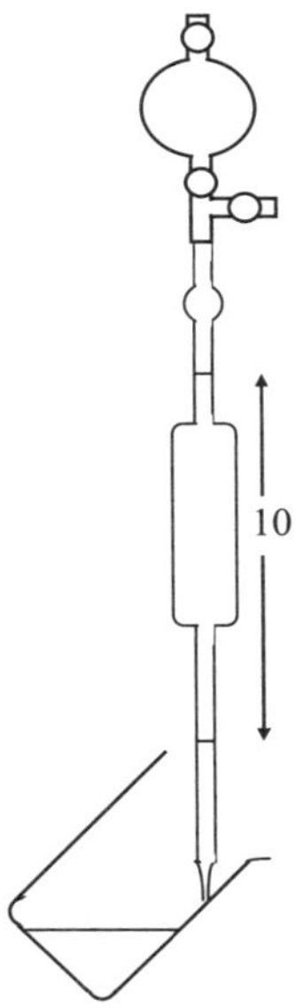

Pipette jaugée munie d'une propipette

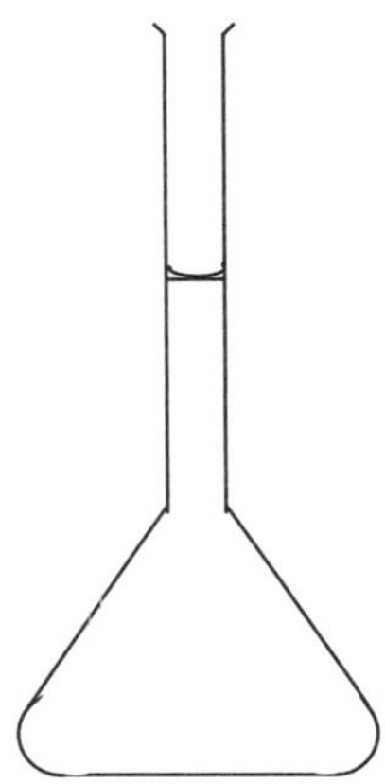

Fiole jaugée

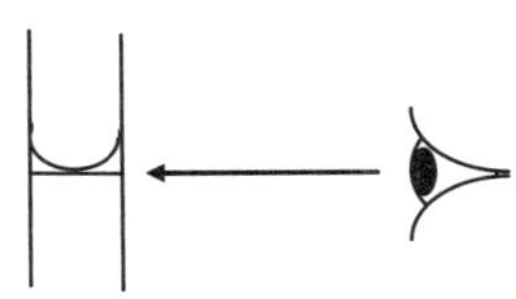

Le bas du ménisque est tangent au trait de jauge

Chapitre 19
LA REACTION CHIMIQUE
EXERCICES & CORRIGES

Exercices

1 Réactifs ou produits ? That is the question…

Dans chaque transformation chimique, identifier le(s) réactif(s), le(s) produit(s) et le(s) espèce(s) spectatrice(s).

a)

Etat Initial (E.I)

- T = 20°C
- P = 1 bar
- ion permanganate : $n(MnO_4^-)$ = 0,5 mol
- ion iodure : $n(I^-)$ = 1,0 mol

→

Etat Final (E.F)

- T = 20°C
- P = 1 bar
- ion manganèse : $n(Mn^{2+})$ = 0,20 mol
- diiode : $n(I_2)$ = 0,5 mol
- ion permanganate : $n(MnO_4^-)$ = 0,30 mol
- ion iodure : $n(I^-)$ = 0 mol

b)

Etat Initial (E.I)

- T = 22°C
- P = 10^5 Pa
- ion argent : $n(Ag^+)$ = 1,6 mol
- ion nitrate : $n(NO_3^-)$ = 1,6 mol
- ion hydroxyde : $n(HO^-)$ = 2,3 mol
- ion sodium : $n(Na^+)$ = 2,3 mol

→

Etat Final (E.F)

- T = 22°C
- P = 10^5 Pa
- ion nitrate : $n(NO_3^-)$ = 1,6 mol
- ion sodium : $n(Na^+)$ = 2,3 mol
- ion argent : $n(Ag^+)$ = 0 mol
- ion hydroxyde : $n(HO^-)$ = 0,7 mol
- hydroxyde d'argent AgOH : n(AgOH) = 1,6 mol

c)

Etat Initial (E.I)

- T = 25°C
- P = 1 bar
- méthane : n(CH_4) = 0,6 mol
- dioxygène : n(O_2) = 1,2 mol

→

Etat Final (E.F)

- T = 35°C
- P = 1 bar
- dioxyde de carbone : n(CO_2) = 0,6 mol
- eau : n(H_2O) = 1,2 mol
- méthane : n(CH_4) = 0 mol
- dioxygène : n(O_2) = 0 mol

d)

Etat Initial (E.I)

- T = 18°C
- P = 10^5 Pa
- ion aluminium : n(Al^{3+}) = 0,4 mol
- ion nitrate : n(NO_3^-) = 1,2 mol
- cuivre métal : n(Cu) = 0,9 mol

→

Etat Final (E.F)

- T = 18°C
- P = 10^5 Pa
- ion aluminium : n(Al^{3+}) = 0 mol
- ion nitrate : n(NO_3^-) = 1,2 mol
- cuivre métal : n(Cu) = 0,30 mol
- aluminium métal : n(Al) = 0,40 mol
- ion cuivre : n(Cu^{2+}) = 0,60 mol

[2] Des nombres stoechiométriques en pagaille.

Ajuster, si nécessaire, les nombres stoechiométriques des équations chimiques.

a) ....C_4H_{10} + ...O_2 → ....CO_2 + ...H_2O

b) ....O_2 + ...H^+ + ...Zn → ....Zn^{2+} + ...H_2O

c) ....Ca^{2+} + ...HO^- → ....$Ca(HO)_2$

d) ....H_3PO_4 + ...H_2O → ....PO_4^{3-} + ...H_3O^+

e).......NH_3 + ...O_2 → ....N_2 + ...H_2O

f) ....Pt^{4+} + ...Cl^- → ....$Pt(Cl)_6^{2-}$

g) ....FeS + ...O_2 → ....Fe_2O_3 + ...SO_2

h) ....Ag^+ + ...Cu → ....Cu^{2+} + ...Ag

i) ....Mg + ...O_2 → ....MgO

j) ....$Cr_2O_7^{2-}$ + ...H^+ + ...Fe^{2+} → ....Cr^{3+} + ...H_2O + ...Fe^{3+}

[3] Etude d'une combustion.

La combustion complète du propane, de formule C_3H_8, dans du dioxygène produit du dioxyde de carbone et de l'eau.

a) Ecrire l'équation modélisant la réaction chimique. Ajuster les nombres stoechiométriques si nécessaire.
b) Décrire l'état initial du système.
c) Décrire l'état final du système.
d) Pourquoi dit-on qu'il y a eu transformation chimique ?

4 Préparation de l'aspirine.

Afin de préparer une masse m = 7,8 g d'aspirine, de formule $C_9H_8O_4$, on fait réagir une masse de 6,0 g d'acide salicylique, de formule $C_7H_6O_3$ et une masse de 15,0 g d'anhydride éthanoïque, de formule $C_4H_6O_3$. Il se forme aussi une masse de 2,6 g d'acide éthanoïque de formule $C_2H_4O_2$.

a) Ecrire l'équation bilan traduisant la synthèse de l'aspirine. Ajuster les nombres stoechiométriques si nécessaire.
b) Calculer les masses molaires moléculaires de l'acide salicylique et de l'anhydride éthanoïque.
c) Déterminer les quantités de matière introduites en réactifs.
d) Décrire l'état initial du système chimique.
e) Déterminer les quantités de matière en produits.
f) Décrire l'état final du système chimique.

Données : masses molaires atomiques : M(C) =12,0 $g.mol^{-1}$, M(O) = 16,0 $g.mol^{-1}$, M(H) = 1,0 $g.mol^{-1}$.

Corrigés

1 **Méthodes : 2 et 3.**

a) Réactifs : ion permanganate MnO_4^- et ion iodure I^-.
Produits : diiode I_2 et ion manganèse Mn^{2+}.

b) Réactifs : ion argent Ag^+ et ion hydroxyde HO^-.
Produits : hydroxyde d'argent AgOH.
Ions spectateurs : ion nitrate NO_3^- et ion sodium Na^+.

c) Réactifs : méthane CH_4 et dioxygène O_2.
Produits : dioxyde de carbone CO_2 et eau H_2O.

d) Réactifs : ion aluminium Al^{3+} et cuivre métal Cu.
Produits : ion cuivre Cu^{2+} et aluminium métal Al.
Ion spectateur : ion nitrate NO_3^-.

2 **Méthode : 5.**

a) $\mathbf{2}\ C_4H_{10} + \mathbf{13}\ O_2 \rightarrow \mathbf{8}\ CO_2 + \mathbf{10}\ H_2O$

b) $O_2 + \mathbf{4}\ H^+ + \mathbf{2}\ Zn \rightarrow \mathbf{2}\ Zn^{2+} + \mathbf{2}\ H_2O$

c) $Ca^{2+} + \mathbf{2}\ HO^- \rightarrow Ca(HO)_2$

d) H_3PO_4 + **3** $H_2O \rightarrow PO_4^{3-}$ + **3** H_3O^+

e) **4** NH_3 + **3** $O_2 \rightarrow$ **2** N_2 + **6** H_2O

f) Pt^{4+} + **6** $Cl^- \rightarrow Pt(Cl)_6^{2-}$

g) **4** FeS + **7** $O_2 \rightarrow$ **2** Fe_2O_3 + **4** SO_2

h) **2** Ag^+ + Cu $\rightarrow Cu^{2+}$ + **2** Ag

i) **2** Mg + $O_2 \rightarrow$ **2** MgO

j) $Cr_2O_7^{2-}$ + **14** H^+ + **6** $Fe^{2+} \rightarrow$ **2** Cr^{3+} + **7** H_2O + **6** Fe^{3+}

3 **Méthodes : 2, 3 et 5.**

a) C_3H_8 + **5** $O_{2(g)} \rightarrow$ **3** $CO_{2(g)}$ + **4** $H_2O_{(l)}$

b)

Etat Initial (E.I)

- Température T
- Pression P
- Propane C_3H_8 : $n(C_3H_8)$
- Dioxygène $O_{2(g)}$: $n(O_2)$

c)

Etat Final (E.F)

- Température T
- Pression P
- Dioxyde de carbone CO_2 : $n(CO_2)$
- Eau H_2O : $n(H_2O)$

d) Au cours d'une transformation chimique, il y a apparition et disparition d'espèces chimiques. Il y a disparition du propane et du dioxygène pour former de l'eau et du dioxyde de carbone.

4 **Méthodes : 2, 3 et 5.**

a) $C_7H_6O_3$ + $C_4H_6O_3 \rightarrow C_9H_8O_4$ + $C_2H_4O_2$

b) $M(C_7H_6O_3) = 7 \times M(C) + 6 \times M(H) + 3 \times M(O) = 7 \times 12 + 6 + 3 \times 16$
$M(C_7H_6O_3) = 138$ g.mol^{-1}.

$M(C_4H_6O_3) = 4 \times M(C) + 6 \times M(H) + 3 \times M(O) = 4 \times 12 + 6 + 3 \times 16$
$M(C_4H_6O_3) = 102$ g.mol^{-1}.

c) $n(C_7H_6O_3) = \dfrac{m(C_7H_6O_3)}{M(C_7H_6O_3)} = \dfrac{6{,}0}{138}$ donc **$n(C_7H_6O_3) = 4{,}3.10^{-2}$ mol**

$n(C_4H_6O_3) = \dfrac{m(C_4H_6O_3)}{M(C_4H_6O_3)} = \dfrac{15}{102}$ donc **$n(C_4H_6O_3) = 1{,}5.10^{-1}$ mol.**

d)

<u>Etat Initial (E.I)</u>
▪ Température T ▪ Pression P ▪ Acide salicylique $C_7H_6O_3$: $n(C_7H_6O_3) = 4{,}3.10^{-2}$ mol ▪ Anhydride éthanoïque $C_4H_6O_3$: $n(C_4H_6O_3) = 1{,}5.10^{-1}$ mol

e) $n(C_9H_8O_4) = \dfrac{m(C_9H_8O_4)}{M(C_9H_8O_4)}$.

Or $M(C_9H_8O_4) = 9 \times M(C) + 8 \times M(H) + 4 \times M(O) = 9 \times 12 + 8 + 4 \times 16 = 180$ g.mol^{-1}

$n(C_9H_8O_4) = \dfrac{7{,}8}{180}$ donc **$n(C_9H_8O_4) = 4{,}3.10^{-2}$ mol**

$n(C_2H_4O_2) = \dfrac{m(C_2H_4O_2)}{M(C_2H_4O_2)}$

or $M(C_2H_4O_2) = 2 \times M(C) + 4 \times M(H) + 2 \times M(O) = 2 \times 12 + 4 + 2 \times 16 = 60$ g.mol^{-1}

$n(C_2H_4O_2) = \dfrac{2{,}6}{60}$ donc **$n(C_2H_4O_2) = 4{,}3.10^{-2}$ mol.**

f)

<u>Etat Final (E.F)</u>
▪ Température T ▪ Pression P ▪ Acide salicylique $C_7H_6O_3$: $n(C_7H_6O_3) = 0$ mol ▪ Anhydride éthanoïque $C_4H_6O_3$: $n(C_4H_6O_3) = 1{,}1.10^{-1}$ mol ▪ Aspirine $C_9H_8O_4$: $n(C_9H_8O_4) = 4{,}3.10^{-2}$ mol ▪ Acide éthanoïque $C_2H_4O_2$: $n(C_2H_4O_2) = 4{,}3.10^{-2}$ mol

Chapitre 20
LA PRESSION
EXERCICES & CORRIGES

Exercices

1 Loi de Boyle Mariotte.

On dispose d'une bouteille en plastique « vide d'eau » de V = 3 L bouchée et remplie d'air sous une pression de P = 1013 hPa. Elle est maintenue à la température de 20 °C.
On écrase cette bouteille avec les mains pour ramener son volume à 2,5 L.
La loi de Boyle Mariotte s'écrit :
« Pour une quantité donnée de gaz à température constante, le produit p×V est constant. »

a) Quelles sont les grandeurs physiques constantes dans cette expérience ?
b) Calculer la pression de l'air dans la bouteille écrasée. Donner le résultat en Pa.

2 La canette de soda ! Une expérience spectaculaire...

On met 5 mL d'eau dans une canette vide de soda. On porte à ébullition l'eau. On observe à la sortie de la canette la formation d'un petit nuage.
On retourne alors très rapidement cette canette dans de l'eau froide. On observe alors son implosion. La canette s'effondre sur elle-même ! Essayons de comprendre pourquoi...
Quand on chauffe l'eau liquide, elle se vaporise et chasse progressivement l'air contenu dans la canette. Au bout de quelques secondes, la canette ne contient donc que de la vapeur d'eau... Lorsqu'on la retourne dans l'eau froide, cette vapeur d'eau se condense très rapidement, il y a alors une diminution de la pression à l'intérieur de la canette. On vient de créer un vide partiel. Celle-ci implose !

a) La canette en aluminium implose dès que la pression intérieure P_{int} vaut 20 % de moins que la pression atmosphérique extérieure $P_{ext} = 1{,}013 \times 10^5$ Pa. Calculer P_{int}.
b) Calculer alors la force pressante qui s'exerce sur une surface de 1 cm^2 de la canette par la pression extérieure.
c) Même question pour la pression intérieure.
d) Quelle est donc la valeur de la force pressante totale notée « F_1 » s'exerçant sur 1 cm^2 de la canette.
e) Calculer alors la masse « m_1 » qui exerce cette force pressante « F_1 ».
f) On précise que la surface totale de la canette est égale à 300 cm^2. Calculer alors la masse « m_2 » qui exerce cette force pressante « F_2 » sur l'ensemble de la canette.

3 La pression et les avions.

On sait que la pression de l'air diminue avec l'altitude. Les avions doivent être pressurisés lorsqu'ils volent à très haute altitude car sinon nous ne pourrions pas respirer…
Lorsque nous volons à 10 km d'altitude, la pression à l'intérieur de l'avion est environ égale à 750 hPa tandis que la pression extérieure est égale à 260 hPa.

a) Calculer la force pressante extérieure exercée par l'atmosphère sur une surface de $1 m^2$ de la coque de l'avion à 10 km d'altitude.
b) Calculer la force pressante intérieure exercée par l'air intérieur sur une surface de $1 m^2$ de la coque de l'avion à 10 km d'altitude.
c) Représentez vectoriellement ces forces pressantes sachant que 1cm correspond à 10^4 N.
d) Que se passerait-il si un morceau de la coque de l'avion venait à se déchirer ?

4 Le plongeur.

On sait que lorsqu'on descend de 10 m lors d'une plongée, la pression augmente de 1 bar.

a) Vérifiez ce résultat pour une plongée réalisée en mer Méditerranée. On précise que la masse volumique de l'eau salée $\rho = 1{,}02 \times 10^3$ kg/m^3 et que l'intensité de pesanteur sur la Terre est égale à 9,8 N/kg. La pression atmosphérique $P_{atm} = 1{,}0$ bar.
b) Lorsque le plongeur remonte à la surface, comment varie la pression du diazote contenu dans l'air respiré ? Que se passe-t-il alors concernant la solubilité de ce gaz dans le sang du plongeur ? Quelles seraient les conséquences d'une remontée rapide réalisée sans palier de décompression ?

5 La loi de Boyle Mariotte.

Initialement, une bouteille de plongée contient 20 L d'air sous une pression de 200 bars. A la fin de la plongée, le manomètre indique une pression de 100 bars.

a) Enoncer la loi de Boyle Mariotte.
b) A la fin de la plongée, l'air contenu dans la bouteille occupe-t-il toujours le même volume ?
c) On part du principe que la température et la pression sont fixées à l'intérieur de la bouteille. Quel serait alors le volume occupé par une même quantité de dihydrogène ?

Corrigés

1 **Méthode : 5.**

a) La loi de Boyle-Mariotte nous dit qu'à température constante, pour une quantité de gaz donnée, le produit de la pression P par le volume V de gaz reste constant ! Attention : P s'exprime en Pa et le volume en m^3.

b) $P_{initiale} = P_i = 1013$ hPa $= 1{,}013\times10^5$ Pa.
$V_{initial} = V_i = 3$ L $= 3\times10^{-3}$ m^3.
$V_{final} = V_f = 2{,}5$ L $= 2{,}5\times10^{-3}$ m^3.
$P_{finale} = P_f$ à déterminer en Pa !

On applique donc la relation de boyle mariotte : $P\times V$ = constante.
$P_i\times V_i = P_f\times V_f$
$$P_f = \frac{P_i \times V_i}{V_f}$$
$P_f = 1{,}21\times10^5$ Pa.

2 **Méthode : 2.**

a) $P_{int} = P_{ext} - 0{,}2\times P_{ext} = 1{,}013\times10^5 - 0{,}2\times1{,}013\times10^5 = 8{,}1\times10^4$ Pa.

b) $F_{ext} = P_{ext}\times S$ ATTENTION, la surface doit être exprimée en m^2 !
1 $cm^2 = 1{,}0\times10^{-4}$ m^2 !
$F_{ext} = P_{ext}\times S = 1{,}013\times10^5\times1{,}0\times10^{-4} = 10{,}13$ N.

c) $F_{int} = P_{int}\times S = 8{,}1\times10^4\times1{,}0\times10^{-4} = 8{,}10$ N.

d) La valeur de la force pressante totale sur 1 cm^2 : $F_1 = F_{ext} - F_{int} = 2{,}03$ N.
La force pressante exercée par l'atmosphère est plus importante que celle de l'air intérieur de la canette. C'est pour cela qu'elle est broyée…

e) La masse m_1 qui exerce cette force F_1 sur 1 cm^2 : $m_1 = \frac{F_1}{g} = \frac{2{,}03}{9{,}8} = 0{,}20$ kg.

f) La force pressante F_2 qui s'exerce sur la totalité de la canette est 300 fois plus grande que F_1 qui s'exerce sur 1 cm^2 !
$F2 = 300\times2{,}03 = 609$ N $= 6{,}09\times10^2$ N.
La masse m_2 qui exerce cette force pressante F_2 sur la totalité de la canette est donc égale à : $m_2 = \frac{F_2}{g} = \frac{6{,}09\times10^2}{9{,}8} = 62$ kg.

3 **Méthodes : 1, 2, 3.**

a) Attention il faut exprimer les pressions en Pa !
$F_{ext} = P_{ext}\times S = 260\times10^2\times1 = 2{,}6\times10^4$ N.

b) $F_{int} = P_{int}\times S = 750\times10^2\times1 = 7{,}5\times10^4$ N.

c) Représentation vectorielle de ces forces pressantes.

On sait qu'1 cm correspond à 10^4 N.
Caractéristiques des forces pressantes s'exerçant sur une surface de 1m² de la coque de l'avion :

<u>Caractéristiques du vecteur $\overrightarrow{F_{ext}}$</u>

- point d'application : centre de la surface
- direction : perpendiculaire à la surface
- sens : du fluide vers la surface
- norme (valeur, intensité) : $F_{ext} = 2,6 \times 10^4$ N le vecteur sera représenté par un segment fléché de longueur 2,6 cm.

<u>Caractéristiques du vecteur $\overrightarrow{F_{int}}$</u>

- point d'application : centre de la surface
- direction : perpendiculaire à la surface
- sens : du fluide vers la surface
- norme (valeur, intensité) : $F_{int} = 7,5 \times 10^4$ N le vecteur sera représenté par un segment fléché de longueur 7,5 cm.

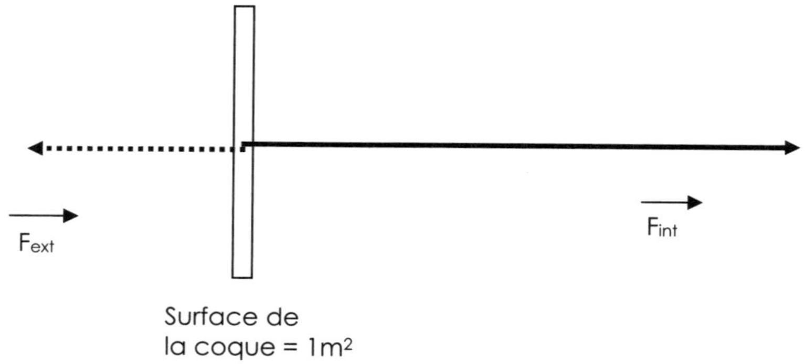

On peut donc en conclure que la force exercée par l'air intérieur sur la coque est beaucoup plus importante que celle exercée par l'air extérieur !
C'est d'ailleurs pour cette raison que l'on constate que le fuselage d'un avion en vol est « gonflé ».

d) Si un morceau du fuselage venait à se « déchirer », il y aurait un phénomène de dépressurisation (très souvent vu dans les films…) c'est-à-dire que tous les objets seraient projetés à l'extérieur de l'avion jusqu'à ce que la pression intérieure soit égale à la pression atmosphérique ! Dans les pires scénarios, l'avion pourrait totalement exploser !

4 **Méthodes : 3, 4, 7.**

a) Rien de tel qu'un petit schéma pour se représenter la situation…
On vérifie que lorsqu'on descend de 10 m, la pression augmente de 1 bar !

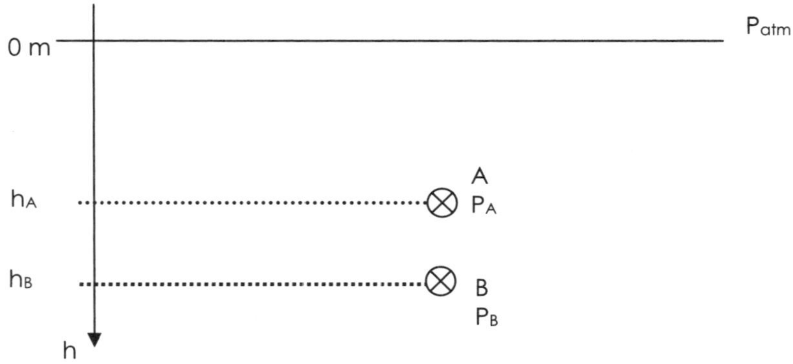

On utilise la relation suivante $(P_B - P_A) = \rho \times g \times (h_B - h_A)$ avec $(h_B - h_A) = 10$ m.
On précise que :

- ρ = masse volumique de l'eau de mer en **kg/m³**
- g = intensité de la pesanteur en **N/kg**
- P_A = pression dans le liquide à la profondeur « h_A » en **Pa**
- P_B = pression dans le liquide à la profondeur « h_B » en **Pa**
- P_{atm} = pression atmosphérique en **Pa**
- h_A = profondeur au point A en **m**
- h_B = profondeur au point B en **m**.

$(P_B - P_A) = 1{,}02\times10^3\times9{,}8\times10 = 99960$ Pa $\approx 1\times10^5$ Pa = **1 bar.**

C'est donc vérifié, lorsqu'on descend de 10 m, la pression augmente de 1 bar !

b) Lorsque le plongeur remonte, la pression exercée sur son corps diminue. Par conséquent, la solubilité des gaz dissous dans son sang diminue. Il y a alors formation de bulles de diazote. Si la remontée est trop rapide, ces bulles de gaz n'ont pas le temps d'être évacuées au niveau des poumons et viennent obstruer les vaisseaux sanguins. Les conséquences de ces accidents de décompression peuvent être dramatiques et entraîner la mort du plongeur…
Les paliers permettent aux poumons d'évacuer lentement le diazote contenu dans le sang. Par exemple, si on plonge pendant 20 min à la profondeur de 30 m, il sera impératif de respecter un palier de 2 min à la profondeur de 3 m !

5 **Méthodes : 3, 5, 6.**

a) La loi de Boyle Mariotte :
A température constante, pour une quantité de gaz donnée, le produit de la pression P par le volume V de ce gaz est constant.

$$P \times V = \text{constante.}$$

P s'exprime en Pa
V s'exprime en m³.
Attention, cette relation n'est valable que pour de faibles pressions.

b) Attention aux unités !
$P_{initiale}$ = 200 bar = 2,0×10^7 Pa
P_{finale} = 100 bar = 1,0×10^7 Pa
$V_{initiale}$ = 20 L = 20dm^3 = 2,0×10^{-2} m^3

On applique la relation de Boyle Mariotte : $P_{finale} \times V_{finale} = P_{initiale} \times V_{initiale}$

$$V_{finale} = \frac{P_{initiale} \times V_{initiale}}{P_{finale}}$$

V_{finale} = 4×10^{-2} m^3 = 40 L.

c) Il faut utiliser la loi d'Avogadro Ampère qui précise que :
à pression et température données, un nombre précis de molécules occupe un volume indépendant de la nature du gaz.
Par conséquent, à pression et température données, une même quantité de matière de dihydrogène ou d'air occupera le même volume !

Aubin
IMPRIMEUR

Achevé d'imprimer en juin 2017
N° d'impression 1704.0343

Dépôt légal, juin 2017
Imprimé en France